À Beira d'Água

Ciência e Cultura

Consultor:

Henrique Lins de Barros

Diretor do Museu de Astronomia e Ciências Afins, MAST/CNPq

Entre o Cristal e a Fumaça
Ensaio sobre a organização do ser vivo
Henri Atlan

Teorias de Tudo
A busca da explicação final
John D. Barrow

A Caixa Preta de Darwin
O desafio da bioquímica à teoria da evolução
Michael Behe

Convite à Física
Yoav Ben-Dov

História Natural do Homem
O homem imprevisto
André Bourguignon

Gigantes da Física
Uma história da física moderna através de oito biografias
Richard Brennan

A Escuridão da Noite
Um enigma do universo
Edward Harrison

Inteligências Extraterrestres
Jean Heidmann

A Revolução Científica
E as origens da ciência moderna
John Henry

As Origens de Nosso Universo
Malcolm S. Longair

Vírus e Homens
AIDS: seus mecanismos e tratamentos
Luc Montagnier

Uma Breve História do Infinito
Richard Morris

Os Grandes Experimentos Científicos
Michel Rival

A Unificação das Forças Fundamentais
O grande desafio da física contemporânea
Abdus Salam et al.

Será que Deus Joga Dados?
A nova matemática do caos
Ian Stewart

De Arquimedes a Einstein
A face oculta da invenção científica
Pierre Thuillier

O Tempo na História
Concepções do tempo da pré-história aos nossos dias
G.J. Whitrow

Projeto Genoma Humano
Um conhecimento perigoso
Tom Wilkie

À Beira D'Água
A macroevolução e a transformação da vida
Carl Zimmer

Carl Zimmer

À Beira D'Água

Macroevolução e a transformação da vida

Tradução:
Marcus Penchel

Revisão técnica:
Francisco M. Salzano
Professor titular do Departamento de Genética, Instituto de Biociências/UFRGS

Jorge Zahar Editor
Rio de Janeiro

Para minha família

Título original:
At the Water's Edge: Macroevolution and the Transformation of Life

Tradução autorizada da primeira edição norte-americana publicada em 1998 por The Free Press, uma divisão da Simon & Schuster Inc., de Nova York, Estados Unidos

Jorge Zahar Editor Ltda.
rua México 31 sobreloja
20031-144 Rio de Janeiro, RJ
tel.: (021) 240-0226 / fax: (021) 262-5123
e-mail:jze@netgate.com.br

Ilustrações de miolo: Carl Buell

Capa: Carol Sá
Ilustração: Sérgio Campante

CIP-Brasil. Catalogação-na-fonte
Sindicato Nacional dos Editores de Livros, RJ.

Zimmer, Carl, 1966-
Z66a À beira d'água : a macroevolução e a transformação da vida / Carl Zimmer ; tradução, Marcus Penchel ; revisão técnica, Francisco M. Salzano. — Rio de Janeiro: Jorge Zahar Ed., 1999
: il .. — (Ciência & cultura)

Tradução de: At the water's edge : macroevolution and the transformation of life
Inclui apêndice e bibliografia
ISBN 85-7110-489-1

1. Macroevolução. I. Título. II. Título: A macroevolução e a transformação da vida. III. Série.

CDD 575
99-0047 CDU 575

Tomados de medo ou pela loucura,
Fizeram-se os homens ao mar. Primeiro
Médon azul-escuro ficou e corcunda;
Lícabas virou-se: "Que monstro és?"
Falou e o nariz em gancho curvou-se,
Boca larga, pele dura, escamada
Nas duas ilhargas. Líbis lutava
Com remos folhudos, mãos diminutas,
Em barbatanas as garras mudadas;
Outro das cordas ao mar despencava,
Sem pernas ou braços, torcendo o rabo
Em meia-lua, pontudo. E o casco as criaturas
Da nave açoitavam, indo ao fundo e
Voltando, jorrando água, qual dança
De báquica festa, corpos luzentes,
Narinas frementes, espadanando.

OVÍDIO, *As Metamorfoses*

Nosso ancestral foi um animal que respirava água, tinha uma vesícula e grande cauda natatórias, um crânio imperfeito e era sem dúvida hermafrodita! Eis aí uma agradável genealogia para a humanidade.

CHARLES DARWIN, carta a Thomas Huxley

SUMÁRIO

PREFÁCIO À EDIÇÃO BRASILEIRA

Bem-vindos ao mundo da ciência! O livro que vocês estão examinando apresenta uma bela mistura de informações sobre paleontologia, zoologia, anatomia comparada, genética, embriologia e evolução, tudo entremeado por uma série de abordagens sobre história da ciência e aspectos da vida de diversos cientistas. Poder-se-á verificar, por exemplo, como a discriminação contra os homossexuais, a guerra do Golfo, ou a simples limitação de apoio financeiro à investigação científica atrasaram descobertas importantes. Mas a ênfase do livro situa-se na análise de duas transições (mudanças drásticas, que abriram novos horizontes) evolucionárias: a saída dos animais da água e a reversão de um ramo desses organismos de volta à água.

Até bem pouco tempo, não havia explicações plausíveis para esses grandes saltos evolucionários. A idéia de Richard Goldschmidt, desenvolvida na década de 40, de que tais eventos (macroevolucionários) seriam basicamente diferentes daqueles mais graduais (microevolucionários) não teve boa repercussão porque não existia, na época, conhecimento sobre uma eventual base física que explicasse tais diferenças. Os progressos notáveis ocorridos ultimamente no nosso conhecimento sobre a base física da herança e sua expressão vieram fornecer as indicações que faltavam. Através da manipulação de fatores que regulam a ação gênica ao longo do desenvolvimento individual é possível obter-se mudanças drásticas na aparência e constituição externa de determinado organismo.

É lógico que só isso não basta. No curso da evolução, há muito caminho a seguir para formar organismos de nove metros de tamanho e várias toneladas de peso como as baleias. Este caminho envolve fatores ambientais, como a extinção de eventuais competidores, e intrínsecos. Há uma série de restrições vinculadas à regulação de como nos movemos e tomamos conhecimento do que ocorre ao redor.

Diversos aspectos a respeito são tratados neste livro, como, por exemplo, a complexidade do ato de nadar, de ouvir dentro da água e ao ar livre, ou de construir mãos e pés. Tem de haver harmonia, pois determinada mudança em um aspecto de nossa anatomia ou fisiologia pode imediatamente se refletir em outra característica, aparentemente não vinculada à primeira. Tudo isso faz com que a evolução não se desenvolva de maneira homogênea e contínua, mas com alternância de períodos de grande ebulição e estase.

Várias outras perguntas e informações do maior interesse são abordadas neste livro. Têm os golfinhos autoconsciência? Como se pode comparar o seu tipo de inteligência com a nossa? Sejam quais forem as respostas, é bom lembrar que, há 1,8 milhão de anos, o coeficiente de encefalização deles era maior do que o dos hominídeos, e que, portanto, naquela época, a criatura mais encefalizada do planeta vivia dentro d'água!

Boa leitura, portanto. É este um bom meio de escapar aos programas imbecilizantes de muitos de nossos meios de comunicação.

FRANCISCO M. SALZANO

INTRODUÇÃO

VIDAS ENTRELAÇADAS

Perto de mim, do lado esquerdo, uma caranha de rabo amarelo flutuava, respirando água, oscilando suavemente as nadadeiras e abanando o rabo de riscas cor de enxofre. Eu estava ajoelhado na areia no fundo do oceano, com 15 metros de água por cima. Tudo o que podia ouvir era a estática do ar sendo sugado do meu regulador de oxigênio e o enxame das bolhas exaladas subindo numa coluna de confete. Uma longa forma cinzenta movia-se acima da minha cabeça, girando e inclinando-se, e levei um momento para reconhecer o que era: um golfinho do Atlântico, de nariz inchado. A caranha e eu ficamos a olhá-lo nadar, erguendo e baixando o rabo algumas vezes e deslizando então, movendo-se como um lingote de ferro puxado invisivelmente por um campo magnético. Aí, de repente, precipitou-se para cima, quicando um pouco para subir até o encrespado céu oceânico. Quando pulou para fora d'água, primeiro sumiu sua cabeça, depois as nadadeiras e o lobo da cauda. Por um momento deixou de existir, mas logo varava a água de novo para baixo.

Eu tinha vindo a este lugar no litoral da Grande Bahama para ver como os cientistas estudam os golfinhos. Um grupo de zoólogos estava aproveitando para fazer pesquisas durante os mergulhos turísticos de uma empresa de excursões que oferecia aos clientes uma diversão com golfinhos treinados. Os clientes eram levados de barca a um quilômetro e meio da costa e formavam um círculo em volta de dois treinadores, que levavam pendurados nos ombros tambores brancos feitos com a pele de arenques mortos — cujo cheiro atraía as caranhas. A um comando dos treinadores, os golfinhos lançavam argolas aos visitantes ou empurravam seus braços estendidos para que eles girassem como roletas. Os cientistas, que queriam entender como nadam os golfinhos, filmavam os animais e de vez em quando os treinadores mediam o calor que emanava de seus corpos pressionando-lhes um sensor ao flanco. Eu podia sentir a inteligência, até a personalidade dos golfinhos, mas suas máscaras cinzentas, seus sorrisos rígidos não deixavam transparecer até que ponto eles estavam se divertindo com aquilo. Pareciam conhecer as regras do jogo. Se as seguissem, ganhavam peixes; se decidissem rompê-las e explorar as águas por um instante, não havia grande perda.

Ali, ajoelhado, com um peixe ao meu lado e um golfinho acima, fui acometido por uma súbita avaliação do meu lugar na evolução. Era a primeira vez que mergulhava em mar aberto e não conseguia parar de pensar como aquele não era o meu lugar: debaixo d'água. Precisava de um tanque de aço para levar o meu ar, de uma máscara para ver, de uma roupa apropriada para conservar o calor do corpo, de pesos para afundar, de um colete inflável para emergir, de pés-de-pato para nadar. A caranha ao meu lado era belamente desenhada para viver no oceano: tragava água, um esguicho do oceano que atravessava sua boca até o cesto de guelras, onde vasos sangüíneos de finas paredes trocavam amônia e dióxido de carbono por oxigênio. Abas sobre as brânquias se abriam, sua boca fechava-se e a água saturada, usada, era descarregada. Seu corpo tinha praticamente a mesma leveza, a mesma flutuabilidade da água, de forma que a gravidade pouco significava para ela. Para nadar precisava apenas adejar o corpo, seu formato em lâmina mal se fazendo notar na água em torno. Se eu estendesse a mão para o peixe, ele poderia vê-la, mas com fios semelhantes a cabelo sensíveis à pressão poderia também sentir o movimento da água produzido por meu gesto e escapar rapidamente, deslizando em segurança.

Embora os golfinhos fossem animais profundamente diferentes dos peixes, sentiam-se também claramente à vontade na água. Não tinham guelras; para respirar, tinham que subir à superfície, abrir seu orifício respiratório no topo da cabeça, exalar e inalar ar rapidamente. Voltando para baixo d'água, brincavam alguns minutos, segurando a respiração, batendo o rabo para cima e para baixo e não de um lado para o outro como os peixes. Podiam ver os mergulhadores de forma quase tão nítida quanto estes a eles, mas podiam também visualizar o oceano através do som. Emitiam estalidos, cliques de alta freqüência com a parte frontal da cabeça e ouviam os ecos. Nos seus cérebros superdimensionados os golfinhos usavam o som para construir uma imagem mais precisa do que a que seus olhos podiam oferecer, efetivamente vendo o interior dos peixes e homens à sua volta, vendo as caranhas nadando a cem metros de distância. Podiam estar também se comunicando uns com os outros através do mesmo tipo de sons e eu fiquei imaginando o que poderiam estar falando. Eles andaram se atacando no seu cercado na noite anterior, estavam com os flancos marcados com os seus dentes serrilhados, de modo que podiam estar trocando insultos. Ou talvez tentassem descobrir por que exatamente esses humanos lhes davam tanto peixe para que fizessem esses pequenos rituais.

Eu só posso visitar esse lugar. Se fosse tolo o suficiente para tentar ficar aqui debaixo d'água sequer uma hora, a agulha do medidor do tanque baixaria a zero e eu tentaria inutilmente puxar o ar. Provavelmente entraria em pânico e golpearia as mangueiras, meu regulador escaparia da boca e a água entraria. O sal me faria engasgar, levando água para os meus pulmões. Embora haja oxigênio na água do mar, os pulmões não estão equipados para extraí-lo. Ao contrário, a água rompe as bolsas microscópicas trançadas de vasos sangüíneos, inchando-as e tapando-as. Incapaz de descarregar gás carbônico nos pulmões, meu sangue se tornaria acre, avinagrado, e meus rins se consumiriam tentando neutralizar a acidez. Minha circulação então sucumbiria, com o sangue patinhando em todas as direções erradas, o coração batendo como tambor de ressonância até não poder mais obter o oxigênio necessário e parar completamente. Poderia tentar me salvar lançando-me para a superfície como um golfinho, mas a precipitação me mataria. No fundo do mar, o nitrogênio dissolve-se no sangue pressurizado e, à medida que eu subisse, minhas veias borbulhariam como uma garrafa de cerveja que acaba de ser aberta. As bolhas de nitrogênio formadas enquanto eu subisse iriam se espalhar pelo meu corpo, bloqueando os vasos cardíacos e cerebrais.

Como todos os humanos, funciono melhor na terra. Ficamos de pé e nosso peso se assenta comodamente no esqueleto, amortecido em coxins e almofadas. Pressionamos os pés contra o solo e andamos. Nosso interior é um conjunto de bolsas, bolos e tubos úmidos e nossa pele faz um magnífico trabalho que é o de reter a maior parte dessa água. Inalamos ar para dentro do corpo e extraímos oxigênio no ninho de alvéolos dos pulmões, que películas oleosas impedem de grumar, e nossos vasos sangüíneos jogam fora gás carbônico ao exalarmos. Ouvimos marulhos de ar fraquíssimos demais para sentir e produzimos outros para falarmos entre nós.

As guelras da caranha só podem respirar se estão abertas em leque debaixo d'água, como os cabelos de um mergulhador, de forma que cada vaso tem espaço suficiente para se mesclar à química da água do mar. Se um peixe é arrastado para fora d'água e jogado no chão de um barco, suas guelras, como o cabelo do mergulhador que volta à tona, se emaranham em molho, em feixe. O gás carbônico e a amônia acumulados no seu corpo disputam a primazia do envenenamento do peixe. Suas nadadeiras e cauda, tão eficientes ao empurrar a água para mover o corpo adiante, não podem mais que acenar para o Sol.

Se um golfinho vem dar à praia, só pode sobreviver algumas horas mais que um peixe. Ainda consegue levar ar aos pulmões por seu orifício respiratório, mas o comprido corpo sem pernas afunda desamparado na areia. Sua sobrecarga de gordura e a maciça musculatura costal esmagam-lhe os pulmões e vasos sangüíneos. Na água, ele pode cuidadosamente manter o calor do seu corpo de sangue quente, mas jazendo em terra firme ele pode se congelar ou assar dependendo da temperatura do ar. Não demora muito e toda a sua circulação entra em colapso, as veias se rompem, o sangue é drenado para baixo e inunda suas tripas. O coração de um golfinho pode sustentar o cérebro por um tempo depois que o corpo parou de funcionar, de forma que cheque a destruição antes de ele mesmo parar.

Nós (esses três animais) vivemos em países separados divididos por uma fronteira fatal. Mas uma dissecção mostraria que não somos estranhos completos. Apresento-me como o paciente humano voluntário: quebrem e abram minhas costelas e verão um par de pulmões, um de cada lado do esôfago, semelhantes aos que se encontram no golfinho. Eu e o golfinho temos cérebros gigantes, enrugados pelo neocórtex. Mantemos o interior de nossos corpos a uma temperatura média de 37 graus. Ambos nos alimentamos de leite materno. E embora os golfinhos manobrem com o que se conhece como nadadeiras, elas não são efetivamente como as dos peixes. São de fato mãos e braços camuflados: tirem a gordura e cartilagem e verão cinco dedos, um pulso, cotovelo e ombro.

As semelhanças entre os humanos e as caranhas são mais básicas — ambos temos cérebros e espinhas, músculos e olhos; queimamos oxigênio e construímos nossos tecidos com os hidrocarbonetos que comemos. E algumas pistas mais sutis revelam que nós, os humanos, não somos as criaturas terrestres perfeitas que possamos imaginar. Olhem de novo por dentro das minhas costelas quebradas: aninhada entre meus pulmões e meu coração e brotando deste há uma aorta que se projeta para cima, emitindo artérias menores para a minha cabeça antes de se virar e baixar rumo às minhas pernas. Um engenheiro a quem apresentassem um coração pulsante poderia ter oferecido uma solução mais racional: construir duas artérias, uma para levar sangue para a parte do corpo acima do coração, outra para a parte de baixo.

Para entender esse tortuoso desenho, é necessário me encolher de volta ao tamanho de um embrião de sete semanas, quando meus braços e pernas eram pás ou nadadeiras presas a um corpo que parecia o de um peixinho corcunda e barrigudo. Logo abaixo dos meus olhos e do que passa por cérebro, formaram-se seis pares de bolsas que se parecem muito com as bolsas que guardam as guelras de um peixe. Minha aorta parece bem diferente nesse estágio: ergue-se até a minha garganta e então ramifica-se, cada ramo passando por uma bolsa e então virando e unindo-se a outro vaso que corre de volta para baixo a partir da garganta. Como embrião, a caranha tinha o mesmo desenho, do qual conservou muito como adulto. O coração bombeia sangue pobre em oxigênio nas bolsas, que se tornaram guelras ósseas, o qual retorna então aos vasos que o levarão ao resto do corpo da caranha. No meu caso, entretanto, as bolsas desapareceram na minha cabeça e no meu pescoço à medida que fui crescendo. As células destinadas aos arcos de sustentação das guelras transformaram-se nos ossos da minha caixa vocálica e do meu ouvido. A árvore de vasos foi podada, alguns fundindo-se. E a volta mais baixa do conjunto primitivo tornou-se a curva da minha aorta.

A única forma de começar a extrair sentido desses padrões e modelos é compreender tal encontro sob as águas — a caranha esperando apanhar algo do arenque morto, eu ajoelhado na areia, os golfinhos girando e batendo as nadadeiras — como uma reunião de família. Pouco mais de meio bilhão de anos atrás o primeiro vertebrado apareceu sobre a terra, uma criatura sem mandíbulas, couraçada, que nadava no fundo das águas e caberia na palma da sua mão. Seus descendentes divergiram em dúzias de linhagens maiores que nadaram pelos oceanos, incluindo um grupo bastante disseminado, os peixes de barbatanas ou nadadeiras raiadas, cujas vinte e três mil espécies vivas incluem os esturjões, as percas, as carpas douradas e a caranha de rabo amarelo.

Uma linhagem intimamente relacionada passou por uma fabulosa mudança de forma: entre cerca de 380 e 360 milhões de anos atrás essa linhagem desenvolveu pernas e pés, perdeu as guelras, curvou a aorta, adaptou o corpo de inúmeras outras formas e emergiu para viver fora d'água, em terra seca. Somos descendentes desses peixes alterados, como o é todo vertebrado que vive em terra, seja um lagarto, um falcão, uma tartaruga ou uma perereca. Todos temos nomes individuais, mas também partilhamos o nome *tetrápodes*. O que significa "quatro pés". Em muitos tetrápodes esses quatro pés passaram por algumas mudanças drásticas — as cobras perderam-nos inteiramente e os pássaros transformaram as patas dianteiras em asas, enquanto nós paramos de andar sobre as patas dianteiras e passamos a chamá-las de mãos. Mas os nomes diferentes não escondem o fato de que nós e todos os demais tetrápodes que nos espalhamos sobre a terra seca devemos nossa existência a uma das mais notáveis transições evolucionárias já ocorridas. O modo como nossos ancestrais enfrentaram essa transição determinou muito do que nós, humanos, somos hoje.

A razão pela qual golfinhos e humanos têm tantas semelhanças ocultas é que os golfinhos são também tetrápodes, não peixes. Na

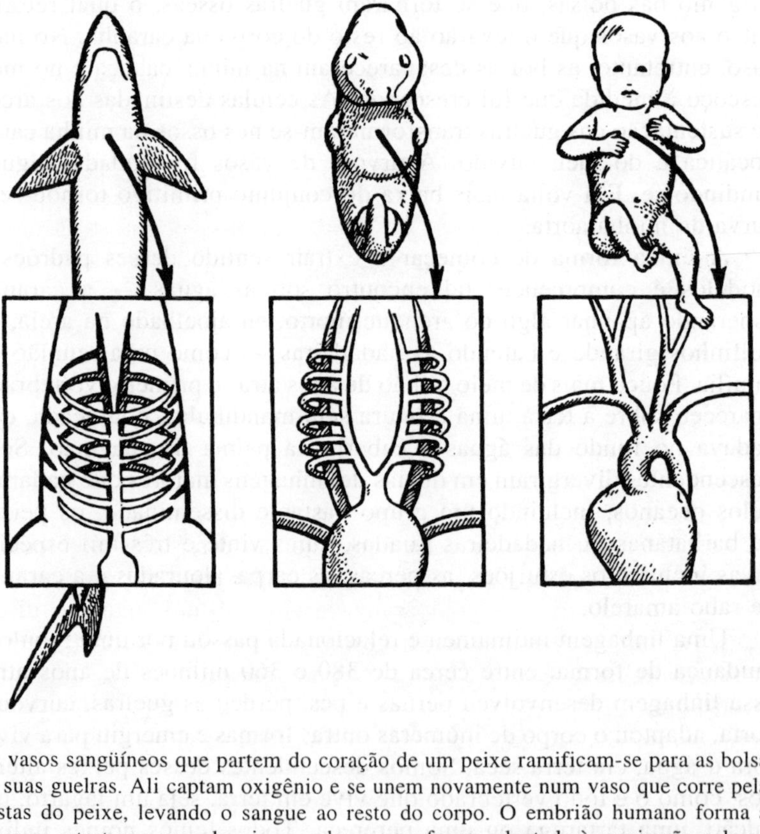

Os vasos sangüíneos que partem do coração de um peixe ramificam-se para as bolsas de suas guelras. Ali captam oxigênio e se unem novamente num vaso que corre pelas costas do peixe, levando o sangue ao resto do corpo. O embrião humano forma as mesmas estruturas, mas depois as reduz a uma forma adaptada à respiração pelo ar.

verdade, são mamíferos como nós, com um ancestral comum talvez de 80 milhões de anos. A linhagem que deu origem aos golfinhos, baleias e botos passou por uma transformação tão desconcertante quanto a que trouxe os vertebrados à terra de início: cerca de 50 milhões de anos atrás, uma raça de mamíferos semelhantes ao lobo começou a se adaptar à água. Perderam os membros traseiros completamente e deram as costas ao lugar que fora o dos seus ancestrais por mais de 250 milhões de anos.

Da água à terra e daí de volta à água: na história da vida, os organismos cruzaram muitas vezes esses limites aparentemente intransponíveis. Alguns tetrápodes moveram-se para os céus, desenvolvendo asas; micróbios deixaram ferventes respiradouros hidrotérmicos onde sobreviviam com uma dieta de ácido sulfídrico e aprenderam a viver de gás carbônico em mar aberto; outros organismos migraram dos pântanos para os desertos, da água salgada para a água doce, de vulcões subaquáticos para as gélidas profundezas oceânicas, das frias profundezas marinhas para as tripas quentes de um porco. Cada transição exigiu a criação de algumas das mais elaboradas estruturas naturais — asas, raízes, cérebros.

E, no entanto, a linha que divide a água e o ar constitui uma barreira que particularmente fascinou os biólogos por mais de dois mil anos. Quando Aristóteles caminhou pelas praias da ilha de Lesbos, classificando animais, a separação entre os marinhos e os terrestres foi uma de suas principais divisões. Houve exceções a essa regra — animais que inalavam ar mas viviam na água e outros que tragavam água (pelas guelras) mas podiam viver em terra. Os únicos transgressores que Aristóteles nomeou eram certas salamandras que tinham brânquias em vez de pulmões, além de golfinhos e baleias, que usavam pulmões para respirar em alto-mar. "No caso de todos esses animais, sua natureza parece de alguma forma ter sido desviada", disse ele.

As propriedades do ar e da água são tão diferentes e colocam desafios tão diferentes para um vertebrado que tenta sobreviver que é como se você estivesse comparando a vida em dois planetas diferentes. A água tem apenas um trigésimo do oxigênio encontrado na mesma quantidade de ar e, enquanto os níveis atmosféricos de oxigênio são quase sempre constantes, podem variar enormemente na água. Um animal de sangue quente perderá calor na água vinte e quatro vezes mais rápido do que no ar — e no entanto em um ano inteiro a água pode não experimentar as oscilações de temperatura que o ar sofre em apenas um dia. Os sons viajam na água quatro vezes mais rápido do que no ar e a água conduz bem a eletricidade, mas a luz só pode atravessar uns poucos metros na água antes de começar a enfraquecer. Dado que a água é oitocentas vezes mais densa que o ar, é muito mais difícil de mover-se nela em vários aspectos, mas se um animal equipara sua flutuabilidade à da água, fica livre da gravidade que prende os animais à terra. Na água o que se quer é deslizar em frente com rapidez. Na terra a vontade é de voar, nem que seja por um instante.

Para começar a entender essas transformações o lugar certo é *Sobre a origem das espécies*, de Charles Darwin. A evolução, percebeu Darwin, está sempre se processando à nossa volta. Cada geração de uma espécie é uma série de variantes, e a seleção natural, tomando e escolhendo dentre essas variantes, permite que os mais adaptados deixem maior descendência. De geração a geração, essa reprodução tendenciosa adapta a vida às circunstâncias. Os biólogos entendem tão bem esse tipo de evolução que agora podem rastrear o sucesso dos genes bons e compreender por que genes não tão bons persistem igualmente. Podem prever como as secas irão mudar o bico dos pássaros; podem medir quanto tempo leva para uma traça adaptar-se a um novo pesticida; podem reconstituir a disseminação do HIV dos macacos para os homens; podem observar a evolução entre células concorrentes dentro de um tumor.

Neste passo, neste ritmo de geração a geração, a evolução faz engrossar os dentes e empluma caudas feito liras. Mas também trabalha a mais longo prazo, em escalas mais vastas — afinal, a evolução inventou os dentes e as plumas antes de mais nada. Para distinguir entre essas duas escalas, os biólogos costumavam usar os termos *microevolução* e *macroevolução*. A microevolução foi tão bem estudada que está passando de disciplina fronteiriça para ciência aplicada, tornando-se a província dos biólogos conservacionistas e dos engenheiros genéticos. Mas a macroevolução foi bem mais difícil de domar. Há muitas coisas que acontecem na história da vida além do mundo microevolutivo de geração a geração: continentes colidem e interpenetram-se, os climas mudam, os dinossauros se extinguem e prosperam os mamíferos, novos tipos de corpos se produzem para novos tipos de vidas.

Este livro é acerca das transições dos peixes para os tetrápodes e dos mamíferos terrestres para a baleia — duas das mais belas oportunidades de estudar a macroevolução. Não passa, segundo alguns, de uma microevolução em visão panorâmica ou requer uma concepção mais ampla da evolução? Durante 140 anos foram desconcertantemente grandes as lacunas nos registros fósseis entre os peixes e os tetrápodes e entre os mamíferos terrestres e as baleias, mas nas duas últimas décadas do século XX uma série de descobertas preencheu essas lacunas imensas. Ao mesmo tempo, outros cientistas aprenderam a olhar essas transições através de outros telescópios evolucionários — na comparação de genes, do desenvolvimento a partir de ovos, da locomoção e da neurologia. Agora, as histórias gêmeas de como os vertebrados saíram da água e de como voltaram ao oceano deixaram de ser duas das menos documentadas para ser duas das mais bem documentadas transições evolucionárias. Há algo marcante na velocidade dessa reviravolta científica. Ela sugere que a macroevolução está a ponto de receber o seu justo valor, tornando-se ciência rigorosa tal qual a microevolução, só que num arrebatamento bem mais majestoso.

Armado de tal conhecimento, você pode sentir uma certa afinidade com o resto da criação se por acaso estiver no fundo do mar cercado por peixes e golfinhos. Pelo menos enquanto durar o seu tanque de oxigênio.

Capítulo 1

Atrás de um balão perdido

Num laboratório de porão em Londres, um homem contemplava uma carcaça. Era mais ou menos do tamanho de um rolo de pastel, com um rabo em lâmina e barbatanas natatórias semelhantes a longos fios de barba. Os olhos eram cabeças pretas de alfinetes e os lábios grossos e pecaminosos. O homem alto estava de pé, um pouco inclinado, e embora tivesse apenas 35 anos nessa época, 1839, revelava nos olhos castanhos o brilho que costuma ser monopólio dos velhos profetas frustrados. Havia visto a pele, as tripas e os ossos de centenas de animais que nenhum inglês jamais vira antes, mas poucos o irritaram mais que esse último.

Chamava-se Richard Owen — ainda não Sir Richard, mas a caminho. Fora criado em Lancaster e suas perspectivas quando menino não pareciam tão boas. O pai, mercador fracassado, morrera nas Índias Ocidentais quando Richard tinha 5 anos. Rapaz preguiçoso e impudente, alistou-se na marinha aos 14, como ajudante aprendiz de cirurgião, mas, finda a guerra de 1812, poucas esperanças de carreira se ofereceram com a paz e ele então retornou à Escócia. Adorava heráldica e pode ser que desenhando unicórnios e grifos tenha despertado seu interesse nas formas animais. Empregado novamente como aprendiz de cirurgião, começou a colecionar esqueletos, de início de cães, gatos, veados e camundongos. Mas ele queria mais ossos. Durante algum tempo trabalhou para um cirurgião que realizava autópsias em prisioneiros mortos da Torre de Adriano. Num dia frio de janeiro, os dois fizeram uma visita à prisão e, após a autópsia, o cirurgião deixou Owen para limpar tudo. Desta vez Owen não guardou todos os instrumentos. Deixou algumas lâminas junto do cadáver aberto e, dando umas moedas ao guarda, disse-lhe que precisava voltar depois. Havia mais algum trabalho a fazer antes de poder fechar o caixão.

Voltou com o luar na noite gélida, subindo a colina congelada até a torre, trazendo um forte saco de papel pardo. Fez um sinal para o guarda, que acenou de volta, e subiu as escadas até a sala de autópsia. Entrou e fechou a porta atrás de si. Passou muito tempo até abrir de novo a porta, com o saco de papel cheio. Passou de novo pelo guarda e lhe disse que o cadáver estava pronto. Ao deixar a torre e começar a descer de volta à colina, tinha a cabeça repleta de pensamentos sobre ângulos faciais e tecidos ósseos. Quanto mais pensava no trabalho que o deliciaria essa noite no consultório, mais rápido andava. De repente seus pés chutaram o vazio e perderam o apoio. Ele escorregou e caiu no gelo, o saco virou e o que tinha dentro rolou no chão. Ele correu para pegar as coisas, descendo na direção de um chalé ao pé da ladeira, mas chegou atrasado. Uma mulher dentro da casa ouviu um baque no pé da porta da frente e foi abri-la. Diante dela um rapaz amarfanhado, olhos esbugalhados, tentava enfiar num saco uma cabeça humana recém-cortada. Dali ao consultório ele disparou numa carreira, carregando aquilo e ouvindo atrás de si os gritos de terror da mulher.

Owen entrou para a Universidade de Edimburgo aos 20 anos, mas logo deixou sua turma para trás — passou-se um ano e já estava viajando para Londres com cartas de apresentação dos seus tutores pessoais, conseguindo um posto de cirurgião num hospital. Ser doutor em Londres na década de 1820 era um feito não apenas profissional mas político. O *establishment* médico — incluindo os hospitais da cidade e os periódicos de medicina — era controlado por doutores que em geral simpatizavam com os *tories* (conservadores). Aliados aos médicos estavam os cirurgiões que realizavam dissecções e tinham posição inferior na hierarquia social. Em oposição a eles se colocavam os clínicos gerais formados em pequenas faculdades privadas e de inclinações igualitárias mais radicais. Dispostos a reformar a medicina, eles bombardeavam o elitismo dos doutores e cirurgiões sempre que podiam, em publicações médicas rebeldes, nos jornais e no Parlamento. Lutavam ferozmente pelo acesso à biblioteca e ao museu do Colégio Real de Cirurgiões. Um famoso cirurgião britânico chamado John Hunter havia acumulado milhares de livros e uma coleção de 13 mil animais e órgãos em formol, corações, vesículas, membros locomotores, medulas e outros materiais que estabeleceram os modelos para a anatomia, mas após a sua morte, em 1793, a coleção permaneceu sem uso ao longo dos anos. O governo comprou-a e confiou-a ao Colégio Real de Cirurgiões na suposição de que o instituto publicaria catálogos, organizaria seminários e conferências e abriria o museu e a biblioteca ao público. Mas por mais de vinte anos a instituição só deu acesso aos seus membros, levando os clínicos gerais a espernear até que o Parlamento tomasse conhecimento do caso. O Colégio Real concordou então em abrir as portas da biblioteca e do museu a médicos licenciados e em publicar um catálogo oficial.

Owen foi chamado a dar assistência nesse trabalho e, quando seu superior morreu, a tarefa ficou inteiramente a seu encargo. Foi algo que o manteve ocupado durante décadas. Ao mesmo tempo ele esforçou-se para progredir na carreira de anatomista, dando conferências para estudantes de medicina e obtendo o direito de dissecar os animais mortos no zoológico de Londres. Não era nada fora do comum deparar-se, ao entrar na casa de Owen, com um rinoceronte recém-falecido estendido no *hall*.

Em 1830, um barão francês de 61 anos de idade, doente mas imperioso, foi ao Museu Hunteriano. Como Owen era o único ali a falar francês, coube-lhe ciceronear o visitante. O nome dele era Georges Cuvier, professor do Museu Nacional de História Natural em Paris e, para Owen, deus na terra. Acontecera com Cuvier o mesmo que se passara com Owen, ambos pobres bem-educados e intrusos; Cuvier, de fé protestante alemã, perambulava pelas montanhas ao redor de Montbéliard quando menino, colhendo plantas e levando-as para casa, onde as classificava de acordo com o esquema do naturalista Lineu, do século XVIII, que havia criado a hierarquia da espécie, gênero, família, ordem, classe, filo e reino. Cuvier deveria tornar-se um burocrata no governo prussiano depois de formado, mas concluiu a Academia de Stuttgart com um bolo de outros aspirantes à burocracia. Só conseguiu um emprego quando um amigo voltou a Montbéliard depois de um período como tutor de uma família da Normandia e arranjou para ele o lugar que deixara.

CLASSIFICAÇÃO SEGUNDO LINEU

ESPÉCIE	*Homo sapiens* (humanos modernos)
GÊNERO	*Homo* (inclui outras espécies, como a neandertalense)
FAMÍLIA	Hominidae (inclui hominídeos como "Lucy")
ORDEM	Primatas (inclui macacos e lêmures)
CLASSE	Mamíferos
SUBFILO	Vertebrados (inclui todos os animais com espinha e crânio ósseos)
FILO	Cordados (inclui todos os animais com medula espinhal protegida)
REINO	Animal

Na Normandia, Cuvier foi tratado mais como empregado da família do que como tutor. Tentou consolar-se pensando no giro pela Europa que daria com o estudante sob sua responsabilidade e estudando todas as formas de vida que encontrava — as plantas no jardim da cidade, os peixes exóticos numa lojinha local, os pássaros orientais de outra loja. Mas antes que começasse o giro europeu, a Revolução Francesa transbordou de Paris para o campo. Sua família refugiou-se numa aldeia da costa, onde Cuvier, então com 21 anos, afundou em uma quase completa solidão. Andava sozinho pela praia, coletando os animais que eram trazidos a terra, selecionando vísceras de arraias que os pescadores lhe vendiam. Escreveu cartas eruditas a importantes zoólogos parisienses e sua reputação de naturalista autodidata só fez crescer. Quando esfriou a Revolução, Cuvier visitou a capital, onde surpreendeu os cientistas do novo Museu Nacional com os conhecimentos que acumulara. Eles estavam desesperadamente à procura de auxiliares competentes e o contrataram de imediato. Tinha apenas 23 anos ao entrar para o museu, mas também a pessoa que o convidara, um professor de zoologia chamado Etienne Geoffroy Saint-Hilaire, contava somente 21. "Venha para Paris", escreveu-lhe Geoffroy. "Venha desempenhar conosco mais um papel de legislador de história natural." Era um parlamento fundado por rapazes.

Com a idade de 30 anos, Cuvier havia inventado a paleontologia moderna. As pessoas colecionavam fósseis fazia séculos, mas ainda no século XVI os europeus pensavam que não eram esqueletos de verdade, mas algumas das muitas formas que as rochas podiam adquirir: algumas viravam esmeraldas, outras imitavam conchas de caracóis. Gradualmente os naturalistas foram reconhecendo o excesso de semelhanças entre essas pedras e os ossos dos animais vivos, os mineralogistas entenderam como os ossos podem se transformar em rochas e a visão tradicional acerca dos fósseis começou a ceder. No século XVIII os naturalistas já haviam encontrado ossos de tudo na terra, desde elefantes a mariscos gigantes espiralados. O dilúvio de Noé, supunham muitos, deveria ter lançado esses esqueletos no topo das montanhas.

Cuvier estudou os fósseis com a seriedade de quem estudava animais vivos. Trouxe para Paris um fluxo contínuo de ossos das pedreiras calcárias ao redor da cidade, retirando-os da rocha e encontrando elefantes diferentes das espécies vivas. Só pôde concluir que pertenciam a espécies desaparecidas da face da Terra. Ninguém pensava seriamente que toda uma espécie pudesse se extinguir, mas em poucos anos Cuvier havia encontrado preguiças do tamanho de rinocerontes e antas que também tinham desaparecido. Concluiu que um simples dilúvio não poderia ter eliminado todas as criaturas que encontrava, pois seus fósseis tinham desaparecido em períodos geológicos diferentes, o que demonstrava que a vida fora abalada sucessivamente por violentas revoluções. E a cada vez surgia de algum modo uma nova forma de vida.

Sempre que observava um animal, vivo ou morto, Cuvier ficava espantado com a perfeita adequação das partes entre si — era sempre um organismo unificado, único. Um pássaro era feito para voar em cada detalhe, desde o leque das penas na cauda até os enormes pulmões, passando pelos ossos finos e ocos. Bastava trocar o osso de um pássaro por um de uma barracuda e toda a criatura ficava comprometida. Era essa funcionalidade o fator responsável pelo fato de animais diferentes serem semelhantes e poderem se encaixar na classificação de Lineu. Como a função ditava a forma, animais que funcionavam de forma semelhante eram parecidos. Ele dividiu os animais em quatro grandes grupos, com base na disposição do seu sistema nervoso — para Cuvier, a essência de um animal. Os vertebrados tinham cérebro e medula espinhal, os moluscos tinham cérebro mas não medula, outros tinham meramente um sistema nervoso para constar e outros ainda tinham sistemas que se irradiavam de um agrupamento nervoso central. Com arquiteturas tão diferentes, cada grupo não podia ter conexões com os outros e a única razão pela qual os animais entravam numa determinada categoria era o fato de que funcionavam de formas semelhantes.

Não surpreende, pois, que Cuvier desdenhasse as idéias de outro cientista do museu chamado Jean-Baptiste Lamarck, segundo o qual as espécies na verdade mudavam com o tempo — ou seja, evoluíam. Ao observar moluscos fósseis, Lamarck descobriu que poderia arrumar alguns deles numa seqüência suavemente graduada de acordo com sucessivas camadas de rochas. Argumentou que, ao se adaptar a um ambiente diferente, uma geração de criaturas podia passar por mudanças que seriam transmitidas aos seus descendentes. Cuvier não aceitava essa transmutação. Quando Napoleão retornou do Egito com múmias de gatos e íbis de milhares de anos, frutos de pilhagem, Cuvier comparou-as a espécimes vivos e não encontrou qualquer diferença significativa. Para ele, a vida tinha uma ordem mais profunda do que permitiria a evolução proposta por Lamarck.

Quando Cuvier chegou a Londres e encontrou o jovem Owen, tornara-se um herói na França. "Não é Cuvier o maior poeta do nosso século?" — indagou Balzac. "Lorde Byron reproduz paroxismos mortais no seu verso, mas nosso imortal naturalista reconstruiu mundos a partir de um osso esbranquiçado. Cuvier é um poeta meramente pelos números. Ele não instiga o vazio com declarações artificialmente mágicas, ele escava um fragmento de gesso, descobre uma marca impressa e grita 'Vejam!' — e eis que as árvores se animalizam, a morte se torna vida, o mundo se revela."

Era admirado também pelos ingleses, particularmente pelo tipo de ingleses que dirigiam o Colégio de Cirurgiões. Os agitadores clínicos gerais londrinos gostavam da idéia da transmutação das espécies e achavam que a humanidade deveria evoluir, enquanto a nata da sociedade científica preferia a idéia de que Deus criara na Terra espécies fixas a partir do nada. Seus intricados desenhos eram prova da existência dele, da mesma forma que um relógio prova a existência do relojoeiro. E assim como cada animal tinha o seu lugar, superior ou inferior, na natureza, as pessoas também tinham o seu lugar na sociedade. Cuvier era portanto muito bem recebido no Museu Hunteriano e Owen deve ter conseguido causar-lhe boa impressão no breve giro pela instituição, porque Cuvier convidou-o no ano seguinte a Paris.

Na capital francesa, Owen passou várias manhãs com as coleções de Cuvier, buscando inspiração para organizar a bagunça que o esperava no Museu Hunteriano. O resto do tempo gastou como um *dandy*, indo à ópera e tomando lições de violoncelo, com as noites de sábado reservadas às *soirées* de Cuvier — único momento em que essa pétrea personagem abandonava a política e a anatomia. Owen ia também a reuniões da Academia de Ciências, onde as pessoas ainda comentavam o debate que Cuvier tivera com o seu velho mentor Geoffroy Saint-Hilaire após o retorno de Londres.

Geoffroy Saint-Hilaire e Cuvier se haviam distanciado bastante ao longo dos anos. Cuvier gostava de aferrar-se aos fatos, de evitar os enjoados sonhos teóricos não solidamente lastreados nos detalhes da zoologia real. Ao passo que Geoffroy encantava-se com o trabalho dos biólogos e filósofos alemães da época, românticos que esperavam encontrar uma oculta unidade para toda a criação. Ele nunca se impresssionara muito com as classes e ordens e reinos de que dependiam cientistas como Lineu e Cuvier para organizar a vida em categorias. Para Geoffroy Saint-Hilaire tudo isso parecia abstrato, uma vez que nenhuma divisão era absoluta. Coisas que deviam tornar único um grupo de animais podiam muitas vezes se revelar apenas estruturas transformadas de outros animais. O chifre de um rinoceronte, ele demonstrou, nada mais era que um ajuntamento comprimido de pêlos. E se cada espécie era criada de maneira perfeita para realizar suas funções, por que Deus cometia tantos equívocos descuidados? Por que o avestruz tem uma fúrcula, o popular ossinho da sorte em forquilha, cuja única função nos pássaros é ajudá-los a voar?

Geoffroy Saint-Hilaire concebia, ao contrário, uma grande alucinação germânica: que se poderia transformar qualquer animal, fosse um cachorro, uma formiga ou uma lula, em qualquer outro. A transformação deveria ser dolorosa — para ver a subjacente similaridade entre um pato e uma lula, você teria mais ou menos que transformar as costas do pato numa ferradura. Afinal Geoffroy concluiu que tais transformações não eram hipotéticas — eram um sinal de que a evolução transformara velhas espécies em novas. Talvez, sugeriu, a mudança ambiental mudasse o desenvolvimento dos embriões. Os aleijões podiam ser o início de novas espécies. Geoffroy sabia que essa teoria ia contra tudo o que era caro para Cuvier e por dez anos tentou atrair Cuvier à discussão. Por fim, depois que ele deu uma conferência mostrando como poderia dobrar as costas de um vertebrado para produzir um invertebrado, Cuvier aceitou o desafio do debate. Frustrado pelo modo como seus alunos estavam sendo seduzidos pelas canções alemãs de unidade, pelo modo como os revolucionários estavam de novo entrando na moda, Cuvier decidiu que era hora de objetar.

Numa série de conferências, ele usou quarenta anos de anatomia para zombar dos saltos mortais de Geoffroy Saint-Hilaire em matéria de ossos e músculos. Cuvier teve certeza, depois, de que havia ganho o debate, mas os resultados reais não foram tão claros. Owen era o caso em questão: ouvindo os biólogos argumentarem na academia com as opiniões dos oponentes, concluiu que Cuvier estava certo, mas ainda anotava questões para si mesmo: "Unidade de Plano ou Propósito Final como condição governante do desenvolvimento orgânico? Séries de espécies, ininterruptas ou interrompidas a intervalos? Vida primária, por milagre ou lei secundária?" E durante uma década tentaria por conta própria reconciliar os argumentos dos dois velhos franceses.

À medida que os laços coloniais britânicos se estendiam mundo afora, muitos dos animais que eles encontravam eram trazidos para o Museu Hunteriano e acabavam sob a faca de Owen. Nos anos que se seguiram ao seu retorno de Paris, ele dissecou acuchis, ursos tibetanos, cangurus, antas, crocodilos, castores, mandris, tucanos, chitas, calaus, quincajus, antílopes indianos, urubus-caçadores, amêijoas, flamingos, tatus — tanto os de nove placas móveis como os de cabeça de fuinha — e parasitas do estômago do tigre. Tomou um cuidado especial para não incorrer nos sonhos lamarckianos de transmutação. Na década de 1820 os biólogos pensavam que o estranho ornitorrinco com bico de pato era da mesma família de mamíferos que a preguiça e o tamanduá, mas depois chegaram informações da Austrália de que o animal botava ovos. Que prova melhor haveria de uma espécie fruto de transmutação? Ali estava uma transição viva entre os répteis ovíparos e os mamíferos vivíparos. Geoffroy Saint-Hilaire passou à história pelo encantamento com a ponte que o ornitorrinco constituía entre dois tipos de animais.

Em 1832, recém-chegado de Paris, Owen confrontou-se com Geoffroy numa discussão sobre ovos. A evidência era vaga; Owen não pôde encontrar membranas secretoras de casca para a produção de ovos no ventre, mas a pélvis também não parecia larga o bastante para permitir a passagem de um ovo. Era a capacidade da mãe de alimentar as crias que constituía para Owen a característica de todos os mamíferos e ele dissecou filhotes ainda pelados e descobriu leite coagulado no estômago deles; descobriu também glândulas no abdome da mãe que secretavam leite. Geoffroy Saint-Hilaire admitiu a derrota. De fato, o ornitorrinco é tanto um mamífero produtor de leite como também ovíparo. Seus ovos levariam anos para ser descobertos, mas Owen poderia ter facilmente notado um dente especial quebra-ovos na boca dos filhotes, exatamente como o que se encontra na boca dos répteis. Se notou, ignorou-o completamente.

Na década de 1830, exploradores ingleses pela primeira vez levaram macacos para os jardins zoológicos de Londres. A maioria dos macacos morreu logo nas jaulas e coube a Owen investigar o que havia dentro deles. Os chimpanzés, com suas caras de criança, causaram grande sensação em Londres e em Paris; Lamarck chegou a sugerir que eles podiam ter produzido a raça humana. Se fossem forçados a viver no chão, perderiam os dedões de agarrar à medida que se acostumassem a andar. Uma vez no chão, poderiam ficar eretos e, após gerações, desenvolveriam a barriga da perna. Com as mãos livres, não precisariam mais usar as mandíbulas como armas. Sua queixada iria se encurtar e seus rostos ficariam mais retos, adquirindo assim a nossa imagem.

Owen não podia suportar a idéia de que os humanos nada mais fossem que macacos eretos e, o mais importante, não via grande ciência nesse raciocínio. Geoffroy Saint-Hilaire e outros biólogos haviam medido os ângulos faciais dos orangotangos e dos chimpanzés e concluíram que eles faziam uma bela seqüência de achatamento que acabava dando nos nossos perfis achatados. Mas como os macacos em zoológicos sempre morriam antes de chegar à idade adulta, os biólogos limitavam-se a estudar filhotes de chimpanzés. Em 1835, Owen foi o primeiro a dissecar um chimpanzé adulto e mostrou que qualquer semelhança com os humanos não se sustentava: ao crescer, o chimpanzé abaulava mais sua face humanóide, projetando-a com grandes e afiados dentes e com testas pronunciadas, de modo que seus ângulos faciais acabavam diferindo muito dos nossos.

Enquanto Owen ocupava-se em preservar a humanidade pela inclinação da testa, um naturalista chamado Johann Natterer estava vasculhando a Amazônia. Entre as centenas de animais que aprisionou, um que descobriu nadando num rio despertou-lhe especial atenção. Ficou tão confuso com esse animal, na verdade, que levou espécimes dele para Leopold Fitzinger, curador de répteis do Museu Imperial de Viena. Pareciam peixes, tinham guelras e nadadeiras, mas quando Fitzinger investigou suas gargantas descobriu o que parecia, absurdamente, resquícios de um pulmão. Tratava-se de um peixe ou de um réptil (termo que na época de Fitzinger incluía anfíbios como rãs e salamandras)? Ninguém jamais fora obrigado a fazer tal diferenciação antes — afinal, que diferença poderia ser mais clara? Os únicos animais que anteriormente haviam ousado se aproximar dessa divisão eram as salamandras em forma de enguia chamadas sereias, que muitas vezes viviam na água, respirando água através de um conjunto leve de estruturas semelhantes a brânquias. Mas mesmo esses animais tinham pernas e artelhos. Fitzinger fixou-se na classificação de *réptil*, mas não com grande convicção, dado que seus espécimes estavam muito estripados — "vítimas" que foram, disse, "da caça por demais apaixonada de Natterer". Este, por sua vez, pensou tratar-se de um peixe, mas curvou-se à competência de Fitzinger. Deu à criatura o nome de *Lepidosiren paradoxa* (em português, lepidossirene ou lepidossereia): *lepido* pelas escamas nas costas, *siren* por referência aos anfíbios e *paradoxa* pela confusão em que o deixou.

Em junho de 1837, outro espécime chegou ao Colégio Real de Cirurgiões, mas não da Amazônia — essa criatura vivia no rio Gâmbia, na África ocidental. Durante a estação seca na região, escavava uma toca de quase meio metro na lama e ficava meses ali. O espécime de Owen veio envolvido numa câmara de argila. Dentro estava o mesmo

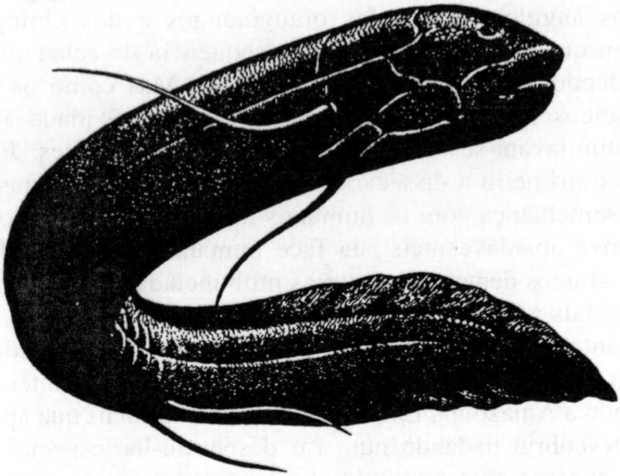

Lepidosiren paradoxa.

corpo tipo rolo de pastel, com os lábios e as pernas semelhantes a fios de barba, que Natterer havia encontrado. Mas Owen ainda não ouvira falar do réptil amazônico e prontamente deu a sua criatura o nome de *Protopterus anguilliform*.

Owen pôs a criatura de lado. Se fosse alguns anos antes, teria dedicado a ela uma atenção incansável, mas a fama e o trabalho estavam engolindo os seus dias. O Colégio Real de Cirurgiões demoliu o velho Museu Hunteriano e construiu em seu lugar outro maior, com coleções melhores que as de Cuvier. Owen ganhou prêmios e deu conferências a que então compareceu a alta sociedade londrina. E, para coroar tudo isso, chegaram toneladas de novos fósseis, trazidos para Owen por um tranqüilo naturalista com cara de buldogue chamado Charles Darwin. Darwin entrara para a Universidade de Edimburgo um ano depois de Owen, mas os dois só se conheceram em 1836, na casa de um amigo comum. Ali Darwin contou a Owen da viagem de cinco anos que acabara de fazer ao redor do mundo e dos tesouros que trouxera, tais como os horrendos lagartos verdes que pulavam nas águas do Pacífico para comer algas. Também havia descoberto fósseis de mamíferos gigantes da América do Sul dos quais ele não entendia muito, pedindo a Owen durante o jantar que os examinasse e identificasse. Owen levaria anos para classificar esses ossos, que concluiu terem pertencido a roedores do tamanho de rinocerontes e a tamanduás maiores do que um cavalo.

Muitas vezes Darwin visitou Owen no colégio, nessa época, para conversar sobre os fósseis. Por entre microscópios e potes com animais em formol, Owen explicou-lhe sua idéia de que cada espécie tinha sua própria energia organizadora, que não podia ser superada pela intenção de nenhum indivíduo em criar uma outra organização. Darwin mantinha-se em silêncio, a cabeça fervilhando de novas idéias que temia expor a quem quer que fosse. Talvez, quando conversassem, Owen se ressentisse desse sujeito tranqüilo e sortudo. Ali estava um sujeito que tinha nascido em berço rico o suficiente para agir como melhor lhe aprouvesse, que conseguia agora três vezes mais dinheiro do que ele, Owen, conseguira com toda a sua batalha, e que podia ficar alheio à política de que Owen dependia para se manter. Owen era um homem de museu, mas Darwin podia se dar ao luxo de longas viagens e de gastar o tempo que passava na Inglaterra fazendo pouco mais do que criar pombos, bater papo com criadores de cachorros e passear pelo zoológico para ver um orangotango em acessos de fúria.

Owen, enquanto isso, estava tão submerso no trabalho que se descobriu, pelo menos uma vez, batido por alguém. A criatura africana que quis chamar de *Protopterus* já tinha sido descoberta na Amazônia e era chamada de *Lepidosiren*. Os zoólogos acalentam a oportunidade de dar nome a uma espécie, como se isso lhes fosse concedido pelo próprio Adão, e Owen não era uma exceção. Quando nada, sentia-se mais no direito disso que seus colegas. Ele era o Cuvier inglês e sabia disso — tinha-se tornado um homem manipulador, arrogante, dissimulado — e nos seus escritos sobre o *Lepidosiren* pode-se sentir o ressentimento de que animal tão importante fosse nomeado por alguma outra pessoa. "Desde o tempo do *Ornithorhynchus*", escreveu, "não foi submetida aos naturalistas uma espécie que revelasse com mais força que o *Lepidosiren* a necessidade de um conhecimento de toda a sua organização, tanto externa quanto interna, de forma a se chegar a uma visão correta de sua natureza e afinidades reais."

Owen decidiu julgar por si mesmo o que era esse animal. No seu laboratório de porão ele examinou a boca do bicho, que tinha os mais estranhos dentes que ele já vira — dois deles gigantes, duas placas de esmagamento reforçadas, incrustadas no palato. Só isso torná-lo-ia uma criatura excepcional: fósseis de característica idêntica vinham perambulando pela literatura científica fazia mais de vinte anos. Eram coisas magníficas, de um negro brilhante, que o primeiro a descrever achou tratar-se de pontas quebradas de um casco de tartaruga. Por fim foram reconhecidos como dentes pertencentes a um peixe que viveu no período triássico, ou seja, há 220 milhões de anos segundo a classificação dos geólogos. E eis que os mesmos dentes aparecem na boca de um animal que ainda existia.

"Se de fato a espécie fosse identificada apenas pelo seu esqueleto", escreveu Owen, "ninguém hesitaria em referir-se a ela como pertencente à classe dos Peixes." Mas, ao contrário dos fósseis, essa espécie tinha carne seca grudada ao esqueleto e isso confundia tudo. Owen abriu o cadáver seco, de cor olivácea, pinçando por entre os ossos esverdeados. Retirou as brânquias de suas escoras ósseas, de tal modo que penderam como folhas sensitivas. Entre as costelas, onde alguns peixes têm uma bolsa cheia de gás para controle da flutuação, conhecida como bexiga natatória, o *Lepidosiren* tinha longos sacos alveolados que se enredavam e confundiam com o coração. Só pôde chamá-los de pulmões — "pois não sei de que outra forma designar tais órgãos segundo suas relações fisiológicas ou morfológicas, órgãos que, na linguagem técnica dos ictiólogos, seriam chamados de bexiga natatória ou de ar". Esses pulmões só poderiam ser para respirar ar e mais uma vez um transformacionista diria que ali estava um animal de transição que transpunha a lacuna entre peixe e réptil.

Por não acreditar em tais transições, Owen teve um cuidado especial em situar o lado da fronteira divisória entre peixes e tetrápodes a que pertencia o peixe com pulmões. O cérebro parecia de réptil e suas nadadeiras em filetes encaixavam-se nos ombros e ancas como pernas simplificadas. Os pulmões eram com certeza a característica mais próxima dos tetrápodes no *Lepidosiren* — os órgãos que lhe permitiam sobreviver em terra, ao contrário das brânquias ou guelras, que permitiam aos peixes respirar água. Mas Owen não quis chegar a tal conclusão e continuou observando o animal até inspecionar-lhe o focinho. Em seu espécime não havia passagem ligando o nariz à boca, o que significava que o *Lepidosiren* com esse órgão só podia cheirar, como todos os peixes. Não havia como usá-lo para respirar, como ocorre com os tetrápodes em terra. Owen encontrara o sinal de que precisava.

"No órgão do olfato, temos por fim uma característica que é absoluta na distinção entre Peixes e Répteis", afirmou. "Em todo Peixe esse órgão é um saco fechado que só se comunica com a superfície externa; em todo Réptil é um canal com abertura tanto interna quanto externa. De acordo com esse teste, o *Lepidosiren* é um

Peixe... não por suas guelras, não por suas vesículas aéreas, não por seu intestino em espiral, não por seu esqueleto não ossificado, nem por suas extremidades nem por sua pele nem por seus olhos nem por seus ouvidos, mas simplesmente por seu nariz."

Owen queria salvar a humanidade da companhia das bestas. Agora éramos mais do que peixes, graças apenas às nossas nobres narinas.

Por vinte anos após esse seu encontro com o *Lepidosiren*, Owen continuou a crescer mais e mais. Ele inventou a palavra *dinossauro* e ofereceu um jantar no Palácio de Cristal em que uma mesa de luminares estava arranjada dentro do intestino de um modelo de iguanodonte. Foi armado cavaleiro do reino e transferido do Museu Hunteriano para o recém-construído Museu Britânico, onde supervisionou as coleções de história natural. Contavam-se entre seus amigos William Gladstone e Charles Dickens. A rainha Vitória deu-lhe uma casa e ele foi tutor dos filhos dela.

E nessa época Owen achou uma maneira de fundir as idéias de Cuvier e Geoffroy Saint-Hilaire. O primeiro insistira que a função determinava a forma, que não havia correspondência entre os grandes grupos animais. Mas Owen concluiu que o segundo, que conseguia ver formas de transformar qualquer animal em qualquer outro, podia ter tocado o xis do problema da vida, ainda que pudesse estar errado no detalhe. Simplesmente tinha passado pelas mãos de Owen anatomia demais, o suficiente para responder por essa ou aquela posição. Podia-se falar das cabeças de mamíferos como nós, feitas de ossos que só se solidificam depois do nascimento, e de como Deus havia disposto com tal providência que tais cabeças pudessem assim sair de estreitos ventres. Mas por que então podia Owen encontrar ossos correspondentes num frango ou num lagarto, que só precisavam abrir caminho numa casca de ovo para nascer? Devia haver uma relação mais profunda, que Owen chamava de homologia — "o mesmo órgão em diferentes animais sob todo tipo de forma e função", como definia. A homologia era o que unia ossos nas cabeças de pássaros e homens, mas devia sempre ser diferenciada da analogia, caso em que diferentes órgãos servem à mesma função. Os lagartos escorregadios têm compridos esporões presos a cada costela, dos quais pende uma asa carnosa que serve de pára-quedas na passagem de uma árvore a outra. Os deslizantes esquilos fazem a mesma coisa com abas de pele que se estendem dos braços às pernas. Ambos os animais podem planar, mas as partes anatômicas que lhes permitem fazê-lo não são homólogas.

Quando Owen olhou a vida dessa forma, pôde ver homologias anatômicas em todos os vertebrados. Por fim, concluiu, seus corpos podiam todos ser vistos como espinhas elaboradas. A vértebra básica era um carretel cercado por um arco acima e abaixo, com costelas projetando-se do lado. Cada parte do esqueleto dos vertebrados era homóloga a alguma parte desse osso, desde o queixo até a caixa craniana, passando pelos ossos peitorais. Reduzindo todos esses ossos homólogos a sua forma mais simples, Owen desenhou o que imaginou fosse o plano geral dos vertebrados, uma coisa tipo lampréia que ele batizou de Arquétipo.

O Arquétipo era o modelo a que Deus recorria para guiar a história da vida. Como sugerira Cuvier, a vida passava por revoluções e, à medida que o fazia, diferentes modificações do Arquétipo surgiam — primeiro, peixes; depois, répteis e, então, os mamíferos. A única continuidade entre eles era a maior ou menor elaboração sobre o Arquétipo. O peixe com pulmões, o animal que tanto intrigara Owen, era com efeito a maior aproximação de um peixe à forma dos répteis. Embora Owen achasse que novas espécies surgiam com o tempo, não aceitava a idéia de Lamarck de que a vida era um progresso evolutivo contínuo. Para ele, os dinossauros eram uma prova clara disso: embora fossem répteis, eram por si sós criaturas avançadas e, no entanto, foram seguidos por répteis de inspiração muito mais modesta, como os lagartos, as cobras e outros menores.

Alguns podem achar que se Deus não tivesse feito animais perfeitamente adaptados a suas maneiras de vida, então não poderia haver sentido na sua anatomia. Talvez tivessem se formado por acaso orgânico. "Mas desse charco de desalento epicurista toda mente sadia naturalmente se precavê", escreveu Owen. O Arquétipo tinha mesmo uma função própria, decidiu, porém algo mais nobre do que simplesmente fazer trotar um animal. Deus devia ter a nossa própria forma em mente quando dispôs sobre as primeiras formas vertebradas, de modo que "uma compreensão delas mais verdadeira leva os seres racionais e responsáveis a uma melhor concepção de sua própria origem e de seu Criador".

Por trás das devoções de Owen, secretamente ele tentava descobrir como as espécies foram de fato criadas organicamente. Os sacerdotes podem achar que todas as espécies existentes hoje vieram da arca de Noé, mas Owen não podia deixar de se indagar como é que uma ave que não voa pôde chegar a uma remota ilha do Pacífico. Podia sempre considerar risíveis as fantasias de Lamarck e de Geoffroy Saint-Hilaire, mas a evolução devia operar de alguma outra maneira. Populações de pulgões mudavam completamente de uma geração para outra, todos absolutamente sem asas, todos tornando-se assexuados. Fossem quais fossem as regras biológicas que produziam tais mudanças, elas deviam ocasionalmente criar novas espécies de uma só tacada. Claro que Deus estava por trás de qualquer mecanismo criador das espécies, mas a ciência poderia descobri-lo. Owen sempre foi esquivo com essas idéias de evolução. Ele batalhara com unhas e dentes durante décadas para alcançar sua alta posição social e científica e poderia desabar lá de cima se começasse a discutir em público esse tipo de heresia. Suas leis secundárias, ele simplesmente apelidou de "atos criativos".

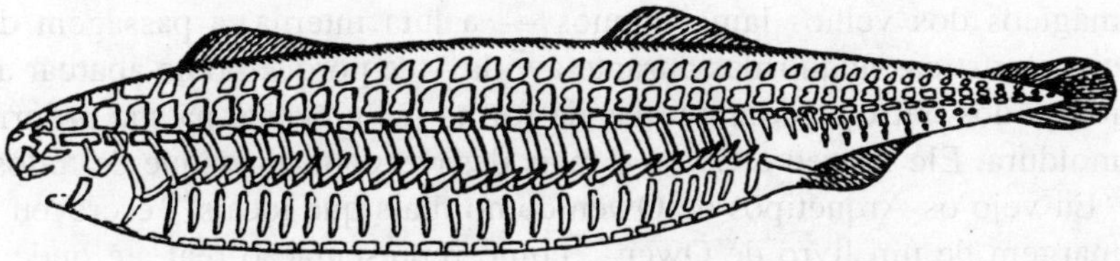

O Arquétipo vertebrado de Richard Owen.

Em 1859 tornou-se obsoleto esquivar-se: depois de zanzar serenamente por vinte anos em torno de suas questões, Darwin publicou *Da origem das espécies pela seleçao natural*. A gênese da teoria surgiu em julho de 1837, apenas um mês depois de Richard Owen botar os olhos pela primeira vez no *Lepidosiren*, quando Darwin abriu um livro vermelho de anotações e começou a esboçar suas idéias sobre a origem das espécies. Embora criar pombos possa parecer um estranho *hobby* para Darwin, eles foram suas musas. Ele pôde mudar drasticamente a anatomia dos pássaros simplesmente criando apenas aqueles que mais se aproximavam de suas especificações. A natureza, percebeu Darwin, também era uma criadora, embora sem propósito consciente. Um animal enfrentava terríveis desvantagens na vida — doenças, predadores, secas e a competição de outros membros da própria espécie. Em cada geração todos os indivíduos variam em tamanho, força e todos os demais aspectos. Alguns desses aspectos dariam a um animal uma ligeira vantagem sobre outros. Sabidamente as variações eram pequenas, mas Darwin ressaltava que a Terra era muito mais velha do que as pessoas pensaram um dia e, portanto, havia tempo bastante para a seleção natural operar sobre a vida. Se populações de uma espécie ficavam isoladas e enfrentavam novos desafios, a seleção natural iria afastá-las de sua forma ancestral, criando uma espécie nova. Apesar do que Owen poderia dizer, o registro fóssil mostrava que as espécies não tinham nenhuma energia inerente — determinada espécie poderia durar mais do que outras graças apenas à sua capacidade de superar outras formas, concluiu Darwin. A vida não galgava um tronco rumo à nossa gloriosa humanidade lá no alto; ela ramificava-se em novas espécies que se ramificavam por sua vez em outras ainda mais novas. Alguns dos ramos chegavam lá no alto através do tempo, enquanto outros eram podados pela extinção.

A teoria de Darwin era poderosa porque carecia dos truques mágicos dos velhos lamarckianos — a luta interna, a passagem de características adquiridas durante a vida — e porque podia abarcar as idéias dos outros e combiná-las de forma tão elegante na sua própria moldura. Ele moveu a Owen o mais desavergonhado saque de todos. "Eu vejo os Arquétipos de Owen como mais que ideais", escreveu à margem de um livro de Owen, "como representação real até onde é possível à mais consumada habilidade & à generalização mais elevada representar a forma matriz dos Vertebrata." As homologias que Owen via nos vertebrados não eram vestígios do modelo divino, mas semelhanças de família.

Owen não apreciou esse desvio de Darwin: um Cuvier inglês não poderia ser prelúdio para ninguém. E quando Darwin escreveu que certos criacionistas, cujo nome não declinou, imaginavam que as espécies assomavam do vazio, com os átomos milagrosamente transformando-se em tecido, Owen teve certeza de que o estava caricaturando. Para piorar as coisas, defensores de Darwin — como o paleontólogo Thomas Huxley — fizeram de Owen o espantalho para suas tochas evolucionárias, interpretando equivocamente suas objeções a Darwin. Owen estava querendo aceitar que as homologias resultavam de herança e mesmo que os humanos podiam muito bem evoluir no futuro para uma espécie inteiramente diversa. Mas teorias como a de Darwin que tentavam explicar como a evolução podia ocorrer não passavam de um "esforço de adivinhação". Darwin havia mostrado apenas que a seleção natural *podia* explicar a vida, não que teria que fazê-lo. Pior ainda, era um feio mecanismo baseado exclusivamente em mortes e nascimentos casuais, não em alguma lei fundamental.

Tímido e doente, Darwin ficou em sua casa de campo, recebendo notícias sobre o destino da sua idéia nos círculos científicos londrinos enquanto cultivava orquídeas e dróseras carnívoras. Os seguidores de Owen e de Darwin engalfinharam-se nas tribunas acadêmicas nos quinze anos que se seguiram. Foi uma luta renhida, cheia de equívocos e insultos que deixaram a maioria dos contendores malquistos. "Eu costumava me envergonhar de odiá-lo tanto", escreveu Darwin acerca de Owen numa carta, "mas agora vou acalentar cuidadosamente meu ódio & desprezo até o último dos meus dias."

Owen trabalhou contra Darwin continuando a tentar uma separação entre a humanidade e os macacos. Os gorilas acabavam de entrar em posse britânica e, após dissecá-los, Owen declarou que o cérebro humano tinha estruturas que nem mesmo esses macacos revelavam. Uma vez que era no cérebro que residia a elevada mente do homem, fazia sentido encontrar justamente ali a marca da sua singularidade. Mas, numa série de humilhações públicas, Huxley exibiu os resultados de novas dissecções de primatas, mostrando que Owen confundira bastante sua anatomia.

Para muitos opositores de Darwin, como Owen, o horror central da sua teoria era que os humanos descendessem dos macacos. No entanto, a transição dos ancestrais semelhantes a macacos para a forma humana era uma mudança menor e tardia na nossa caleidoscópica origem. Pelo menos um macaco pode caminhar e respirar ar. Pelo menos tem pêlos e polegares. Para um alheamento efetivo, remetamo-nos aos peixes. Quem pode ver um espírito aparentado naqueles olhos estúpidos de botão? Naquele corpo achatado ou alongado, nada além de uma boca impulsionada por músculos? Darwin sabia muito bem disso. Certa vez ele escreveu a um amigo: "*Nosso* ancestral era um animal que respirava água, tinha uma vesícula e grande cauda natatórias, um crânio imperfeito e era sem dúvida hermafrodita! Eis uma agradável genealogia para a humanidade."

À parte a repugnância, os opositores de Darwin poderiam brandir o *Lepidosiren* com os braços erguidos acima da cabeça para reunir suas forças. Levar um peixe para a terra requer a invenção de uma anatomia radicalmente nova para adaptá-lo a um ambiente que normalmente o mataria. Como poderiam as pequenas mudanças de tamanho e forma criar estruturas complexas totalmente sem precedentes, como pernas e pés? E onde estavam os intermediários, vivos ou fósseis? O próprio Darwin viveu a agonia desse problema e a publicou. Como é que a evolução — perguntou — poderia criar algo tão complexo quanto um olho? Só podia sugerir um caminho — que uma malha de células fotossensíveis se havia curvado em taça e desenvolvido uma lente. Como evidência, assinalou que todos os estágios dessa evolução existiam e funcionavam de fato em diferentes animais, de moscas a lulas e ao homem.

Aí estava um novo tipo de argumento. Um físico pode observar coisas como luas em órbita e balas cadentes de canhão, encontrar fórmulas para prever como um objeto é afetado por uma força como a gravidade e conduzir experiências que as comprovem. Antes de Darwin, as pessoas pensavam a biologia como uma filosofia médica, uma forma de usar ossos e carne para contemplar conceitos abstratos de classificações e conexões, ou como uma espécie de cristandade zoológica na qual todas as adaptações ao ambiente feitas pelos organismos eram prova da onipotência de Deus. Agora Darwin estava transformando a biologia numa ciência histórica. Um pássaro existente tinha asas hoje graças a um sinuoso caminho inconcebivelmente longo de evolução que ninguém poderia jamais pensar em reduzir a uma fórmula ou reproduzir plenamente em alguma experiência. Nem podíamos encontrar muitas espécies de transição existentes para mostrar essa história, alertou Darwin, porque uma nova espécie bem-sucedida provavelmente teria lançado no esquecimento a espécie de que descendia, para não falar nas várias catástrofes que podiam varrer uma espécie da face da Terra. Quanto aos fósseis, embora a terra fosse um vasto museu de ossos, sua coleção era acidentalmente escolhida. Só podíamos esperar encontrar uns poucos ramos da árvore da vida.

Quando Darwin morreu, em 1882, o darwinismo enfrentava problemas. Crescente número de cientistas aceitava a evolução, mas a versão de Darwin sustentava-se em pernas bambas. As lacunas entre diferentes formas de vida ainda eram muitas vezes amplas e a idéia que Darwin fazia da hereditariedade — uma espécie de mistura — não podia explicá-la como de fato ocorria. Quando Owen morreu, dez anos depois, pode muito bem ter ido para o túmulo certo de que, se a sua idéia da evolução tinha perdido a parada, pelo menos a de Darwin não havia ganho.

Ainda levaria muitas décadas até vingar a idéia da seleção natural numa escala de geração para geração — o que hoje chamamos de microevolução — e outras décadas mais até começarmos a entender a hereditariedade ao nível específico das moléculas. O ácido desoxirribonucléico, mais conhecido como ADN, é uma cadeia helicoidal dupla presente em cada célula viva de todo organismo, exceto alguns vírus. É composto de uma coluna retorcida de moléculas de açúcar e fosfato que, se desfiadas, teriam um metro de comprimento. Correm através delas 3 bilhões de degraus de informação — pares de moléculas entrelaçadas conhecidos como nucleotídeos. Só existem de quatro formas diferentes e são como que um alfabeto resumido de instruções vitais. Flutuando próximas ao ADN estão as proteínas que mantêm as cadeias firmemente enroscadas e permitem ainda que os nucleotídeos sejam facilmente lidos. Quando moléculas sinalizadoras chegam de fora, outras proteínas fecham sobre faixas do ADN e as reproduzem em cadeias curtas. Essas cópias são roladas para fábricas em forma de glóbulos que flutuam pela célula. Nesses pontos outras proteínas mais usam essa mensagem como modelo para juntar em engates protéicos pequenas moléculas chamadas aminoácidos, transformando-se em proteínas. As proteínas são a essência do trabalho vital: elas se transformam em cabelos e pele e tecido conjuntivo e unhas; funcionam também como transporte do oxigênio no sangue, digestoras no intestino, captores de luz nos olhos e operadoras do próprio ADN.

A vida se reproduz de muitas formas, mas todas elas envolvem a criação de novo ADN. Numa mulher, por exemplo, todas as células têm dois conjuntos de genes que são quase idênticos, exceto as células dos ovários que por fim se transformam em óvulos. Quando chega o momento de uma dessas células assumir sua identidade como óvulo, seus genes caem uns sobre os outros, trocam seqüências e então se separam. A célula divide-se em óvulos e cada um, portanto, tem apenas um conjunto de genes em vez dos dois normais. De forma similar, o esperma do homem tem um conjunto de genes e quando o espermatozóide nada rumo ao óvulo e se funde a ele, seus genes combinam-se num preenchimento pleno. Os novos genes de um bebê não são uma mistura borrada de mãe e pai mas um mosaico composto por cada conjunto. Herdando-se um gene específico da mãe, ele produzirá a mesma proteína que o gene produzia no corpo dela. A hereditariedade é o resultado dessa mistura de genes intactos e não um *frappé* mesclado como Darwin imaginava. Alguns genes específicos têm grande poder individual e somente eles podem dar a um bebê características como olhos azuis, por exemplo. Outros são sutis: regulam os efeitos de outras proteínas ou cooperam com dúzias de proteínas em alguma tarefa, como tornar as membranas celulares pegajosas ou escorregadias. Nesses casos a hereditariedade é bem mais difícil de ser compreendida.

É um belo sistema, mas bem longe de perfeito, e sua imperfeição permite à evolução desdobrar-se. Quando se formam o esperma e o óvulo e quando seus genes se misturam, podem ocorrer erros. Um gene pode ser cortado quando está passando de um cromossoma a outro ou um par de bases pode ser lido de modo equivocado. Um pequeno problema de código muitas vezes não faz diferença, mas às vezes pode empastelar um gene de modo que ele não consiga produzir uma proteína e por falta dessa proteína os ossos podem ficar quebradiços ou o sangue ficar ralo ou mesmo se impedir a reprodução. Mais raramente, isso também pode produzir um gene que realize melhor o seu trabalho do que a versão anterior ou então todo um novo trabalho. Se essa melhoria der ao animal chances ligeiramente melhores de sobreviver até a maturidade, de se acasalar, de criar sua prole, tal melhoria vai se disseminar pela população. Se for muito superior, o novo gene pode se tornar universal em poucas gerações; se for apenas moderadamente melhor e outra variante do gene aparecer com freqüência, ele pode simplesmente ser dominante na população. Alguns genes medíocres estão ligados a genes bons e são assim herdados junto com eles. Outros só podem funcionar bem se são herdados em grupo. Às vezes, simplesmente, os genes surgem e desaparecem ao acaso. Numa grande população esse desvio é em geral apenas uma perturbação na estatística, mas numa população pequena, isolada, um gene pode atolar todo o grupo sem nenhuma razão evolutiva específica.

Quando começaram a entender como se produz a mutação dos genes, os biólogos puderam finalmente perceber o que escapou a Darwin quanto à maneira pela qual as espécies efetivamente se originam. Para fazer novas espécies, descobriram, é preciso romper com uma anterior. Digamos, por exemplo, que um novo curso d'água divida os grilos que vivem em determinado vale, de modo que um grupo e outro não possam mais se alcançar para acasalar e os genes circulem então apenas dentro de cada grupo. À medida que se processa a mutação dos genes, à medida que forem aparecendo formas mais adaptadas ou que simplesmente elas derivem ao acaso, os grilos vão ficando cada vez menos parecidos. Se após alguns milhares de anos o curso d'água secar, permitindo então que os dois grupos voltem a se misturar, os grilos podem ter-se tornado incapazes de acasalar como no passado, uma vez que seus genes podem ter-se tornado incompatíveis.

Essa é a maneira mais simples conhecida pelos biólogos para começar uma nova espécie, mas há muitas outras possibilidades, algumas com mais evidências a confirmá-las que outras. Os animais podem de início se tornar incompatíveis por razões não genéticas: as fêmeas dos grilos escolhem seus parceiros pela canção que fazem e o canto dos machos de cada lado do curso d'água pode se distanciar de tal modo que as fêmeas do outro lado não mais os considerem românticos. A especiação pode ocorrer rápido se a barreira isolar apenas um segmento da população. O *pool* genético torna-se tão desigual num pequeno grupo de animais que novas combinações genéticas podem grassar entre eles. Por outro lado, alguns pesquisadores suspeitam que a especiação pode ocorrer sem qualquer separação em absoluto. Quando uma espécie de grilos coloniza uma região, aqueles que se estabelecem ao norte podem se tornar capazes de suportar invernos mais rigorosos que seus primos do sul. Se eles acasalarem com os grilos menos adaptados ao frio, sua descendência será vulnerável ao inverno, de modo que preferem ficar entre os do próprio grupo. Vivendo embora lado a lado, tornar-se-iam assim grupos isolados e virariam espécies separadas.

Essa combinação das idéias de Darwin com a genética do século XX é conhecida como neodarwinismo. Ela descreve tão bem a maneira como os genes evoluem, se disseminam e formam novas espécies que se tornou quase prosaica. Quando os biólogos propuseram pela primeira vez essa explicação para a microevolução, mostraram que, aplicada a milhares ou milhões de gerações, *poderia* produzir as mudanças registradas nos fósseis. Mas para que a humanidade testemunhasse a história efetiva da vida, a macroevolução teria que se tornar uma ciência por si mesma. O primeiro passo era entender como se relacionam os organismos, tanto os vivos como aqueles de há muito transformados em rocha.

Quando biólogos posteriores voltaram aos animais estudados por Richard Owen, por vezes encontraram erros no trabalho dele. Alguns resultantes de um espécime ruim; outros porque ele simplesmente decidiu ignorar alguma pista que se chocava com as suas teorias. À medida que foram sendo estudados novos espécimes de *Lepidosiren*, ficou claro, por exemplo, que, ao contrário do que alegava Owen, eles tinham *de fato* narinas — ou pelo menos passagens semelhantes a narinas — que se conectavam com a boca. O espécime seco estudado por Owen podia estar com o nariz entupido. Cientistas que vieram depois dele, como o anatomista irlandês Robert M'Donnel, *ralaram* para descobrir a verdadeira identidade do animal. "Pode-se supor que o especial interesse de que está investido o *Lepidosiren* deve-se, por assim dizer, ao fato de ele se situar na linha limítrofe de dois grandes compartimentos da criação animal", escreveu M'Donnel em 1860. "É em si mesma uma prova de como são quase imperceptíveis as transições de uma classe para outra à medida que ascendemos na grande escala da natureza."

M'Donnel recebera um animal vivo no seu estojo de lama, proveniente de uma região próxima à ilha Macarthy, no rio Gâmbia; tinha sido embrulhado num pedaço de vela de embarcação e guardado numa caixa por 76 dias. "Ao recebê-lo eu fiquei, naturalmente, muito ansioso em saber se estava vivo. Então abri a caixa e enfiei uma palha pelo orifício-respiradouro para tocá-lo, ao que ele soltou um guincho tão alto que evidenciou não só estar vivo como me fez retirar a mão imediatamente, com medo de receber uma mordida." Em seguida ele abriu o casulo do bicho; a lama tinha endurecido a tal ponto que teve que serrá-lo ao meio. "Durante esse processo, o animal produziu sons vocais em resposta, sem dúvida voluntários mas menos musicais que a frágil canção das sereias, embora agradáveis aos meus ouvidos." Lá dentro estava o peixe, coberto de lama como folhas secas de bétula. Colocou-o num tanque de água e viu-o desenrolar-se e nadar em toda a volta vigorosamente. Nunca mais cantou de novo para ele.

M'Donnel descobriu que as narinas desse animal eram evidentemente cruciais para a respiração quando ele estava envolvido no seu casulo de lama. Na sua opinião, o coração do bicho era como o de um girino e seus pulmões como os de uma cobra. "Não sei de nenhum outro animal que tenha sido melhor elaborado para nos levar a aceitar a teoria de Darwin do que o *Lepidosiren*." Em outras palavras, não sabia como classificá-lo.

Um terceiro continente, a Oceania, apresentaria em 1870 um primo do *Lepidosiren*. Este era claro e largo e, como seus parentes da África e da América do Sul, tinha nadadeiras que se encaixavam nos ombros e ancas como se fossem pernas. Ao contrário do *Lepidosiren*, que tinha nadadeiras mais finas como fios de barba, este as tinha robustas, com ramificações ósseas brotando de um eixo principal. A espécie australiana, que raramente saía da água ou respirava ar, parecia ainda mais do que as outras um antigo fóssil; remontava ao período devoniano, que se estendeu de 410 a 355 milhões de anos atrás, quando apareceram os primeiros peixes. Por causa dessa antiga genealogia, tal linhagem, chamada coletivamente de peixes pulmonados (ou dipnóicos, isto é, de "dois pulmões" — melhor dito, que respiram por guelras e pulmões), foi lançada no debate mais amplo sobre a evolução. Como escreveu um cético, "a suposição de alguns zoólogos, que viram no *Lepidosiren* um exemplo do último estágio de avanço alcançado pelo tipo íctico em transição para uma classe superior, a dos Anfíbios, não se confirma; pois descobrimos que os Dipnóicos remontam, com modificações relativamente insignificantes, a uma das épocas mais antigas a partir das quais se preservaram restos de peixes." Mas Darwin nunca disse que os peixes pulmonados deram origem aos nossos ancestrais tetrápodes. Em vez disso, os peixes pulmonados e os tetrápodes teriam tido um ancestral comum muito próximo sob forma aquática, com as duas linhagens tomando rumos diferentes ao longo da história.

No final do século XIX, os paleontólogos tinham uma visão bem mais clara da história primitiva dos vertebrados. Os vertebrados mais primitivos — representados hoje pelo congro e as lampréias — não tinham mandíbulas e só podiam farejar suas presas na sujeira subaquática. Formas maiores, com mandíbulas, evoluíram há cerca de 450 milhões de anos e o período que se seguiu foram anos dourados para os peixes. Durante o período devoniano, uma diversidade de vertebrados que nunca tinham sido vistos antes encheram o oceano: tubarões com nadadeiras cobertas de dentes, placodermes com carapaças, horrendos artrópodes de trinta pés, antiarcos com nadadeiras que pareciam pernas de caranguejo e uma profusão de peixes gigantes com pulmões.

A maioria dessas linhagens desapareceu, mas quatro grandes grupos que tiveram origem no devoniano ainda subsistem, incluindo os peixes sem mandíbulas, os tubarões e os peixes de nadadeiras finas. Os peixes pulmonados estão entre os sobreviventes do quarto grupo, conhecido como o dos peixes de nadadeiras em lobo. Ganharam esse nome porque, entre outras coisas comuns ao grupo, todos têm nadadeiras carnudas envolvendo uns poucos ossos resistentes. E à medida que os paleontólogos iam encontrando fósseis de outros peixes de nadadeiras em lobo do devoniano, concluíram que alguns devem estar ainda mais próximos dos tetrápodes do que os peixes pulmonados. As pernas destes últimos certamente são mais parecidas com as nossas do que as de um esturjão, mas também têm algumas diferenças cruciais. A junta no ombro humano e de todos os outros tetrápodes é uma bola com um encaixe — a bola é a cabeça do úmero e o encaixe, o ombro. Nos peixes pulmonados, entretanto, a bola é o ombro e o encaixe é o úmero. Os peixes pulmonados têm narinas como os tetrápodes, mas os ossos que cobrem seus crânios são grandes expansões de pequenos prismas, dando a impressão de que alguém atingiu suas cabeças com uma marreta e depois juntou de volta as peças.

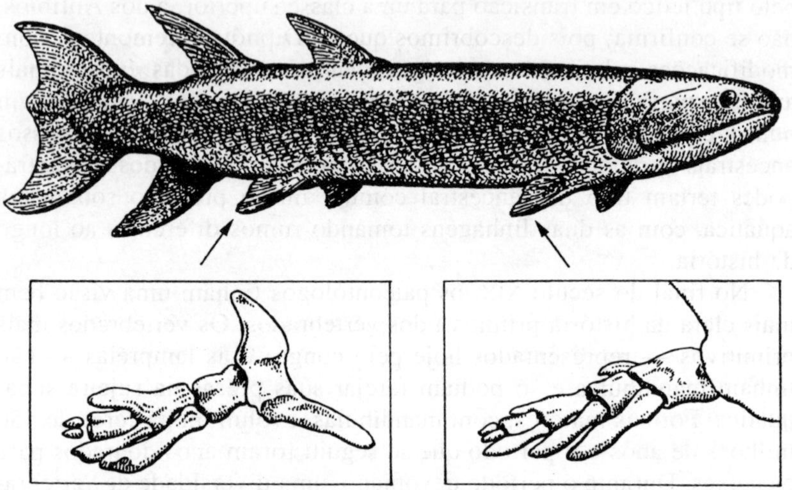

O peixe de nadadeira lobada *Eusthenopteron.* Alguns dos ossos do par de nadadeiras frontal correspondem ao úmero, ao rádio e ao cúbito de nossos braços (direita), enquanto alguns do par traseiro correspondem ao fêmur, à tíbia e ao perônio de nossas pernas (esquerda).

Para maior afinidade conosco, os paleontólogos procuraram peixes de nadadeiras em lobo recém-descobertos, tais como um gênero chamado *Eusthenopteron*. Na década de 1880, um fazendeiro do Canadá encontrou fósseis de *Eusthenopteron* esplendidamente preservados, não esmagados, e nas décadas seguintes fósseis cada vez melhores apareceram. O fóssil não teria atraído a atenção de Natterer se tivesse sido encontrado num rio; poderia então passar por um peixe comum, com corpo semelhante ao de uma variedade de lúcio, apenas traído por uma cabeça achatada e gordas nadadeiras em lobo que controlava com um conjunto de ossinhos estritamente semelhantes aos nossos braços e pernas. O osso mais próximo do ombro é o úmero e os dois ossos finos abaixo do cotovelo são o rádio e o cúbito; o *Eusthenopteron* tinha versões compactas desses mesmos ossos nos seus lobos. E em vez de uma confusão esmagada, seu crânio era uma série de ossos aos pares muito semelhantes aos que vão do nosso nariz até a parte de trás da cabeça. Quando os paleontólogos compararam osso com osso, notando como se encaixavam uns aos outros, concluíram que eram homólogos aos ossos cranianos dos primeiros anfíbios.

Essas homologias punham os animais de nadadeiras em lobo tais como o *Eusthenopteron* próximos da origem dos tetrápodes, mas não eram suficientes para revelar a plena transformação. Muitos, como o *Eusthenopteron*, podiam inclinar o topo do crânio ao longo de uma articulação que cruza direto sobre o cérebro. Inclinando o focinho e abaixando a mandíbula podiam atacar um peixe com uma mordida maior. Mesmo os mais primitivos tetrápodes não podiam fazer isso porque os ossos que formavam suas caixas cranianas eram firmemente grudados. E também havia outras questões, como o pescoço dos tetrápodes — como se desenvolvera entre a cabeça e os ombros? Como surgiram os cotovelos e joelhos e pulsos e tornozelos e dedos e artelhos? Como se perderam as nadadeiras e brânquias? "Entre os mais antigos anfíbios conhecidos e todos os peixes", escreveu um paleontólogo em 1915, "há profundas diferenças estruturais ainda não transpostas pelas descobertas paleontológicas."

A paleontologia é uma ciência do esquadrinhamento. O mundo é cheio de fósseis, com corpos inacreditáveis congelados na crispação da morte ou lacerados na crosta da Terra, mas o mundo é vasto demais e coberto demais de lama e vegetação para termos a esperança de encontrar muitos deles. Os paleontólogos precisam ter paciência, seja para passar uma tarde vasculhando um solo desértico ou para esperar gerações pela descoberta de um fóssil que traga sentido aos fósseis já descobertos. No início da década de 1900, pode ter parecido que a Terra não tinha mais nada a dizer sobre a maneira como os vertebrados começaram a andar em terra firme. Mais criaturas com nadadeiras em lobo emergiram de suas tumbas, mas os mais antigos tetrápodes datavam do final da era carbonífera, separada por 60 milhões de anos. Era possível que o primeiro tetrápode tivesse surgido no devoniano, mas um século de pesquisas fósseis nas rochas devonianas da Inglaterra e de outras partes do mundo nada havia descoberto.

Uma travessia do Ártico em dirigível foi a salvação da paleontologia. Na década de 1890, os exploradores europeus ainda não haviam dado com o Pólo Norte e estavam recorrendo a meios desesperados. O sueco Fridtjof Nansen navegou direto para dentro do Ártico congelante no outono, de forma que o seu navio, o *Fram*, ficasse preso no gelo e fosse levado pelas correntes marítimas até o pólo. Por dois anos e meio ele e sua tripulação se moveram nessa embrulhada, até ficar claro que o *Fram* tinha deixado de seguir para o norte e estava se movendo para leste, em direção à Europa. Ele pulou fora do navio e tentou seguir de trenó até o pólo, apenas para descobrir que o gelo que atravessava movia-se agora para o sul. A apenas quatro graus do norte verdadeiro, ele disparou de volta à Terra de Francisco José.

O *Fram* derivou para leste por meses a fio até se libertar e a tripulação poder navegar para o sul em direção à ilha de Spitzbergen. Lá, nas planíces geladas, viram um balão gigante. Seu piloto era um jovem engenheiro sueco chamado Salamon Andrée. Ele havia chegado à conclusão de que navios como o *Fram* não podiam alcançar o pólo e que a única esperança era o vôo. Convencera Alfred Nobel e o rei da Suécia a financiarem um balão, que levara de navio até Spitzbergen. Lá ele misturou toneladas de ácido sulfúrico e zinco para produzir gás de hidrogênio, que levou quatro dias para encher seu dossel de seda. Mas ventanias atingiram a ilha antes que pudesse alçar o balão e então chegou o *Fram* e a tripulação contou como Nansen tentava alcançar o pólo de trenó. Andrée desinflou o balão e o deixou de novo no chão.

Quando voltou à Suécia e soube que Nansen havia fracassado, começou a preparar uma segunda tentativa. Retornou a Spitzbergen em 1897 e dessa vez voou, mas não foi preciso muito tempo para perceber que também fracassaria. Por alguns dias flutuou rumo ao norte com sua tripulação de duas pessoas, balançando para cima e para baixo com as súbitas mudanças de temperatura e umidade da atmosfera ártica. Quando cruzou o limite do gelo polar, o balão ficou pesado de neve e chuva, até que as guias se arrastaram no gelo e a gôndola foi quicando no chão como uma bola até que o balão parou. Por uma semana a tripulação se encolheu numa névoa paralisante. Andrée decidiu encher de comida trenós e um barco desmontável, que arrastaram sobre o gelo em movimento. Chapinhando e arrastando os trenós, esperavam poder encontrar refúgio na Terra de Francisco José. Mas o gelo derivava na direção errada sob seus pés e, depois de dois meses dessa perambulação polar, alcançaram um pequeno monte de rocha ártica chamado Ilha Branca. Trinta e sete anos mais tarde, caçadores de baleia chegaram à ilha e encontraram o barco decrépito, os diários da tripulação e o cadáver de Andrée ainda sentado na neve.

Mas em 1897 ninguém sabia onde Andrée se encontrava. Seus colegas cientistas suecos procuraram por ele de navio nos verões seguintes, primeiro singrando ao redor de Spitzbergen e depois indo até a Groenlândia. Quando a banquisa se abriu, viajaram por oito semanas margeando-a a leste no navio a vela e a vapor. Mapearam a costa tentacular e, num fiorde ao longo de uma montanha com silhueta de elefante que batizaram de monte Celsius, encontraram ossos. Não eram, porém, os ossos de Andrée e sua tripulação; eram ossos de animais com nadadeiras em lobo com milhões de anos de idade.

Esses fósseis haviam sido encontrados em rochas devonianas em outras partes do globo e para os que estudavam esse período era como se um novo continente aparecesse de repente no mapa; na maior parte, as outras rochas devonianas estavam escondidas sob um tapete de vegetação em locais como a Inglaterra e a Pensilvânia, ao passo que as montanhas da Groenlândia eram impiedosamente desoladas. Infelizmente os novos fósseis estavam num lugar tão remoto que só um pretexto maior — como a busca de um famoso explorador perdido — poderia levar paleontólogos a esse ponto longínquo do Ártico. Outra razão surgiria trinta anos depois, no final da década de 1920, quando a Dinamarca e a Noruega começaram a competir pelo controle da Groenlândia oriental e pelo petróleo e minérios que poderia haver ali. Os dinamarqueses trouxeram com eles cientistas suecos, que encontraram mais ossos de animais com nadadeiras em lobo, além de umas coisinhas com as quais não sabiam o que fazer, classificando-as simplesmente como "espinhas de um vertebrado semelhante a peixe e de parentesco incerto".

Tais expedições eram apenas pouco menos rudes que as viagens de Andrée e de Nansen. Os cientistas ainda viajavam em vapores de madeira com três mastros de velas e, embora pudessem agora trazer um hidroplano para suas explorações, ainda usavam casacos de pêlo de urso-polar quando voavam. Em 1931, um dinâmico geólogo de 32 anos chamado Gunnar Säve-Söderbergh foi encarregado das expedições. Dezesseis horas por dia ele conseguia escalar montanhas, guardando rochas na mochila e no caminho traçando esboços da estratigrafia. Ele tinha um livro de rótulos etiquetados feito para expedições. *P*. para peixes e *A*. para anfíbios — sistema superconfiante, considerando o fato de que ninguém jamais encontrara um anfíbio devoniano. Naquele primeiro verão, quando Säve-Söderbergh vasculhava a encosta norte do monte Celsius, encontrou mais fósseis. Nos cones das rochas caídas, abaixo do platô oriental da montanha, também encontrou mais de uma dúzia de fragmentos de um crânio achatado que não parecia de nenhum peixe de nadadeira em lobo que já tinha visto antes. Otimista, classificou-os com etiquetas *A*.

De volta a Estocolmo, no outono, ele lentamente foi retirando os ossos do arenito duro, usando álcool e bálsamo para revelar as suturas entre os ossos. Examinando o topo achatado do crânio, viu que, embora alguns dos ossos que o compunham parecessem os de um peixe com nadadeiras em lobo, tinha um focinho comprido e outras características só encontrados nos primeiros tetrápodes. Percebeu que tinha encontrado o primeiro tetrápode e o chamou de *Ichthyostega* — "peixe placa" ou "peixe chato" — a partir do formato do crânio. A descoberta causou grande sensação na Dinamarca, não apenas entre os políticos, que queriam reforçar a posse sobre a Groenlândia, mas também na opinião pública. Para celebrá-la, um cartunista desenhou num jornal uma truta com pernas de cachorro montada por um troglodita fumando cachimbo, com os picos das montanhas em volta cercados de cobras e elefantes batendo as asas, sobrevoando o quadro.

Säve-Söderbergh passou os verões seguintes mapeando a região a pé, de barco ou num cavalo islandês. Os fósseis praticamente caíam das rochas nas mãos dele — a maioria de peixes, mas ocasionalmente outros fragmentos do *Ichthyostega*. As estranhas espinhas encontradas em 1929 revelaram ser costelas desse animal, maciças e sobrepostas como hastes ósseas de uma veneziana. Os assistentes de Säve-Söderbergh, particularmente um estudante da Universidade de Uppsala chamado Erik Jarvik, encontraram outros crânios de *Ichthyostega*. Um deles, desenterrado em 1934, era tão belo que os paleontólogos o levaram para a Europa, cruzando o Atlântico, com o crânio repousando numa almofada de veludo azul. Passados cinco anos desses sucessos, Säve-Söderbergh foi nomeado professor da Universidade de Uppsala, mas no mesmo ano teve diagnosticada uma tuberculose. Caiu de cama, conseguindo no entanto escrever alguns textos sobre os animais de nadadeiras em lobo que havia colecionado. Morreu em junho de 1948 aos 40 anos de idade. No verão da sua morte, a expedição à Groenlândia finalmente encontrou as pernas, os ombros e o rabo do *Ichthyostega*. Por fim, tinha quase todo o corpo.

Jarvik, o especialista da expedição em animais com nadadeiras em lobo, recebeu as rochas e a tarefa de reconstituir o animal. Ele podia ver que os seus membros, embora curtos e atarracados, tinham cotovelos, joelhos, tornozelos, pulsos e dedos que o qualificavam como tetrápode. Não encontrou sinais de guelras; a espinha era firme, os quadris e os ombros maciços, o crânio rígido. Mas Jarvik pôde perceber uma sutura no crânio, no mesmo lugar onde havia uma junta no crânio de um peixe de nadadeiras em lobo. Sob o palimpsesto do tetrápode podia ser visto o seu ancestral. Seu rabo, por outro lado, era como um galhardete com a inscrição PEIXE. Os tetrápodes têm rabos simples, uma longa série de vértebras afiladas cercadas de carne (o nosso encolheu até virar um mero resquício, o cóccix). O rabo de um peixe de nadadeiras em lobo, que é o seu motor para mover-se na água, é muito mais elaborado: cada vértebra tem duas longas hastes, uma acima e outra abaixo. Ligados a essas hastes há ossos mais finos, chamados radiais, e ligados a estes há um amplo leque de raios de barbatana, um tipo completamente diferente de osso chamado dermal, que também produz escamas. Essa complexa anatomia permite ao peixe de nadadeiras em lobo fazer ondas com o rabo para a frente e para trás, para disparar pela água ou de repente frear. A parte de baixo do rabo do *Ichthyostega* tinha uma forma simplificada, de tetrápode, mas a parte de cima ainda preservava toda a complexidade de um peixe. De certa forma, ainda estava meio na água.

Ichthyostega, a partir de uma reconstituição feita por Erik Jarvik em 1956. (Como veremos mais adiante, os paleontólogos revisaram a imagem desse animal.)

Com o trabalho de Jarvik, a paleontologia dispunha de dois marcos no caminho que levou nossos ancestrais da água para a terra: o *Eusthenopteron*, um peixe de nadadeiras em lobo com ligeiras prefigurações do nosso corpo, e o *Ichthyostega*, um básico tetrápode. Não era um avô muito bonito. Era uma criatura de quase um metro de comprimento, larga, que arrastava o rabo pelo chão, com olhos no alto de uma cabeça que parecia uma tampa de privada que podia se baixar sobre a presa, atravessando-a com suas fileiras de dentes. De fato, uma agradável genealogia para a humanidade.

Capítulo 2

Ar ilimitado, ah!

Mais ou menos na mesma época em que Gunnar Säve-Söderbergh retirou os ossos do *Ichthyostega* da rocha encontrada na Groenlândia, outros cientistas haviam começado a se perguntar que combinação de circunstâncias podia ter levado os tetrápodes para a terra. A questão era bastante natural, uma vez que a resposta nos diria da nossa herança, mas os paleontólogos da época sempre conseguiram lhe dar o sabor de Destino Manifesto. Os vertebrados existentes hoje cujos ancestrais nunca deixaram a água "não passam de peixes", como os denegriu um cientista em 1916. "Não importa a que nível possam se ter especializado, não poderiam ter ascendido nem poderão jamais ascender a um nível superior. A emergência das águas limitantes para o ar ilimitado era absolutamente essencial para o posterior desenvolvimento e constituiu uma das maiores crises da evolução orgânica."

Até recentemente, os paleontólogos se baseavam numa tese de secas atrozes e outras ameaças à vida para explicar como a macroevolução fez nossos ancestrais atravessarem essa crise. Era a história que contava um dos mais importantes paleontólogos do século, Alfred Sherwood Romer. Era filho de um repórter da agência internacional de notícias Associated Press e passou a infância em White Plains, estado de Nova York. Foi mordido por um cachorro quando criança e teve que ir à cidade de Nova York para levar uma série de injeções anti-rábicas no estômago. As injeções levaram semanas e ele ficou com uma velha tia solteirona que não sabia muito bem o que fazer com uma criança. Ela o levava todo dia ao Museu Americano de História Natural e o deixava lá, para fazer amigos com os dimetrodontes de velame nas costas e com os hadrossauros de bico de pato.

Fez-se profunda amizade. Depois de servir na Europa durante a Primeira Guerra Mundial, Romer voltou ao museu para estudar com William Gregory, paleontólogo que alardeara íntimo parentesco entre o *Eusthenopteron* e o ancestral dos tetrápodes. Romer encarou o trabalho, estudando como os animais de nadadeiras em lobo podem ter sido levados ao limbo pela evolução e seccionando crânios desses peixes para entender como a caixa craniana fora articulada. Ensinava em Harvard e passava o verão no Texas, escavando atrás de fósseis mais recentes de anfíbios e répteis. Seu conhecimento dos fósseis de vertebrados era imenso e em tudo o que fazia Romer seguia os passos tanto de Gregory como do pai jornalista — encarava a evolução como uma história e seu trabalho era escrever os capítulos que faltavam na reportagem. Adorava histórias de mistério e suspense e suas conferências, primeiro em Chicago e depois em Harvard, eram sempre para auditórios apinhados. Sua aparência não era a atração: para não ser distraído pelo trabalho de escolher o que vestir ou pela busca de uma meia ou gravata que combinasse, usava tudo preto, calças, paletó e tudo o mais. Mas quando esse homenzinho começava a explicar algum estágio da evolução para o seu público, era aplaudido de pé. Quando se candidatava a uma subvenção, os juízes levavam seu texto para casa para ler na cama.

Para explicar a origem dos tetrápodes, Romer inspirou-se numa monografia que fora publicada quando ele estava servindo na Europa. De acordo com um geólogo chamado Joseph Barrell, muitas das pistas mais reveladoras deviam ser encontradas não nos fósseis mas nas rochas que os cercavam. Barrell era um especialista em identificar antigas paisagens pela cor e a textura das pedras, e era particularmente brilhante quando se tratava da Velha Formação em Arenito Vermelho do Devoniano. "Foi da condição física que determinava a natureza do Velho Grés Vermelho", perguntou, "ou foi do mar alto que certos peixes saíram para respirar o ar vivificante, para arrastar-se em terra firme e inaugurar com esse início modesto essa dinastia de vertebrados terrestres que através de todas as eras seguintes lideraria a marcha da evolução e governaria sobre tudo o que vive na Terra?"

Decidiu que foi do Velho Grés Vermelho. Sua cor foi adquirida quando a pedra ainda era solo e compostos de ferro que continha se oxidaram ao serem expostos à atmosfera. Para criar essa rocha, concluiu Barrell, os continentes devem ter sido semi-áridos e sofrido secas todo ano. Os animais com nadadeiras em lobo cujos fósseis foram encontrados nesse arenito devoniano devem ter vivido em lagos e rios e esses meios aquáticos deviam anualmente evaporar-se completamente. Um ambiente brutal desse tipo poderia ter levado as criaturas com nadadeiras em lobo a desenvolver uma existência de tetrápodes. Durante as secas, ficariam entulhados em poços cada vez menores e o oxigênio da água diminuía muito ou acabava. "Respirar ar seria uma vantagem, permitindo a quem tivesse essa capacidade, embora meio sufocado e asfixiado, viver onde outros peixes morriam em massa", argumentou.

Romer adicionou algum realismo biológico às secas de Barrell. Os parentes mais próximos que existem dos tetrápodes são os peixes pulmonados e todos vivem em água doce; o registro fóssil na época de Romer sugeria a mesma coisa. Os poços carentes de oxigênio podem ter sido pressão suficiente para a evolução de pulmões como complemento das guelras. "Mas suponhamos que a seca piorasse e a água do poço secasse completamente", prossegue Romer. "Um peixe comum ficaria literalmente atolado na lama e logo morreria a não ser que as chuvas logo voltassem. Mas uma forma de peixe com alguma tendência ao aumento das nadadeiras para uma condição tetrápode — um peixe com nadadeiras em lobo — poderia ser capaz de arrastar-se para cima ou para baixo num canal de rio, de encontrar assim um poço ainda com água e cair feliz dentro dele, retomando sua forma normal de vida."

As pernas eram uma maneira de continuar vivendo como peixe num ambiente que se tornara hostil aos peixes. "As pernas foram, por um tempo, simplesmente uma adaptação para melhorar as chances de sobrevivência do animal no seu próprio meio ambiente aquoso", disse ele. Mais tarde, quando Jarvik começou aos poucos a erguer a cortina que cobria o *Ichthyostega*, Romer ficou satisfeito. Ele parecia bem resistente para atravessar a terra seca em busca de um poço, mas seria mais feliz no poço mesmo.

Romer sempre contava essa história, porque a considerava um bom antídoto para os maus pensamentos. Para algumas pessoas, a mudança do mar para a terra parecia tão drástica, tão radical, que qualquer mudança que não fosse mística não tinha chance de funcionar. Mas Romer mostrou que adaptações a uma vida passada sobretudo na água podiam preparar um animal para a vida exclusivamente em terra. Darwin teve essa antevisão não intencional e sua importância ficou cada vez mais clara neste século. Walter Bock, ornitólogo da Universidade Columbia, examinou a questão com particular interesse na década de 1960 e seu exemplo favorito era o da mandíbula dos pássaros. Quando pássaros marinhos como o talha-mar ou o pelicano caçam, caem à superfície da água, abrem a boca e agarram peixes. Na velocidade em que vão, mergulhar a mandíbula na água é um tremendo choque que têm de suportar com uma segunda junta entre a parte de trás da mandíbula e o crânio. Um pássaro comum de terra firme não tem esse reforço e romperia a mandíbula se tentasse proeza semelhante. Bock sugeriu uma forma pela qual uma mandíbula comum poderia evoluir até a forma do pelicano: digamos que uma linhagem de pássaros em terra tivesse desenvolvido músculos mandibulares mais fortes. Um músculo mais forte exige uma base maior de ligação ao osso, de forma que a parte de trás da mandíbula teria que gradualmente desenvolver um alicerce maior para o músculo. Com o tempo essa âncora chegaria tão atrás que entraria em contato com o crânio e inadvertidamente formaria um reforço. Se esses pássaros começassem então a experimentar uma caçada de impacto — como a de peixes, por exemplo — já estariam preparados com um mecanismo para absorver o choque, um mecanismo que se desenvolveu sob outro tipo de pressões.

Durante muitos anos, casos como esse do reforço mandibular foram chamados de *pré-adaptações*. A palavra pode dar uma aura de planejamento consciente do futuro que a evolução jamais poderia ter, de modo que em 1982 Stephen Jay Gould, de Harvard, e Elizabeth Vrba, de Yale, sugeriram um outro termo, *exaptação*. A palavra capta melhor a noção de uma estrutura elaborada pela evolução para uma função e depois seqüestrada para outra. Por exemplo, os ancestrais invertebrados dos vertebrados podem ter precisado armazenar fosfato na pele para se sustentarem temporariamente em períodos de escassez. A forma mais confiável para conservá-lo era numa matriz de cálcio, que acontecia de criar um tecido duro — o osso. Uma casca ou concha óssea também protege um animal contra seus predadores, e assim a seleção natural começou a transformar essa despensa em armadura. Posteriormente ela se mostrou também um bom arcabouço para os músculos dentro do corpo. Daí a produção de osso — uma adaptação para se manter bem alimentado — tornou-se uma exaptação como esqueleto. E no cenário montado por Romer, os peixes de nadadeiras em lobo, com seus primitivos ossos dos membros locomotores, eram uma exaptação para os membros que podiam andar em terra. Pode-se mesmo pensar nos animais como todo um conjunto de exaptações. No caso de Romer, os tetrápodes eram peixes que disparavam o mais rápido que podiam de volta à água. Só mais tarde usaram esse transporte entre águas para viver na própria terra.

Para ter uma idéia do tipo de lugar de que Romer falava, esses quartos de brinquedo devonianos em que os bebês deram os primeiros passos, fiz uma viagem ao âmago da Pensilvânia. Um paleontólogo chamado Ted Daeschler fizera recentemente uma notável descoberta numa rocha de lá: o ombro de um tetrápode de 367 milhões de anos, 4 milhões mais velho que o *Ichthyostega*. Esperava encontrar o resto do animal e a cada mês tentava uns dias de licença do seu trabalho na Academia de Ciências Naturais em Filadélfia. E não se importava de ter como ajudante de campo um ingênuo curioso do Brooklyn.

Quando dirigia beirando o Susquehanna rumo a Williamsport, era difícil para mim imaginar onde é que alguém sonharia em encontrar fósseis por ali. Pelas fotos desoladas que vira, a Groenlândia parecia o lugar certo para a busca, pelo menos nos pontos onde não estava enterrada no gelo, mas na Pensilvânia a vida era aconchegante demais. Seria inútil procurar nas florestas de encostas que se derramavam sobre milharais, escavar por trás dos silos de grãos ou das estações de transmissão, sob as roxas flores silvestres ou o Museu da Pequena Liga ou a calçada onde um supervisor de acampamento de férias empurrava um carrinho cheio de bolas de tênis. As únicas pedras que eu conseguia ver estavam no cascalho das entradas de carro nas casas.

Daeschler encontrou-se comigo num estacionamento junto a uma pista de pouso perto de Williamsport. Seu rosto — maciço, nariz curto, barbado, cordial — lembrou-me o de uma lontra. Entramos no seu Volvo com a parte de trás carregada de cinzéis e pés-de-cabra e marretas e cobertores e seguimos para o braço oeste do Susquehanna, uma estreita garganta cheia de caminhões lentos e marcada a pequenas distâncias em quilômetros de cidadezinhas decadentes: Queens Run, Farrandsville, Hyner, Renovo. Olhando a floresta que beirava os dois lados da estrada, falei a Daeschler como parecia doideira procurar fósseis ali.

"O solo é a minha perdição", disse ele. "Subo às vezes até Hyner Point, olho o vale e fico imaginando uma grande geleira descendo." Estendeu a mão livre ao longo do pára-brisa. "Ela vai desbastando tudo isso aí rio abaixo. Você pode ver o sítio onde encontrei o fóssil, e é talvez apenas a milésima parte de um por cento de toda a formação. Tem um bocado de subsolo arenoso e argiloso de origem glaciária no fundo do vale, mas todas as paredes estão desbastadas e limpas." Em vez de esperar a próxima era glacial, Daeschler depende do Departamento de Transporte da Pensilvânia. Há trinta anos eles vêm dinamitando morros e montanhas para construir estradas mais largas e mais retas para os caminhões e caminhonetes que cruzam o estado. Não se dirige muito tempo na Pensilvânia sem passar pelas setas gigantes e piscantes apertando você na pista, cercado por garotas de olhar entediado e casquetes agitando suas bandeirolas alaranjadas.

Daeschler viu pela primeira vez essas rochas no início dos anos 80, quando estava se especializando em geologia numa faculdade perto dali. São parte do que se conhece como Formação Catskill, que se estende de Nova York até a Virgínia. Eram algumas das paisagens devonianas originalmente ressequidas de Barrell, quando a Europa estava segurando a Groenlândia contra a costa oriental da América, fazendo elevar-se novas cadeias dos Apalaches quando os vulcões vomitavam lava em New Hampshire. Num mapa, as massas de terra reunidas pareceriam uma bolha equatorial, com a costa leste dos Estados Unidos projetando-se como extenso cabo montanhoso. A cadeia montanhosa lançou sedimentos pelas vertentes ocidentais, através de uma ampla planície aluvial, passando pelo raso Mar de Catskill, até a depressão de Ohio.

Depois de obter o grau de mestrado e passar um tempo escavando em busca de fósseis de mamíferos e dinossauros, Daeschler arranjou um emprego e voltou à Pensilvânia. Como administrador das coleções da Academia de Ciências Naturais, ele mantinha os fósseis em ordem e, para manter-se atualizado, pegava um ônibus, atravessava o rio Schuylkill e ia assistir a seminários sobre paleontologia na Universidade da Pensilvânia. Após alguns anos decidiu que era hora de obter seu PhD, isto é, o doutorado. Precisava de um projeto de campo para sua tese, mas não podia ser em nenhum lugar muito exótico porque sua mulher acabara de ter um bebê e ainda por cima ele tinha o emprego na Academia de Ciências Naturais. Havia a Formação Catskill, que dera alguns fósseis interessantes. Um dos primeiros fósseis de peixe com nadadeira em lobo fora encontrado por um engenheiro de estrada de ferro perto da divisa com Nova York na década de 1840, quando as montanhas eram dinamitadas para a passagem de trens e não para a construção de rodovias. Romer sempre achou que deveria haver tetrápodes na Catskill e um dos seus alunos, Keith Thomson, trabalhou um verão da década de 60 num dos cortes feitos nas montanhas para a construção da rodovia entre Hyner e Renovo. Lá Thomson conseguiu encontrar alguns ossos de um animal com nadadeira em lobo, um pesadelo devoniano que chamou de *Hyneria*, com presas do tamanho de um polegar e corpo mais comprido que um Cadillac. Nos anos 70, essa estrada foi alargada mais alguns metros e Thomson, então professor em Yale, mandou um estudante lá para olhar a rocha recém-desbastada. Após um verão inteiro, ele encontrou apenas fragmentos de peixes com nadadeiras em lobo. Posteriormente Thomson foi nomeado presidente da Academia e quando Daeschler lhe perguntou sobre a Formação Catskill, ele respondeu que não achava haver muita coisa a descobrir.

Daeschler decidiu ir lá de qualquer forma em 1993. Observava o xisto limoso vermelho ao longo das estradas e dormia numa barraca para não encarecer demais a empresa. Passamos da rodovia ao terreno do acampamento onde ele havia ficado. Começou então a chover. "No primeiro dia choveu e choveu como hoje. Uma desgraça", disse enquanto olhava apertado por entre os limpadores de pára-brisa. "Não havia nada na camada vermelha. Da outra vez encontrei realmente coisa boa."

Para esperar a chuva parar, passamos pelo sítio de Daeschler, atravessamos a Ponte da Moça e entramos em Renovo. No lado leste da cidade, onde o planalto das Allegheny descaía para a planície de aluvião do Braço Ocidental, templos industriais em tijolos vitorianos ainda se erguiam, onde há quase um século eram montados carros ferroviários. Havia uma fileira de vagões abandonados de trem de carga isolados num ramal; um empresário local pensava em vendê-los como casas de veraneio. As calçadas estavam vazias, sem carros no meio-fio. Daeschler e eu corremos sob a chuva para uma joalheria de um tal Norm Delaney, que às vezes participava de escavações com Daeschler. Dentes de peixes de nadadeiras em lobo são exibidos na sua vitrine junto com anéis de esmeralda.

Quando estiou, voltamos ao sítio. Outro escavador chamado Doug Rowe nos encontrou lá. Rowe tinha sido engenheiro da montadora de vagões até a fábrica fechar e agora se virava como gerente noturno de um hotel em Renovo. Ele é o tipo do sujeito que lhe diz exatamente o tipo de coisa que um porco-espinho gosta de comer — madeira compensada T111, alumínio, pneus, volantes de plástico — mas o diz de modo tão sereno que você percebe que ele está falando a verdade. Andando certo dia pelo lado norte de Renovo ele encontrou uma rocha com a imagem de uma folha impressa. Poucos dias depois, viu Daeschler no alto de um corte de estrada num lugar chamado Morro Vermelho e, não demorou, estava passando mais tempo nas pedras do que o próprio Daeschler. Agora ele pode lhe falar das espinhas quase invisíveis de um peixe fóssil de nadadeiras raiadas quase com a mesma convicção com que fala de um porco-espinho.

Daeschler e Rowe pegaram as ferramentas. A parte rochosa do Morro Vermelho mostrava-se desnuda por uns 30 metros antes da vertente ser suavizada pela vegetação. A metade de cima era arenito do período carbonífero, sem fósseis, e embaixo havia camadas de xisto devoniano avermelhado que se projetava do lado do morro como pedaços de pão. Fora ali que Daeschler havia primeiro escavado, debaixo de chuva; nas semanas seguintes, tinha ido a outros lugares, mas não achou nada e voltou ao lugar inicial para dar mais uma olhada. Já começava a pensar em planos de emergência para salvar seu doutorado, talvez voltando-se para a paleoecologia e aproveitando quaisquer fragmentos fósseis que pudesse encontrar ali para tentar adivinhar o ecossistema devoniano da região. Junto da estrada, comigo e com Rowe, ele pegou uma pedra no asfalto e zuniu com ela no corte da rodovia, atingindo uma concavidade produzida a marreta numa seção de rocha esverdeada. É assim que ele aponta para as coisas.

Naquela rocha esverdeada, contou, ele teve sorte. Encontrou alguns fragmentos fósseis, escamas do tamanho e formato de batatas fritas, que pertenciam a um peixe de nadadeiras em lobo. Então passou a ter pelo menos uma pequena esperança de encontrar fósseis dignos de uma tese de doutorado. Escavou por ali e emplastou as escamas em gesso para que não esfarelassem no caminho de volta a Filadélfia. Enquanto o gesso secava, ele passava o tempo inspecionando outras partes da camada — "prospectando, xeretando", disse. "E apenas a três metros de distância, no tipo de lugar onde você tem que andar na ponta das botas e dos dedos, vi um osso achatado num corte transversal." Escavou uma pequena prateleira para se sentar e começou a trabalhar para extrair o fóssil da rocha desgastada pelo tempo com uma sovela. Era uma lâmina de osso em formato de lágrima, que Daeschler reconheceu como um ombro esquerdo. Mas não era como o ombro de qualquer peixe de nadadeira em lobo que conhecia. Na manhã seguinte achou, a oito centímetros do primeiro, um segundo ombro esquerdo. Envolveu os ossos em papel atoalhado e fita gomada e voltou ao carro para as três horas de viagem de volta a Filadélfia. Uma coisa começou a cutucá-lo: se esses ossos não eram de um peixe com nadadeiras em lobo, deviam ser os ombros de tetrápodes.

Com a ajuda de Keith Thomson aquela noite e de paleontólogos da Universidade da Pensilvânia na manhã seguinte, ele estudou os ossos. Abriram o manual de Erik Jarvik sobre vertebrados e compararam o ombro com a imagem do *Ichthyostega*. Quando um peixe respira pelas guelras, ele abre um par de abas para deixar sair a água. Quando as abas se fecham de novo, elas batem firmes nos ombros ao longo de um sulco em rebordo. Mas o ombro fóssil de Daeschler —

como uma pá de oito centímetros — não tinha sulcos. Também tinha um entalho levantado no osso como o encaixe do ombro do *Ichthyostega*. Essa nova criatura era rugosa: seu ombro tinha uma ampla concavidade e contrafortes onde se encaixariam os músculos que sacudiriam o ombro contra a espinha e lhe permitiriam puxar o braço para a frente. Daeschler mal podia acreditar: nesse miserável pedaço de rocha destroçada ele havia encontrado um tetrápode, o único tetrápode devoniano da América do Norte fora da Groenlândia e um dos primeiros de todo o mundo.

O sucesso tornou a vida um pouco mais fácil. Quando Daeschler publicou um texto sobre o seu tetrápode (que chamou de *Hynerpeton*: animal rastejante de Hyner), conseguiu fundos para uma escavação completa com uma marreta mecânica gigante e zanzou pelo Morro Vermelho em 1995. Tendo encontrado dois ossos de ombro esquerdo — obviamente de dois indivíduos — tão próximos um do outro, pensou que podia ter achado a ponta de toda uma camada repleta de esqueletos de tetrápodes. A marreta mecânica removeu toneladas de sobrecarga acumulada em cima da camada para que assim tivesse acesso à rocha esverdeada. Procurou durante dias, mas não encontrou outro osso. Era provável que a equipe que abriu o corte para a estrada no morro tivesse dinamitado e fragmentado o resto dos esqueletos de *Hynerpeton*. "Isso é a paleontologia", disse Daeschler, dando de ombros, enquanto voltávamos para o sul pela rodovia.

Mas no ano seguinte, Daeschler, Rowe e Delaney encontraram outro cristal de rocha, a pouca distância estrada abaixo, tão entulhado de fósseis que o chamaram de Grande Aléia dos Peixes. Era para lá que a gente caminhava carregando as ferramentas de Daeschler corte acima, enfiando os sapatos naquelas lascas vermelhas. Num veio que Rowe e Delaney escavaram, retiramos um bloco de xisto limoso do tamanho e com o formato de uma almofada de sofá, primeiro batendo e enfiando os cinzéis na rocha e depois removendo-a da parede de pedra com o soquete e alavancas. Saíram dela uns bons bifes e cada um de nós pegou um.

"Descubra o ponto onde a rocha quer se partir e ajude-a", disse Daeschler. Coloquei o meu naco de lado e enfiei um cinzel do tamanho de um dedo mindinho entre duas camadas de sedimento. Não havia outro barulho além das nossas batidas e do estalar dos *guard rails* da auto-estrada ao calor daquele final de verão. Com umas pancadinhas, minha rocha se abriu num *craque* farfalhante. Coloquei as duas peças na saliência aberta por Rowe e Delaney como se mirasse ilustrações nas páginas de um livro. Vi nessas páginas talos e tufos de folhas de uma das primeiras árvores da terra. Seu nome era *Archaeopteris* e chegava a 18 metros de altura na beira dos rios — uma alta conífera em forma de flecha com esse tipo de folhagem pendendo de seus ramos e dando sombra às formas de vida no solo. Abri mais páginas do livro e encontrei os frutos da *Archaeopteris* e folhas tão bem preservadas que eu podia puxar seus veios. Meus dedos ficaram pretos de carbono e eu expus o córtex ainda enrugado em volta dos poros pelos quais a árvore respirava. Espalhados entre os restos da *Archaeopteris* espalhavam-se peixinhos, dentes irisados de peixes pulmonados, que esfarelavam ao toque, e crostas da armadura de placodermes. Escorpiões terrestres e parentes de carrapatos vieram à tona na Grande Aléia dos Peixes e Rowe chegou a encontrar lá uma mandíbula de tetrápode. O que só podia significar boas novas, porque só pode ser do *Hynerpeton* ou de uma segunda espécie tetrápode norte-americana. Nas poucas horas que passei no Morro Vermelho eu mesmo não encontrei tetrápodes, mas pelo menos toquei as árvores que lançavam sombra sobre as costas deles.

Archaeopteris.

Daeschler levou até lá paleontólogos de todo tipo: palinólogos para estudar o pólen fóssil, paleopedólogos para estudar o solo fóssil, especialistas em fósseis vertebrados e invertebrados. Todos lhe pediram que arranjasse fósseis para eles e o resultado é que agora a operação que se desenvolve na Grande Aléia dos Peixes é mais uma triagem do que uma escavação comum em busca de fósseis. Ficou claro que Daeschler expôs o melhor quadro dos ecossistemas em que viveram os primeiros tetrápodes. Rios tão gigantescos como o Ganges e pequenos cursos d'água corriam nesse lugar há 367 milhões de anos. Em alguns pontos formavam cotovelos de rio onde a *Archaeopteris* e outras plantas deixaram cair suas folhas e ramos, onde animais deixaram seus restos, tudo recoberto de detritos. Aqui os peixes de nadadeiras em lobo eram soberanos, dominando os peixes menores. Samambaias da altura de um homem cresciam à beira d'água, licopódios lançavam raízes no solo. As monções varriam a Pensilvânia e os rios e cursos d'água inchavam e arrastavam toneladas de detritos e madeira para o oceano próximo. As florestas eram inundadas e ficavam meses submersas, com a *Archaeopteris* sobrevivendo nas altas margens e cumeeiras. Depois as águas voltavam às antigas margens. "No Devoniano Superior, a Pensilvânia não era um deserto", diz Daeschler. "Era tão pantanosa quanto a Louisiana."

Como é que os secos horizontes devonianos se transformaram em miragem? Um paleontólogo com quem conversei colocou a coisa da seguinte forma: Barrell somou dois e dois e deu 22. A rocha vermelha pode se formar numa paisagem seca, mas desde a época de Barrell os geólogos reconhecem que também pode ser criada de muitas outras formas. Se um solo rico em óxido de ferro é carregado por um rio tropical numa paisagem exuberante, pode dar cor à rocha que se formar onde for depositado, bastando ter um pouco de tempo à superfície para a oxidação. Certamente havia faixas de terra seca no devoniano, mas a maior parte — em especial nos lugares onde são encontrados fósseis dos primeiros tetrápodes — é luxuriante e úmida.

A outra parte da antiga cena — como os tetrápodes evoluíram em rios e lagos de água doce — também se esfarelou, graças em grande parte a Keith Thomson, mentor de Ted Daeschler. Na época em que Thomson começou a fazer dos animais com nadadeiras em lobo sua especialidade, na década de 60, os cientistas já sabiam que os peixes pulmonados não eram afinal as únicas criaturas existentes desse tipo. Em 1938, pescadores da África do Sul haviam pescado no Índico uma criatura de 1,20m de comprimento que cientistas do museu da cidade sul-africana de East London reconheceram, pelas nadadeiras carnudas e o rabo em borlas, como um celacanto. Como os peixes pulmonados e o *Eusthenopteron*, os celacantos são animais de nadadeiras em lobo e suas origens remontam ao devoniano. Até 1938, porém, os paleontólogos achavam que eles haviam desaparecido há 65 milhões de anos, junto com os dinossauros. A criatura morta e estripada que chegou ao Museu de East London indicava que os celacantos ainda deviam estar vivos nos mares profundos, mas só em 1952 apareceu o segundo espécime. Mais recentemente, os biólogos desceram a profundidades de 120 metros em submergíveis para vê-los nadar lentamente na água escura, abocanhando polvos e outras presas, mexendo as nadadeiras para a esquerda e para a direita, para a esquerda e para a direita, numa distante semelhança, em águas profundas, com o andar de um tetrápode.

Para Thomson, parecia que o celacanto estava radicalmente deslocado. "Os peixes pulmonados existentes hoje vivem em água doce", diz ele, "os anfíbios existentes vivem na maioria em água doce — há alguns sapos e outras coisas marinhas, mas a imensa maioria é de água doce — de forma que segui a lógica de qualquer pessoa: se os anfíbios existentes descendem dos peixes de nadadeiras em lobo, então estes eram também de água doce." Se assim era, então como podia o celacanto viver não apenas em água salgada, mas nas profundezas oceânicas? Thomson encontrara seu quinhão de fósseis com nadadeiras em lobo perto de Hyner, na Pensilvânia, e eles não tinham vivido num lago de água doce no interior do continente, mas num delta fluvial desaguando no mar, um delta que fora provavelmente salobro. Passou em revista os fósseis coletados durante décadas e, embora muitas espécies tivessem vivido em água doce, as mais antigas criaturas com nadadeiras em lobo provinham em regra de rochas marinhas. Thomson começou a contemplar a hipótese de um berço diferente para os tetrápodes, hipótese que tinha a sustentá-la muita pesquisa nos últimos trinta anos. Tinham se originado não de lagos que secavam (que provavelmente nem estavam secando), mas de lagoas litorâneas.

À época, essas áreas alagadas constituíam uma fronteira ecológica. Antes de mais ou menos 480 milhões de anos atrás, os continentes não tinham vida, exceto por finas crostas e camadas superficiais de bactérias. Algas verdes que davam perto da costa começaram a se infiltrar em enseadas e estuários, para onde os rios traziam cargas fertilizantes de minerais desintegrados e micróbios mortos. As algas passaram a águas mais rasas e desenvolveram uma pele grossa que as protegia de uma exposição cada vez mais longa ao ar livre, até não precisarem mais ser submersas. Tornaram-se plantas terrestres. Saturadas de luz solar, evoluíram em uma esteira de musgo e depois em ervas rasteiras. De início eram limitadas pelo próprio prumo; seus caules não eram fortes o bastante para se erguerem, não podiam bombear contra a gravidade os nutrientes necessários a isso. Novas espécies evoluíram, gradualmente de início, desenvolvendo raízes e ligações com fungos subterrâneos para extrair nutrientes e água do solo e tecido resistente para sustentar mais alto o peso vegetal. Quando as plantas morriam, enriqueciam os estuários e enseadas com nitrogênio, fósforo e outros elementos escassos, tornando assim mais fácil o crescimento para as gerações seguintes. Os invertebrados emergiram das águas, a começar pelos milípedes há 450 milhões de anos, seguidos pelos insetos, aranhas, escorpiões, vermes e ácaros; passaram a criar raízes no solo que se adensava e a mordiscar os talos das plantas. Mal impediram, porém, a disseminação vegetal: os fetos, musgos altos e cavalinhas se enraizavam, o mato cercava as plantas e as folhas se abriam, o dióxido de carbono penetrava a atmosfera à medida que se transformava em tecido e, por volta de 370 milhões de anos atrás, no devoniano médio, florestas inteiras cresciam e se espalhavam terra adentro.

Essas áreas costeiras úmidas podem ter sido o local de origem dos animais de nadadeiras em lobo. Não conformados para nadar extensamente e muito fundo como os tubarões e atuns, os animais de nadadeiras em lobo estavam mais adaptados para súbitas corridas na água lodosa. Um dos riscos da vida costeira era a súbita queda do nível de oxigênio causada por eclosões de bactérias que infestassem matéria orgânica em águas rasas, consumindo todo o gás. Mas com pulmões as criaturas de nadadeiras lobadas podiam buscar oxigênio no ar. O registro fóssil sugere que elas medravam nesses lugares. Evoluindo para formas enormes, banqueteavam-se da miríade de peixinhos que por sua vez se alimentavam dos invertebrados que viviam no lodo. Suas nadadeiras em forma de pernas permitiam inclusive que andassem no fundo das lagoas e provavelmente em água rasa usavam os membros da frente para se erguer e respirar. Barrell e Romer achavam que os tetrápodes deveriam ter surgido num mundo brutal onde apenas a mudança podia manter a morte afastada. Mas para Thomson, assim como outros paleontólogos de sua geração, a macroevolução não teria que ser tão dura.

Ao levar de volta ao mar as criaturas de nadadeiras lobadas, Thomson pode ter explicado também a origem de uma das partes mais importantes da vida em terra: a questão da urina. Quer a gente viva em Sumatra ou em Sonora, todos os tetrápodes sobrevivem no deserto aéreo. Somos feitos basicamente de água, que desesperadamente tenta sair do nosso corpo para dar a sua pequena contribuição ao equilíbrio de umidade interna e externa, e fazemos o que é possível para mantê-la dentro da pele ou couraça. Os mamíferos e os pássaros — animais com alta queima metabólica e respiração rápida — têm as narinas recobertas de tecido que pode reter água antes que uma exalação a leve embora.

Todo esse trabalho de retenção da água entra em conflito com uma de nossas reações metabólicas mais comuns. Ingerimos comida cheia de nitrogênio — mais nitrogênio, de fato, do que precisamos — que pode unir-se aos átomos de hidrogênio e se transformar na venenosa amônia. Como a amônia se dissolve tão bem na água, teríamos que urinar galões para expeli-la pela bexiga. Mas a nossa fisiologia fez uma opção mais inteligente: no fígado juntamos amônia e dióxido de carbono com a ajuda de enzimas, criando um composto bem mais seguro, chamado uréia. (Esse mesmo ciclo químico gera também um aminoácido essencial à constituição de muitas proteínas — o que pode dar uma idéia de como, antes de mais nada, evoluiu a produção de uréia.) Os tetrápodes podem deixar a uréia se acumular nos rins sem medo de envenenamento e depois livrar-se dela sob a forma de um fluxo concentrado de urina. Alguns animais, como aqueles que vivem em hábitats secos, têm que ter ainda mais cuidado com a sua água e transformam a uréia num pó antes de expeli-la.

Os peixes têm o mesmo metabolismo básico que nós, os tetrápodes, e igualmente consomem tanto nitrogênio em excesso como nós. Num lago ou rio onde a desidratação não preocupa, os peixes de nadadeiras raiadas simplesmente expelem a amônia pelas guelras e bebem mais água. (O peixe pulmonado africano usa essa estratégia quando é submerso num rio, mas depois que faz uma toca durante uma seca passa a produzir uréia para conservar água.) No mar não é tão fácil despejar amônia, porque a água é saturada de sais — não apenas o sódio e o cloreto do sal de mesa, mas outros átomos carregados como o magnésio e o enxofre. Os vertebrados usam alguns desses íons no seu sistema nervoso para difundir seus sinais. Assim, um peixe que expele muito fluido pelas guelras e toma água do mar para substituí-lo pode inundar seus neurônios de confusão. Os peixes marinhos de nadadeiras raiadas bombeiam amônia pelas guelras e lutam contra o excesso de sal ingerido secretando-o constantemente através de glândulas especiais.

Os tubarões, por outro lado, sobrevivem no mar fazendo algo completamente diferente: como nós, eles transformam amônia em uréia. A uréia torna o sangue salgado, mas, ao contrário dos átomos carregados da água do mar, ela não interfere com o sistema nervoso. Mantendo seus corpos seguramente salgados com a uréia, os tubarões não se sobrecarregam de veneno para os nervos. E em 1966, quando Thomson e seus colegas biólogos de Yale analisaram pela primeira vez a química do sangue fresco de celacanto, descobriram que também estava cheio de uréia, tanto como num tubarão.

Antes do trabalho de Thomson, nossa própria uréia era um enigma: se os tetrápodes evoluíram de criaturas de nadadeiras lobadas que viviam em água doce, deveriam ter evoluído a partir do nada. Mas quando Thomson considerou toda a evidência à sua disposição, a explicação mais simples era que os primeiros vertebrados — os ancestrais dos tubarões, dos animais de nadadeiras em lobo e dos peixes de nadadeiras raiadas — inventaram a uréia para sobreviver no mar. Os tubarões, que permaneceram no oceano, simplesmente continuaram a produzi-la, enquanto os animais de nadadeiras lobadas, que evoluíram em lagoas costeiras salobras, ainda dependiam da uréia para evitar o excesso de sal. O celacanto, mudando depois para águas mais profundas, ateve-se ao ciclo, enquanto o peixe pulmonado africano no geral encerrou-o pelo fato de viver em água doce, embora ainda pudesse recorrer ao processo. Ao contrário, os peixes de nadadeiras raiadas passaram à água doce e perderam a capacidade de produzir uréia; mais tarde, quando alguns dos seus descendentes saíram para o mar, não puderam recuperá-la e tiveram que inventar glândulas para combater o sal.

Nossas próprias origens fazem muito mais sentido dentro dessa lógica. Quando nossa linhagem de criaturas com nadadeiras lobadas trocou a água salgada pela terra firme, o envenenamento por amônia e a perda de água ainda as atormentava. Felizmente já estavam preparadas com a exaptação da uréia. Thomson ajudou a desmantelar muito da visão do seu antigo professor sobre a origem dos tetrápodes, inclusive a suposta exaptação de pernas que surgiram para permitir que voltassem à água. Mas com o seu trabalho sobre a uréia ele encontrou outra exaptação para substituir a que acabara de comprometer. A água e o ar não são, pelo menos sob determinado aspecto, tão diferentes assim na verdade. Saindo do mar para a terra, nós passamos de um deserto a outro.

Quando cientistas como Romer e Thomson esboçaram suas hipóteses sobre a origem dos tetrápodes, tiveram que trabalhar com a desvantagem de uma estupenda brecha no registro fóssil. A trilha da evolução dos tetrápodes levava a criaturas de nadadeiras em lobo como o *Eusthenopteron* e de repente pulava para o *Ichthyostega*, já com pernas feitas e outros traços plenos dos tetrápodes. O século avançava e o *Ichthyostega* permanecia só. Uns poucos fósseis de tetrápodes devonianos apareceram pelo mundo afora — uma interessante mandíbula australiana, uns fragmentos de alguma coisa no Brasil. Mas em 1982, décimo quinto aniversário da descoberta do *Ichthyostega*, o silêncio das rochas já era enlouquecedor.

Durante esse período, os paleontólogos que queriam estudar essa transição tinham que se contentar em trabalhar em um dos dois lados da brecha. Um deles era a inglesa Jenny Clack. Após mais de quinze anos de começos falsos e veredas sem saída, frustrantes, ela começou a preencher a brecha peixe/tetrápode descobrindo alguns dos mais importantes fósseis em toda a história da paleontologia. E mesmo assim, quando a encontro em simpósios científicos, essa mulher pequenina, de cabelo sarapintado, continua falando com modéstia, relutante em se deixar deslumbrar. Ainda garota, nos anos 50, Jenny (então Jenny Agnew) foi atraída pelos fósseis, mas não os que normalmente atraíam os jovens. "Sempre fui mais interessada no início da história animal do que na parte final, a dos dinossauros", diz. Seus fósseis prediletos não tinham nada a ver com coisa alguma que existe hoje, como peixes de armadura e sem mandíbulas ou os trilobitas com costelas que prenunciavam os crustáceos da ordem dos xifosuros e os escorpiões.

Nos anos 60, ainda como graduanda, ela estudou na Universidade de Newcastle-upon-Tyne, no norte da Inglaterra, com o paleobiólogo Alec Panchen, que com um séquito de estudantes graduados havia estudado os fósseis de nadadeira em lobo e também alguns dos tetrápodes que surgiram após uma lacuna de cerca de 30 milhões de anos depois do *Ichthyostega*. Nessa enorme brecha deve ter detonado uma bomba macroevolucionária, porque mais de uma dúzia de espécies diferentes de tetrápodes foram encontradas naqueles brejos do carbonífero. Os paleontólogos de Newcastle estudaram anfíbios com cabeça em forma de bumerangue, outros com corpos semelhantes ao das cobras só que de 200 milhões de anos antes de surgir a primeira cobra, outros tão achatados como se tivessem sido esmagados por cofres-fortes de banco. Seus esqueletos ainda são alguns dos fósseis mais raros conhecidos. Quando Jenny Agnew obteve o diploma, esperava poder trabalhar examinando essas criaturas como um dos estudantes graduados da equipe de Panchen. "Eu me aproximei dele para saber se havia alguma oportunidade. Ele disse que não."

Oito anos se passaram. Ela aprendeu como sobreviver trabalhando em museus e foi trabalhar em Birmingham. Produziu exposições de insetos e pássaros, levava crianças de escolas para ver as mostras nos feriados. E conheceu Robert Clack, um homem mais quieto ainda do que ela e que fazia programação de computadores para sobreviver, passando boa parte do tempo livre procurando fósseis em pedreiras. Casaram-se. Às vezes montavam na sua motocicleta e rodavam pela Escócia, parando pelas estradas para examinar rochas devonianas. Por nenhuma razão especial, o chefe de Jenny notou em 1979 que ela estava ficando cansada do trabalho e sugeriu que arranjasse algum projeto especial para desenvolver pelo museu. Ela voltou a Panchen para ver se haveria alguma oportunidade.

Dessa vez Panchen teve uma idéia. Havia um tetrápode de nome *Pholiderpeton* que aparecera em 1870 num veio de carvão de Yorkshire com 330 milhões de anos. Uma criatura parecida com um crocodilo, de algum ponto próximo da origem dos amniotas — animais que hoje incluem os pássaros, os mamíferos e os répteis. Havia um século que se encontrava num museu de Yorkshire, ainda incrustado em blocos de carvão sobre um encaixe de gesso. Panchen tentara tomá-lo emprestado mas não o atenderam. Felizmente para Jenny Clack, o museu estava passando por uma rebelião interna e, quando ela pediu, a equipe encarregada ficou na verdade feliz que pudesse se livrar para sempre daquele fóssil. Ela o levou para Newcastle, onde achava que não faria nada além de retirá-lo do carvão, descrever durante algumas semanas o pouco que houvesse para descrever e, então, carregá-lo para o museu de Birmingham quando voltasse normalmente ao trabalho. Mas, quando tirou o carvão do gesso e virou-o de cabeça para baixo, descobriu a caixa craniana do animal. Aqueles ossos ocultos deram outros rumos à vida de Jenny Clack. Só fragmentos esmagados desses animais tinham sido encontrados antes, e, pouco depois que ela mostrou a Panchen o que descobriu, tornou-se por fim a sua estudante de doutorado.

Ela passou três anos em Newcastle reconstituindo o *Pholiderpeton*, prestando atenção especial aos ouvidos do animal, ou melhor, aos glóbulos ósseos que posteriormente evoluiriam e se transformariam nos ouvidos tais como os conhecemos. Em 1981 ela ancorou num emprego de curadora assistente no Museu de Zoologia da Universidade de Cambridge, onde passou mais alguns anos concluindo seu trabalho sobre o *Pholiderpeton*. Mas quando terminou o trabalho começou a pensar no que faria em seguida. Era agora uma especialista na descrição de esqueletos de tetrápodes primitivos, mas não havia nenhum fóssil órfão à espera de sua adoção. Havia rumores sobre um tetrápode devoniano recém-descoberto na União Soviética, o *Tulerpeton*, mas ela não tinha esperanças de ir examiná-lo por trás da Cortina de Ferro. Em meados dos anos 80, Panchen e outros paleontólogos começavam a obter um sentido sobre os seus tetrápodes do carbonífero, definindo quais se relacionavam mais de perto uns aos outros e às espécies atuais. Mas ainda havia um bloqueio com respeito à evolução das formas primitivas do plano corpóreo dos tetrápodes.

Se Jenny Clack pudesse dar uma olhada no *Ichthyostega*, poderia ter encontrado algumas respostas, mas nessa trilha ela estava impedida de seguir. Desde a morte de Gunnar Säve-Söderbergh, a tarefa de descrever o *Ichthyostega* cabia a Erik Jarvik e ele ainda não havia terminado. Alguns paleontólogos, talvez por estarem tão acostumados a falar em milhões de anos quando botam as mãos numa camada de rocha, são lentos em publicar os resultados de suas pesquisas. E para Jarvik, um cientista que olhava a vida do ponto de vista de um peixe, o *Ichthyostega* era meramente uma criatura de nadadeiras em lobos digitais. Ele estudara dúzias de espécies fósseis, estabelecendo novas divisões para as criaturas de nadadeiras lobadas, e tinha passado 25 anos em cima do crânio do *Eusthenopteron*, trabalhando milímetro a milímetro, desenhando e fotografando cada nova superfície sob exame, usando as fotos para construir modelos em cera do cérebro e das guelras da criatura. De tempos em tempos publicava esboços e fotografias de alguns ossos do *Ichthyostega* nos volumes que escrevia, mas a monografia final só veio à luz em 1996.

No início dos anos 80, Jarvik estava ainda a mais de dez anos de dar a palavra final sobre o *Ichthyostega* e as regras não escritas da paleontologia determinavam que ninguém publicasse nenhuma nova informação sobre o animal enquanto ele não o fizesse, não importa quanto tempo tomasse. "Era uma situação delicada na época", diz Jenny Clack. "Ele trabalhava no *Ichthyostega* desde os anos 30 e 40 e de fato ainda não tinha concluído o trabalho. Tinha feito uma ou duas publicações — uma bem grande descrevendo o rabo e muito pouca coisa além disso. Ele estava sentado em cima desse negócio. Não era que ele não quisesse deixar ninguém mais olhar, mas ninguém tinha liberdade de publicar qualquer coisa sobre o assunto. O território dos outros deve ser respeitado e aquele era considerado território dele."

O que fazer? Uma voz começou a soprar no ouvido dela a palavra "Groenlândia". Era a voz do marido. Quando ele e Jenny andavam de motocicleta pelo litoral da Escócia, meio que esperavam descobrir fósseis de tetrápodes, mas só encontravam fragmentos de peixes. Ele ficava imaginando explorar o velho território onde Säve-Söderbergh e Jarvik tinham andado, único lugar na Terra onde haviam sido encontrados esqueletos completos de tetrápodes devonianos. "Para ela é material de trabalho, mas para mim, que estou fora do mundo acadêmico, é algo para fantasiar", diz Robert. A mulher pensou que talvez ele não compreendesse muito bem como funcionava a paleontologia. Viajar à Groenlândia não era a mesma coisa que ir até a pedreira mais próxima; uma viagem dessas é uma expedição, com helicópteros e rações e rádios transmissores-receptores. Jenny, uma criatura que trabalhava em museu, sabia que não era alpinista como os cientistas escandinavos que tinham estado lá. E havia outras razões a pensar: ninguém lhe daria o dinheiro necessário para ir aos sítios na Groenlândia que cientistas suecos haviam limpado há décadas nem concordaria com a idéia de Jenny Clack perambular a esmo, de fiorde em fiorde, na esperança de encontrar alguma coisa.

Mesmo assim ela começou a brincar com a idéia, fingindo pelo menos que não era ingenuidade. "Foi o estímulo de Robert que me fez seguir em frente", conta Jenny. Depois que os suecos pararam de ir à Groenlândia, uma equipe de geólogos de Cambridge liderados por Peter Friend continuou o trabalho deles nas décadas de 60 e 70. Não estavam, porém, interessados em fósseis a não ser como formas de marcar as camadas de rocha que analisavam, e Jenny Clack ficava pensando se eles não tinham dado com algum fragmento de *Ichthyostega* nalgum ponto onde os suecos não tivessem estado. Não era uma grande expedição para ela ir até o Museu de Sedgwick onde Friend trabalhava. Quando ela lhe falou da curiosidade que tinha, ele sacou uma pilha de literatura e desejou-lhe boa sorte.

Ela vasculhou tudo aquilo. Leu monografias de publicações especializadas, informes governamentais, notas de campo, tudo. Leu que nos anos 70 um dos estudantes de Friend, chamado John Nicholson, galgara as vertentes de sudeste da Stensiö Bjerg, uma montanha ao norte do ponto onde Jarvik trabalhara. Os informes detalhavam a estratigrafia devoniana e depois listavam os fósseis que ele havia encontrado. Metida no meio deles — os antiarcos, o peixe pulmonado, os outros animais de nadadeiras lobadas — havia uma observação casual: "encontramos ossos de ichthyostegídeos". Clack ficou antenada. Investigou as notas de campo de Nicholson. "Os tetrápodes são comuns aqui", dizia ele.

Ela voltou rápido ao Museu de Sedgwick e ao gabinete de Friend. Com a maior calma que conseguiu, perguntou se ele ainda tinha os crânios. Nicholson fora trabalhar dez anos antes para uma companhia de petróleo na Escócia, mas deixara suas rochas no museu, guardadas em armários no porão. Friend desceu ao porão com Clack e procurou os números das rochas. Abriu uma gaveta e lá dentro ela viu blocos de arenito com crânios. Tinham sido um bocado maltratados pela chuva e o vento, a bela ornamentação destruída, o osso interno esponjoso erodido ao ponto de parecer caramelo. Mas mesmo assim ela pôde ver que esses crânios, menores que os de *Ichthyostega*, tinham um par de pontas projetando-se da parte de trás. Clack teve um sobressalto: o *Ichthyostega* não tem pontas.

Ela sabia que estava olhando um fantasma fóssil. Cinqüenta e três anos antes, no primeiro verão que Erik Jarvik passara em expedição na Groenlândia, ele viajara com Säve-Söderbergh ao longo da costa meridional de Gauss Halvo — as montanhas haviam sido batizadas por Säve-Söderbergh com nomes de homem e os vales com nomes de mulher. Encontraram os ossos de animais com nadadeiras lobadas e do *Ichthyostega* na maioria dos sítios escavados ali, mas no Wiman Bjerg encontraram metade de um crânio com pontas de um pequeno tetrápode. Sabiam que era claramente um gênero diferente do *Ichthyostega*, talvez até de uma família diferente, mas nada além disso. Só em 1952 Jarvik publicou um relato sucinto a respeito, chamando o animal de *Acanthostega* ("placa com chifre"). Ninguém jamais encontrara outro osso. "Ainda me lembro de Säve-Söderbergh sentado durante horas na barraca, intrigado, virando e revirando esse espécime", escreveu Jarvik em 1996.

E ali estavam não apenas mais fragmentos do crânio, mas três crânios quase completos, e devia haver mais numa montanha que Säve-Söderbergh e Jarvik nunca haviam explorado. Ela soube de uma expedição geológica dinamarquesa à região para procurar petróleo e, agora com o argumento dos novos crânios, conseguiu abrir caminho e ser admitida no grupo. As coisas se passaram rápido como acontece nos sonhos: um paleontólogo chamado Svend Bendix-Almgreen, do Museu Geológico da Dinamarca, organizou uma expedição para encontrar o *Acanthostega* e em 1987 ela se viu a bordo de um helicóptero sobrevoando ilhas de montanhas desoladas, junto com Robert, Bendix-Almgreen e um estudante de graduação, Per Ahlberg. O helicóptero pousou e deixou-os a 80 quilômetros do acampamento de base, numa vertente deserta da Stensiö Bjerg.

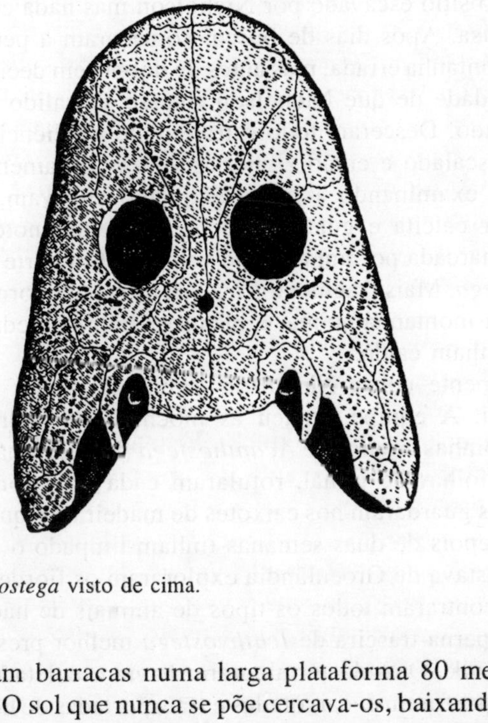

O crânio do *Acanthostega* visto de cima.

Eles armaram barracas numa larga plataforma 80 metros acima do nível do mar. O sol que nunca se põe cercava-os, baixando e subindo como o balão frustrado de Andrée. Começaram a procurar o sítio escavado por Nicholson, mas suas anotações indicavam que ele tinha subido bem alto daquele lado, o que requeria a escalada de um alto rochedo a pique. "Não podíamos ver como ele tinha feito aquilo", diz Jenny Clack. Escolheram uma rota indireta, dando a volta por uma subida mais suave por sobre uma ribanceira que os levou acima do sítio de Nicholson, num ponto de onde podiam descer até lá. Na primeira escalada, enquanto os britânicos iniciantes abriam caminho tentando andar sobre a rocha sólida e evitar uma faixa de pedregulhos desmoronados, os dinamarqueses logo os deixaram para trás. "Percebe-se que a ladeira dos pedregulhos é o lugar seguro para andar porque o resto da montanha é chamado de pedra podre", explica Clack. "Se você tenta firmar-se sobre essa pedra podre, ela simplesmente se parte e você cai. Enquanto que nos pedregulhos você pode ir se esgueirando."

Na pedra podre eles levavam quatro horas para escalar a montanha; na outra trilha, das pedras caídas, levavam duas. Tentaram várias vezes encontrar o sítio escavado por Nicholson mas nada encontraram além de pedra lisa. Após dias de busca, começaram a pensar que podiam estar na montanha errada, mas antes de desistirem decidiram considerar a possibilidade de que Nicholson tivesse se valido de um altímetro escangalhado. Desceram todo o trajeto até a saliência que Nicholson dizia ter escalado e então ziguezaguearam lentamente de novo para cima. Iam examinando a rocha enquanto andavam, ocasionalmente ornada por calcita e guano seco. Então Jenny notou uma peça de cascalho marcada por um osso de verdade. Era parte de um crânio de *Acanthostega*. Mais fragmentos jaziam na rampa, formando uma trilha que levava montanha acima, e eles seguiram as pedras até descobrir de onde tinham caído.

Exatamente como Nicholson tinha escrito, os tetrápodes eram comuns ali. A equipe encheu as mochilas de pedras com crânios, pernas, espinhas e rabos de *Acanthostega*. No acampamento puseram-nas sobre folhas de jornal, rotularam cada uma com etiqueta e fita adesiva e as guardaram nos caixotes de madeira em que haviam trazido comida. Depois de duas semanas tinham limpado o sítio e no tempo que lhes restava de Groenlândia exploraram os fiordes próximos. Nos fiordes encontraram todos os tipos de animais de nadadeiras lobadas e até uma perna traseira de *Ichthyostega* melhor preservada que a do próprio Jarvik. Quando terminaram, haviam coletado meia tonelada de pedras que foram encaixotadas e transportadas de helicóptero, navio e caminhão até Cambridge.

Como quase sempre acontece, encontrar os ossos nas paragens inóspitas foi apenas o preâmbulo da história. Os fósseis de Clack estavam alojados em rocha extremamente dura e resistente, que só se podia cortar com serras e sondas de ponta de diamante e malhos de ar comprimido. Jenny Clack tinha também problemas de pessoal: Per Ahlberg estava para deixá-la a fim de fazer um pós-doutorado em

Oxford, onde se ocuparia dos peixes de nadadeiras lobadas que eles haviam encontrado na Groenlândia. Se ela pretendia conseguir novidades sobre o *Acanthostega* antes de se aposentar, precisava de ajuda. Contratou uma preparadora chamada Sarah Finney e trouxe o paleontólogo Michael Coates, que havia conhecido em Newcastle-upon-Tyne. Ele se tornara um especialista em vertebrados antigos, estudando fósseis de peixes primitivos de nadadeiras raiadas encontrados à margem de um curso d'água num *playground* de Glasgow. Após concluir o doutorado, Coates descobriu como podia ser árida a paleontologia de campo. "Digamos que eu passei alguns anos em casa, na indústria de desenvolvimento humano", fala. Estava quase desistindo da paleontologia quando Clack o chamou. O convite era quase absurdo. "Tetrápodes devonianos são raros como ouro", diz Coates, "e você sabe que qualquer coisa que faça com eles vai abalar toda a árvore dos tetrápodes, porque você está trabalhando justo ali na base."

Clack gostou do fato de Coates ser um homem dos peixes, um sujeito que considerava os tetrápodes apenas uma variação dos vertebrados aquáticos. Não havia como dizer até que ponto o *Acanthostega* se parecia ou não com um peixe e Coates conhecia todos aqueles esotéricos fragmentos de nadadeira e de crânio de coisas como um peixe pulmonado que ela, Clack, desconhecia. Coates também sentia alívio pelo fato de ela lidar com as questões mais intricadas relativas a tetrápodes. "Ela podia dizer: 'Oh, Cristo, esqueletos com guelras, todos esses horríveis fragmentos! Graças a Deus os tetrápodes não têm nada disso.' É quase o mesmo que eu posso dizer do ponto de vista oposto: 'Meu Deus! Ainda bem que não tenho que lidar com isso — todos esses troços e buracos extras, ficar seriamente preocupado em saber onde vai dar o sétimo nervo craniano. Quem pode saber?'"

Os dois — Clack & Coates, como uma empresa à Dickens — se estabeleceram no laboratório dela em Cambridge. Mesmo antes que os ossos fossem extraídos das rochas, eles dividiram o *Acanthostega*: com Clack ficava o crânio e com Coates o resto. Pode parecer que Clack ficava com menos, mas em termos de paleontologia ela estava ficando pelo menos com uma parte igual. Do pescoço para baixo, o corpo de um vertebrado tem ossos grandes e é repetitivo — basta ver uma vértebra lombar e você viu todas. Para os que tentam compreender como viveu um animal, a cabeça é o lugar onde se processam o pensamento, a audição, a visão, a olfação e a digestão. O cérebro é também um Talmude de detalhes esotéricos, de pequenos orifícios, saliências, sinais e curvas que podem reunir famílias inteiras de criaturas, o que toda uma perna muitas vezes não consegue. E embora os crânios de *Acanthostega* fossem nítidos na superfície das rochas, os paleontólogos não sabiam quanto dessa parte do esqueleto estava escondido, enterrado dentro das pedras.

Clack e Coates começaram a trabalhar nos ossos em 1989. "Eu me lembro que zanzava por Cambridge no início de julho", diz Coates, "e naquele momento minha família ainda estava no norte, de forma que eu não tinha que ir para casa para pôr ninguém na cama e podia, nesse segundo período de solteiro, escarafunchar pelo laboratório a qualquer hora." Ele tinha que escolher por quais ossos começar. Havia cinco crânios expostos nas pedras. Num grupo estavam Pingo, Mancha e Fido, assim apelidados porque pareciam bonecos num cesto. ("Pingo era uma brincadeira perversa à custa dos livros infantis tipo *Pingo, o Boneco*, muito populares no Reino Unido", explica Coates, gentil. "Eu imaginei a mamãe de Pingo indo à sarjeta e encontrando a carcaça horrenda do *Acanthostega*. Quando você já leu quinhentas historinhas desse tipo, essas coisas acontecem.") Houve uma tendência a chamar o quarto crânio de Bambi, por causa dos olhos, mas Coates vetou-a. Em vez disso, batizou-o de Grace, por referência a Grace Jones, porque uma camada de rocha presa ao topo do crânio parecia o cabelo dela, chapado. O quinto era Bóris, o mais próximo que Jenny Clack conseguiu chegar de boreal. O mais promissor parecia Bóris. "A gente sabia que esse em especial era o que estávamos esperando", diz Coates. "Jenny tinha examinado o crânio e, se você colocasse juntos todos os pedacinhos da rocha e a olhasse ao sol do crepúsculo entrando pela janela do laboratório, podia ver todos esses tabletezinhos, que davam muita esperança, parecendo a coluna vertebral estendendo-se bem abaixo da superfície da matriz."

Uma esperança de Clack e Coates era em relação aos dedos. Essa transformação de uma nadadeira lobada em uma mão completa, com pulso e dedos, era uma das mudanças mais importantes rumo ao corpo do tetrápode. Cinco é o número padrão de dígitos para os tetrápodes, regra quebrada apenas por várias espécies de anfíbios, répteis e mamíferos que perderam um ou mais dedos. Coates se perguntava por que razão, dentre todos os números, uma linhagem de criaturas com nadadeiras lobadas escolheu o cinco. No bloco onde estava o crânio de Bóris, ele e Clack viram um úmero, o osso superior do braço. Era um pedaço de osso achatado e resistente, com o tipo de superfícies macias em que se prendem os músculos — algo parecido com a parte superior do braço de outros tetrápodes primitivos. Na peça adjacente podiam ver dois ossos em seção cruzada, que tinham que ser o rádio e o cúbito do antebraço.

"Então a primeira coisa que eu fiz foi uns procedimentos de praxe, sondando ao redor", conta Coates. "Limpei o úmero, depois desci e encontrei o rádio e o cúbito indo até o fim do bloco. E o cúbito estava completo, muito curto e grosso, enquanto o rádio era comprido." Só por esses ossos deu para ele perceber que o *Acanthostega* era nitidamente muito diferente do *Ichthyostega* ou de qualquer outro tetrápode. Estenda o braço e verá que seu rádio e o cúbito alcançam uma mesma distância. O *Ichthyostega* não é diferente — e essa extensão igual é essencial para andar de quatro em terra. O braço do *Acanthostega*, porém, era muito desviado para um tetrápode — o rádio tinha o dobro da extensão do cúbito — mas bem parecido com o dos animais de nadadeiras em lobo. "O úmero parecia convencional para um tetrápode primitivo, mas o rádio e o cúbito pareciam quase de um peixe." Coates e Clack perceberam logo que o *Acanthostega* ia atrair a atenção de outros paleontólogos. "Olhamos aquilo e pensamos: escrever — escrever imediatamente."

Mas ainda havia a questão das mãos. Coates percorreu o rádio do cotovelo para baixo pedra adentro até encontrar um dedo. Era um saudável dígito de tetrápode, que Coates também achou estranho num braço desses semelhante ao de um peixe, mas não tinha muito tempo para se deter em conjeturas. "Percorri os dígitos como que contando os números no visor de um relógio, simplesmente indo em frente." Só podia mesmo sonhar que esse fóssil tinha todos os cinco dedos da mão. Os suecos não tinham conseguido encontrar fósseis muito bons de pernas de *Ichthyostega*, de modo que Jarvik apenas supunha que eles tinham cinco dedos. "Era absorvente. Continuei a busca, dezoito horas por dia, suando, pensando: 'Meu Deus, está aparecendo outro dígito.' Era óleo fervente e todo um lance de dados saindo do malho dental, forjando, indo em frente, desesperado para descobrir quantos dedos haveria no final daquela coisa."

Naquela noite ele abriu seu diário. "Trabalhei até tarde. Concluí a preparação do antebraço do *Acantho*. Oito dígitos." Coates estava errado — a árvore dos tetrápodes não estava sendo abalada: estava começando a cair.

Capítulo 3

Como fazer uma mão

Depois de 363 milhões de anos escondidos numa montanha da Groenlândia, os oito dedos do *Acanthostega* conseguiram emergir no momento oportuno. Apenas três anos antes de Mike Coates raspar o arenito que os escondiam, outros cientistas haviam deixado de lado as hipóteses dominantes sobre como tinham evoluído os membros locomotores. Inspiraram-se porém não tanto na paleontologia, mas em ciências distantes — por exemplo, a embriologia e até a matemática. O trabalho deles abriu o caminho intelectual a partir do qual Coates e outros realizariam algo que nunca fora feito antes no estudo da macroevolução: usar fósseis para reconstituir a forma pela qual os genes transformaram nadadeiras lobadas em pernas de tetrápode. Se a estranha mão do *Acanthostega* tivesse aparecido mesmo uma década antes, ninguém estaria pronto para entendê-la.

Richard Owen certamente ficaria escandalizado. Ele achava que as nossas mãos de cinco dedos, como todo o resto do nosso esqueleto, baseavam-se num Arquétipo vertebrado — um esqueleto constituído de uma fieira de vértebras com várias protuberâncias e pontas. Owen sustentava que em muitas espécies reais de vertebrados algumas das pontas se transformavam em nadadeiras, braços ou pernas. Para fundamentar a sua teoria do Arquétipo, ele passou muito tempo tentando descobrir como se poderiam produzir os ossos do crânio a partir de diferentes partes de uma vértebra. Era um trabalho esotérico e, quando deu a primeira conferência sobre suas idéias, não tocou no assunto. Em vez disso, falou dos membros. Sabia que seu público ouviria atentamente, porque nós, os humanos, admiramos nossas mãos — que são os instrumentos para impor ao mundo o que temos em mente. Enquanto outros animais agarram, sobem ou correm com seus apêndices peitorais distais, nós usamos os nossos para transformar argila em vasos, dar foco a telescópios, pintar deuses. Num humano, disse

Owen, "um par de membros é organizado expressamente para a locomoção e para a manutenção da posição ereta, ficando o outro par livre para executar os variados comandos de sua Vontade racional e inventiva".

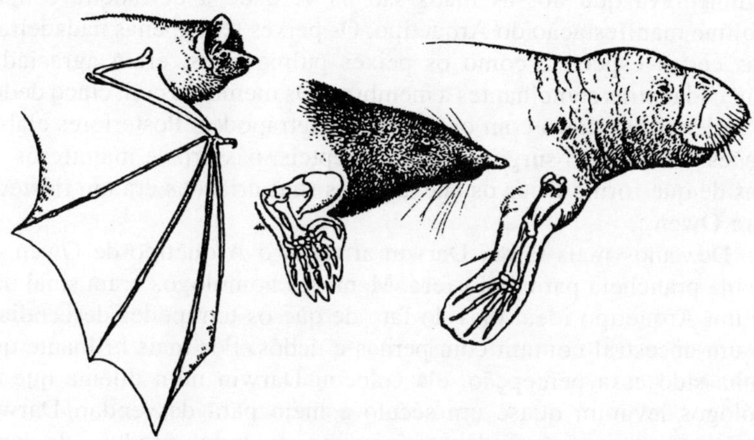

As mãos homólogas de um morcego, da toupeira e do dugongo.

Nos membros Owen tinha também um exemplo direto dos limites de Cuvier. Ele dirigiu a atenção do seu público para a nadadeira de um dugongo, as garras de uma toupeira e os braços membranosos de um morcego. Uma funcionava como um remo para nadar, a outra como uma pá para cavar túneis e os últimos como asa voadora. Mas Owen podia mostrar como a maioria dos ossos em cada membro tinha correspondentes nos outros. Cada animal tinha apenas um úmero encaixado no ombro, vindo o rádio e o cúbito depois do cotovelo, um bracelete de ossos no pulso e não mais que cinco dígitos. Passariam 140 anos até se encontrar uma criatura com mais de cinco. Muitas vezes a ordem dos dígitos se mantinha, mesmo que os ossos se aglutinassem ou desaparecessem. Alguns dedos podiam faltar às salamandras, aos cavalos ou ao *Tyrannosaurus rex*. Mas a consistência dos ossos restantes freqüentemente deixava claro qual osso estava sem correspondente, mostrando quais dedos faltavam dos cinco arquetípicos.

Cuvier sustentava que os corpos dos animais eram ditados pelo tipo de vida que eles levavam. Cada membro de um tetrápode é bem adaptado à vida do animal e até esse ponto Owen garantia que Cuvier estava certo. Mas eles todos se baseiam no mesmo plano fundamental de um membro e para este fato Cuvier não tinha explicação. Owen argumentava que nossas mãos são na verdade a derradeira e mais sublime manifestação do Arquétipo. Os peixes têm apenas nadadeiras, mas certas espécies, como os peixes pulmonados, eram agraciadas com nadadeiras semelhantes a membros. Os membros com cinco dedos apareceram primeiro com os primitivos tetrápodes. Posteriores elaborações do membro surgiram com os répteis, pássaros e mamíferos — mas de que forma Deus os anexava nas suas criações era um mistério para Owen.

Dez anos mais tarde, Darwin arrastou o Arquétipo de Owen da divina prancheta para a biosfera. Membros homólogos eram sinal não de um Arquétipo ideal mas do fato de que os tetrápodes descendiam de um ancestral comum com pernas e dedos. Por mais brilhante que tenha sido essa percepção, ela colocou Darwin num dilema que os biólogos levaram quase um século e meio para desvendar. Darwin argumentava que a mudança é, acima de tudo, produto da lenta adaptação de sucessivas gerações a condições locais, explorando a variação através da reprodução para chegar a novas maneiras de sobreviver. Mas, depois que os membros evoluíram de nadadeiras, diferentes linhagens adaptaram-nos ao nado, à escavação, ao vôo, à escalada e à corrida, sem jamais abandonar o marco da constituição de um membro. Não que os membros sejam o único desenho que pode funcionar para cada tarefa: os insetos podem voar com asas que não se parecem nada com as de um pássaro. Os membros são tão semelhantes de fato que só a seleção natural não é suficiente para uma explicação. Se os artelhos são tão bons para a tração animal em terra, então por que não há uma espécie com vinte deles? Que erro haveria em se ter três coxas?

A razão para a limitação dos membros, concluiriam por fim os biólogos, deve-se à maneira pela qual a macroevolução, antes de mais nada, os derivou de nadadeiras. O próprio Darwin tinha apenas um palpite sobre onde encontrar esclarecimento, mas era um bom palpite: no embrião. Enquanto ele criava pombos e pensava em como criar uma nova espécie, biólogos alemães estudavam como os animais se desenvolvem a partir de uma única célula. Espécies tão diversas quanto a tartaruga e o porco pareciam estranhamente similares no embrião.

Por alguns dias surge no pescoço do embrião humano o que se parece com as fendas branquiais dos peixes. O maior embriologista do início do século XIX, Karl von Baer, não dava grande importância a essas semelhanças: ele ressaltava que os quatro grandes grupos animais não começavam da mesma forma. Um vertebrado só se parecia com outros após a concepção e logo em seguida o peixe e o homem seguiam caminhos separados daquela forma comum.

Darwin roubou dos seus criadores esse trabalho antievolucionista, como fez em muitos outros casos, argumentando que a evolução operava sobretudo remendando a maneira como se desenvolviam os jovens de uma espécie. Os embriões de um porco e de uma tartaruga eram tão semelhantes porque partilhavam um ancestral comum relativamente recente; à medida que as linhagens se separavam, a seleção natural fez uma série de mudanças na maneira com que se desenvolveram. Acompanhando o crescimento das estruturas nos embriões de diferentes espécies, um biólogo podia ver sinais de afinidade evolucionária que desapareciam nos adultos. A maioria dos mamíferos tem um osso pré-maxilar separado que se assenta na ponta do focinho, mas os humanos não. No entanto começamos, como embriões, com um nítido pré-maxilar; no terceiro mês ele se funde com o resto do maxilar superior.

Com a percepção de Darwin, a embriologia, que é a ciência do desenvolvimento dos embriões, pode nos apresentar alguns parentes improváveis. A ascídia, animal marinho protocordado, constitui-se em uma túnica azul deslumbrante de alguns centímetros de comprimento que, quando adulto, vive enraizado em recifes de coral, filtrando calmamente nutrientes da água que passa como um respeitável invertebrado. Mas nasce nadando, como larva na forma de um girino que acolchoa seu principal eixo nervoso numa longa corda gelatinosa. Os embriões humanos partilham essa mesma estrutura — conhecida como notocórdio — mas ela é substituída pelos ossos da espinha em crescimento e logo se reduz aos discos cartilaginosos entremeados às nossas vértebras. Só quando a ascídia se aproxima da idade adulta é que seu notocórdio desaparece e ela se enraíza num recife. Graças à embriologia darwiniana, identificamos a ascídia como um dos parentes vivos mais próximos dos vertebrados.

Envolver a embriologia na evolução foi uma das grandes realizações de Darwin, mas isso também levou a um dos seus maiores embaraços. Que se revelou em 1866 na sua caixa de correio sob a forma de mil páginas de um texto febril intitulado *Morfologia geral*, escrito por um alemão de 32 anos chamado Ernst Haeckel. A Alemanha havia abraçado a *Origem das espécies* e o darwinismo era praticamente uma religião em certos círculos. Haeckel, naturalista de primeira classe, era também um dos seus principais apóstolos. Darwin conhecera-o alguns meses antes de ser publicado o seu livro, quando Haeckel foi visitá-lo em sua casa de campo. Darwin lembrava-se dele como um jovem agradável e cordial que falava um inglês estropiado. Mas, quando leu o livro de Haeckel, seu coração apertou.

A vida, argumentava Haeckel, movia-se irresistivelmente para cima e para baixo e a humanidade era sua realização mais perfeita até aqui. Tudo era parte da evolução da vida, inclusive a civilização, e a seleção natural era apenas uma força dentre muitas, misteriosas e não comprovadas. Darwin ficou intrigado com as novas palavras cunhadas por Haeckel, como *ontogenia*, que significa o curso de crescimento de um embrião, e *filogenia*, a história evolucionária de uma espécie. No seu livro Haeckel as coloca numa das frases de pior fama da biologia: "a ontogenia recapitula a filogenia". Com isso ele queria dizer que a evolução só pode criar novas formas acrescentando novos estágios ao final da evolução de um embrião. Chamou a isso sua Lei Biogenética: para fazer um anfíbio a evolução acrescentava pernas e removia as guelras de um embrião de peixe; um réptil ou um mamífero era simplesmente produto de outros passos acrescentados. Como prova da Lei Biogenética, Haeckel argumentava que se podia com efeito ter uma visão resumida da evolução no crescimento de um embrião, de ameba a invertebrado e assim por diante.

As idéias de Haeckel fizeram furor por algumas décadas, levando certo número de paleontólogos a tentar encontrar a ontogenia dos animais de hoje nos fósseis dos seus ancestrais. Alguns pensavam, por exemplo, que a evolução simplesmente acrescentara passos extras de desenvolvimento às nadadeiras para criar os membros do tetrápode. As nadadeiras ocorrem em diversos formatos mas todas são variações de uma forma básica. Uma nadadeira é formada sobretudo de raios de osso dérmico, o mesmo material resistente de que são feitas as escamas, e bem no seu interior há um conjunto de ossos esqueletais que dão sustentação aos músculos que movem a nadadeira. Em muitas espécies, esses ossos esqueletais são dominados por um eixo — quer um único osso comprido, quer uma cadeia de ossos menores. Entre os animais de nadadeiras em lobo, o eixo toma conta completamente dos ossos, encaixando-se no ombro como um membro de tetrápode. A nadadeira em forma de fio do peixe pulmonado brasileiro é um eixo que se segmentou numa série de ossos. Na nadadeira mais robusta do peixe pulmonado australiano, ramificações ósseas irradiam-se de ambos os lados do eixo. E em animais devonianos de nadadeira lobada como o *Eusthenopteron* essas ramificações existiam só de um lado do eixo — o posterior, quer dizer, o mais próximo do rabo.

Os paleontólogos chegaram à conclusão de que, para descobrir como as nadadeiras evoluíram e se transformaram em membros, eles tinham que entender o que aconteceu com o eixo. Os ossos compridos do braço correspondiam claramente aos três grandes ossos da nadadeira do *Eusthenopteron*, mas os ossos do pulso e da mão eram mais complicados. Um paleontólogo britânico chamado D.M.S. Watson comparou o *Eusthenopteron* aos primitivos anfíbios examinando as superfícies em que cada osso contactava os ossos vizinhos num membro ou nadadeira. Desse modo formou uma idéia de como ele se conectava a outros ossos através de ligamentos, tendões e músculos; essas conexões deviam refletir como esses anfíbios tinham se desenvolvido. Watson concluiu que nossas mãos eram lobos elaborados e que os ossos do pulso e os dedos eram simplesmente ramificações segmentadas. (Outros cientistas faziam o eixo correr até o dedo mindinho.) Os primeiros tetrápodes tinham inúmeros ossos no pulso e, à medida que seus descendentes foram evoluindo, devem ter perdido muitos deles, uma vez que só temos sete ossos no pulso e os pássaros têm apenas três. De uma maneira bem haeckeliana, os paleontólogos achavam que, se pudéssemos investigar o desenvolvimento inicial de um pássaro ou qualquer outro tetrápode existente, poderíamos ter uma idéia daquele membro primitivo, que seria então reduzido osso a osso até alcançar a sua forma moderna.

Na década de 1920, no entanto, as leis de Haeckel começaram a sofrer uma combustão espontânea. Os críticos reuniam um bestiário que desafiava as regras haeckelianas. Quando adultas, algumas espécies eram versões embrionárias de seus ancestrais; a evolução por vezes acrescentava passos extras ao desenvolvimento de um órgão enquanto deixava intocado o resto de um animal. Os recapitulacionistas tentavam colocar esses casos como exceções, mas a essa altura os biólogos evolucionistas voltavam sua atenção para os novos avanços da genética. Estudando raças mutantes de animais, viam que os genes podiam introduzir mudanças quase a qualquer momento do desenvolvimento de um embrião e passaram a encarar as idéias de Haeckel meramente como estranhas. A queda de Haeckel foi um embaraço para os embriologistas, que concluíram que só encontrariam miséria se tentassem utilizar os embriões para expandir o darwinismo. Eles coloriam suas lâminas e mapeavam o destino das células fetais, observando-as agruparem-se em órgãos ou perambulando pelo corpo, evitando qualquer especulação sobre o que seus resultados diziam acerca da evolução.

No entanto, apesar de todas as suas falhas, vale a pena salvar as idéias de Haeckel. Segundo algumas estimativas, mais de 70 por cento das transformações evolutivas de uma espécie para outra envolvem o acréscimo ou subtração de um passo no final de uma trilha de desenvolvimento. Tal índice pode não ser resultado de uma infalível Lei Biogenética, mas pede uma explicação. Apenas recentemente os pesquisadores começaram a reconsiderar as idéias de Haeckel e ao mesmo tempo pensar como os embriões podem levá-los a uma teoria completa da evolução. Grande parte do crédito deve ser dado ao biólogo britânico Gavin de Beer na metade do século e, mais recentemente, a Stephen Jay Gould — ambos argumentaram que Haeckel identificou apenas um tipo de mudança produzida pela alteração do *timing* do crescimento embrionário.

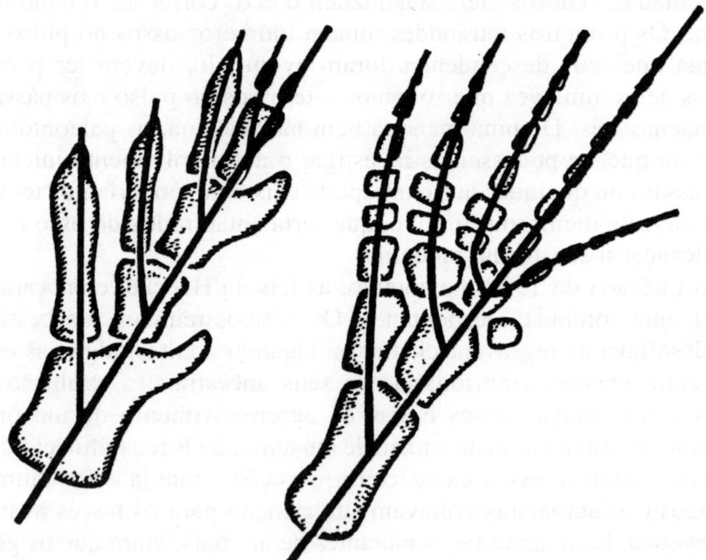

O desenho tradicional dos eixos de uma nadadeira de *Eusthenopteron* (esquerda) e de uma mão de anfíbio primitivo. Nesta perspectiva, os ossos do pulso e os dedos nada mais são que raios segmentados.

Gould expôs a idéia de forma bem sucinta ao propor pensarmos que o desenvolvimento de um animal não é fixado por apenas um cronômetro mas por um conjunto deles. Um cronômetro pode controlar sua maturidade sexual, enquanto o outro controla o crescimento do corpo. Reacertando os cronômetros, você pode criar um novo organismo. Quando um animal atinge a maturidade sexual e pára de se desenvolver, pode ter atingido apenas o plano corporal de um ancestral juvenil. Pode ser por isso que os primeiros filhotes de chimpanzés enganavam os antigos visitantes de zoológicos: como mostrou Owen, as cabeças humanas se parecem mais com as dos jovens chimpanzés do que com as dos adultos. Ou então um animal pode passar por todo o desenvolvimento dos seus antecessores quando ainda jovem e então simplesmente continuar o programa, desenvolvendo chifres maiores, por exemplo, ou mais espirais em uma concha. Os pesquisadores pensam, hoje, que há muitos relógios diferentes num único animal, cada um controlando o crescimento de órgãos separados. Algumas salamandras, por exemplo, nunca conseguem deixar o estágio larval e passam toda a existência na água. Mesmo assim sua hemoglobina passa por uma transformação quando adultas.

As sementes de uma redenção mais surpreendente face às idéias de Haeckel veio com o trabalho de um matemático chamado Alan Turing. Os cientistas que vivem nas planícies áridas e desoladas das ciências físicas às vezes olham a biologia como um recanto de férias — uma exuberante ilha de verdor que podem visitar para algumas descobertas surpreendentes, voltando então às estepes da quantificação. Afinal, consolam-se, se você conhece as leis dos elétrons e dos prótons, se você pode resolver equações diferenciais, você já sabe como a Vida funciona. A maioria desses cientistas mal chega a sair do avião e descobre que estava errada — que a paradisíaca ilha da biologia é um pântano perfumado; então, afunda e some de vista ou pega o primeiro vôo de volta. Mas alguns, como Alan Turing, conseguem descobrir alguns princípios biológicos originais.

Provavelmente o mais influente matemático do século XX, Turing é mais conhecido por exercícios lógicos que mais parecem sonhos. Nos anos 30 ele sonhou com uma máquina pela qual passa uma tira de papel que se estende de ambos os lados para além do horizonte e rumo ao infinito. A tira era marcada por uma série de uns e zeros que a máquina podia ler e, dependendo do número, podia responder movendo a tira ou mudando o número. Turing demonstrou que com apenas quatro regras tal máquina poderia somar. Com mais algumas, poderia multiplicar. E Turing provou, por fim, que ela podia fazer qualquer computação, qualquer cálculo, se tivesse regras e tiras de papel suficientes. Esse exercício lógico seria o fundamento para a invenção dos computadores. Hoje vivemos dentro do sonho desse matemático então com 23 anos.

Durante a Segunda Guerra Mundial, o exército britânico apropriou-se da mente de Turing. Ele foi em grande parte responsável pela decifração dos códigos nazistas, simplesmente pensando-os como máquinas de Turing reais. Depois da guerra, foi um dos que comandaram a pesquisa que veio a produzir os primeiros computadores do mundo, mas foi então que a fita da sua vida se rompeu. Desde a adolescência levava uma vida homossexual cuidadosamente mantida em segredo. Aos 40, porém, pegou um rapazinho próximo a um cinema e poucos dias depois encontrou sua casa arrombada, com algumas coisas faltando — um compasso, sapatos, facas de cortar peixe. Deu parte do roubo à polícia, mas, quando descobriram que o ladrão era seu amante, acusaram Turing de crimes sexuais. Em vez de ir para a cadeia, submeteu-se a humilhante terapia experimental com hormônios e foi excluído de sua pesquisa sobre criptografia e computadores. Dois anos depois foi encontrado morto na cama, aparentemente tendo comido um pedaço de maçã que embebeu em cianureto.

Nos últimos anos de sua vida, Turing dedicou muito do seu pensamento à biologia. Como é que surgem os padrões na natureza? — indagava-se. Depois que um óvulo humano era fertilizado e dividido algumas vezes, tornava-se uma bola de células uniforme. E ainda nessa esfera não padronizada subitamente aparecia em um dos lados uma prega que viria a ser o eixo da cabeça ao rabo ao longo do qual se desenvolveria o embrião. As células de uma estrela-do-mar em crescimento sabem como se organizar em forma de estrela; a pele de um leopardo sabe como se organizar em manchas. Quando Turing pensava nesses padrões naturais, os geneticistas ainda estavam a alguns anos da descoberta do ADN, mas já estavam convencidos de que os genes deviam controlar o desdobramento de um embrião, provavelmente impondo-lhe com suas proteínas um mapa posicional. Turing não tinha tanta certeza disso. Se os genes numa bola de células uniforme estão todos produzindo proteínas, as proteínas estão disseminadas de modo tão uniforme que elas mesmas não podem ter um padrão.

Os embriologistas no início do século XX tentaram explicar os padrões com o que chamaram de campo morfogenético. Visualizaram que grupos de células do embrião poderiam ser uma analogia biológica ao eletromagnetismo. Antes que um olho se forme num embrião, você pode tomar as células indiferenciadas daquela parte da sua cabeça, transplantá-las para outra região do seu corpo e ainda assim se formaria um olho. Por outro lado, se você transplantasse células indiferenciadas de uma parte do embrião numa perna que estivesse se formando, as células estranhas seriam suplantadas pelo campo morfogenético, esquecendo seu passado e ajudando a formar uma perna. Embora os geneticistas zombassem do campo morfogenético — consideravam-no virtualmente místico — Turing imaginou que poderia criar um campo desses com algumas regras simples como códigos de computador.

Deu um exemplo hipotético. "Esse modelo será uma simplificação e uma idealização", escreveu, "e conseqüentemente uma falsificação." Pediu a seus leitores que imaginassem um anel celular no qual cada célula produzisse de maneira contínua duas moléculas (que chamaremos de Alfa e Beta). Todas as células são idênticas e no início da experiência mental de Turing os níveis uniformes de Alfa e Beta em volta do anel estão em equilíbrio estável. Alfa dissemina-se lentamente de célula a célula em volta do anel, acelerando a produção de mais Alfa e Beta. Enquanto isso, Beta inibe a produção celular de Alfa e pode se mover em torno do anel com muito mais rapidez. Com tais propriedades Turing mostrou que o equilíbrio inicial das moléculas é instável, desaparecendo tão facilmente como uma vareta posta em pé pode cair. Tudo o que é preciso é uma ligeira flutuação no nível de Alfa de uma célula. Se uma célula produz um pouco mais de Alfa, em contrapartida aumenta a produção de Beta, que se espalha rápido pelas células ao redor como uma onda, reduzindo o nível de Alfa. Com menos Alfa numa célula, ela produz menos Beta, o que permite a Alfa aumentar de novo o nível. Essas realimentações e flutuações se disseminam por todo o anel e eventualmente estabelecem um novo equilíbrio, estável: agora os níveis de Alfa e Beta formam ondas permanentes em volta do anel. Se fossem pigmentos, o anel ficaria listrado.

Nenhum pincel divino ou mapa genético pintou essas listas. Os genes simplesmente fizeram uma sopa de moléculas em interação que podiam ser empurradas para formar padrões, constituindo-se tão facilmente quanto cristais na água em congelamento ou os harmônicos numa corda de guitarra elétrica. Com essa elegante experiência mental Turing mostrou como a vida podia desenvolver complexidade espontaneamente, e os biólogos matemáticos levaram seus métodos adiante, simulando tudo, desde desenhos em conchas até as listas das zebras ou as formas espirais dos embriões de ouriço-do-mar. E no início dos anos 80 alguns cientistas começaram a se indagar se os padrões de Turing não poderiam formar extremidades.

O embrião de um ser humano, de um pinto ou de uma salamandra começa como um tubo de tecido sem extremidades e enroscado. Seu notocórdio ainda é grande nesse estágio, percorrendo um sistema digestivo que ainda é apenas um cilindro intestinal com alguns dutos revolvendo-se na superfície. Seu cérebro é um toco, seus olhos esbugalhados. Quando o embrião tem 24 dias, as células na região dos rins recém-formados emitem um sinal que faz outras células nos flancos do embrião juntarem-se na sua superfície. Elas se congregam e incham como bolhas em botões de membros. Dentro desses botões, células conhecidas como mesenquimáticas aninham-se numa matriz gelatinosa. Uma borda de tecido forma-se na ponta do botão (chamada de crista apical ectodérmica) e estimula as células mesenquimáticas a se multiplicarem. Tire essa crista e nenhum membro se forma; acrescente um enxerto de crista e você pode obter dedos ou braços extras quando um rato nascer. Só as células mesenquimáticas próximas à crista proliferam, aumentando o botão existente e estendendo-o para fora do corpo, formando um cilindro — que vai se tornar o úmero.

Após uma semana, algumas células mesenquimáticas no botão se juntam umas às outras na forma do futuro membro. À medida que se juntam, vão se tornando cartilagem, destilando tecidos conjuntivos que formam um molde macio. Enquanto isso, vasos sangüíneos se esgueiraram para dentro do membro e agora se infiltram no meio desses moldes de cartilagem. Eles liberam células geradoras de ossos que enchem os moldes definidos pelas células de cartilagem, que vai na maior parte desaparecendo. Músculo e tendões prendem-se aos ossos e vão esticando à medida que os ossos crescem. Quando a mão vai se arredondando e achatando, muitas células morrem, e é da contagem total do suicídio que dependerá o grau de autonomia dos dedos no adulto. Na mão de um embrião humano, o tecido vai morrendo, recuando até a base dos dígitos, deixando-os livres para mais tarde enfiar linha em agulha e tocar trompete. Os pés de pato são mais compassivos, deixando que permaneça tecido para formar remos de membrana interdigital.

Não é tão estranho que as células mesenquimáticas se unam num cilindro único, mas como podem saber que no cotovelo devem se ramificar em rádio e cúbito e, depois, se consolidar em ossos do pulso e dos dedos? Talvez a anatomia não estivesse codificada nos genes tanto quanto o resultado natural da forma do botão do membro e a interação entre células mesenquimáticas vizinhas. Alguns pesquisadores procuraram moléculas morfogenéticas na sopa química segregada pelas células mesenquimáticas. Outros ficaram surpresos com a maneira como as próprias células se arrastavam e colidiam. Uma célula mesenquimática insinua-se pelo grude dentro de um botão de membro como a Bolha que se move numa tigela de geléia. A célula endurece partes de sua membrana, transformando-as em tentáculos que se projetam e agarram qualquer coisa que encontram. À medida que se projeta, ela puxa a matriz circundante, deformando-a de tal modo que uma célula vizinha pode se ver puxada para aquela que se arrasta. Há boas chances então de que as células venham a se tocar com seus tentáculos e, como as células mesenquimáticas têm uma cobertura grudenta, melada, que elas se agarrem uma à outra. Quando um número suficiente de células foi condensado, pinga de seus poros uma substância química que dissolve a geléia ao redor, fazendo as células em volta ruírem mais em si mesmas.

A força combinada de milhares de células empurrando e puxando a matriz do botão do membro muda a forma de todo o botão. Como as substâncias químicas de Turing, essas forças criam um campo morfogenético. Quando um grupo de biólogos chefiado por George Oster, da Universidade da Califórnia, em Berkeley, montou um modelo para essas forças, verificou que elas espontaneamente criavam algo que se parecia com um membro em desenvolvimento. Quando um botão estimulado surgia na parede do embrião, as células mesenquimáticas se juntavam num disco único. Quando as células próximas à crista se multiplicam, o disco se alonga em cilindro — que se transformará no úmero. Mas o modelo de Oster também mostra que a tração produzida pelo puxar das células achata todo o botão do membro, que por sua vez achata o próprio cilindro de células mesenquimáticas. Quando o conjunto se achata, o puxar das células mesenquimáticas entre si faz o cilindro se dividir em dois, como gotas num capô de automóvel separadas pela tensão de superfície. Elas se partem em dois cilindros menores, correspondendo ao rádio e ao cúbito que, na medida em que crescem, também se achatam. Para além de um limiar crítico, os dois cilindros se dividem em grupos ainda menores que vagamente se assemelham ao pulso e aos dedos.

Os modelos de Oster inspiraram um dos seus ex-estudantes, Pere Alberch, a tentar descobrir alguma evidência de um verdadeiro campo morfogenético nos membros dos animais vivos. Trabalhando em Harvard, em 1983, ele pincelou botões de membros de rãs recém-formados com um preparado químico que reduzia o índice de divisão das células mesenquimáticas. Descobriu que com menos células nos seus botões de membros as rãs não desenvolviam uma versão menor de uma mão normal; em vez disso, geralmente perdiam completamente o polegar. Uma vez que não havia sabotado o ADN desses animais, Alberch não podia explicar esse resultado unicamente através dos genes. Faria mais sentido um campo morfogenético como o de Oster, porque mudar o tamanho de um botão de membro pode ter alterado as forças que determinavam como ele se ramificava — de maneira muito semelhante ao modo como você muda as notas numa flauta mudando o volume dentro do qual vibra o ar.

Depois de concluir essas experiências, Alberch chegou a esbarrar com uma experiência natural quando voltou à Espanha para passar um tempo com os pais. Eles lhe mostraram seu novo cão dos Pireneus e, naturalmente, Alberch de imediato olhou os dedos dele. Como os lobos, a maioria dos cães tem quatro dedos nas patas dianteiras, com vestígios de um quinto. Os cães menores, como os *poodles*, raramente têm mais de quatro, enquanto os maiores, como os são-bernardos, às vezes chegam a ter um sexto dedo, apesar dos esforços dos criadores para extirpá-lo. O grande cão dos Pireneus dos Alberch, maior ainda que o são-bernardo, tinha seis dedos, que ele soube ser o normal da raça. As pessoas tinham sugerido que este sexto dedo era uma adaptação para andar na neve das montanhas, mas as experiências de Alberch fizeram-no achar que, em vez disso, aquele era um resultado dos caprichos do desenvolvimento. Os genes de cada raça provavelmente não carregam um número certo de dígitos. Em vez disso, o tamanho do botão do membro é que influencia quantos dedos irão se formar.

Alberch também foi profundamente influenciado pelo trabalho de Stephen Jay Gould, de modo que não ficou satisfeito em simplesmente explicar como determinado membro se desenvolvia: ele queria saber como a evolução, antes de mais nada, o planejou. Estava bem consciente de que era errada a velha idéia haeckeliana de que os membros evoluem por uma simples recapitulação, osso a osso, da filogenia pela ontogenia. A mais dura refutação veio com as experiências realizadas na década de 70 em que os pesquisadores puderam pela primeira vez estudar as asas e pés de pintos nos estágios iniciais da condensação de suas cartilagens. Esses membros não começavam como um tipo primitivo de perna de anfíbio: desde seu aparecimento, as células mesenquimáticas imediatamente se uniam em padrões próximos daqueles que os ossos assumiriam. Outro problema tinha a ver com a homologia. Haeckel (e Darwin e, antes dele, Owen) pensavam que era bem simples achar uma correspondência entre os ossos da perna de um tetrápode e os de qualquer outro. Mas quanto mais os embriologistas estudavam os membros, menos seguros ficavam disso. Eles não poderiam dizer se os três dígitos da asa de um pássaro eram o 1, o 2 e o 3 ou o 2, o 3 e o 4. Pulsos e tornozelos eram ainda mais intrigantes. Haeckel teria chorado.

Alberch se perguntava se haveria uma ordem mais profunda por baixo dessa confusão. Montou um laboratório em Harvard onde estudantes de graduação podiam estudar o crescimento diário das pernas de tetrápodes tais como rãs, tartarugas e jacarés. E um dia, quando dava uma aula sobre as charadas da evolução e desenvolvimento dos braços e pernas, despertou a atenção de um paleontólogo de 24 anos chamado Neil Shubin.

Shubin estava fazendo o trabalho de base para uma carreira promissora mas convencional de paleontólogo. Vinha passando os verões na baía de Fundy, no norte da Nova Escócia. No encontro do oceano e da terra, estendem-se amplas planícies de marés, da água até altos penhascos que confrontam o Atlântico, a rocha datando de 175 a 225 milhões de anos. Shubin esperava encontrar fósseis na ponta de uma enseada, um lugar que cientistas mais velhos haviam declarado inútil para explorar, inóspito e perigoso. Todo dia a maré na baía subia 15 metros e, se uma pessoa ficasse muito tempo num recife, a planície desapareceria e os penhascos impediriam a retirada. Shubin e seus colegas paleontólogos resolveram correr o risco de qualquer forma e descobriram que os penhascos estavam na verdade salpicados com centenas de milhares de fragmentos ósseos. Os fósseis eram de alguns dos parentes mais próximos dos primeiros mamíferos, de crocodilos galopantes menores que um cão lebreiro, de dinossauros do tamanho de pardais.

Esse filão poderia ter estabelecido a vida de Shubin: podia passar toda a carreira não fazendo nada além de escavar fósseis e reconstituir esse estágio crítico da história da vida. Mas ele gostava de se distrair. Conversando com Shubin você pode levar vergastadas intelectuais, pois ele leva a conversa de um campo para outro, da geocronologia à genética, dos complicados dentes dos mamíferos à biomecânica de uma rã saltadora. Quando não estava cavalgando as marés na Nova Escócia, dava aulas em Harvard e de tempos em tempos ele se distraía indo à seção de livros raros da biblioteca. Lia então ali as obras dos velhos mestres, como *Da natureza dos membros*, de Owen (1849). Era quase penoso ler as primorosas descrições de membros, seguidas não por uma epifania darwinista mas por um recuo à noção de Arquétipo. "Mergulhei naquilo, na simples elegância da argumentação", diz Shubin, "e no fato de que ele estava se levantando justo contra a evolução — justo contra a evolução — e depois recuando e dando uma volta nela com essa sua noção transcendental. É surpreendente, lá estava aquele sujeito, excelente anatomista, e quando ele falava de semelhanças estruturais, tinha chegado tão perto."

Alberch ajudava a manter essa longa tradição de estudo dos membros, de modo que Shubin teve longas conversas com ele sobre embriões, fósseis e evolução. Por fim Shubin decidiu ver por conta própria que conexões poderiam existir entre a ontogenia e a evolução, embarcando num giro por todo membro de tetrápode que pudesse estudar: "As pessoas no laboratório de Alberch estavam coletando um bocado de séries de desenvolvimento de vertebrados e havia uma grande biblioteca em Harvard", explica. "Peguei todo texto que pude encontrar sobre qualquer grupo, não fazia diferença. Juntei umas pilhas enormes — sobre pássaros, mamíferos e assim por diante — e fui em frente." Falou com os estudantes de Alberch sobre a maneira como se formavam os membros de jacarés, tartarugas e outros tetrápodes e pesquisou por si mesmo sobre as salamandras, clareando seus embriões com álcool e glicerina e depois tingindo suas cartilagens de azul ou mergulhando os embriões em blocos plásticos, cortando camada após camada e depois usando uma câmera lúcida para desenhar as mãos de quatro dedos em cada estágio de desenvolvimento.

Quando passou em revista toda a informação que havia coletado, de início Shubin não sabia bem que sentido aquilo tudo fazia. Com certeza não via estritamente qualquer tipo de recapitulação nos membros em crescimento, mas achava que estava tendo vislumbres de uma unidade subjacente na maneira como se formavam. Em muitos tetrápodes notou que as células mesenquimáticas nos pulsos e tornozelos se condensavam ao longo de um arco que se estendia continuamente de um lado a outro. Em alguns animais o arco desaparecia assim que os grupos de células se fundiam, mas em outros se prolongava pela vida afora do tetrápode. Cresce também um arco no pulso dos humanos e podemos ver na *Anatomia de Gray* como os nervos e os vasos sangüíneos seguem esse caminho. Mas o arco não era uma regra absoluta, pois muitos tetrápodes nunca o formavam.

Quando investigavam os resultados, ocorreu a Shubin e Alberch pensar de novo no modelo de Oster. Os membros simulados de Oster sempre se formavam através de uma pequena série de eventos: primeiro as células mesenquimáticas se juntavam em grupos, que então às vezes se dividiam em duas ramificações e às vezes se fundiam ou separavam em segmentos. Alberch e Shubin perceberam que nas seqüências dos membros efetivos em desenvolvimento, cada um se formava pela mesma e curta cadeia de eventos. Podiam esquematizar o crescimento com uma série de símbolos, escrevendo como uma sentença o desenvolvimento de um membro. A ilustração abaixo mostra a história da mão de um mamífero. O úmero forma-se primeiro, esticando-se até as células

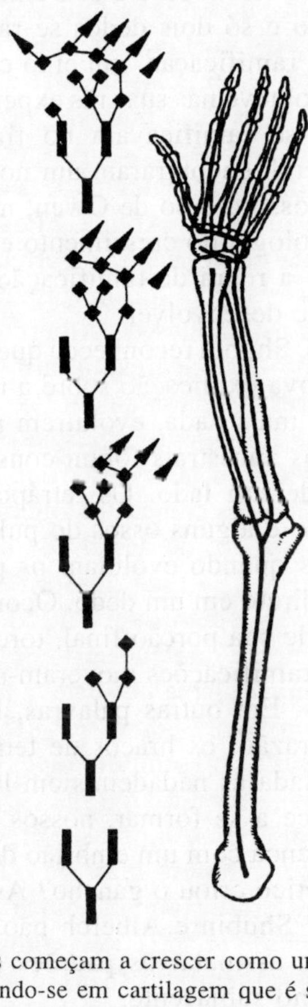

Os membros dos tetrápodes começam a crescer como um eixo ramificado de células mesenquimáticas, condensando-se em cartilagem que é substituída por osso. Em vez de se estender por um dedo, o eixo forma um gancho através do pulso.

afinarem e, então, ramifica-se em rádio e cúbito. O crescimento ao longo do rádio continua em mais um osso, um pequeno osso do pulso chamado radial (que nos humanos se funde num calombo no final do rádio). Enquanto isso, o cúbito se ramifica em dois ossos do pulso, que por sua vez se ramificam em mais ossos. Uma ramificação estende-se pelo topo do membro, formando o arco digital do qual brotam os dedos.

Por mais diferentes que pareçam os membros de tetrápodes nos animais adultos, todos seguem essas regras no embrião. Numa mão de rã, com apenas quatro dedos, o arco simplesmente pára de crescer antes que o quinto dedo se ramifique. Um parente europeu da salamandra tem apenas dois dedos, mas nem sequer desenvolve os outros três — à medida que se desenvolve o seu embrião, só dois ossinhos se formam no tornozelo e só dois dedos se ramificam de um deles. Ao mesmo tempo, uma ramificação, um eixo curvo, pode explicar os resultados que Alberch obteve nas suas rãs experimentais: os polegares desapareceram porque se ramificavam no fim do gancho. Nesses padrões, Shubin e Alberch encontraram um novo tipo de homologia: não a correspondência osso a osso de Owen, mas uma homologia do crescimento. Uma homologia do crescimento explica por que a gente nunca vê coxas triplas: a regra da ramificação torna-as matematicamente impossíveis de se desenvolver.

Como paleontólogo, Shubin reconheceu que esses padrões também apontavam para uma nova explicação sobre a maneira como as mãos de tetrápodes, antes de mais nada, evoluíram a partir de nadadeiras. As nadadeiras de nossos ancestrais foram construídas a partir de um eixo que se ramifica de um lado. Os tetrápodes preservaram essa anatomia — nosso rádio e alguns ossos do pulso ainda se ramificam do mesmo lado — mas quando evoluíam os primeiros tetrápodes o eixo não se prolongou direto em um dedo. Ocorreu, ao contrário, uma volta abrupta próxima de sua porção final, torcendo ao longo do que se tornaria o pulso. As ramificações moveram-se para o outro lado do eixo e formaram dedos. Em outras palavras, Haeckel estava — até certo ponto — com a razão: os braços de tetrápodes realmente são uma extensão acrescentada às nadadeiras em lobo e nos poucos dias antes que a mão comece a se formar, nossos braços provavelmente têm uma ligeira semelhança com um embrião de *Eusthenopteron*. Um novo campo morfogenético criou o gancho? Assumiu o comando um novo sistema genético? Shubin e Alberch não saberiam dizer. Tudo o que podiam fazer era assinalar os padrões dinâmicos e esperar a descoberta do mecanismo subjacente.

Eles publicaram suas descobertas em 1986, produzindo o que Shubin define como "um baque enorme". Ninguém lhe escreveu uma carta perguntando sobre os dados que encontrara; ninguém o citou. A ciência dos embriões e a ciência dos fósseis se haviam separado tanto que poucos estavam interessados em saber o que blocos de cartilagem podiam dizer sobre a maior transição na história dos vertebrados. Shubin deu de ombros e seguiu em frente. Em Berkeley e depois, como professor da Universidade da Pensilvânia, estudou mãos de salamandras e procurou novos fósseis de mamíferos primitivos na Nova Escócia, no Marrocos e na Groenlândia. Tinha feito a sua parte.

Mas Mike Coates sabia do novo gancho. Quando foi para Cambridge dois anos depois e fez um curso intensivo sobre tetrápodes, leu a respeito. E quando o *Acanthostega* estendeu e abriu para ele a sua mão de oito dedos, ficou feliz de ter feito isso. As velhas teorias sobre a maneira como as nadadeiras se transformaram em membros supunham que os primeiros tetrápodes tinham cinco dedos e, em conformidade, desenhavam ramificações a partir do eixo do membro até os ossos do pulso e os dedos. Agora Coates encontrava três dedos extras num tetrápode primitivo e não havia ossos do pulso a partir dos quais desenhar sequer uma única ramificação extra. Se a evolução construíra dedos no arco torcido de Shubin, no entanto, a coisa era bem mais simples. Você podia criar cinco dedos no eixo curvo — ou seis ou sete ou oito — simplesmente fazendo-os pender da ponta do gancho. E a tempo apareceram outros tetrápodes devonianos que não seguiam a regra dos cinco dedos. O *Tulerpeton*, a misteriosa criatura soviética, tinha seis dedos compridos e Coates descobriu que a perna do *Ichthyostega* encontrada por Jenny Clack na Groenlândia tinha sete dedos. Nossa mão de cinco dedos era uma variação de poucos dígitos dentre muitas, e só Shubin e Alberch podiam acomodar isso tudo.

A idéia de que os padrões de Turing moldam membros tem os seus detratores. Segundo o modelo construído por Oster, as forças que agem sobre o botão do membro como um todo geram o padrão de condensações que mais tarde se torna osso — não um tipo qualquer de sinalização química que possa mapear a futura forma do membro quando o botão é ainda uma porção uniforme de células. Em 1990, biólogos ingleses criaram uma experiência para testar as duas possibilidades. Eles cortaram fora metade do botão de uma asa de pinto e no seu lugar enxertaram a outra metade de uma segunda asa. Fizeram a troca bem no início do desenvolvimento do botão, quando ao simples microscópio não aparecia mais do que uma papa uniforme de células mesenquimáticas. No modelo de Oster esse botão ainda produziria um braço normal, porque não tinha ainda entrado em ação o campo morfogenético que daria forma à cartilagem. Mas os botões experimentais produziram úmeros duplos. O resultado levou os biólogos a concluir que marcadores invisíveis já deviam ter sido colocados no botão do membro e no seu enxerto antes que se fizesse a troca experimental e muito antes que as forças de Oster pudessem ter qualquer efeito.

Era impossível examinar alternativas, no entanto, porque na época os geneticistas mal compreendiam a maneira como os genes constroem um embrião. Durante décadas eles se contentaram em estudar mutantes. Um conjunto de aleijões, notado primeiro por um zoólogo britânico chamado William Bateson na década de 1890, era particularmente extraordinário. Um tentredém (inseto himenóptero) tinha nascido com pés na antena. Uma lagosta tinha uma antena no lugar do olho. Mariposas tinham asas no lugar das pernas. Mamíferos tinham mutações semelhantes, embora mais sutis, como vértebras do pescoço em que brotavam pequenas costelas. Bateson chamou-as de mutações homeóticas, pelo fato de que as partes do corpo conservavam sua forma apesar da mudança de lugar.

Só na década de 1980 os geneticistas foram capazes de estabelecer as relações entre as mudanças homeóticas de anatomia e os genes homeóticos que atuam no desenvolvimento de uma larva de mosca-das-frutas. Quando identificaram todos os genes, deram um passo para trás e ficaram espantados com a simplicidade do que haviam descoberto. Os genes homeóticos são enfileirados no ADN de uma mosca-das-frutas como uma cadeia de lanternas; o primeiro gene da cadeia se acende e produz proteínas em algumas células da cabeça da larva e o restante ativa em ordem correspondente todas as partes até o rabo. A larva é feita de segmentos e em cada um deles uma combinação única de genes homeóticos sobrepostos revolve as proteínas nas células. Essas proteínas viajam para outras regiões do ADN em cada célula, onde ligam outros genes, que então produzem a anatomia de que cada segmento precisa, seja uma perna, uma asa ou uma antena. Os mutantes homeóticos de Bateson eram o resultado de genes homeóticos que tinham sido acesos no segmento errado, dando-lhe uma nova identidade.

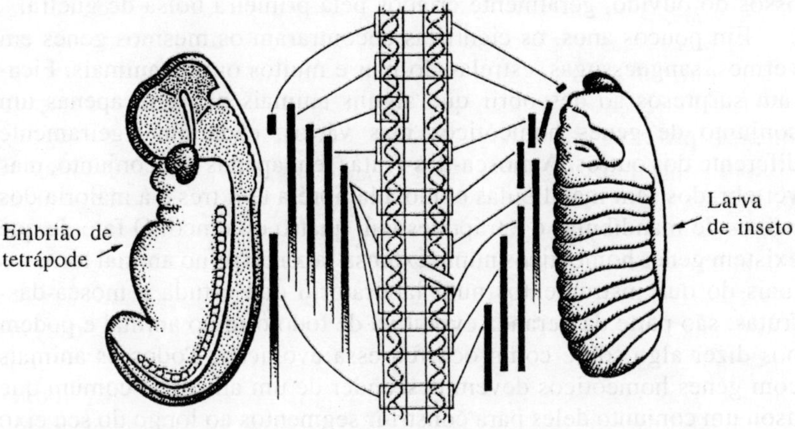

Genes homeóticos quase idênticos (representados por caixas) determinam o destino de segmentos de uma larva de inseto e também de um embrião de tetrápode. As barras ao longo de cada embrião mostram a extensão em que as células expressam a um determinado gene para que faça uma proteína.

Os vertebrados seguem um caminho profundamente diferente de desenvolvimento, o que não é surpreendente dado que seu último ancestral comum com as moscas viveu cerca de um bilhão de anos atrás. Os embriões de vertebrados também têm segmentos ao longo das costas, chamados somitos, mas os somitos desenvolvem-se em esqueletos internos — espinha e costelas — assim como pele, músculo e nervos. Mas no final dos anos 80 os geneticistas descobriram que havia genes trabalhando nos embriões de pinto e de camundongo que eram quase idênticos aos genes homeóticos dos insetos. Um gene homeótico de um humano pode ser colocado no ADN de uma mosca-das-frutas e fazer o trabalho do seu correspondente. Os genes homeóticos dos vertebrados também mapeavam o eixo da cabeça aos pés dos embriões e, se os geneticistas criassem mutações nesses genes, obtinham mutações homeóticas. As vértebras do pescoço tomavam o formato das vértebras de trás da caixa de costelas. A segunda bolsa semelhante a uma guelra num embrião de mamífero normalmente produz células que por fim formam os estribos, um dos ossos do ouvido médio. Mas se você brinca com os genes homeóticos, a bolsa produz, em vez disso, uma bigorna e um martelo — os outros dois ossos do ouvido, geralmente criados pela primeira bolsa de guelra.

Em poucos anos, os cientistas encontraram os mesmos genes em vermes, sanguessugas, estrelas-do-mar e muitos outros animais. Ficaram surpresos ao descobrir que alguns animais não têm apenas um conjunto de genes homeóticos mas vários, cada um ligeiramente diferente dos outros. A mosca-das-frutas tem apenas um conjunto, mas vertebrados sem mandíbulas como a lampréia têm três e a maioria dos peixes de mandíbulas e tetrápodes tem quatro ou cinco. O fato de que existem genes homeóticos numa extensa faixa do reino animal torna-os mais do que instrumentos num laboratório que estuda a mosca-das-frutas: são parte da herança evolutiva de todo o reino animal e podem nos dizer algo sobre como ocorreu essa evolução. Todos os animais com genes homeóticos devem descender de um ancestral comum que usou um conjunto deles para construir segmentos ao longo do seu eixo da cabeça ao rabo. Essa criatura de um bilhão de anos atrás originou alguns descendentes que se tornaram insetos e outros invertebrados — animais que usaram esse código para controlar o crescimento de suas larvas. As estrelas-do-mar, em contrapartida, usaram-nos para estabelecer o eixo de cada raio nas suas estrelas. E, à medida que os vertebrados evoluíram, duplicaram várias vezes seus genes homeóticos; uma vez, mais ou menos na época em que surgiu o primeiro vertebrado e, depois, quando surgiram os primeiros vertebrados com mandíbulas.

A duplicação de todo um conjunto de genes é uma mutação bastante radical e, no entanto, numa escala de milhões de anos, essas mutações ocorrem com freqüência. Primeiro, um gene duplicado simplesmente faz as mesmas proteínas que o original. Mas as mutações que estão continuamente atacando o ADN têm mais facilidade para alterar um gene duplicado porque uma mudança em um gene não afeta seu gêmeo, que pode continuar a desempenhar sua antiga tarefa. Na maior parte, essas cópias extras simplesmente sobrecarregam o ADN com genes extras inúteis, mas às vezes um gene duplicado pode sofrer mutação para uma nova forma que desempenha uma nova tarefa.

As células imunológicas em muitos animais, por exemplo, usam proteínas chamadas lisozimas para lutar contra as bactérias. As células engolfam um micróbio e liberam suas lisozimas, que se agarram à sua superfície e abrem buracos. As moléculas gotejam dentro e fora da membrana da bactéria até ela morrer. Nos humanos, como na maioria dos mamíferos, o único lugar onde existem lisozimas fora do sangue é nas lágrimas, onde protegem os olhos contra infecções. Mas os ruminantes — mamíferos de casco que mascam seu bolo alimentar, como vacas, cabras e ovelhas — são incomuns, pois têm muitas lisozimas mutantes no estômago. Um ancestral dos ruminantes aparentemente duplicou o gene que produz lisozimas e o segundo conjunto adaptou-se à forte acidez do seu estômago. Os ruminantes têm uma relação simbiótica com as bactérias que vivem numa câmara onde eles digerem matéria vegetal dura, e os ruminantes periodicamente engolem alguns dos micróbios para o seu estômago. Lá, a nova forma de lisozimas pode perfurar os micróbios, libertando as vitaminas e nutrientes que o ruminante pode digerir.

A duplicação dos genes de lisozima fez uma enorme diferença na evolução dos ruminantes. Mas as duplicações de genes homeóticos — que são tão críticas para estabelecer o plano corporal dos embriões — foram um evento macroevolutivo muito mais importante. Uma duplicação dos genes Hox (como são chamadas as formas vertebradas dos genes homeóticos) parece ter coincidido com a origem da cabeça — uma calota óssea em torno de um grupo de células nervosas equipada com dois órgãos sensíveis à luz. Uma segunda duplicação ocorreu quando os vertebrados desenvolveram uma mandíbula a partir de alguns dos seus arcos de guelra, começando a transformar-se de peixinhos sugadores de sujeira em predadores marinhos e, em 100 milhões de anos, em enormes caçadores que podiam destroçar um barco. Cada uma dessas mudanças demandou uma sinfonia de desenvolvimento mais sofisticada, e um conjunto duplicado de genes Hox, taciturnamente dando forma a proteínas supérfluas para disporem um plano primitivo de corpo, podia ser facilmente convocado para ajudar a construir novas estruturas.

Em 1989, quando os biólogos mapeavam a rede de proteínas interagentes que são criadas num botão de membro em crescimento, começaram a perceber que os genes Hox estão em ação lá também. Para compreender essa rede, você tem que ter uma imagem dos seus braços no primeiro estágio de formação, com o lado do polegar apontando para a sua cabeça e o lado do dedo mindinho voltado para os pés. Uma região do botão do membro ao longo do lado do dedo mindinho, conhecida como Zona de Atividade Polarizante, segrega uma proteína que um pesquisador nomeou em homenagem ao personagem de seu videogame predileto, o Ouriço Sônico. Essas proteínas filtram-se daquela zona para a crista do botão de membro, onde levam as células da crista a segregar uma proteína que estimula o crescimento, a qual por sua vez viaja para as células mesenquimáticas vizinhas e as faz dividir-se feito loucas. Ao mesmo tempo, a proteína estimulante do crescimento cria uma auto-alimentação estimulando a Zona de Atividade Polarizante a produzir mais Ouriços Sônicos, que voltam à crista do botão. Enquanto tem lugar esse vôlei frenético, ambas as proteínas também irrigam as células mesenquimáticas e sinalizam para elas ligarem seus genes Hox.

Quando os cientistas detectaram pela primeira vez os genes Hox em ação nos membros, especularam que deviam agir como faziam na espinha: o membro seria dividido como um pão de fôrma fatiado e uma combinação única de genes Hox em cada fatia esculpiria os ossos no seu formato próprio. O eixo da cabeça ao rabo, imaginaram, simplesmente se tornara do ombro à mão. Os cientistas mexeram com o código Hox nos membros de camundongos e pintos e esperaram para ver se os mutantes confirmavam suas suspeitas. As primeiras experiências pareceram confirmar. Quando os geneticistas puseram fora de combate o último grupo de genes Hox, por exemplo, os camundongos nasceram com um rabo encurtado e as pontas dos dedos murchas.

Porém, mais experiências mostraram que a realidade era mais confusa do que se previa: outro conjunto de genes Hox se acende apenas ao longo do lado do dedo mindinho do botão do membro e depois faz uma volta completa para se espalhar na ponta do dedo. Reinava a confusão. Felizmente, porém, Coates estava sempre à procura de novo trabalho que pudesse ajudá-lo a compreender como os vertebrados desenvolveram mãos, e manteve vigilância sobre todo texto que se publicasse sobre genes Hox. Quando viu o vaivém dos genes Hox, percebeu que já tinha visto o padrão antes: era a curva do arco digital de Shubin. "Olhei aquilo", diz Coates, "e pensei: 'Isto é inacreditavelmente ótimo.'"

Coates levou isso à atenção da comunidade científica, mostrando como os fósseis, as células e os genes estavam todos apontando para a mesma explicação desse caso de macroevolução. Ninguém sabia o suficiente sobre os membros para dizer como os genes Hox ajudavam a formar o arco digital de Shubin, mas fosse qual fosse o mecanismo, as correspondências eram claras demais para serem ignoradas. Inspirados por Coates, biólogos suíços demonstraram em 1995 que os genes Hox também fazem nadadeiras de peixes. A espécie que escolheram foi a do peixe-zebra, pequeno peixe de nadadeira raiada que, como um camundongo, adapta-se bem à vida de laboratório. O peixe-zebra tem um ciclo de criação rápido, um crescimento rápido da prole e, o mais importante, um corpo transparente no início da vida que torna fácil ver manchas sensíveis a proteína nas suas entranhas. Os suíços descobriram que alguns dos genes do mesmo tipo dos que formam o braço humano formam a nadadeira frontal do peixe-zebra e de um jeito praticamente idêntico de início. Uma massa de mesênquima borbulha ao longo do flanco do peixe-zebra e uma crista então aparece na sua face externa. Uma Zona de Atividade Polarizante na posição do rabo começa a fermentar seu caldo de proteínas de Ouriço Sônico; crista e zona falam uma à outra; e em resposta um conjunto de genes Hox começa a produzir suas proteínas ao longo da ponta do rabo. As células mesenquimáticas começam a se amalgamar em grupos.

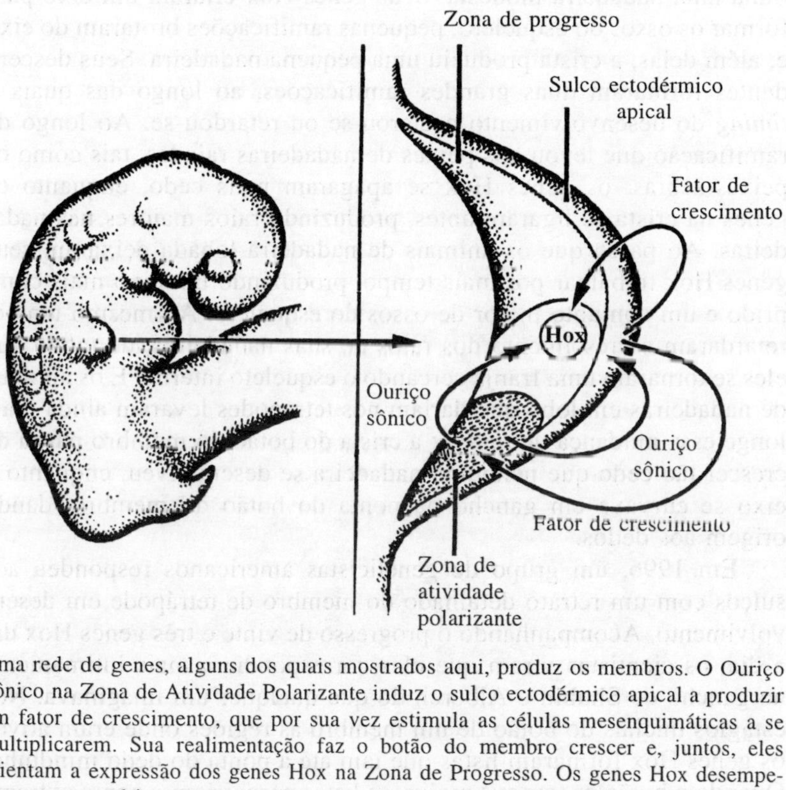

Uma rede de genes, alguns dos quais mostrados aqui, produz os membros. O Ouriço Sônico na Zona de Atividade Polarizante induz o sulco ectodérmico apical a produzir um fator de crescimento, que por sua vez estimula as células mesenquimáticas a se multiplicarem. Sua realimentação faz o botão do membro crescer e, juntos, eles orientam a expressão dos genes Hox na Zona de Progresso. Os genes Hox desempenham um papel importante na determinação da estrutura do membro.

Se os peixes-zebras fossem tetrápodes, as células na ponta da nadadeira começariam então a produzir proteínas Hox, criando o gancho de tetrápode. Em vez disso, os genes Hox simplesmente se desligam. As células mesenquimáticas se condensam ao longo do eixo reto marcado por genes Hox e depois se dividem em ossos que se ligam todos diretamente ao ombro. Mas, embora os genes Hox parem de trabalhar, a nadadeira continua a crescer. Nos tetrápodes, a crista do botão do membro desaparece uma vez tenha estimulado a multiplicação das células mesenquimáticas, mas nos peixes-zebras a própria crista começa a crescer, alongando-se numa grande extensão achatada em que se desenvolvem os raios da nadadeira.

Esses resultados combinaram tanto com as previsões dos paleontólogos que foram meio arrepiantes. O ancestral comum dos peixes de nadadeira raiada e dos animais de nadadeira em lobo provavelmente tinha uma nadadeira modesta. Seus genes Hox criaram um eixo para formar os ossos do esqueleto; pequenas ramificações brotaram do eixo e, além delas, a crista produziu uma pequena nadadeira. Seus descendentes formaram duas grandes ramificações, ao longo das quais o *timing* do desenvolvimento acelerou-se ou retardou-se. Ao longo da ramificação que levou aos peixes de nadadeiras raiadas, tais como os peixes-zebras, os genes Hox se apagaram mais cedo, enquanto os genes na crista se ligaram antes, produzindo raios maiores nas nadadeiras. Ao passo que os animais de nadadeira lobada deixaram seus genes Hox trabalhar por mais tempo, produzindo um eixo mais comprido e um conjunto maior de ossos do esqueleto. Ao mesmo tempo, retardaram o crescimento dos raios de suas nadadeiras, de modo que eles se tornaram uma franja cercando o esqueleto interno. E os animais de nadadeiras em lobo que dariam nos tetrápodes levaram ainda mais longe essa mudança de *timing*: a crista do botão do membro parou de crescer tão cedo que nenhuma nadadeira se desenvolveu, enquanto o eixo se curvava em gancho na ponta do botão do membro, dando origem aos dedos.

Em 1996, um grupo de geneticistas americanos respondeu aos suíços com um retrato detalhado do membro de tetrápode em desenvolvimento. Acompanhando o progresso de vinte e três genes Hox dia a dia, os cientistas viram que eles correspondiam mais intimamente ao gancho de Shubin e Alberch do que qualquer um imaginava. Nos estágios iniciais do botão de um membro as regiões onde eram ativos os genes Hox formaram listas que iam até a ponta do dedo mindinho. Quando o botão se tornava maior, as listas percorriam a ponta extrema

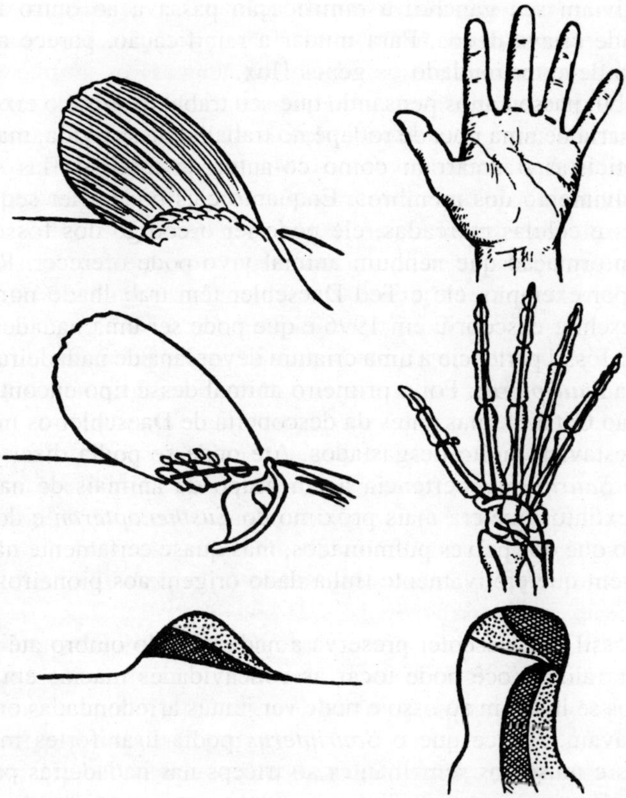

Num peixe-zebra (esquerda), as partes da nadadeira em que os genes Hox são ativos marcam um eixo reto, ao longo do qual crescem mais tarde os ossos. Nos tetrápodes, os mesmos genes formam um gancho na ponta do botão do membro e nesta nova região eles emitem sua ordem. Esse padrão combina com o posterior desenvolvimento do eixo do membro. A ramificação ocorre no lado do membro correspondente ao polegar, até o pulso, e nesse ponto o eixo se curva e a ramificação vira para o outro lado, transformando-se em dedos.

onde se formariam os dedos — mas as listas invertiam a sua ordem. Quando Shubin e Alberch estavam transformando nadadeiras lobadas em mãos de tetrápode, antes mesmo que ninguém soubesse que os genes Hox tinham algo a ver com eles, eles viram essa mudança. Num animal como o *Eusthenopteron*, todas as ramificações do esqueleto se estendem do eixo para o lado do polegar. Quando os tetrápodes desenvolviam seu gancho, a ramificação passava ao outro lado do eixo, onde criava dedos. Para mudar a ramificação, parece agora, a evolução deve ter mudado os genes Hox.

Shubin passou anos pensando que seu trabalho sobre o eixo curvo não passaria de uma nota de rodapé no trabalho da sua vida, mas agora os geneticistas o amarram como co-autor de monografias sobre o desenvolvimento dos membros. Enquanto eles podem ler seqüências de genes e células marcadas, ele pode ler o código dos fósseis, que detém informação que nenhum animal vivo pode oferecer. Recentemente, por exemplo, ele e Ted Daeschler têm trabalhado num fóssil que Daeschler descobriu em 1996 e que pode ser uma nadadeira com dedos. O fóssil pertencia a uma criatura devoniana de nadadeira lobada chamada *Sauripterus*. Foi o primeiro animal desse tipo encontrado na Formação Catskill, mas antes da descoberta de Daeschler os melhores fósseis estavam muito desgastados. Até onde se podia dizer a partir deles, o *Sauripterus* pertencia a um grupo de animais de nadadeira lobada extintos que era mais próximo do *Eusthenopteron* e dos tetrápodes do que dos peixes pulmonados, mas quase certamente não eram a linhagem que efetivamente tinha dado origem aos pioneiros terrestres.

O fóssil de Daeschler preserva a nadadeira do ombro até a ponta dos seus raios. Você pode tocar as concavidades macias em que os músculos se ligavam ao osso e pode ver juntas arredondadas onde eles se curvavam. Parece que o *Sauripterus* podia usar fortes músculos peitorais e músculos semelhantes ao tríceps nas nadadeiras para sustentar a frente do corpo. Tinha grandes ossos correspondentes aos nossos úmero, rádio e cúbito e, além desses, tinha pelo menos oito hastes mais finas de osso esqueletal que eram como os ossos das nossas mãos. Embora esses ossos semelhantes a dedos ainda estivessem enfaixados dentro da nadadeira, o *Sauripterus* podia curvar a nadadeira de modo equivalente ao que fazemos com nosso pulso, assim como nas juntas dos dedos.

Os cientistas estão hoje em condição de olhar tal fóssil e reconhecer os genes extintos que atuaram nele. Clifford Tabin, especialista em genes Hox na Escola de Medicina de Harvard e colaborador de Shubin, assinalou que perto do ombro os ossos do *Sauripterus* se ramificam do eixo rumo ao lado do "polegar" da nadadeira, como ocorre com o *Eusthenopteron* e outros animais de nadadeiras lobadas. Mas na ponta da nadadeira, onde se formam os ossos semelhantes a dedos, algumas das ramificações mudam de direção, rumando para o lado do "mindinho". Não era de forma alguma uma mão de tetrápode — o *Sauripterus* jamais teve um gancho no eixo dos membros. No entanto, o fóssil mostra que esse animal de nadadeira lobada estava tentando o mesmo tipo de receita genética dos nossos ancestrais. Os tetrápodes foram parte de uma experiência evolutiva disseminada em termos de estruturas semelhantes a mãos, mas acontece que foram os únicos que conseguiram sobreviver ao devoniano.

Os biólogos evolucionistas gostam de pensar nas mãos porque elas não são um pequeno ajuste numa velha estrutura — são inovações definidas. Durante 3,5 bilhões de anos, nada tinha mãos na terra. Em um curto período de tempo elas passaram a existir e desde então não sofreram mudança alguma. Quando William Bateson descobriu pela primeira vez mutantes homeóticos, pensou ter descoberto o segredo da novidade. Bateson foi um poderoso pensador — foi um dos primeiros biólogos a reconhecer que o trabalho de um obscuro monge do século XIX chamado Gregor Mendel continha pistas sobre como funcionava a hereditariedade. Ele então cunhou a palavra *genética* para designar o campo que ajudara a descobrir. Bateson era obcecado pelo mistério da variação — que era o carvão que alimentava a locomotiva da seleção natural de Darwin — e estudando centenas de exemplos concluiu que a maior parte das variações só podia levar a mudanças relativamente pequenas de cor, forma e tamanho. Sobre Darwin, o campeão das variações menores, disse Bateson: "Lemos o seu esquema da Evolução como leríamos os de Lucrécio ou de Lamarck." Só variações radicais, tais como as mutações homeóticas, decidiu Bateson, eram o verdadeiro poder criador da evolução, forças que podiam de repente produzir coisas novas, como um membro de tetrápode. O biólogo Richard Goldschmidt nomeou mais tarde essas criaturas hipotéticas de "monstros esperançosos". Eles assomavam no mundo, drasticamente diferentes de seus ancestrais, e, se tivessem sorte, passavam pelo filtro da seleção natural.

A ciência que Bateson fundou, no entanto, voltou-se contra ele. Não há nenhuma diferença fundamental entre uma mutação homeótica e o tipo de pequenas variações que estabelecem a cor dos cabelos ou dos olhos. A única razão pela qual as mutações Hox são tão drásticas é que os genes alterados regulam muitos outros genes envolvidos na construção de um embrião. Bateson achava que as mutações homeóticas eram necessárias para criar uma nova espécie, mas basta a lenta acumulação de pequenas mutações. Os neodarwinistas argumentaram que novas estruturas eram, de forma similar, resultado de mudanças graduais à medida que a seleção natural operava variações normais. Quanto a isso, disseram, a macroevolução não precisava de uma explicação separada da microevolução: ela era simplesmente a microevolução ocorrendo ao longo de milhões de anos.

Os dois lados dessa discussão tomaram posições apenas com um conhecimento sumário de como se formam os embriões. Com tanta informação a mais, crescente número de biólogos pensa hoje que a opção alternativa entre incrementos graduais ou mutações gigantes é falsa. Ao mesmo tempo, porém, acreditam que as inovações são de fato acontecimentos macroevolucionários distintos. Um eminente defensor desse paradigma é Guenter Wagner. Biólogo de Yale que se considera um neodarwinista de carteirinha plenamente versado em genética populacional, ele acha que as inovações pedem uma explicação fundamentalmente diferente da que se aplica a mudanças mais mundanas. "Acho que há uma ruptura", diz.

Em certa medida, Wagner pensa que Bateson estava certo: a seleção natural com freqüência esculpe, em vez de criar. "Se você olhar um organismo", explica, "digamos os tentilhões de Darwin, e olhar a mudança evolutiva que pode ser entendida como adaptação, ela em geral é uma modificação de determinado desenho. O bico deve ficar maior, mais forte. Mas há outras transições contingentes em determinada situação que não é prontamente acessível em nenhuma população ampla." E, no entanto, para trabalhar com essas transições onde passa a existir algo nunca visto antes, Wagner não tem que depender de alguma macromutação misteriosa. A reprodução normal dos genes pode, por exemplo, vomitar acidentalmente um gene duplicado que a seleção natural pode depois adaptar a uma nova tarefa. Ainda mais comuns são os casos em que a seleção natural, concentrando sua atenção nas variações normais de forma e tamanho, inadvertidamente altera o programa através do qual se desenvolve um embrião, desencadeando uma nova cascata ou possivelmente erigindo um novo campo morfogenético, de modo que se forma uma nova estrutura em bruto.

Nos últimos anos os biólogos têm dado pequenos mas reveladores exemplos de como pode ocorrer esse descarrilamento. Gerd Müller, da Universidade da Áustria, estudou como se forma a canela peculiar das aves. Abaixo do joelho de todos os tetrápodes há dois ossos compridos, a tíbia e o perônio. Nas aves, a tíbia vai do joelho ao tornozelo, enquanto o perônio é uma lasca presa à parte superior da tíbia. A tíbia das aves tem uma crista típica, um bloco no qual se apóia o perônio, mantida firmemente no lugar por tecido conjuntivo. Sem essa crista, a ave teria dificuldade de andar, pois um grande músculo da coxa se prende à lasca do perônio. Sem uma ligação firme entre a tíbia e o perônio, a força do músculo jamais poderia ser transmitida aos pés.

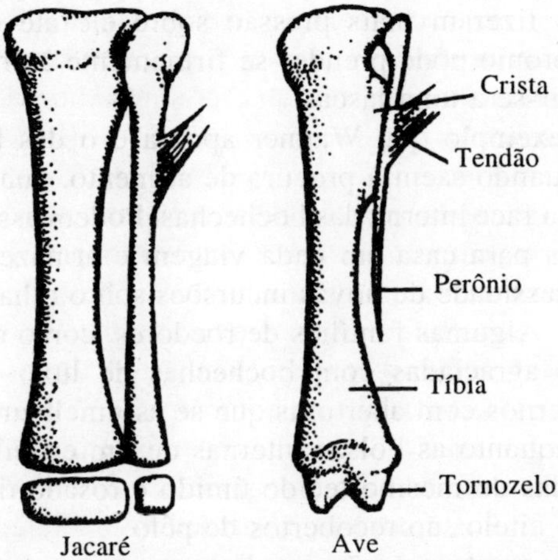

A canela de um jacaré e a de uma ave, com a inovação evolutiva de uma crista na tíbia.

Por mais essencial que seja essa crista, não há gene no ADN de uma ave que carregue uma linha de instrução específica ordenando a sua existência. Quando se forma a perna de uma ave, os dois ossos da canela são de extensão igual e falta à tíbia uma crista. Em vez disso, o tendão que prende o músculo da coxa ao perônio estende-se à tíbia de alto a baixo. Nos dias seguintes, a tíbia cresce rápido e o perônio fica para trás. As aves são inquietas dentro dos ovos, contorcendo-se quando têm apenas uma semana de idade, e nesse processo elas empurram e puxam o perônio. Em regra geral, essa pressão transformará em cartilagem o tecido do tendão em desenvolvimento, de modo que a inquietação da ave automaticamente estimula a formação de um nódulo de cartilagem entre os ossos da perna. Quando a ave sai do ovo e caminha sobre as pernas bambas, o nódulo se funde à tíbia e se transforma numa crista óssea. Se uma ave não se contorce no ovo, nenhuma crista se forma.

Müller encontrou a mesma crista em fósseis dos dinossauros bípedes carnívoros dos quais descendem as aves. Os primeiros dinossauros e seus parentes próximos podem ter começado a afinar o perônio para desenvolver uma corrida rápida e o resultado foi que o osso ficou instável quando ainda no ovo. Em reação a isso, a seleção natural guiou o tendão à tíbia para firmá-lo, e como o perônio continuou a encolher ao longo de milhões de anos, os inquietos embriões de dinossauros fizeram mais pressão sobre ele até que apareceu uma crista. O perônio pôde prender-se firmemente à crista e, assim ancorado, reduzir-se a uma lasca.

Outro exemplo que Wagner aponta é o das bochechas. Muitos roedores, quando saem à procura de alimento, guardam sementes em cavidades na face interna das bochechas. Podem assim levar um monte de sementes para casa em cada viagem e armazená-las, eliminando assim a necessidade de novas incursões sob o olhar atento de corujas e cascavéis. Algumas famílias de roedores, como o citelo americano, porém, são agraciadas com bochechas de luxo. As deles formam bolsões externos com aberturas que se assemelham a covinhas cavernosas. E enquanto as bolsas internas de um esquilo ou camundongo são revestidas do mesmo tecido úmido e rosado da boca, os bolsões externos do citelo são recobertos de pêlo.

As bolsas externas não se alinham com os membros ou crânios como inovações, mas são úteis mesmo assim. Quando um roedor guarda sementes nas suas bolsas internas, inevitavelmente perde água da boca e no deserto mesmo essa perda pode fazer diferença. A maneira como um embrião de citelo se desenvolve mostra como a bolsa pode ter evoluído. Quando ele tem doze dias de idade, sua boca se parece muito com a de outros roedores, com cavidades no lado interno das faces. Mas nos dias seguintes, à medida que o longo focinho do citelo se projeta do rosto, ele projeta a cavidade para a frente até que ela termina na região da face que por fim se transformará nos lábios do animal. Os lábios se projetam da boca para a face, levando consigo as bolsas. Agora elas já não se abrem para o interior da boca mas para fora. E logo que isso acontece, fazem contato com as células que estão formando a pele no rosto do citelo. O rosto é o sinal de superfície para as moléculas produzirem tecido onde brota pêlo — as bolsas faciais obedecem à ordem e se tornam peludas. É provável que os ancestrais dos citelos — roedores de bolsas internas — tenham desenvolvido um focinho mais comprido e essa inovação surgiu como efeito secundário. Em certo sentido, sua evolução foi ao mesmo tempo gradual *e* súbita: o focinho do citelo cresceu lentamente ao longo de muitas gerações, mas não houve estágio intermediário entre a bolsa interna e a externa. Ele passou imediatamente de uma forma para a outra.

Por outro lado, as recentes descobertas sobre como funcionam os genes Hox fizeram Wagner refletir se pelo menos algumas inovações eclodiram de repente. O que o fez mudar de idéia foi o trabalho que ele e alguns estudantes fizeram com rãs. Esses animais têm um tipo raro de osso nos tornozelos: é longo e em forma de canela, não redondo, como uma bolinha de gude desbastada. Essa inovação permitiu às rãs gerar mais força de alavanca nas pernas para saltar, mas está também bem longe dos limites de variação normais nos tetrápodes. Na maioria dos tetrápodes, os ossos do tornozelo podem ser ligeiramente maiores ou menores, mas, sob a influência de genes como os Hox, permanecem basicamente no formato de bolas de gude. Os tornozelos das rãs não começam a formar-se como pequenos nodos de células mesenquimáticas que gradualmente se alongam, mas são longos bastões desde o início. "É uma inovação ótima, porque agora eles têm a oportunidade de crescer mais do que pode qualquer variação genética em tamanho e formato de um elemento nodular", diz Wagner.

Wagner tem estudado como os genes Hox constroem as pernas das rãs, concentrando-se num gene que normalmente faz apenas o papel de moldar longos ossos tais como os da coxa e da canela. Mas ele descobriu que nas rãs, ao contrário do que ocorre com qualquer outro tetrápode que tenha estudado, esse gene Hox específico também exerce sua mágica sobre o tornozelo. "Se isso é correto, é processo de um passo só, não uma mudança gradual de formato. Se fosse uma mudança gradual de forma, seria de esperar que a ontogenia refletisse de alguma forma que você começa de um jeito e cresce em determinada direção, mas não é o caso. O membro traseiro da rã é um padrão completamente novo." Todas as outras mudanças que devem acompanhar um osso alongado de tornozelo para que ele seja útil — esticando os nervos, vasos sangüíneos e músculos que correm ao longo dele — acontecem automaticamente, graças de novo às regras de desenvolvimento. "A mudança foi instantânea", especula Wagner.

Quanto ao membro de tetrápode, o modo como os genes Hox se comportam quando o formam leva Shubin e outros a considerá-lo uma verdadeira inovação no sentido de Wagner e não uma elaboração menor numa nadadeira. Pode mesmo ter evoluído relativamente rápido, sem muita funilaria genética. Quando os genes recebem um sinal para produzir uma proteína, são ajudados nos seus esforços por outras cadeias de ADN conhecidas como intensificadores, que podem estar a milhares de posições de distância. A cadeia de ADN curva-se de tal modo que o gene e seu intensificador entram em contato, a partir do qual o intensificador reage com as proteínas que estão copiando o gene de uma forma que acelera o processo. Enquanto estão se formando o úmero, o rádio e o cúbito de um braço, um grande grupo de intensificadores trabalha junto para ajudar os genes Hox no seu serviço. Mas na fase final de desenvolvimento do braço, quando o padrão dos genes Hox se move e se forma uma mão, verifica-se que apenas um intensificador parece assisti-los. Quando nossos ancestrais de nadadeiras lobadas evoluíam para a forma tetrápode, esse novo intensificador pode ter sido recrutado ao pelotão genético para o desenvolvimento dos membros. E, com essa simples adição, o padrão dos genes Hox pode ter-se alterado abruptamente, aparecendo então uma forma rude de mão.

Por mais tempo que tenha levado para se formar a mão, no entanto, ela se encaixa na paisagem biológica. Para Wagner, essa tenacidade é outro sinal da inovação: ela muda as regras do jogo ao se tornar a nova fronteira dentro da qual opera a seleção natural. Wagner é atraído para os mesmos e demorados padrões, como Alberch e Shubin, e Owen antes deles. A seleção natural elimina dedos, funde ossos do pulso, cria canelas de dinossauros compridas como postes, mas não faz coxas triplas. Depois de 360 milhões de anos de evolução, ela ainda pode apenas variar o programa fundamental de desenvolvimento usado pelos membros de tetrápodes para surgirem de seus botões.

"Se você dispõe de todo esse tempo, então por que ainda vemos essa estrutura, essa diferenciação entre tipos?" — pergunta Wagner. "Há mudanças facilmente reversíveis, que não mudam as regras sob as quais está operando a seleção natural, e há aquelas que levam a novas fronteiras, a novas condições. Se tudo fosse reversível, não haveria tipos distintos que são estáveis em um longo período de tempo. É uma forma dialética de pensar. As revoluções sociais — por que interessam ao historiador? Porque mudam todas as regras políticas e econômicas sob as quais as pessoas vivem e buscam a felicidade. Não quer dizer que foram provocadas por alguma coisa extraordinária. A maioria das revoluções foi um efeito colateral de lentas mudanças e coincidências, que levaram a novos modos, de forma que um princípio organizador como a produção feudal de bens já não se obtinha e outra força econômica tornou-se dominante. Tento pensar a evolução de forma similar."

Neil Shubin criou uma das demonstrações mais contundentes de como a inovação do membro impõe uma nova ordem. Em 1991, um esfriamento anormal transformou em gelo um lago no condado de Marin, na Califórnia. O congelamento matou centenas de tritões, salamandras aquáticas de pele áspera, e preservou seus cadáveres de forma perfeita. Shubin, que na época trabalhava em Berkeley, pegou as salamandras ainda congeladas e nos anos seguintes estudou 452 de seus membros. Nessa coleta de uma única espécie, ele descobriu uma orgia de variações: quase um terço dos tritões tinha alguma alteração muito estranha nos membros. Em alguns casos, dois ou três ossos do pulso, normalmente separados, apresentavam-se fundidos. Em outros, surgia do nada um osso extra no tornozelo. De início pareceu que as variações se operavam de forma descontrolada e livre entre esses animais e que, trabalhando com material tão rico, a seleção natural podia criar o que bem entendesse. Mas na verdade as variações eram muito limitadas e enviesadas. As fusões e os ossos extras quase sempre ocorriam na linha do eixo ramificante do membro identificado por Shubin e Alberch em 1986, entre grupos conectados de células mesenquimáticas. E Shubin também descobriu que no lago congelado havia um microcosmo de todo tipo de salamandras. Uma das fusões que encontrou num tritão era padrão regular em todas as espécies da família de salamandras sem pulmões, de longínquo parentesco. Dois dos ossos extras de tornozelo podem ser encontrados exatamente na mesma posição apenas em fósseis de anfíbios de 280 milhões de anos atrás.

"É isso o que você obtém a cada passo: as regras para compor a estrutura", diz Shubin, "e as regras estão em parte codificadas nos genes e em parte na interação das coisas que esses genes especificam. Às vezes você tem uma inovação que apresenta um novo conjunto de restrições e oportunidades. A origem dos dedos é sem dúvida uma inovação. Temos um novo padrão de expressão gênica que corresponde a um novo tipo de desenvolvimento embrionário, que corresponde a um novo conjunto de nichos. Os vertebrados podem agora correr e voar e fazer um monte de coisas novas. Mas de um lado você escapa a restrições históricas e, de outro, cria novo conjunto de restrições."

Os cientistas ainda discordam sobre o quadro completo do desenvolvimento dos membros. Alguns ainda argumentam que um padrão Turing é que os forma e que os genes Hox apenas acrescentam ajustes aos ossos em formação, tornando algumas células mesenquimáticas mais grudentas que outras. Tendem outros porém para a idéia de que o intercâmbio entre genes e suas proteínas desenha um mapa para os genes Hox, que então fazem as células mesenquimáticas se multiplicarem mais rápido ou mais devagar, assim criando ossos de formatos diferentes. Mas à medida que se desenvolvem as experiências que vão decidir o debate, eles sabem de algo que teria sido considerado tolice quinze anos atrás. Não estão apenas reconstituindo o desenvolvimento de uma mão que existe hoje; estão também descobrindo como evoluiu a primeira mão. Enxugue as lágrimas, Haeckel.

Capítulo 4

Os brotos de Darwin

Enquanto Michael Coates contemplava os muitos dedos do *Acanthostega* e o que isso implicava para os nossos genes, Jenny Clack trabalhava nos ouvidos do animal. O trabalho dela iluminava uma outra senda da evolução dos tetrápodes tão importante quanto a origem das mãos, assim como um ingrediente da macroevolução tão crítico quanto as inovações. Mas as novas do trabalho sobre ouvidos não irrompiam nos círculos científicos como as notícias do trabalho sobre dedos. Folheie as monografias científicas sobre o desenvolvimento dos membros e vai começar a entender por quê. Aí você vê desenho após desenho, foto após foto, de braços e pernas desmembrados. O que acontece aos embriões a que estão ligados esses membros não tem importância para essas experiências. Só o que acontece dentro do próprio membro determina seu padrão e é isso que dá força a essas experiências: um biólogo não tem que ficar de olho no trabalho dos genes para lá do ombro. É o problema isolado que a ciência padronizada busca. O trabalho de Clack sobre o ouvido, por outro lado, era muito mais complicado e a complicação é que fazia a sua importância.

A melhor maneira de compreender os ouvidos dos primitivos tetrápodes é começar com os nossos próprios ouvidos. O som é uma mudança sutil no meneio das moléculas, que viaja como ondas pelo ar e carrega suavemente contra os tímpanos. Uma hastezinha de osso chamada martelo pode fazer vibrar o tímpano e as vibrações passam por uma série de ossos no ouvido médio: martelo, bigorna e estribo. Este encaixa-se numa porta que dá para um labirinto de tubos cheios de líquido e sulcados por terminações nervosas semelhantes a pêlos. Alguns desses tubos (chamados sistema vestibular) mantêm nosso equilíbrio sentindo o movimento do líquido com cada inclinação e gesto da cabeça. Mas o estribo faz contato direto com um tubo diferente, espiralado, a cóclea. As vibrações que o estribo passa para a cóclea criam ondas no líquido que fazem oscilar as terminações nervosas. Os pêlos retransmitem as oscilações ao cérebro, onde as compreendemos como som. Esse tipo de ouvido — comum aos mamíferos — é um elaborado modelo que funciona com ampla gama de freqüências. Muitos outros tetrápodes ouvem relativamente bem apesar de lhes faltarem alguns ossos do ouvido médio; seu tímpano conecta-se diretamente ao estribo. Os peixes, por sua vez, carecem completamente de um ouvido do tipo dos tetrápodes — embora não sejam propriamente surdos. Eles têm compridas linhas cavas ao longo da cabeça e dos lados, chamadas linhas laterais, que dispõem de pêlos sensíveis à pressão. Não podem ouvir com suas linhas laterais, mas podem pelo menos sentir os movimentos produzidos por outros peixes na água.

Embriologistas do século XIX deram os primeiros passos para compreender como evoluiu o ouvido dos tetrápodes. Procurando homologias entre os peixes e os tetrápodes, descobriram que o estribo do ouvido humano corresponde a um osso grande que ajuda a sustentar as mandíbulas do peixe, chamado hiomandibular. A mandíbula humana abre-se como uma porta, girando sobre duas dobradiças nos pontos onde se conecta ao crânio quando é puxada por músculos presos à cabeça e ao pescoço. Quando um peixe devoniano de nadadeira lobada abria a mandíbula, porém, tinha que reger uma sinfonia biomecânica. Seu crânio era uma coleção solta de ossos mantidos juntos por ligamentos. O hiomandibular servia para fixar os ossos superior e inferior da mandíbula contra a parte traseira da caixa craniana. Ao mesmo tempo, ajudava a abrir a aba da guelra para deixar passar a água servida para fora da cabeça do animal. Por mais confuso que nos pareça esse arranjo, funcionava bem para um peixe de nadadeira lobada. Uma vez que se acoplavam os músculos utilizados pelo peixe para respirar e se alimentar, ele podia caçar abrindo a boca e sugando a presa.

No entanto, por mais essencial que tenha sido outrora, o hiomandibular tornou-se obsoleto nos tetrápodes. Investigando as costas da cabeça do *Acanthostega*, Jenny Clack descobriu sua mais antiga encarnação conhecida como um pequeno estribo em glóbulo. A descoberta, combinada com pesquisas anteriores, mostra como o hiomandibular encolheu à medida que os primitivos tetrápodes mudavam a maneira de comer, evoluindo do estilo dos animais de nadadeira lobada. O focinho tornou-se cinco vezes mais comprido — comprido demais para que os músculos atrás da cabeça pudessem movê-lo de modo eficiente. A caixa craniana se fundiu e fechou e a mandíbula passou a fazer contato direto com o crânio enrijecido. Quando morder se tornou um ato mais simples para os tetrápodes, eles não mais precisavam do osso hiomandibular para sustentar a mandíbula.

Em vez de um grande osso ligado ao palato, à mandíbula inferior e aos ossos das brânquias, o hiomandibular com estribo do *Acanthostega* encolheu e se alojou firmemente atrás do crânio. Já não sustentava a mandíbula nem controlava as guelras. Ao contrário, tornara-se uma pedra craniana fundamental que sustentava o teto da boca na caixa cerebral e formava uma peça da própria parede do crânio. Mas a tarefa que executa tão bem em nossas cabeças — permitindo-nos ouvir — ainda era coisa do futuro, porque então estava preso dentro da caixa craniana e não podia vibrar livremente. Só muito mais tarde os outros ossos do crânio se tornaram fortes o bastante para que o estribo pudesse se soltar e começar a transmitir sons ao cérebro.

O ouvido do tetrápode, tão diferente de tudo o que o antecedeu, é inovação tanto quanto a perna ou o braço. Mas não se pode traçar a sua história fingindo que ele evoluiu isoladamente: o osso hiomandibular transformou-se em estribo como parte de um conjunto de transições inter-relacionadas. Só pôde evoluir como evoluiu porque a cabeça do tetrápode se achatava e esticava e os ossos iam se fundindo para criar uma mordida nova. Ao mesmo tempo, só podia mudar porque as guelras também se tornavam menos importantes para o animal respirar. Em compensação, o encolhimento do osso hiomandibular tinha efeitos que repercutiam em outras partes do corpo. Não controlando mais as guelras, o hiomandibular deixou de escanchar-se sobre a cabeça e os ombros dos tetrápodes. Os músculos que outrora o conectavam aos arcos das guelras podiam agora reatar-se à mandíbula para ajudar a abri-la e fechá-la e para sustentar a cabeça sobre os ombros. Em outras palavras, o hiomandibular encolhido deixava outros ossos e músculos criarem o pescoço do tetrápode. Os efeitos da sua transformação afetaram até os membros. Só quando os ombros foram liberados da cabeça e dos ossos pesados que outrora cobriam as guelras é que houve espaço suficiente para uma junta de ombro maior e mais complexa, uma junta que tornava os membros dos tetrápodes fortes o bastante para eles andarem.

Essa coreografia de mudanças prendeu a atenção de Keith Thomson na década de 60, quando pesquisou por conta própria o surgimento do ouvido dos tetrápodes. Essa dança parecia lhe falar de um aspecto comum da macroevolução, que chamou de progressão correlata. Uma mudança em qualquer parte da cabeça ou dos ombros do tetrápode não podia se produzir a não ser que a seleção natural alterasse ao mesmo tempo as outras partes para outras adaptações. Em certo sentido, a progressão correlata torna a macroevolução mais difícil de realizar-se — que sorte fantástica tem que ter um proto-ouvido para que todas as outras mudanças necessárias aconteçam de forma independente e ao mesmo tempo. Mas a progressão correlata pode efetivamente ser capaz de tornar mais fácil a macroevolução, uma vez que as mudanças numa parte do corpo podem às vezes produzir outras mudanças mais benéficas para o animal. Ser capaz de andar como um tetrápode podia tornar mais fácil pegar comida tendo um crânio fundido como o do tetrápode; e ser capaz de pegar comida dessa forma estimularia a evolução contínua dos membros. Essa realimentação entre as partes em evolução tornaria a mudança mais fácil.

A progressão correlata pode também mudar o corpo de um animal pelos efeitos entrelaçados dos genes. A alteração de um gene pode produzir muitas mudanças. Uma mutação de um gene Hox vai perturbar os membros, a espinha e outras partes do corpo. Se tal mutação cria várias mudanças que são, juntas, uma dádiva para o animal, ela pode acelerar o ritmo da evolução. A progressão correlata pode também acontecer pela maneira como interagem os diferentes tecidos no embrião. Os criadores de cães dependem desse princípio para sobreviver: selecionando artificialmente gerações de cães pelo aspecto facial diferente, eles esticaram e comprimiram a cabeça canina de todas as formas, do beiço arrebitado de um *spaniel* japonês ao focinho afilado de um galgo russo. Em quase todos os casos, o resto da cabeça do cão mudou com sucesso junto com os traços particulares em que se concentraram os treinadores. Os dentes ainda se fecham uns sobre os outros, as veias ainda se curvam em torno das mandíbulas (embora os cães não possam suportar toda mudança: o buldogue-anão, por exemplo, teve o rosto tão espremido que não consegue parar de chorar). Os extremos que podem conformar as cabeças dos cachorros deixam claro que seu aspecto não é fixado por nenhum mapa genético específico. Eles respondem a qualquer mudança no tecido circundante, adaptando-se para produzir um organismo que pode ainda funcionar como um todo.

A progressão correlata, como veremos, é um aspecto comum da macroevolução. Se as estruturas anatômicas de um animal ligam-se firmemente, elas mudam em concerto quando uma linhagem sofre uma dramática transição. O fantasma de Cuvier vive na progressão correlata da vida: os animais não são feitos de partes completamente independentes, mas de órgãos e tecidos que funcionam juntos com íntima integração. No entanto, o que Cuvier viu como uma óbvia barreira na estrada da evolução é agora um novo bulevar da mudança.

O *Acanthostega* estava ultrapassando todas as esperanças que Clack e Coates tinham quando começaram a estudá-lo. Era uma revelação praticamente a cada osso. À medida que a preparadora Sarah Finney foi libertando cada vez mais o esqueleto, eles deslocaram a atenção para o animal como um todo — não como a soma de partes notáveis mas como um animal efetivo que tinha que sobreviver em algum ecossistema devoniano. No ar o *Acanthostega* era praticamente surdo, seu estribo uma mera ponta alojada no crânio, mas ainda tinha linhas laterais que podiam sentir ondas de pressão na água como qualquer peixe. Ao mesmo tempo era, sob outros aspectos, um tetrápode plenamente desenvolvido: tinha os quatro pés completos, com uma abundância de dedos bem torneados. Esse conflito de anatomia não combinava com o cenário apresentado pelo manual de Romer, o de peixe encalhado pela seca que criava pernas ao arrastar-se para a poça seguinte. As forças que levavam os animais de nadadeira lobada para a forma tetrápode já deviam estar operando fazia algum tempo quando o *Acanthostega* apareceu — segundo Romer, operando em criaturas forçadas a passar parte do tempo se movendo em terra. Mas mesmo um sapo boi ouve infinitamente melhor em terra do que o *Acanthostega* ouvia. O conflito entre peixe e tetrápode só se tornou mais drástico quando Clack e Coates passaram da cabeça ao rabo.

Perto do estribo, Clack e Coates descobriram um osso reforçado no pescoço do *Acanthostega*, pouco menor que um palito de fósforo, que identificaram como um arco de guelra. Os anfíbios preservam o arco de guelra, mas servindo a um novo propósito que é o de ancorar os músculos da língua. Num corte transversal, o arco de guelra de um anfíbio é redondo, enquanto o do *Acanthostega* era como uma lua crescente. Entre os animais que existem hoje, só os peixes têm arcos de guelra em forma de crescente, e para um propósito bem específico: eles formam um sulco no qual podem se encaixar vasos sangüíneos, vasos que trazem às guelras sangue saturado de dióxido de carbono e o levam carregado de oxigênio. Em outras palavras, essa curva no osso dizia a Clack e Coates que, ao contrário de outros tetrápodes, o *Acanthostega* ainda respirava água como um peixe.

Quanto mais eles olhavam para o *Acanthostega*, mais percebiam como era primitivo o animal. Ali estava um tetrápode que não podia se acomodar à versão de Romer para a evolução. Andar em terra

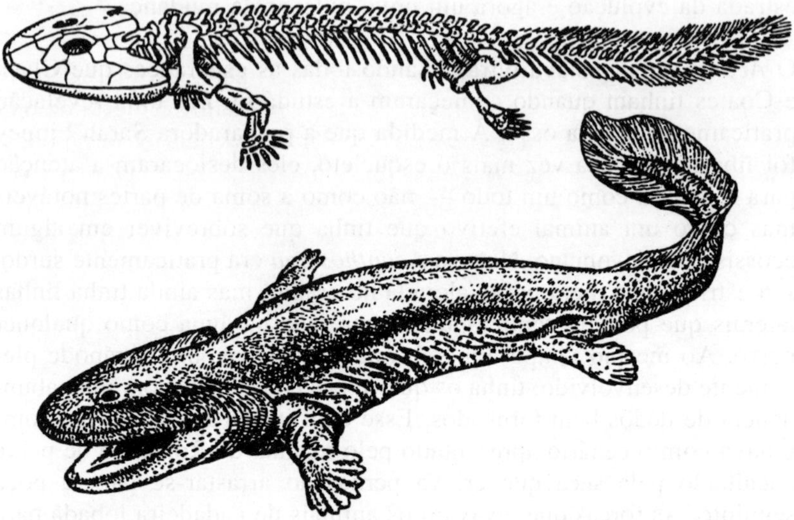

Esqueleto do *Acanthostega* e aspecto do animal em vida.

parecia quase impossível: os ombros do *Acanthostega* eram finos como casca de ovo e todo o seu peso recaía sobre o rádio, que era achatado e redondo no cotovelo mas fino no pulso. "Seria o mesmo que usar como pilar uma faca de mesa com a lâmina para baixo", diz Coates.

Suas costelas não eram melhores — eram tocos que seriam incapazes de sustentar as vísceras do *Acanthostega* sob gravidade — e suas vértebras eram anéis soltos, largos, em volta de um notocórdio exposto. Como qualquer tetrápode digno desse nome, o *Acanthostega* tinha pernas e quadris, mas seus quadris mal eram sustentados no lugar por uma única costela fina e alguns ligamentos, em vez de ser fundido à espinha. Seu joelho e tornozelo eram tão achatados e emperrados que só podiam sustentar as patas traseiras em movimentos laterais de remo. E se o *Ichthyostega* tinha espantado os paleontólogos com seu meio rabo de peixe, o *Acanthostega* tinha uma versão completa. O longo conjunto de hastes e nadadeiras, uma complexa mistura de dois diferentes tipos de ossos cuidadosamente dispostos com ligações musculares, encontrava-se não apenas na parte de cima mas também na parte de baixo do rabo. Era um rabo que podia impeli-lo para a frente ou frear dentro d'água, mas em terra seria apenas um fardo, com o delicado tecido da parte de baixo se arranhando, quebrando e estragando.

Ali estava pois um tetrápode que ficava tão à vontade dentro d'água quanto um peixe mas que em terra se sentiria mortalmente mal. Só podia haver duas explicações. Uma era que os tetrápodes desenvolveram os padrões de sua forma enquanto se adaptavam à vida em terra e os ancestrais imediatos do *Acanthostega* voltaram então à água, reinventando guelras, espinha de peixe e rabo de peixe. Certamente há muitos anfíbios que voltaram à água, mas eles sempre desenvolvem novas guelras *externas* — estruturas leves e ricas em sangue que se estendem a partir do pescoço. Já num peixe as guelras estão dentro da boca, montadas em arcos e acompanhadas de abas que jogam fora a água que passa por elas. Para nadar, os anfíbios aquáticos ainda podem se colear, contorcer o corpo, e o rabo às vezes tem uma faixa carnuda para empurrar mais água. Mas nenhum conseguiu reeditar por completo as complicadas e deslumbrantes estruturas de um rabo de peixe, porque a evolução jamais consegue refazer seus passos de forma tão exata. "Todo tipo de tergiversação se faz necessário para dizer que o *Acanthostega* era secundariamente aquático", afirma Coates. O que nos deixa com a segunda hipótese, mais estranha: as coisas que associamos à sobrevivência em terra foram desenvolvidas para a vida na água.

Nossos próprios corpos de tetrápodes são um fardo tal na água que essa idéia é de início ridícula — tente correr no fundo de uma piscina e se imagine perseguido por um ser de nadadeiras lobadas grande como uma baleia assassina. Que vantagem poderia haver para alguns peixes desenvolverem um corpo de tetrápode num lugar onde já se saíam tão bem? Uma resposta sofrível foi encontrada por uma tripulação de marinheiros holandeses em 1696. Na costa da Austrália eles viram peixes de uns 60cm de comprimento com membros semelhantes "a braços e pernas e mesmo algo parecido com mãos". As criaturas foram chamadas de rãs-do-mar (em inglês, *peixes-rãs*) pela fama adquirida de que andavam em terra. No início do século XVIII um artista que vivia na Indonésia escreveu que manteve uma rã-do-mar viva por três dias em sua casa: "Ela me seguia por toda a parte com grande familiaridade, como se fosse um cãozinho."

Rãs-do-mar, que são peixes de nadadeiras raiadas assim como o peixe-zebra e a truta, não têm nada a ver com a origem dos tetrápodes, embora suas nadadeiras tenham evoluído para uma forma que Owen chamaria de análoga a pernas. Em cada uma, três dos raios se esticaram como estruturas de canela, ligadas na ponta a um leque de raios menores, semelhantes a dedos. Ao contrário do que dizem as velhas histórias, essas falsas pernas não funcionam em terra e uma rã-do-mar se espalharia em terra como uma panqueca sob o próprio peso. Na água, onde grande parte do peso de um peixe é cancelado por sua flutuabilidade, as nadadeiras funcionam bem. Em recifes de corais, algumas espécies de rãs-do-mar se apóiam suavemente sobre as nadadeiras, que se curvam até adquirir a aparência de pés com dedos. Os músculos que a maioria dos peixes de nadadeiras raiadas utiliza para movê-las para a frente e para trás, como um remo, a rã-do-mar utiliza para abanar suas nadadeiras em arco de forma semelhante a um tetrápode, curvando-as como joelhos e apoiando-se nelas como pés. Os pseudodedos permitem que se agarre ao coral e erga a outra nadadeira para dar o próximo passo. À sua maneira, no padrão de forças que gera, uma rã-do-mar caminha como um tetrápode, embora a um ritmo de menos de 1,5 quilômetro por hora. Uma espécie que vive em vastas florestas de algas no Mar de Sargaços usa as nadadeiras não tanto como um cavalo mas como um macaco-aranha na copa das árvores: pode efetivamente dobrar o leque de raios em volta dos caules e oscilar de uma fronde a outra. Nos dois tipos de hábitat aquático, as pernas e os dedos tornam possíveis novas formas de sobrevivência. Quando um peixe nada, seus movimentos produzem ondas que outros peixes podem detectar com suas linhas laterais. Uma rã-do-mar pode caminhar lenta, imperceptivelmente, e se esconder agarrando-se a uma rocha em vez de trilhando a água.

A rã-do-mar usa suas nadadeiras para caminhar debaixo d'água.

De tempos em tempos os cientistas assinalaram que o peixe-rã deve ser uma analogia dos primeiros tetrápodes, mas não foram levados muito a sério por falta de evidência fóssil a sustentar esse ponto de vista. Para Coates e Clack, porém, o *Acanthostega* não poderia ter existido se a evolução tomasse qualquer outro curso. Dado o novo ambiente para os primeiros tetrápodes apresentado por cientistas como Keith Thomson, tal origem aquática faz sentido. No litoral dos continentes, as plantas começavam a formar as primeiras florestas em terra, e as águas costeiras começavam a se espessar aqui e ali com pântanos. As árvores deixavam cair folhas e ramos na água. Suas raízes tapavam o sedimento e criavam um solo aveludado. Os invertebrados cavavam o pântano para se alimentar, seguidos pelos peixes. Os animais de nadadeiras lobadas se davam bem nesse hábitat; alguns cresceram e ficaram maiores que uma mesa de sinuca. Outros esgueiravam-se no fundo, tentando abrir caminho pelos detritos e a lama. Graças à maneira como os genes constituíram suas nadadeiras lobadas, alguns animais eram capazes de ornamentá-las com projeções esqueletais — dedos e artelhos — que os ajudavam a mover-se desajeitadamente no chão dos pântanos. Após alguns milhões de anos, uma estirpe deu origem ao *Acanthostega*. Na maioria, esses animais viviam na água, contentes em respirar a maior parte do tempo pelas guelras, galgando troncos ou agarrando-se a rochas à espera de um peixe que se aproximava. Quando a presa entrava no campo de visão do *Acanthostega*, cujos olhos ficavam no alto da cabeça, ele desancorava, usava o poderoso rabo para subir rápido e abria a grande boca. Em águas muito rasas, ele podia se apoiar nas patas dianteiras para erguer a cabeça até a superfície e engolir ar.

Antes da descoberta do *Acanthostega*, muitos paleontólogos supunham que a evolução do corpo do tetrápode e a saída da água haviam sido simultâneas. Mas esse fóssil separa as duas coisas. Os tetrápodes já tinham a maioria das inovações evolutivas básicas que precisariam para viver em terra dezenas de milhões de anos antes que a terra viesse a fazer ainda que uma pequenina parte de suas vidas. O que parecia adaptações foram exaptações as mais dramáticas.

O carregamento de pedras que Jenny Clack trouxe da Groenlândia incluía não apenas tetrápodes mas também peixes, que seu antigo aluno e ajudante de campo Per Ahlberg passou a estudar no novo emprego na Universidade de Oxford em 1990. Durante alguns anos ele estudou um pequeno grupo de parentes afastados dos peixes pulmonados, os chamados porolepiformes, e ainda pesquisava suas relações. Antes de viajar à Groenlândia, conseguia muitos dos seus fósseis nas gavetas dos museus, onde estavam fazia décadas sem identificação. Quando Ahlberg foi para Oxford, abriu também as gavetas da universidade, examinando fósseis anônimos desenterrados junto ao ribeirão Longmorn, na Escócia, num lugar chamado Scat Craig. Os ossos datavam de 370 milhões de anos, 7 milhões de anos mais velhos que o *Acanthostega* e o *Ichthyostega*.

"O sítio fora descoberto ainda na década de 1820", conta Ahlberg. "Houve durante vinte anos uma intensa coleta por cavalheiros amadores. Foi por essa época que as pessoas perceberam que havia peixes fósseis na Escócia ou, simplesmente, peixes fósseis. Havia amadores por toda a parte na Escócia e em Scat Craig eles estavam encontrando ossos isolados mas em boas condições. Um monte foi coletado e se publicaram textos a respeito. E as coleções foram acabar em diferentes lugares. Há uma pequena coleção em Oxford, que eu encontrei ainda não catalogada 130 anos depois. Foi coletada pelo diretor do Worcester College e sua filha durante um período de férias e apresentada ao diretor do Museu Universitário com uma simpática cartinha que indagava se ele tinha melhorado do reumatismo."

Ao olhar essa coleção, Ahlberg logo encontrou uma boa peça de peixe porolepiforme e procurou outras no material de Scat Craig. "Uma vez começado o exame, espécime por espécime, tinha que parar e pensar em cada peça", conta. "E fiquei impressionado com uma peça de focinho achatado." Era um detalhe que a maioria dos paleontólogos não teria notado e a única razão pela qual Ahlberg lhe deu atenção foi que alguns anos antes ele estivera curvado sobre uma montanha desnuda na Groenlândia, tentando descobrir se os ossos que encontrava eram de peixes ou tetrápodes devonianos. Agora ele era sensível a coisas obscuras como um focinho de 370 milhões de anos. "Se só tivesse experiência com tetrápodes posteriores e olhasse esse material de Scat Craig, pensaria: ó... peixe."

O formato desse focinho, percebeu Ahlberg, significava que ele com efeito pertencera a um tetrápode — era o mais velho osso conhecido de tetrápode. Olhando na gaveta, encontrou mais ossos de tetrápode e logo se pôs em peregrinação, à cata dos fósseis de Scat Craig espalhados por museus da Inglaterra e Escócia. Sua coleção foi aumentando ano após ano, mandíbulas e focinhos e tíbias e pedaços de coxa, tudo escondido em armários havia 130 anos. Agora ele reconstituíra o animal (que chama de *Elginerpeton*, a partir do nome de uma cidade, Elgin, próxima a Scat Craig), uma criatura de 1,5 metro de comprimento e cabeça pontuda, pernas retorcidas em remos de forma ainda muito mais drástica que as do *Acanthostega*.

Na década de 70, o único tetrápode devoniano conhecido com alguma certeza era o *Ichthyostega*. De repente o zoológico de tetrápodes se encheu com uma série de animais como o *Elginerpeton*. Mais do que janelas isoladas para a vida no devoniano, os fósseis podem com efeito nos mostrar hoje a origem dos tetrápodes, passo a passo. Mas para assistir a esse filminho saltitado, os paleontólogos tiveram que estabelecer como exatamente os animais se relacionam uns aos outros. É hora de examinarmos um pouco de taxonomia.

A taxonomia pode às vezes parecer curiosamente antiquada, com a textura dos velhos armários envidraçados em que um naturalista do século XVIII guardaria suas conchas marinhas. Os taxonomistas debatem à boca pequena se um arbusto representa uma nova espécie, uma nova tribo, uma nova subordem, uma nova subclasse. Têm um protocolo estrito sobre como cunhar nomes redundantes dados a rabos e conchas fósseis que depois percebem que pertencem à mesma tartaruga. O dente extra na mandíbula daquele rato-calunga significa que estamos lidando com uma nova espécie ou se trata apenas de uma variação localizada? Na reconstrução da história da vida, a taxonomia pode parecer quase tão crucial quanto a taxidermia. De fato, ela é o esqueleto em que se apóia o corpo da biologia evolucionária. Sem saber primeiro exatamente de que forma se relacionam os organismos entre si, é impossível compreender como surgiram novos planos de corpo.

A taxonomia também testemunhou alguns dos mais furiosos conflitos na história recente da biologia. Cientistas como Lineu agruparam espécies, de acordo com suas semelhanças, em gêneros, ordens, famílias e classes superiores, mas em nenhum ponto do sistema podiam levar em conta o fato de que os organismos se assemelham uns aos outros ou porque descendem de um ancestral comum ou porque não têm relação entre si mas convergiram para o mesmo tipo de corpo. A classe dos mamíferos é constituída de ordens como as dos primatas e dos roedores, mas que ordens são mais relacionadas entre si e quais são as mais primitivas? Depois que se tornou claro que os padrões da taxonomia são evidência da evolução, os biólogos tentaram reconciliar Lineu e Darwin procurando semelhanças entre diferentes animais, vivos e fossilizados, e esboçando uma possível transformação dos ancestrais para os descendentes. Uma vez feito isso, desenhariam suas árvores genealógicas. Até os anos 70, era assim essencialmente que as pessoas usavam a taxonomia para compreender a evolução. Gradualmente, porém, foi-se tornando conhecido um entomologista alemão chamado Willi Hennig. Ele escreveu um livro obscuro sobre classificação de insetos que foi traduzido para o inglês nos anos 60; com pouca clareza e muito verboso com palavras que ele mesmo cunhou, o livro apresentava uma nova maneira de fazer taxonomia, uma maneira que podia ser explicitamente testada.

Imagine que você acaba de encontrar três borboletas, abrindo e fechando suavemente as asas, numa tela de varanda. Uma tem antenas curtas, um corpo de um roxo belíssimo e um desenho em teia nas asas. Outra tem longas antenas, o mesmo roxo estonteante e uma mancha gigante na ponta de cada asa. A terceira tem o mesmo corpo roxo, longas antenas e pintas vermelhas na beirada das asas. De que forma essas borboletas se parecem e de que forma não se parecem? As três têm um par de asas e corpos de um roxo deslumbrante. Cada uma tem um desenho diferente nas asas. Duas têm antenas longas e uma, antenas curtas. Você poderia mostrar as semelhanças e diferenças como fez Hennig, com uma árvore. Pense nela por enquanto como sendo nada mais que uma representação visual da lógica, como um diagrama de Venn com círculos superpostos.

Uma vez que todas essas borboletas são um produto da natureza — e, portanto, da evolução — devem todas descender de um ancestral comum. Essa espécie ancestral de borboleta dividiu-se em espécies descendentes, que por sua vez se dividiram mais ainda. Novos traços se desenvolveram, alguns traços antigos se perderam. Muitas espécies se extinguiram e, dentre as existentes, apenas três apareceram na sua tela de varanda. A não ser que as três borboletas tenham evoluído ao mesmo tempo de um ancestral — possibilidade altamente improvável — duas delas devem ser mais intimamente relacionadas entre si que a terceira. E isso, declarou Hennig, significa que essa árvore lógica também funciona como uma árvore evolutiva. Mostra como as linhagens de borboletas podem ter-se ramificado e desenvolvido traços específicos, tais como longas antenas e os desenhos nas asas.

Claro, a evolução prega suas peças. Certas linhagens podem desenvolver um traço e depois perdê-lo. Animais que têm uma relação muito afastada desenvolvem às vezes formas surpreendentemente similares. Podem estar tentando levar o mesmo tipo de vida no mesmo ambiente, ou o tipo de variabilidade genética com a qual têm que operar pode ser limitado e tende a produzir o mesmo tipo de anatomia.

Talvez as duas borboletas com antenas longas não descendam de um ancestral com longas antenas, talvez tenham desenvolvido suas antenas de forma independente. Para superar esses desvios de mão biológicos, os cientistas apóiam-se no que chamam de princípio da parcimônia. Quando querem estudar como evoluíram certos organismos, começam com a hipótese mais simples consistente com os fatos conhecidos. A simplicidade nesse caso significa encontrar uma árvore que exija o mínimo de passos evolutivos — a aquisição ou perda de uma característica — enquanto ainda agrupando as espécies por certos traços. Num caso como o das três borboletas na varanda, com tão poucas espécies e aspectos a estudar, é difícil ter uma boa idéia de qual é a sua verdadeira árvore. Mas quando um cientista estuda mais aspectos em mais espécies — particularmente comparando o grupo em questão (como as borboletas) com espécies fora do grupo (digamos, besouros e gafanhotos) — o sinal das verdadeiras relações comumente fica mais claro, submergindo o ruído da convergência.

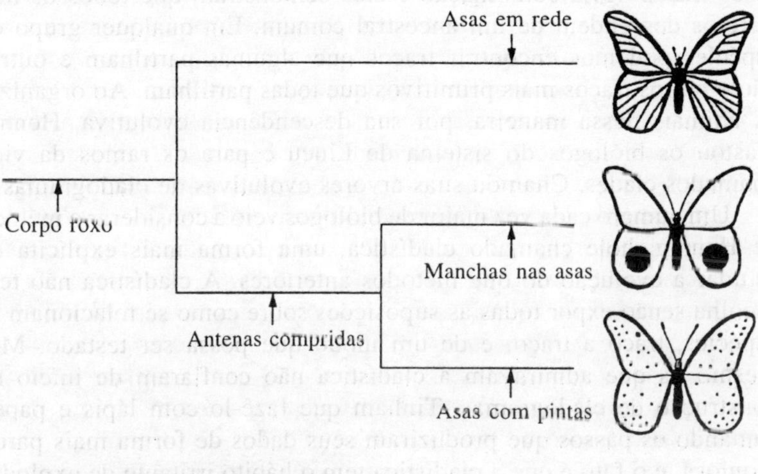

Um cladograma de três borboletas.

A árvore evolutiva de Hennig é madeira bem abstrata. Por si mesma pode ligar uma espécie a um determinado ancestral. A borboleta de asas raiadas tem uma raiz mais profunda que as outras duas, mas isso não significa que seja mais primitiva que elas. Nesse tipo de árvore, o ancestral comum de duas linhagens aparece como nada mais do que o segmento que leva ao ponto onde se unem. O ancestral comum das três borboletas foi provavelmente uma borboleta com antenas curtas e corpo roxo — não podemos dizer nada além disso. Nem contém essa árvore todos os ramos das outras espécies que descendem dos mesmos ancestrais comuns. No entanto, para explicar a relação entre as três borboletas na varanda e como a evolução a produziu, isso é o bastante. E, por extensão, é bastante para estabelecer uma nova classificação da vida.

Um taxonomista antigo classificaria elefantes na sua ordem própria porque todos têm características únicas, tais como trombas e presas. Uma árvore de Hennig mostraria como as trombas e presas devem ter surgido em uma população de há muito desaparecida de proto-elefantes e foram herdadas pelos descendentes. Nós classificamos os elefantes num grupo mais amplo que também inclui animais como lontras, toupeiras e os seres humanos, porque todos possuem cabelo, um metabolismo de sangue quente, glândulas mamárias e outros traços comuns: são todos mamíferos. Nenhum outro animal pode apresentar esses traços nessa combinação e eles demonstram que todos os mamíferos descendem de um ancestral comum. Em qualquer grupo de espécies podemos encontrar traços que algumas partilham e outras não e outros traços mais primitivos que todas partilham. Ao organizar os animais dessa maneira, por sua descendência evolutiva, Hennig afastou os biólogos do sistema de Lineu e para os ramos da vida chamados clades. Chamou suas árvores evolutivas de cladogramas.

Um número cada vez maior de biólogos veio a considerar o método de Hennig, hoje chamado cladística, uma forma mais explícita de estudar a evolução do que métodos anteriores. A cladística não tem escolha senão expor todas as suposições sobre como se relacionam as espécies, traço a traço, e de um modo que possa ser testado. Mas mesmo os que admiravam a cladística não confiaram de início na construção de cladogramas. Tinham que fazê-lo com lápis e papel, somando os passos que produziram seus dados de forma mais parcimoniosa, e o fato é que a cladística tem o hábito irritante de explodir. Se você examina três borboletas, precisa comparar três diferentes árvores possíveis, mas se analisa uma dúzia de borboletas, surgem milhões de árvores possíveis; com uma centena de espécies (apenas uma pitada das 20 mil espécies de borboletas existentes no mundo), você se vê confrontado com mais árvores do que o número de átomos no universo. Mas assim como as idéias de Turing sobre como padrões podem formar-se sem mapas revigoraram a embriologia, a matemática foi de grande ajuda para a nova taxonomia. Escolher árvores é exatamente o tipo de tarefa simples, mas de vidrar os olhos, que os computadores fazem bem. Um biólogo pode carregar no computador um programa cladístico com informação sobre dezenas de espécies, inspecionando uma centena de partes ou mais de sua anatomia e anotando se cada uma tem uma certa mancha, uma certa saliência ou estria. O computador não investiga efetivamente toda a floresta cósmica de árvores possíveis, mas usa atalhos estatísticos para encontrar alguns milhões das melhores candidatas e então busca a árvore mais simples dentre elas.

Alguns paleontólogos logo adotaram a cladística, mas muitos mantiveram suspeitas. Os cladistas apareceram nos museus falando um jargão abstruso, chocalhando uma sacola de palavras novas como *apomorfias*, *sinapomorfias*, *autapomorfias* e *simplesiomorfias*. Estavam tão empolgados com seu método que pareciam missionários da Igreja de Hennig querendo derrubar velhas tradições da taxonomia apesar do fato de que as conclusões que saíam de seus computadores muitas vezes apenas confirmavam o que os paleontólogos sabiam havia décadas. Alguns cladistas chegaram a argumentar (erroneamente) que os fósseis eram irrelevantes para construir cladogramas porque ofereciam muito poucos traços para analisar, comparados com os animais existentes com todos os seus detalhes de carne e sangue.

Os cladistas, por sua vez, viam muitos dos seus opositores paleontólogos perdidos numa adoração de ancestrais, perdendo tempo tentando descobrir exatamente que espécie requeria qual espécie ou que classe provinha de que classe. E no entanto a informação que temos dos fósseis e dos animais existentes não pode, logicamente, nos dizer se uma espécie é ancestral de outra ou meramente um ramo próximo. Mesmo se você encontrar duas espécies de peixes fósseis praticamente idênticas em camadas adjacentes de rocha na mesma vertente de uma montanha, não pode dizer com certeza que a mais velha é ancestral da mais nova. Os cladistas argumentavam que, em vez de sair à cata desses sonhos, era mais importante encontrar a forma mais objetiva e testável de organizar a vida.

A cladística é hoje um instrumento padrão da paleontologia, embora nos corredores dos museus ainda se possa ouvir resmungos sobre a sua esterilidade. Embora a cladística tenha de fato simplesmente confirmado algumas idéias de há muito estabelecidas, os paleontólogos também a utilizaram para argumentar acerca de algumas relações controvertidas — para apoiar o ponto de vista, por exemplo,

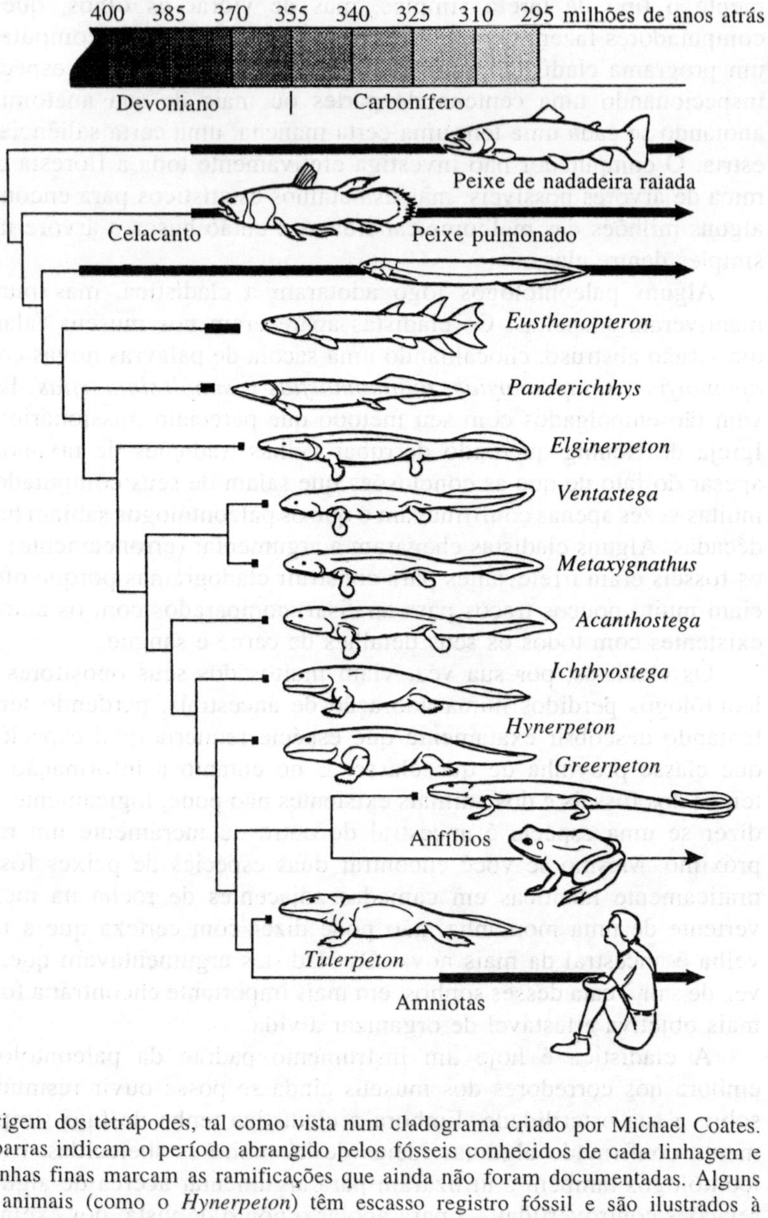

A origem dos tetrápodes, tal como vista num cladograma criado por Michael Coates. As barras indicam o período abrangido pelos fósseis conhecidos de cada linhagem e as linhas finas marcam as ramificações que ainda não foram documentadas. Alguns dos animais (como o *Hynerpeton*) têm escasso registro fóssil e são ilustrados à semelhança de seus parentes próximos.

de que as aves não descendiam de algum réptil vagamente parecido com um crocodilo, como se pensou outrora, mas seriam na verdade dinossauros com asas. Os cladistas estão agora abrindo caminho no reino animal, com os computadores moendo os dados, e um novo bosque de brotos evolutivos está se enraizando. E agora, com a descoberta de tantos tetrápodes devonianos, os paleontólogos começaram a construir cladogramas que captam igualmente essa transição. Na página anterior aparece um deles, um notável exemplo apresentado de forma simplificada, computado por Mike Coates. Ele inseriu no computador informação sobre 76 aspectos de 18 tetrápodes diferentes e, para dar uma idéia de como esse cladograma ramificava-se no tempo, encaixou os ramos na idade dos fósseis dos animais para criar uma árvore evolutiva.

Com tantas espécies, esse cladograma torna-se nada menos que um mapa da macroevolução. Para ver como evoluíram os tetrápodes, você precisa apenas ir galgando passo a passo da base da árvore até o ramo que lhe interessa. Pense, por exemplo, na agradável genealogia de Darwin de um peixe com bexiga natatória. Ele pensava que os peixes, respirando com guelras, desenvolveram primeiro uma bexiga natatória para ajustar sua flutuabilidade e só depois essa estrutura cheia de gás se transformou em pulmões nas criaturas de nadadeiras lobadas. Por mais de um século a maioria dos biólogos concordou com ele, mas um cladograma da grande divisão dos peixes que têm pulmões ou bexigas natatórias mostra que essa crença é uma armadilha do olho taxonômico. A árvore que aparece na página anterior mostra os grandes ramos dos peixes que têm bexigas natatórias ou pulmões (os celacantos não têm pulmões, mas têm câmaras, hoje cheias de gordura, que parecem ter sido pulmões outrora). Cada ramo dessa árvore representa uma linhagem distinta que remonta a centenas de milhões de anos atrás, embora algumas delas contenham alguns membros vivos. Os bichirs, por exemplo, limitam-se a algumas poucas espécies nos pântanos da África ocidental. Em contraste, os teleósteos são o grupo mais diversificado de peixes de nadadeiras raiadas, incluindo a maioria das espécies com que estamos mais familiarizados, desde o peixinho dourado até o salmão.

A explicação mais parcimoniosa é que o ancestral comum dos peixes de nadadeiras lobadas e de nadadeiras raiadas tinha pulmões e que em algumas linhagens os pulmões se transformaram em bexigas natatórias. Acontece apenas que hoje as linhagens que não podem respirar ar são as mais comuns. Darwin e os demais foram vítimas de

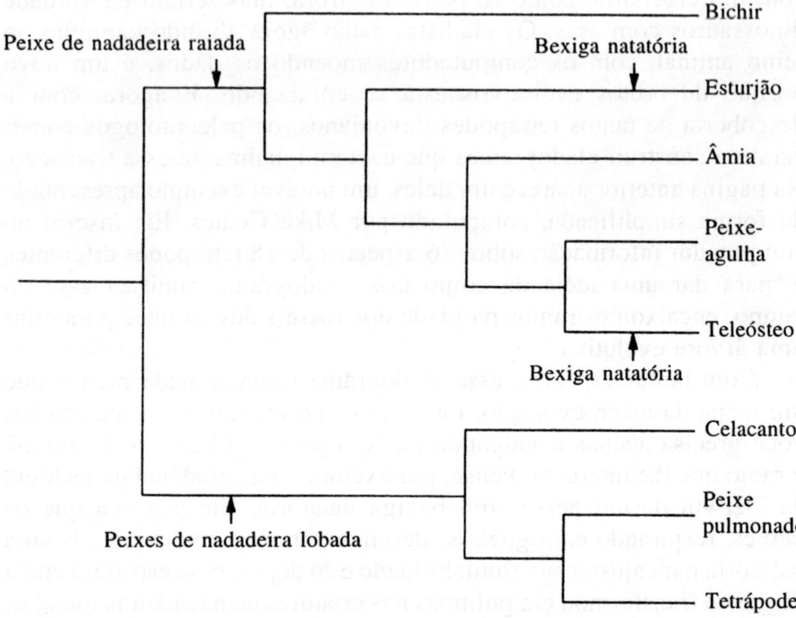

À exceção dos esturjões e teleósteos, todas as grandes linhagens de peixes de nadadeiras raiadas ou lobadas têm pulmões em vez de bexigas natatórias.

suposições ocultas — de que os pulmões devem ser mais sofisticados do que as bexigas natatórias porque nós, os grandiosos humanos, temos pulmões ou porque os teleósteos são tão comuns que devem ser típicos e, portanto, primitivos.

A velha transformação de bexigas para pulmões fazia sentido quando as pessoas pensavam que os antecessores dos tetrápodes viveram em lagos afetados pela seca que podiam ficar carentes de oxigênio ou desaparecer completamente. Onde as guelras não podiam funcionar podiam os pulmões. Mas agora as paisagens ressecadas de Barrell desapareciam; pesquisadores como Keith Thomson haviam mostrado que os primitivos animais de nadadeiras em lobo viveram no oceano ou em angras salobras e outros descobriram que mesmo ancestrais mais antigos dos peixes de nadadeiras raiadas e dos animais de nadadeiras em lobo — entre os quais surgiram os pulmões —

viveram em mar alto. No mar alto as águas se movem tão continuamente que um peixe típico jamais tem que se preocupar de ficar sem oxigênio.

Uma pista para a verdadeira evolução dos pulmões pode estar no fato de que você pode matar uma truta se forçá-la a nadar muito. Os peixes não pulmonados como as trutas bombeiam o sangue de uma só volta, enviando-o do coração para as guelras, onde se enche de oxigênio, e daí para o resto do corpo, nutrindo os músculos natatórios. Quando o sangue volta ao coração, a maior parte do oxigênio foi utilizada e o santo músculo cardíaco tem que se virar com o que resta antes de bombear o sangue de volta às guelras para o recarregamento. Quando uma truta nada mais rápido, as coisas só pioram: seus músculos natatórios anseiam por mais oxigênio, deixando ainda menor quantidade para o coração, que está trabalhando mais do que antes. Após alguns minutos de corrida, a maioria dos peixes sem pulmões morre.

Por outro lado, como assinalou recentemente Colleen Farmer, da Universidade Brown, peixes pulmonados têm mais resistência. Seu sangue é bombeado em duas voltas circulatórias. A volta pela guelra é a mesma que numa espécie sem pulmões (das guelras para o corpo, para o coração, para as guelras), mas quando ele respira ar pelos pulmões, o sangue viaja primeiro dos pulmões para o coração, não por último. Assim, quando um peixe, por exemplo a âmia, tem que nadar longas distâncias, toma golfadas de ar de tempos em tempos para impedir a exaustão cardíaca. Talvez, sugere Farmer, o ancestral dos peixes de nadadeiras raiadas ou lobadas tenha sido um poderoso predador que nadava rápido e que prejudicaria o coração se dependesse apenas de uma simples volta circulatória das guelras para o corpo, para o coração, para as guelras. Ele desenvolveu pulmões como bolsões no canal digestivo que se tornaram densos de vasos sangüíneos. Porque podiam absorver oxigênio do ar através dos pulmões quando iam à superfície, mantendo assim nutrido o coração, esses peixes podiam nadar mais rápido e por mais tempo que outros e presumivelmente capturá-los.

De acordo com esse cenário, na época em que se desenvolviam os primeiros tetrápodes, seus pulmões — que parecem tão bem adaptados para a vida em terra — já existiam fazia 60 milhões de anos. Se Farmer estiver correto, a questão acerca dos pulmões que precisa realmente de uma resposta é por que os teleósteos — que perderam os pulmões — são tão mais comuns que os peixes pulmonados. Para respirar é preciso que o peixe venha à superfície e coloque a boca no ar, e até 220 milhões de anos atrás isso era seguro. Mas depois disso o céu começou a se encher de predadores — primeiro, os pterossauros de asas de pele, depois os pássaros — que agarravam os peixes que viam ao voar sobre a água. É possível que os teleósteos tenham afundado para sempre na água, seus pulmões transformaram-se em bexigas natatórias e eles vingaram.

Assim que os pulmões passaram a existir, a própria respiração evoluiu por estágios à medida que os animais de nadadeiras lobadas se transformavam em tetrápodes. A cladística permite aos pesquisadores reconstituir a história da ventilação pelo estudo de animais vivos. Um animal de nadadeira em lobo — um peixe pulmonado, por exemplo — respira com uma espécie de bombeamento bucal em dois tempos. Para inalar, ele expande seus arcos de guelra de forma que sua boca se abre. A pressão do ar dentro da boca diminui com o aumento do volume, sugando mais ar em ambas as aberturas da boca — ar usado vindo dos pulmões e ar fresco entrando nas narinas. Parte desse ar misturado escapa por seu nariz e então o peixe fecha a boca apertado para forçar a mistura restante de ar novo e velho de volta aos pulmões.

Os anfíbios ainda usam esse bombeamento, embora tenham acrescentado uns novos toques. Quando um anfíbio abre a boca para puxar ar pelo nariz e os pulmões, também enrijece músculos ao longo dos flancos. Isso comprime os pulmões, forçando o ar para fora mais rápido. Então, como os peixes pulmonados, o anfíbio fecha a boca apertado para engolir ar, mas pode engoli-lo com maior energia graças aos largos orifícios no céu da boca revestidos com membranas restringidas por músculos. Contraindo esses músculos, o anfíbio pode pressionar o ar dentro da boca e empurrá-lo com mais força para os pulmões. (Algumas rãs apertam tanto que seus olhos — que se assentam no alto dessas membranas do teto da boca — desaparecem de vista toda vez que inalam.)

O outro ramo de tetrápodes vivos — os mamíferos, tartarugas, aves e vários répteis atuais (coletivamente conhecidos como amniotas) — constituiu seu próprio sistema respiratório a partir do plano dos peixes pulmonados. Um iguana é provavelmente o melhor análogo vivo de como respiravam os primitivos amniotas. Tendo perdido os arcos de guelra dos primitivos animais de nadadeiras em lobo, ele não pode mais usar a boca para bombear. Como os anfíbios, ele exala fechando os pulmões apertado com os músculos ao longo dos flancos, mas, ao contrário dos anfíbios, os amniotas têm plenas caixas de costelas providas de outro conjunto de músculos. Depois de exalar, eles podem expandir a caixa de costelas, criando baixa pressão nos pulmões para inalar. (Assim que os primitivos amniotas moveram seu sistema respiratório da boca para as caixas de costelas, diferentes linhagens inventaram variações do tema. Nós os mamíferos, por exemplo, ainda usamos músculos para abrir nossa caixa de costelas, mas também desenvolvemos um diafragma que empurra o ar para dentro de maneira mais eficiente.)

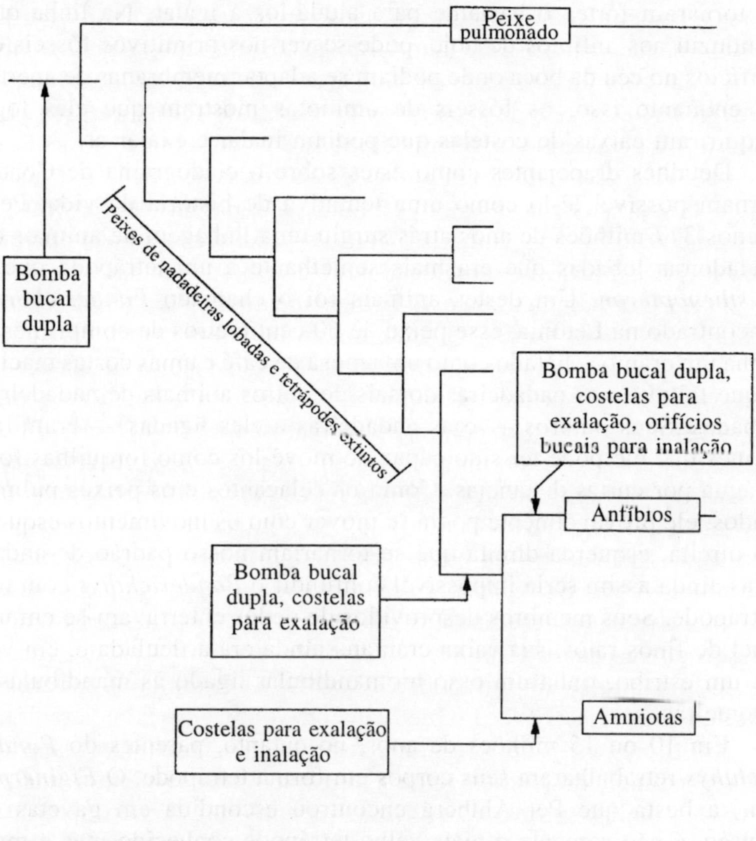

É possível reconstituir a respiração de um tetrápode num cladograma.

Essas pistas provenientes de estudos sobre animais vivos são um teste da maneira como os paleontólogos arranjam seus cladogramas.

A evidência dos fósseis de animais extintos junto com essas forquilhas divergentes concorda bem com os dados sobre animais vivos. Animais semelhantes a tetrápodes, tais como o *Eusthenopteron*, ainda tinham costelas que mal se projetavam de sua espinha e obviamente não podiam ter ajudado na respiração, sugerindo que eles inalavam ar como os peixes pulmonados. As costelas cresceram nos primeiros tetrápodes, tais como o *Elginerpeton* e o *Acanthostega*, mas ainda eram tão pequenas que esses animais ainda dependiam do bombeamento bucal em dois tempos. Só nos tetrápodes posteriores as costelas se tornaram fortes o bastante para ajudá-los a inalar. Na linha que conduziu aos anfíbios de hoje, pode-se ver nos primitivos fósseis os orifícios no céu da boca onde podiam se adaptar membranas de aperto. E, enquanto isso, os fósseis de amniotas mostram que eles logo adquiriram caixas de costelas que podiam inalar e exalar ar.

Detalhes drapejantes como estes sobre o cladograma de Coates tornam possível lê-lo como uma tentativa de história da vida. Pelo menos 377 milhões de anos atrás surgiu uma linhagem de animais de nadadeiras lobadas que era mais semelhante a um tetrápode que o *Eusthenopteron*. Um destes animais foi o chamado *Panderichthys*. Encontrado na Letônia, esse peixe de 60 centímetros de comprimento tinha um crânio achatado como uma mesa de café e umas costas macias a que faltavam as nadadeiras dorsais de outros animais de nadadeiras lobadas. Seus ombros — e as nadadeiras a eles ligadas — eram tão firmes que ele pode ter sido capaz de movê-los como forquilhas fora d'água por curtas distâncias. Como os celacantos e os peixes pulmonados, ele provavelmente podia se mover com os movimentos esquerda-direita, esquerda-direita que se tornariam nosso padrão de andar. Mas ainda assim seria impossível confundir o *Panderichthys* com um tetrápode. Seus membros desprovidos de dedos enterravam-se em um anel de finos raios, sua caixa craniana ainda era articulada e, em vez de um estribo, tinha um osso hiomandibular ligado às mandíbulas e às guelras.

Em 10 ou 15 milhões de anos, no entanto, parentes do *Panderichthys* retrabalharam seus corpos em forma tetrápode. O *Elginerpeton*, a besta que Per Ahlberg encontrou escondida em gavetas de museu, é não somente o mais velho tetrápode conhecido mas o mais primitivo também. Seu focinho tornou-se uma maciça e viva armadilha, ligamentos ligavam sua pélvis à espinha. Apenas com fragmentos de seus membros, é impossível saber se já havia dedos, mas o *Elginerpeton* mostra muitos sinais de ter sido um intermediário entre animais de nadadeiras lobadas como o *Panderichthys* e tetrápodes posteriores. Suas pernas traseiras eram de tal forma torcidas que os joelhos (se os tivesse) teriam apontado para o chão, tornando as pernas inúteis para caminhar mas boas para remar. A julgar pelo fato de que o *Elginerpeton* tinha um metro e meio de comprimento e caçava no fundo dos rios, pode-se supor que os primeiros tetrápodes devem ter tido um moderado sucesso em viver como criaturas de nadadeiras lobadas. Em alguns milhões de anos, o *Elginerpeton* se foi, mas novas formas de tetrápodes se desenvolviam em todo o mundo. Um ramo incluía um animal chamado *Ventastega*, conhecido por partes do crânio e alguns outros fragmentos encontrados na Letônia, assim como o ainda mais obscuro *Metaxygnathus* australiano. Na época essas duas massas de terra estavam separadas por milhares de quilômetros ao longo do equador, indicando que os tetrápodes se moviam rapidamente ao longo das costas tropicais, invadindo estuários e rios à medida que prosseguiam. Apesar de se espalhar por todo o planeta, essa linhagem de tetrápodes logo desapareceu.

Mais próximos de nossa própria herança estavam dois tetrápodes que apareceram na Groenlândia, que também era próxima do equador: o *Acanthostega* e o *Ichthyostega*. O *Acanthostega* tinha dedos e artelhos nos membros e sua caixa craniana estava fechada, selada. Tinha um rígido e longo focinho que não mais precisava de um osso hiomandibular para sustentá-lo, osso esse que fora reduzido a um estribo fechado no crânio. É possível que o *Elginerpeton* já tivesse alcançado tais estágios, mas sobrou muito pouco de seu esqueleto para dizermos isso com certeza. Em todo caso, os fósseis falam de uma enxurrada de mudanças, a qual — como mostra o trabalho de Neil Shubin e outros — baseava-se nos caprichos dos genes e do desenvolvimento. Os animais de nadadeiras lobadas como o *Eusthenopteron* e o *Panderichthys* usavam os genes Hox para dar padrão à espinha e às nadadeiras. Nos primeiros tetrápodes, as mutações mudaram o padrão Hox nos membros e expressavam-se na ponta das nadadeiras, produzindo um novo conjunto de hastes segmentadas.

O *Ichthyostega*, visto antes como um laço perdido entre os peixes e os tetrápodes, agora parece ser outro experimento esquisito com membros. Em certos aspectos, era mais parecido com os tetrápodes posteriores — seu rabo de peixe já tinha meio que desaparecido, os ossos do antebraço eram de comprimento igual de modo que podia andar sobre eles, tinha largas costelas e seus quadris tinham encaixes profundos para segurar as bolas dos fêmures. Mas de acordo com um dos colegas suecos de Jarvik, Hans Bjerring, assim como Coates, suas pernas traseiras eram projetadas para trás do corpo como as de uma foca. Embora tivesse costelas resistentes como os tetrápodes posteriores, parece tê-las levado a extremos, transformando-as em lâminas largas. É possível que as usasse como um peixe-boi usa as próprias costelas de tamanho extra para contrabalançar a flutuabilidade dos pulmões e conseguir ficar debaixo d'água.

Em certo sentido, tanto o *Acanthostega* como o *Ichthyostega* eram fósseis vivos na sua época. O *Hynerpeton* — o tetrápode da Pensilvânia que Tad Daeschler descobriu em seu braço de rio luxuriante — viveu alguns milhões de anos *antes* deles e, no entanto, é mais próximo dos tetrápodes que vivem hoje do que eles. Ele desenvolveu ombros ainda mais poderosos que o *Ichthyostega*, ainda que apenas com um único osso do ombro a crédito do *Hynerpeton*, é uma questão em aberto saber com o que se pareciam suas pernas traseiras. Talvez só pudessem arrastá-lo como ao *Ichthyostega*, ou talvez o ajudasse a ficar um pouco mais aprumado. De qualquer forma, os tetrápodes podem ter deixado de respirar com guelras à época em que o *Hynerpeton* veio à existência, como evidencia o seu ombro, que não mostra nenhum sinal de ter sido conectado a uma câmara de guelras. É possível que esses tetrápodes pudessem engolir ar e segurá-lo debaixo d'água, ou talvez estivessem vivendo em poços tão rasos que pudessem com freqüência se mover pela água com as narinas erguidas bem alto. É possível que o *Hynerpeton* já usasse suas costelas para ajudar a inalação, porque agora só os seus pulmões podiam lhe trazer oxigênio. A mudança nas suas guelras também mudou a maneira com que comia. Os tetrápodes primitivos podiam sugar a presa puxando água pelas aberturas das guelras. Mas uma vez desaparecidas as câmaras das guelras, só podiam investir atrás de comida.

Mais ou menos na mesma época do *Hynerpeton* havia provavelmente uma série de outras espécies tetrápodes chapinhando ao redor e que ainda não descobrimos, mas apenas um dos seus parentes diretos deu origem a todos os tetrápodes que vivem hoje na Terra. Coates acredita que 355 milhões de anos atrás os descendentes desse progenitor se dividiram em dois grandes ramos, um que em última análise daria origem aos anfíbios como rãs e salamandras, outro que daria origem aos amniotas — aves, mamíferos e répteis. Ambos os grupos, no entanto, começaram bem dentro d'água. Quando pensamos na jornada dos vertebrados para chegar à terra firme, essa nova filogenia nos força a imaginar duas odisséias separadas. Coates data de há tanto tempo essa separação por causa do animal russo conhecido como *Tulerpeton*. Coates trabalhou com o descobridor do animal, Oleg Lebedev, no Instituto Paleontológico da Academia de Ciências da Rússia, e eles agora sugerem que esse animal devoniano de seis dedos é na verdade um parente primitivo dos atuais amniotas, apesar do fato de seus fósseis terem sido encontrados em rochas que se formaram em águas oceânicas rasas. Em algum ponto após essa separação, os anfíbios começaram a desenvolver sua forte musculatura do céu da boca para respirar, enquanto os amniotas passaram a depender mais das costelas.

À medida que evoluíam os tetrápodes, o papel dos genes Hox em ajudar a formar os seus corpos mudou aos soluços. Os animais de nadadeiras lobadas tinham ossos das costas organizados em muito menos regiões distintas do que os tetrápodes. Os genes Hox provavelmente ajudaram a estabelecer suas fronteiras, assim como a determinar onde deveriam ir suas nadadeiras e ajudar a construí-las como um eixo com ramificações. Nos primeiros tetrápodes os genes Hox começaram também a ser ligados em um novo lugar — na ponta da nadadeira em desenvolvimento — e lá eles lançaram o padrão em que produziram suas proteínas, criando dedos. Mas não há muita diferença entre um polegar e um dedo mindinho de *Acanthostega* — exatamente como não há muita diferença entre uma vértebra no pescoço dele e uma na seção mediana da espinha. Os genes como os Hox ainda não tinham criado identidades distintas em nenhuma parte do corpo do tetrápode.

O código Hox ficou mais detalhado em seu trabalho com os anfíbios e, de maneira independente, ainda mais com os amniotas. A evidência preliminar sugere que as mãos dos anfíbios oscilaram entre quatro e cinco dedos antes que a maioria das linhagens se estabelecesse em quatro. Entre os primeiros amniotas havia idêntica incerteza digital (pense-se, por exemplo, nos seis dedos do *Tulerpeton*), mas parece que por volta de 325 milhões de anos atrás os amniotas se estabeleceram em não mais que cinco. Os tetrápodes podem ter-se tornado mais padronizados no número de dígitos à medida que os genes Hox começaram a moldar cada um de uma forma distinta. Certamente o mesmo cuidado se evidenciou na espinha. Quando os tetrápodes passaram de um corpo natatório para um que andava, precisavam de costas mais complexas: o pescoço tinha que ser flexível e ancorar os músculos que moviam a cabeça; mais para trás, as vértebras tinham que suportar uma forte caixa de costelas; mais para trás ainda, as vértebras precisavam fundir-se aos quadris. Os genes Hox estabeleceram as identidades de todas essas regiões.

Sempre que os paleontólogos encontram um grupo de fósseis que parece capturar uma gigantesca transição como essa, eles se queixam de que podem estar perdendo a história completa, que os animais que conhecem pertencem de fato a ramos remotos. Mas não parece ser esse o caso com os primeiros tetrápodes. "A evidência que temos sugere que estamos vendo a transição mais ou menos em tempo real — é nesse ritmo que as coisas estão acontecendo", diz Per Ahlberg. "Não parece que os tetrápodes estejam evoluindo muito antes em alguma outra parte do mundo. A emergência dos tetrápodes é acompanhada por muita experimentação em diferentes direções. E então, no final do devoniano, há uma certa separação do joio e do trigo. Se você questionasse as pessoas nos anos 70, elas teriam admitido que supunham típico o *Ichthyostega*. Mas agora vemos todo tipo de coisas peculiares aparecendo."

Nossos ancestrais chegaram ao ponto em que se pareciam conosco no básico: respiravam ar sem engoli-lo, podiam andar e tinham pescoço. Mas ainda sobreviviam em pântanos rasos, talvez deslizando à noite para um outro curso d'água próximo, continuando a terra firme a ser o ambiente dos milípedes e das minhocas. Ainda nos perguntamos como nossos exaptados ancestrais chegaram à margem e como é que medramos aqui em terra.

O cladograma de Mike Coates sugere que os tetrápodes se dividiram em duas linhagens no oceano e nos rios e vieram separadamente para a terra — a linhagem que produziria a nós, amniotas, e a que produziria os anfíbios. Os primeiros anfíbios surgiram em mais de uma dúzia de grandes linhagens cerca de 350 milhões de anos atrás. Em alguns casos pareciam girinos de quase um metro de comprimento, palmípedes quando adultos. Outros chegavam a ficar maiores que uma canoa e outros perdiam as pernas quando desenvolviam centenas de vértebras nas suas espinhas de serpentes. Por volta de 300 milhões de anos atrás, alguns deles estavam passando boa parte do tempo em terra seca. A evidência está nos seus ossos: alguns tinham escamas, apoiavam-se em pernas fortes e tinham reduzido o estribo a uma haste que podia levar até seus ouvidos o som trazido pelo ar. Mas por volta de 210 milhões de anos atrás esses animais primitivos tinham desaparecido. No registro fóssil, os ramos vivos dos anfíbios surgiram logo em seguida, com aparência bem semelhante à atual — as rãs jurássicas pulavam, as salamandras se arrastavam, as *Caecilia* sem pernas cavavam tocas.

Os anfíbios vivos fornecem a única informação além dos ossos sobre como viviam seus ancestrais. A maioria vive em áreas úmidas junto a lagoas, no chão das florestas e nos rios, mas algumas espécies espalham-se por um espectro maior de ambientes. Alguns sapos nadam no oceano e alguns outros sobrevivem no deserto. Salamandras chamadas axolotles vivem em lagos de montanha, onde nunca precisam respirar ar; as *Caecilia* sem pernas vivem no solo como minhocas carnívoras. O que torna esses anfíbios bem distintos dos amniotas é o seu ovo, que é mais parecido com o dos peixes. Um embrião de anfíbio em desenvolvimento é envolvido por uma membrana porosa que por sua vez é recoberta por uma grossa camada de gelatina. O oxigênio e a água passam através da gelatina para sustentar o embrião, e refugos como o dióxido de carbono podem ser expelidos. Os anfíbios põem fornadas de ovos que vão de milhares a apenas um, geralmente uma massa globular em água doce. Há muitas exceções, porém: alguns ovos são enterrados na pele das costas da mãe, enquanto em outros casos ela os engole e eles crescem no seu estômago. Alguns crescem na garganta do pai ou presos às suas coxas. A salamandra alpina cresce no útero da mãe, alimentando-se de secreções destiladas pelas paredes do órgão, e já nasce adulta após uma gravidez de três anos.

O *design* desses ovos coloca restrições à evolução do anfíbio. Se não são postos no ambiente certo, podem ressecar-se e se têm mais de meia polegada de largura (1,25cm), a grossa cobertura gelatinosa começa a sufocá-los e não pode mais manter sua integridade estrutural. Muitos anfíbios nascem portanto como pequenas larvas que têm de viver na água até poderem se transformar em adultos. Alguns anfíbios podem sair dos ovos como adultos em miniatura, mas estão na ponta do desempenho anfíbio — como embriões têm que usar guelras superdimensionadas ou rabos carregados de capilares para puxar o máximo de oxigênio possível.

Os predecessores dos amniotas pareciam bastante com os tetrápodes semelhantes a anfíbios, alguns tão parecidos que a única maneira de distingui-los é comparar os seus ossos do pescoço ou o palato. Por volta de 340 milhões de anos atrás, os ancestrais dos amniotas já passavam algum tempo em terra; mais alguns milhões de anos e nascia o primeiro amniota oficialmente tido como tal — o último ancestral comum de todos os amniotas que vivem hoje. Há três grandes linhagens de amniotas que sobreviveram até os dias atuais: os sinapsídeos (representados pelos mamíferos como nós), os para-répteis (tartarugas) e os répteis verdadeiros (aves, crocodilos, cobras e lagartos). É muito mais fácil pensar nas coisas que um corvo, um humano e uma tartaruga de Galápagos *não* têm em comum do que nas que têm, mas há um bom número de características que todos nós herdamos de nosso ancestral comum. Todos temos pele dura, intestinos que podem absorver água, grandes pulmões e lágrimas. O mais impressionante é a maneira como nascemos. Em vez de ser envolvido em gelatina, o embrião de um amniota cresce enfaixado em membranas envolvidas por membranas. Enfiados nesses sacos há um vitelo e três tecidos diferentes. Um junta a uréia e outros refugos do embrião, outro puxa gases para dentro do óvulo e os bombeia para fora, o terceiro banha o embrião em fluido (este último é chamado de âmnio e dá nome aos amniotas). O ovo amniótico primordial foi provavelmente como os ovos de casca elástica colocados pelas tartarugas. Alguns mamíferos desenvolveram um sistema para carregar o embrião e as membranas dentro do ventre, enquanto os répteis fizeram de suas cascas uma camada dura, rica em cálcio. Mesmo na sua forma mais primitiva, porém, um ovo de amniota permite ao embrião crescer muito mais que o de um anfíbio. Sustentado por uma casca e mantido limpo e alimentado por suas membranas, pode desenvolver-se em uma versão miniatura do futuro adulto, respirando ar, em vez de um girino.

Com esses fatos sobre os tetrápodes vivos em mente, podemos voltar de novo 340 milhões de anos e perguntar por que os tetrápodes vieram para terra firme. Comida parece ter sido a isca óbvia, mas era um chamariz distante. Os primitivos tetrápodes eram todos grandes e bem desenhados comedores de peixes. Ondulando as nadadeiras do rabo ou contorcendo o corpo, eles podiam disparar pela água e engolir as presas, agarrando-as com grandes bocas achatadas cercadas de dentes e com longas garras. As florestas espalhavam-se mais e mais pelos continentes, tansformando a luz do sol em madeira e raízes, mas esses caçadores subaquáticos não tinham como se alimentar delas. Quanto aos insetos, um tetrápode que mal era capaz de carregar pela terra seu considerável corpo — que ia de um a quase dois metros de comprimento — não seria grande ameaça para uma traça deslizante, nem um animal desse tamanho iria aplacar sua fome com uma refeição tão pequena.

Os paleontólogos indagaram-se por muito tempo se não teria sido um tetrápode que alcançou a terra primeiro, mas seus ovos. Alfred Romer era dessa opinião e a respeito apresentou uma das suas histórias bem boladas em 1957. Os primeiros amniotas, vivendo na água, punham ovos bem parecidos com os dos anfíbios, de forma que os ovos eram sujeitos às mesmas pressões evolutivas que moldaram pernas e pulmões. Argumentou que essas adaptações se desenvolveram para permitir ao tetrápode sobreviver a uma seca respirando ar e arrastando-se para um lago que restasse. Romer supunha que esses primitivos tetrápodes punham ovos como muitas rãs fazem hoje: uma fêmea os punha na água doce, um macho espalhava esperma sobre eles, que se desenvolviam em bolhas gelatinosas na água e nasciam como larvas com guelras. As secas seriam fatais para eles, uma vez que os ovos expostos murchariam e morreriam e as larvas aquáticas, se produzidas em terra seca, ficariam irremediavelmente encalhadas.

O que os amniotas conseguiram, concluiu Romer, foi desenvolver um ovo que podia sobreviver a uma seca. Sua casca e suas membranas internas resistiam ao ressecamento e davam um bebê que já estava preparado para respirar ar, mesmo que provavelmente se adaptasse de pronto a uma vida na água. Mais uma vez, Romer viu que uma maneira de lidar com uma crise imediata levava a uma criação que em última análise permitiria aos animais viver de forma bem diferente: só muito mais tarde os adultos seguiriam os ovos em terra e subseqüentemente os amniotas se espalhariam pela terra. "Hoje", disse, "uma variedade de anfíbios está lutando (por assim dizer) para atingir algum tipo de desenvolvimento comparável àquele que os ancestrais dos répteis atingiram eras atrás, mas seus esforços são pequenos demais e tardios demais."

Como outras idéias de Romer sobre os primitivos tetrápodes, esta também assenta-se sobre uma base ruim: as supostas secas devonianas. Nos seus ambientes tropicais, os ancestrais dos amniotas não confrontavam a morte certa por ressecamento todo ano, nem os seus ovos. Na verdade, um pouco de física básica mostra que os primitivos tetrápodes podiam ter ido à terra para botar ovos sem ter um ovo amniótico. Vários anfíbios atuais enterram os ovos poucos centímetros abaixo da superfície do solo, com uma paz de espírito que decorre da maneira como se comporta a água no seco. O fluxo d'água perto de um ovo enterrado depende de muitos fatores — a química do ovo e do solo, a umidade do solo e a facilidade com que a água pode fluir pelos poros do solo. Ocorre que a água não deixará um ovo a não ser que esteja enterrado em chão extremamente seco, perigo improvável para os tetrápodes devonianos que viviam em lagunas costeiras. O solo ofereceria algumas vantagens a um anfíbio primitivo que quisesse botar ovos. O solo mantém o ovo suprido com níveis confiáveis de água e oxigênio e sua temperatura é quase constante dia e noite. Numa paisagem devoniana desprovida de vertebrados, o solo seria um lugar muito mais seguro para botar ovos que a água, onde um peixe poderia comê-los.

Havia, pois, amplo incentivo para um tetrápode primitivo vir à terra, quando nada para enterrar seus ovos e deslizar de volta à água. As larvas que saíam dos seus ovos seriam levadas de volta de qualquer forma, pelas cheias, ou talvez pudessem contorcer-se até um curso d'água. Até aí ainda parece que Romer estava certo. Mas os primeiros ovos postos em terra podem não ter sido amnióticos; podem ter sido do velho tipo anfíbio. É mesmo possível que os primeiros tetrápodes desenvolveram dígitos não apenas para se moverem na água, mas para cavar buracos em terra.

De alguma forma, porém, os amniotas se desenvolveram, completos, com seus ovos amnióticos, e se deram muito bem em praticamente todos os aspectos. Por mais de 280 milhões de anos eles estiveram no topo do ecossistema em terra. Nenhuma salamandra aquática sedenta de sangue come jaguatiricas ou javalis. E embora existam mais de 3 mil espécies de anfíbios atualmente, há 18.500 espécies de amniotas. Teria sido o ovo amniótico o segredo do seu sucesso?

O sucesso é uma coisa enganosa de definir em biologia. Em todo o registro fóssil podem-se encontrar casos em que uma linhagem de animais desenvolve algo nunca visto antes e prontamente se dissemina e se diversifica em velocidade estonteante. Entre os animais existentes hoje, as mais diversas clades freqüentemente partilham algum traço que, tudo indica, deveria levá-las ao sucesso. Lagartos como as lagartixas são diversos e são também notáveis pelas almofadas que desenvolveram nos dedos que lhe permitem aderir a superfícies verticais. Talvez as lagartixas tenham se tornado diversas porque assim podiam viver em árvores, a salvo dos predadores, enquanto os lagartos sem almofadas nos dedos caíam no chão. Uma ordem das aves, os passeriformes, ultrapassa em número muitas outras ordens atualmente, e são notáveis por causa dos pés, com ligamentos que lhes permitem empoleirar-se automaticamente. Talvez por isso, argumentam alguns, é que eles se desenvolvem em árvores, como as lagartixas. Plantas que destilam resina e outros fluidos viscosos, que envolvem mortalmente ou envenenam insetos famintos, são mais diversas que as espécies que não o fazem. É difícil encontrar uma faixa de terra sem algum tipo de roedor (são duas mil espécies), enquanto os multituberculados, um grupo de mamíferos semelhantes a roedores, foi extinto há 30 milhões de anos. Os roedores vingaram, argumenta-se, porque desenvolveram dentes que crescem continuamente, o que lhes permitiu roer sementes e nozes duras sem serem prejudicados por lascas e fissuras permanentes.

Os biólogos freqüentemente referem-se a esses segredos do sucesso como "inovações chaves". Embora pareçam uma importante peça da macroevolução, elas pedem uma boa dose de ceticismo porque correlação não é causa. Os pesquisadores apresentaram casos de dentes de roedores, pés de pássaros e almofadas de lagartixas sem submetê-los a nenhum tipo de teste, transformando-os em vez disso numa espécie de sabedoria científica popular. Quando pergunto aos biólogos o que pensam da idéia das inovações chaves, eles normalmente reviram o olho e balançam a cabeça de um lado para o outro. "Isso me dá trabalho", diz Neil Shubin. "Eu meio que as reconheço quando as vejo, *ex post facto*. Mas se alguém me desse uma criatura hoje e dissesse: 'Este mutante tem uma inovação chave', será que eu realmente a reconheceria? Não é *a priori*. Não duvido que aconteçam, mas como é que você as identifica? E, uma vez as identifique, o que faz com elas?"

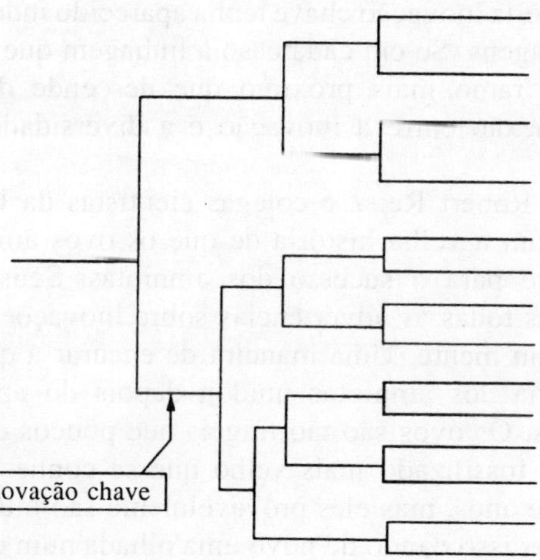

Uma inovação chave estimula uma linhagem a se diversificar. Neste cladograma hipotético, por exemplo, a linhagem com uma inovação chave divide-se em dez espécies, enquanto a linhagem mais próxima sem a inovação tem apenas quatro.

Digamos que você pense que uma inovação chave foi responsável por alguma enorme diversidade em algum grupo animal. Talvez ela tenha aberto um novo conjunto de nichos ecológicos a que esses animais jamais poderiam chegar antes. Para colocar o argumento em teste, você não pode simplesmente somar quantas espécies há numa dada família lineana que tem a inovação e compará-la a outras que não têm, porque essas categorias não refletem muito bem o curso da evolução. Um biólogo, em vez disso, tem que olhar para onde a inovação surgiu num cladograma, acrescentar todas as espécies nos ramos acima e compará-la às espécies que pertencem ao ramo mais próximo que não a têm.

E, uma vez formulada uma hipótese dessa forma, você ainda tem que lidar com o fato de que há muitas maneiras pelas quais uma linhagem pode diversificar-se e que não têm nada a ver com mover-se para novos nichos ecológicos. Pode simplesmente acontecer que ela viva numa floresta onde os rios continuamente redividem territórios e isolam populações. Mesmo por puro acaso, a taxa com que se originam e se extinguem as espécies pode diferir em relação a outro grupo. Os biólogos errariam, nesses casos, se procurassem alguma inovação para explicar o sucesso. Uma maneira de escapar a essas confusas influências é proceder a vários testes, em vez de apenas um. Digamos que certa inovação chave tenha aparecido independentemente em várias linhagens. Se em cada caso a linhagem que a possui é mais diversa que o ramo mais próximo que descende de um ancestral comum, a conexão entre a inovação e a diversidade torna-se mais persuasiva.

Em 1996, Robert Reisz e colegas cientistas da Universidade de Toronto testaram a velha história de que os ovos amnióticos eram a inovação chave para o sucesso dos amniotas. Seus resultados são tentadores, mas todas as advertências sobre inovações chaves devem ser mantidas em mente. Uma maneira de encarar a questão é avaliar como a história dos amniotas mudou depois do aparecimento dos primeiros ovos. Os ovos são tão frágeis que poucos conseguem virar fósseis; o ovo fossilizado mais velho que se conhece é de cerca de 250 milhões de anos, mas eles provavelmente são muito mais velhos. É possível dizer isso dando de novo uma olhada num cladograma. Um dos mais velhos amniotas verdadeiros que se conhece é um animalzinho liso de 320 milhões de anos chamado *Paleothryis*, que deixou seus ossos na base de uma árvore petrificada da Nova Escócia. Os paleontólogos identificaram-no como um réptil primitivo.

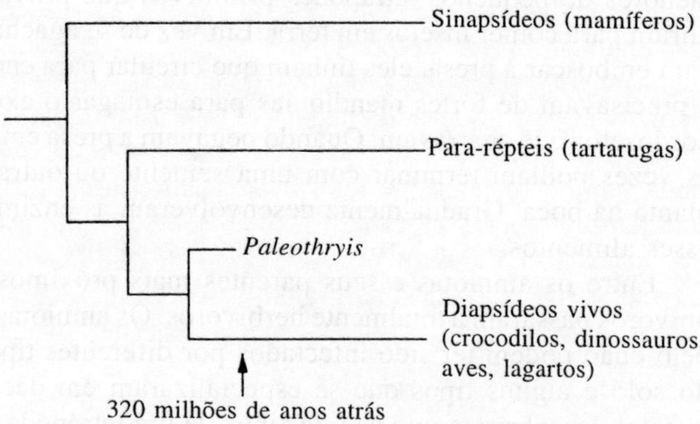

Um fóssil chamado *Paleothyris* marca a origem dos ovos de amniotas em pelo menos 320 milhões de anos atrás.

Uma vez que todas as linhagens hoje existentes põem ovos amnióticos, seu ancestral comum provavelmente também o fazia. Uma vez que o *Paleothryis* se aninha confortavelmente nessa árvore, é muito provável que tenha posto também um ovo amniótico. E assim é possível remontar com confiança a origem desses ovos a pelo menos 70 milhões de anos antes de seu mais velho fóssil conhecido e provavelmente ainda mais para trás. Se o ovo amniótico de fato liberou os amniotas da água, como se supõe, e permitiu que evoluíssem em todo tipo de formas novas, então seria de esperar que, uma vez os ovos tivessem evoluído, os amniotas começariam a superar os anfíbios em diversidade. Mas não foi o que aconteceu. Por mais de 20 milhões de anos os amniotas viveram na sombra, com uma diversidade muito menor que a dos anfíbios. Só há 300 milhões de anos a diversidade das espécies amniotas começou uma ascensão firme. Seu desabrochar não foi parte de uma idade de ouro geral dos tetrápodes: durante a explosão dos amniotas, os anfíbios estagnavam nos seus níveis anteriores — níveis que ainda não transcenderam passados mais de 300 milhões de anos.

Os pesquisadores de Toronto acham que os fósseis sugerem uma causa diferente para o sucesso dos amniotas. As larvas dos anfíbios alimentam-se muitas vezes de algas nos lagos, mas você nunca vê uma rã pastando no campo. O registro fóssil mostra que os hábitos herbívoros começaram de forma independente entre vários ramos menores de pequenos tetrápodes primitivos que provavelmente evoluíram para comer insetos em terra. Em vez de se agacharem à espreita para emboscar a presa, eles tinham que circular para encontrar comida e precisavam de fortes mandíbulas para esmagar o exosqueleto duro dos insetos que agarravam. Quando pegavam a presa em moitas densas, às vezes podiam terminar com uma semente ou outra parte de uma planta na boca. Gradualmente desenvolveram as enzimas para digerir esses alimentos.

Entre os amniotas e seus parentes mais próximos, estes hábitos onívoros passaram a totalmente herbívoros. Os amniotas que farejavam pelo chão podem ter sido infectados por diferentes tipos de bactérias do solo e alguns tipos que se especializaram em decompor matéria vegetal descobriram que os intestinos de um tetrápode eram um lugar agradável para ficar. Uma vez decomposta a dura matéria vegetal que um amniota devia comer, seu novo hospedeiro podia absorver os açúcares e outros nutrientes pelas paredes dos intestinos. Com o tempo, os amniotas e os micróbios desenvolveram uma poderosa simbiose. Os amniotas desenvolveram dentes moedores e largas mandíbulas para preparar as folhas, raízes ou sementes e uma bolsa especial no intestino, chamada ceco, onde as bactérias podiam viver em condições ainda mais estáveis. Da mesma forma que na origem dos tetrápodes, a progressão correlacionada pode ter dado uma mão no surgimento dos hábitos herbívoros. Comer plantas significa passar um bocado de tempo em ambiente aberto, como alvo fácil para os predadores. Uma maneira de compensar isso é ficar maior e mais pesado que seus ancestrais, o que de fato foi o que fez um bom número de primitivos amniotas herbívoros. Tais adaptações podem ter inadvertidamente tornado mais fácil digerir plantas, porque elas abriam mais espaço no intestino de um herbívoro primitivo para um sistema digestivo maior, que poderia decompor mais matéria vegetal dura. Podendo comer mais, o herbívoro podia se tornar ainda mais corpulento e assim mais protegido. O estômago de um herbívoro não se fossiliza, mas seus dentes rombudos e suas costelas fortes o fazem, tornando assim possível datar os primeiros amniotas herbívoros por volta de 300 milhões de anos atrás, o que é bem mais próximo do *boom* inicial dos amniotas.

Os herbívoros não evoluíram de uma vez, mas de forma independente em quatro diferentes linhagens de amniotas primitivos. Outros ramos amniotas continuaram carnívoros e nos 300 milhões de anos que se seguiram mais de uma dúzia de linhagens posteriores de amniotas carnívoros também passaram a se alimentar de plantas. Os pesquisadores de Toronto mediram até que ponto se saíram bem esses recém-convertidos em comparação com seus parentes carnívoros mais próximos examinando a diversidade dos seus membros vivos, comparando por exemplo morcegos frugívoros com outros que comem insetos. Estudaram quatorze grupos e descobriram que em média os herbívoros se tornaram dezessete vezes mais diversos. Esse forte e repetido padrão sugere que os hábitos herbívoros consistentemente trazem sucesso àqueles que os praticam — que eles são, em outras palavras, uma verdadeira inovação chave.

No geral as plantas podem simplesmente oferecer mais variedade culinária que outros tipos de alimento. Uma árvore é feita de raízes, tronco, seiva, brotos, folhas, sementes e — a partir de cerca de 150 milhões de anos atrás — flores e frutos. Há muitos outros tipos de planta para optar, cada uma com seu menu. Uma vez desenvolvido o equipamento básico para o processamento de matéria vegetal — intestinos, dentes e mandíbulas — um amniota pode começar a se especializar, a divergir em diferentes espécies e a medrar em qualquer hábitat onde crescem plantas. E há 300 milhões de anos esses efeitos de uma inovação chave provavelmente não se limitavam apenas aos herbívoros. Até aquele ponto os predadores dos amniotas eram ou pequenos comedores de insetos ou grandes criaturas que ainda se mantinham perto dos rios e pântanos, alimentando-se de peixes e tetrápodes que ainda viviam na água. Mas com a evolução dos tetrápodes herbívoros, a terra seca ficou pontilhada de grandes herbívoros morosos e corpulentos, eles mesmos um novo nicho ecológico a que podiam se adaptar os predadores.

Mesmo que o ovo amniótico não fosse o ingrediente especial que tornou os amniotas os vertebrados dominantes hoje em terra, certamente não foi um desenvolvimento menor e obscuro na evolução dos tetrápodes. Alguns parentes primitivos dos anfíbios comiam insetos à mesma época dos primitivos amniotas e talvez comessem alguma matéria vegetal junto, mas os anfíbios nunca se tornaram plenamente herbívoros a vida toda. A diferença pode ter tido algo a ver com seus ovos. Os anfíbios em geral põem seus ovos na água e partem, enquanto os amniotas lhes dão atenção até o nascimento e às vezes por muito tempo mais. Misturando-se dessa forma, os pais amniotas provavelmente infectam os filhotes com bactérias digestoras de plantas. Parece também que às vezes se é pequeno demais para ser um herbívoro. Entre os lagartos, por exemplo, todas as espécies que comem plantas pesam mais de 380 gramas. Como os anfíbios nascem de pequenos ovos gelatinosos, podem ser incapazes de ficar grandes o bastante para ter os intestinos necessários para abrigar aquelas bactérias. Talvez os ovos amióticos tenham sido o pré-requisito para que linhagens se tornassem herbívoras.

Aqui está pois o final da história sempre em evolução de como nossos ancestrais saíram do mar. É adequado que questões abertas surjam na sua conclusão, porque a transição da água para a terra ainda não terminou realmente. Todos nós — humanos, sapos e andorinhas-do-mar — ainda estamos tentando ajustar o velho plano de corpo com nadadeiras lobadas a esta nova vida. Os anfíbios existentes não são relíquias passivas do devoniano porque nós, humanos, não evoluímos a partir deles. Eles lutaram por 360 milhões de anos para sobreviver em terra — os primeiros anfíbios desenvolveram um ouvido terrestre milhões de anos antes dos amniotas e hoje pode-se encontrar entre seus descendentes inúmeras e belas adaptações novas à terra. Algumas salamandras respiram ar não pelos pulmões mas pela pele. Algumas rãs têm a pele recoberta por uma camada impermeável de muco que lhes permite preservar água, enquanto algumas salamandras podem se entocar no chão e dormir meses durante uma seca que mataria um rinoceronte. Outras rãs podem sobreviver congeladas no inverno, duras, e sapos do alto vale do Yosemite, na América do Norte, foram vistos andando na ponta dos pés sobre montes de neve. A vida de uma rã venenosa pode ainda desenrolar-se em volta d'água, mas na água acumulada nos interstícios das folhas no alto das copas das árvores numa floresta. Não apenas não precisam viver num rio, como seus pés nem sequer jamais tocam o solo. Os próprios amniotas nunca foram assim tão livres da água como poderíamos pensar. Os lagos ainda os atraem para beber, pescar, e alguns voltaram simplesmente para o mar. E nós, humanos, nos afastamos tanto assim do *Acanthostega* no seu curso d'água groenlandês? A diferença é que às vezes não vamos mais à água: trazemo-la até nós. Os candidatos habituais à realização humana incluem coisas como palavras e lâminas. Eu digo: encanamentos.

CAPÍTULO 5

A MENTE NO MAR

É tentador pensar que a transição dos tetrápodes para a terra seca foi a mais espetacular transformação que os vertebrados já realizaram. Basta ver um golfinho se projetar da água no ar ou um grupo de baleias de nadadeiras nas costas fender o mar e esguichar uma nuvem de chuviscos pelos respiradouros para saber que se deve resistir a essa tentação. Finalmente começamos a perceber como milhões de anos de adaptações, de remoldagem sincronizada de embriões, de parceria com bactérias e invenção de coisas como orelhas e dedos tornaram possível para um animal de nadadeira lobada viver permanentemente em terra, possibilidade que os tetrápodes ainda estão aperfeiçoando. Mas olhem as baleias e os golfinhos, como nadam do Japão à Baixa Califórnia, como pegam mais peixe do que todas as nossas traineiras, como se sentem em casa no mar como qualquer tubarão e como a terra seca para eles significa nada além da morte. São perpétuos acrobatas de grandes cérebros que passam a vida trilhando as três quartas partes inundadas do globo, deixando-nos, humanos, presos à nossa vida em terra. Não precisam dos nossos encanamentos — têm toda a água fresca de que precisam dos animais que comem e o vapor do ar que respiram. E no entanto, apesar de tudo isso, são também tetrápodes e até mamíferos como nós. Quem ousaria traçar o passado desses animais na terra?

Por mais de um século a maioria dos biólogos evolucionários evitou o desafio, porque tinha muito pouca evidência com que trabalhar. Nas décadas de 1980 e 90, porém, uma coalizão livre de paleontólogos, geneticistas, morfologistas funcionais, psicólogos comparativos e embriologistas resolveu ousar e a história que estão descrevendo é tão sólida que pode servir de modelo para a macroevolução em geral. A ascensão das baleias ensina não só a criar anatomia como a suprimi-la, como remendar exaptações em novas partes do corpo. Mostra mesmo como em última análise a macroevolução pode criar essa característica em grande parte indefinível da vida: a inteligência. Mas antes de mergulhar na escuridão do tempo até a origem dos cetáceos, vale a pena ficar um pouco aqui na superfície para apreciar exatamente o que a macroevolução criou, avaliando que complexa obra de beleza é um cetáceo.

Há 79 espécies vivas conhecidas de cetáceos nadando nos oceanos e rios do planeta, unidas por alguns traços óbvios que nenhum outro animal possui. Os cetáceos, por exemplo, nadam curvando as costas para cima e para baixo, erguendo um rabo com forquilha na ponta e lemes com abas presos aos ombros. Respiram por um respiradouro e alimentam os filhotes através de tetas escondidas em dobras de pele. Mas, por mais similares que sejam, os cetáceos dividem-se em dois grupos distintos. Uma dessas subordens é a dos misticetos, ou baleias de barbatanas. Ela inclui os verdadeiros cetáceos gigantes, como a baleia azul, de trinta metros de comprimento e duzentas toneladas, e também espécies menores como a baleia mink, de dez metros de comprimento. O que une os misticetos como uma subordem é a barbatana — cortinas córneas pendendo da mandíbula superior gigante e curva. A maioria das espécies de baleias de barbatanas deixa cair a pregueada mandíbula inferior e engolfa cardumes de peixes pequenos ou invertebrados. Fechando a boca, elas golpeiam com a língua contra a barbatana, jogando fora a água e retendo o alimento. Mas alguns misticetos fazem o arrastão à sua maneira: as baleias cinzentas lavram o fundo do mar trazendo de uma escavada centenas de quilos de lama que peneiram em busca de crustáceos, enquanto as baleias jubarte, que caçam cardumes de peixes pequenos como o arenque, os encurralam lançando rajadas de bolhas pela boca e respiradouros e então giram em volta para dragar os peixes de roldão.

A outra subordem é a dos odontocetos, a das baleias com dentes. Inclui os golfinhos, botos, cachalotes e baleias assassinas, além de espécies mais exóticas como a baleia bicuda e o narval. A maioria dessas baleias tem longas fileiras de pinos como dentes, mas algumas quebram a norma; o narval tem uma única estaca de unicórnio na boca, ao passo que a maioria das baleias bicudas tem um dente em forma de lâmina de machado de cada lado da mandíbula inferior. Todos os odontocetos usam um sonar biológico: emitindo sinais de alta freqüência e escutando os seus ecos, têm uma clara percepção tridimensional do oceano. Usam o sonar para caçar — os cachalotes para pegar lulas gigantes, os golfinhos para pegar peixes pequenos como os arenques.

A maneira como os animais arranjam comida ajuda a moldar suas sociedades e os cetáceos não são exceção. Muitas espécies de baleias de barbatana misturam-se casualmente em áreas de alimentação e depois migram individualmente para outra região onde se encontram novamente para acasalar. As baleias de dentes, por outro lado, muitas vezes formam grandes sociedades que duram décadas e caçam de forma cooperativa, como os lobos ou os homens. Muitos detalhes da vida social dos cetáceos são ainda um mistério, no entanto, porque é muito difícil observar baleias na sua vida natural. As baleias bicudas são tão fiéis ao mar alto e águas profundas que só sabemos de uma nova espécie quando acontece de um espécime dar em alguma praia remota. Ninguém jamais viu uma lula gigante viva, quanto mais uma delas em combate com um cachalote.

Mesmo que os cetologistas passassem tempo bastante no mar para decodificar completamente a vida social das baleias, ainda assim não seriam capazes de responder a outras perguntas: por exemplo, como é que elas nadam, como é que sobrevivem debaixo d'água ou como pensam. Esse tipo de conhecimento só pode ser obtido com experiências em currais de cetáceos. Mas mesmo assim ninguém tentaria colocar um cachalote adulto num tanque de aquário. Mesmo alguns botos e golfinhos menores se dão mal fora do oceano e de sua vida social normal. De todos os cetáceos, de fato, só um deixou os humanos o conhecerem de todas as maneiras possíveis — fisiologicamente, hidrodinamicamente, anatomicamente e psicologicamente: o golfinho de nariz inchado ou baleia-negra. É o cetáceo que o resto de nós conhece melhor — é Flipper, o animal que junta gente em arquibancadas de aquários para exibições, que estrela filmes, que é o modelo de figuras de vidro e brincos, que aparece na psicoterapia e partos da Nova Era. Apenas alguns animais se tornaram padrões para o estudo científico, como a mosca-das-frutas, os ratos, o peixe-zebra e os vermes nematóides, mas os golfinhos de nariz inchado são os únicos adorados por todo mundo além dos pós-doutorandos.

Quando um golfinho de nariz inchado está nadando, parece que não faz mais esforço do que pensar, quer esteja disparando na superfície, quer mergulhando a 180 metros de profundidade. Quando se observa um deles, é difícil ter em mente que se trata de um mamífero, com um metabolismo de sangue quente e queima rápida que tem que ser abastecido de oxigênio. Uma baleia-negra não chama a atenção para o fato de que nada debaixo d'água segurando a respiração; de poucos em poucos minutos interromperá o que estiver fazendo e fará rápidas incursões à tona.

Para ser um bom nadador, um animal precisa primeiro ter a forma adequada. Se um objeto que se move pela água tem uma forma feia do ponto de vista hidrodinâmico — por exemplo, um bloco de madeira — a água bate na sua face larga e é empurrada para suas pontas agudas, onde se quebra e gira em remoinhos. Esses remoinhos retiram a energia do bloco para a frente e alimentam seus próprios rodopios, fazendo-o logo parar. Mas se um objeto é comprido, arredondado e afilado — em outras palavras, um golfinho — a água fluirá suavemente ao longo do seu contorno. O formato de um golfinho não permitirá que deslize para sempre sem fricção, mas ele precisará de bem menos energia para nadar do que um cetáceo cúbico.

Um golfinho encontra na cauda essa energia para nadar. Prolongando-se de cada lado na extremidade da espinha há duas longas pás em lobo feitas de tecido conjuntivo que se aguçam em pontas longas como asas. Sua hidrodinâmica com efeito funciona quase exatamente como a aerodinâmica das asas de um pássaro. Quando um pássaro bate as asas para baixo, mantendo o perfil ligeiramente enristado para cima, o ar flui sobre ele de um modo intenso que cria uma força voltada para cima e para a frente. Trabalhando os músculos das costas e dos flancos, o golfinho bate o rabo para baixo, sua forquilha no mesmo perfil, e cria o mesmo efeito. Ao bater as asas para cima, no entanto, o mesmo movimento leva o pássaro para a frente e para baixo e na sua luta interminável contra a gravidade ele não se pode permitir dirigir-se para o solo. Em vez disso, ele se enfia nas asas quando as ergue. Um golfinho não tem tal preocupação de não estatelar-se no fundo do mar: por ser flutuante quase de forma neutra, ele navega como um astronauta no espaço. Ele pode levantar a cauda e se impelir mais para diante, como se fosse um pássaro reversível.

O estudo sério de como nadam os golfinhos tem pouco mais de sessenta anos. Em 1936, sir James Gray, então o maior especialista mundial em locomoção animal, estudou um filme que mostrava um golfinho no Oceano Índico passando disparado por um navio de mais de 40 metros de comprimento em sete segundos — uma velocidade, calculou, de 37 km por hora. Gray fez alguns cálculos padrões da resistência que um golfinho encontraria nadando nessa velocidade e de quanta energia teria que despender para superá-la e continuar em frente. Revelou-se que era sete vezes maior que a energia que os músculos normais de um mamífero podem produzir num animal que a maior parte do tempo segura a respiração. A única maneira que Gray podia imaginar de resolver o paradoxo era aceitar que os golfinhos enfrentavam uma resistência menor mantendo um fluxo de água bem mais suave ao longo do corpo do que se poderia fisicamente prever.

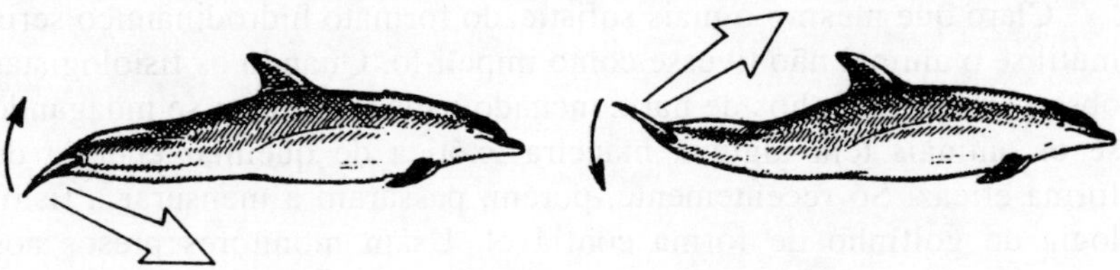

O golfinho impulsiona-se para a frente tanto com a batida da cauda para cima quanto para baixo.

Mais tarde o Paradoxo de Gray, como ficou conhecido, deixou desconcertados os biólogos e, quando começou a guerra fria, as marinhas americana e soviética dedicaram também atenção ao problema. Pensaram que se pudessem resolvê-lo conseguiriam projetar submarinos que deslizariam pela água de maneira eficiente e silenciosa. Talvez o calor de um animal de sangue quente tornasse a água ao redor menos aderente e com menos tendência de se quebrar em remoinhos. Talvez a pele do golfinho tivesse sulcos que canalizassem a água que passava pelos seus flancos. Talvez a secreção viscosa de seus olhos lhes recobrisse o corpo. A marinha americana inventou pinturas elásticas na suposição de que a pele flexível dos golfinhos podia amortecer pequenas ondulações que poderiam ser fonte de turbulência. Os cientistas soviéticos chegaram a arrastar mulheres nuas em calhas para ver como sua gordura ondulava na água em comparação com os golfinhos. Mas ninguém conseguiu desvendar o segredo do nado dos golfinhos.

Atualmente, embora alguns pesquisadores na Rússia ainda batalhem com o problema, a maioria dos especialistas em hidrodinâmica acha que resolver o Paradoxo de Gray é um propósito tolo. Gray confiou em medidas de energia muscular tomadas com homens remando em voltas de quinze minutos. Em sete segundos é possível para um mamífero uma explosão muito maior de energia. Os golfinhos podem nadar a 37 quilômetros por hora, mas preferem velocidades entre 5 e 16 quilômetros. Os golfinhos não têm qualquer segredo hidrodinâmico além do seu formato óbvio e ainda têm que lidar com a turbulência e uma resistência bem forte. Sem nenhum milagre na pele ou na geometria, têm que gerar tremenda força muscular para cortar a água. Mais do que um segredo que poderia ganhar a guerra fria, os golfinhos têm um aspecto comum que faz deles uma charada.

Claro que mesmo o mais sofisticado formato hidrodinâmico seria inútil se o animal não tivesse como impeli-lo. Quando os fisiologistas observam os golfinhos de nariz inchado nadando, ficam se indagando se os animais têm alguma maneira exótica de queimar energia de forma eficaz. Só recentemente, porém, passaram a mensurar a fisiologia do golfinho de forma confiável. Usam monitores presos aos animais por copos de sucção para captar seu ritmo cardíaco e com esse dado calcular quanto oxigênio estão queimando. Comparando o oxigênio e a velocidade em que nadam os golfinhos, chegam a um número conhecido como "custo de transporte". Tecnicamente, ele expressa milímetros de oxigênio consumido por quilo de peso por quilômetro. De modo não técnico, é semelhante à quilometragem de um carro por litro de combustível, ou seja, reflete quanta energia é necessária para mover tantos quilos de animal numa determinada distância. Os fisiologistas descobriram que o golfinho tem o mais baixo custo de transporte dentre todos os mamíferos, apenas duas vezes maior que o de um peixe de tamanho equivalente. O dos seres humanos é mais de vinte vezes maior. Mas a eficiência de um golfinho nadando torna-se muito menos excepcional se o compararmos aos mamíferos terrestres correndo em terra — analisando a eficiência de movimento de cada animal no seu próprio ambiente. Nessa comparação, um golfinho é mais ou menos tão impressionante, de fato, quanto um boi.

Os estudiosos dos cetáceos ainda não compreenderam perfeitamente como um golfinho pode nadar tão bem com a hidrodinâmica e a fisiologia que tem. Em parte a resposta é que os golfinhos usam uma série de pequenos truques para se mover de modo eficiente na água. Golfinhos em estado natural são famosos por surfar nas ondas que o deslocamento dos navios produz, às vezes logo abaixo da superfície ou deslizando na crista. Pode parecer que o fazem por prazer, mas o surfe é uma forma séria e simples de cortar custo: um golfinho que surfa a 13km por hora tem o mesmo custo de transporte de um que nade a 8km por hora. Muito provavelmente os golfinhos vêm pegando carona nas ondas desde bem antes de o primeiro navio singrar os mares, aproveitando as ondulações formadas pelos ventos e pelas grandes baleias. E não é só à tona que eles fazem essas trapaças: em mergulhos profundos sua caixa de costelas se comprime por volta de 45 metros abaixo da superfície e seus pulmões se apertam e se fecham. Tornam-se negativamente flutuantes e afundam como pedras. Parece que os próprios golfinhos têm consciência desse truque, porque quando perdem flutuabilidade eles param de nadar até atingirem a profundidade desejada.

Outros truques são anatômicos. Como mamíferos, os golfinhos de nariz inchado precisam manter o corpo em uma temperatura alta constante — proeza difícil na água, que tira rapidamente o calor de um animal, exceto nas latitudes mais tropicais. Os golfinhos, como todos os cetáceos, mantêm o calor interno com uma grossa camada de gordura. Também, praticamente não param de se mexer do nascimento à morte — nadam até quando dormem, descansando apenas metade do cérebro por vez — e esse trabalho incessante aquece seus corpos. Com efeito, os golfinhos têm que se preocupar tanto com o superaquecimento quanto com a perda de calor.

Nós, mamíferos terrestres, também corremos vez por outra o risco do superaquecimento e para descarregar esse calor extra usamos um conjunto especial de vasos sangüíneos. Eles se ramificam das artérias principais nos nossos braços e pernas e vão justo até abaixo da pele, onde o calor que carregam se dissipa rapidamente no ar. Se ficamos muito frios, porém, nosso corpo fecha esses vasos em pontos de estrangulamento, deixando os dedos frios mas conservando o calor central. Um golfinho tem vasos semelhantes, que se metem por sua camada de gordura e correm sob a pele de suas pás traseiras e de suas nadadeiras. Depois de um nado difícil, de esforço, ele abre os vasos e descarrega o calor de uma vez.

O superaquecimento coloca ameaças para os golfinhos que nós nunca temos que enfrentar em terra. O nado pode, por exemplo, tornar estéril um golfinho macho. O esperma só pode se desenvolver e sobreviver em temperaturas alguns graus abaixo da temperatura central do mamífero, de modo que a maioria dos machos tem os testículos num saco que pende para fora do corpo. Por mais esperto que seja esse arranjo em terra, um animal que nada não deseja um saco pendendo do seu corpo longilíneo, de forma que os golfinhos machos têm seus testículos alojados confortavelmente no corpo. Assim podem nadar rápido, mas não poderiam procriar porque os testículos ficam entre músculos maciços que trabalham continuamente quando nadam e que são irrigados por vasos que vêm da aorta próxima, cheia de sangue quente. É a mesma coisa que tentar manter frio um recipiente de sorvete colocando-o em um bloco de motor.

Um golfinho macho mantém a fertilidade reorientando a circulação. Depois que o sangue vai até a sua cauda e nadadeira e descarrega o calor, flui pelas veias direto para suas gônadas. Ali as veias se dividem em finos capilares que correm lado a lado com os vasos arteriais, esfriando-os, e os vasos arteriais por sua vez esfriam o esperma do golfinho. Os testículos de um golfinho são 1,4 grau Fahrenheit mais frios do que o corpo circundante, e a refrigeração é tão poderosa que quando o golfinho faz longos nados em velocidade — aquecendo ainda mais o corpo — a temperatura do testículo com efeito cai mais meio grau.

As fêmeas de golfinho precisam igualmente manter suas gônadas frias. Um feto de mamífero arde como uma pequena fornalha dentro da mãe, sua taxa metabólica sendo duas a três vezes mais alta do que as dos tecidos da mãe. Esse calor tem que sair do ventre de alguma forma, caso contrário o bebê nascerá deformado ou morto. Uma mulher grávida descarrega parte do calor pelos vasos sangüíneos, enquanto o resto é conduzido para fora através da barriga. Mas o útero de uma fêmea de golfinho está na mesma região do corpo que os testículos no macho, o que significa que entre o feto e o oceano há uma camada de músculos abdominais que trabalham duro, produzindo calor, e depois uma camada isolante de gordura. Sem uma janela abdominal, o feto assaria. Mas, assim como os machos, as fêmeas têm um sistema circulatório que lhes permite bombear sangue da cauda diretamente para o ventre, para manter o filhote em temperatura mais baixa.

Sob a pele afilada e o labirinto de veias e artérias é antes de mais nada a anatomia que propulsiona os golfinhos de nariz inchado — seu esqueleto e seus músculos. Certa vez assisti à autópsia de um golfinho e o momento mais surpreendente para mim foi quando os biólogos puseram a nu a espinha. Os maiores ossos e músculos dos humanos (e de qualquer mamífero terrestre) estão nos seus membros locomotores ou em volta deles, porque são eles que nos impelem para a frente. Nossas costas precisam fazer pouco mais do que manter nossas vísceras e cabeça em suspenso. Mas os golfinhos só se movem com as costas e, olhando o esqueleto autopsiado, pude ver a que se destinavam. Cada vértebra era coroada com um um grande osso em T de cabeça para baixo, e nas duas prateleiras ele formava longas serpentes musculares que iam da cabeça ao rabo do golfinho. Olhando para aquele esqueleto, pus a mão nas minhas próprias costas e toquei a frágil cadeia de saliências ósseas da minha espinha.

Para nadar, os golfinhos não contraem simplesmente esses longos músculos e curvam as costas. Da parte de trás da cabeça de um golfinho até a base da cauda, uma bainha de tecido conectivo pouco visível reveste os músculos correndo no alto e dos lados da espinha. Ela é tecida em cruz como uma manga de fazenda, mas não envolve simplesmente os músculos como a capa de um salsicha. Os músculos ao longo do golfinho apóiam-se nessa bainha, que por sua vez se amarra aqui e ali à espinha. Ann Pabst, bióloga da Universidade da Carolina do Norte, precisou de cinco anos para mapear o formato dessa bainha e seu trabalho sugere que, quando um golfinho quer curvar as costas, primeiro contrai um pequeno conjunto de músculos, enrijecendo partes da bainha até que ela se torna rígida como um osso. Um segundo conjunto de músculos apoiados nessas partes rígidas da bainha podem então usá-la como uma espécie de espinha substituta para ajudá-los a transmitir a força deles a toda a extensão do corpo do golfinho. Quase nas pás da cauda, os músculos prendem-se de novo à bainha, que projeta tendões até a ponta da cauda, tendões que podem puxar as pás para cima e para baixo no melhor ângulo para gerar a suspensão.

É possível que a bainha aja também como uma mola. Basicamente, um golfinho é um cilindro pressurizado envolvido por uma bainha de fibras helicoidais. Esse formato tem algumas propriedades valiosas de que se valem animais tão diferentes quanto lulas, tubarões, cecilídeos e minhocas. Tal cilindro não se enrosca quando se curva e o ângulo das fibras lhe dá resistência às torções. Se as fibras se originam em certa linha de ângulos, o cilindro se torna tão elástico que volta à posição original se curvar-se. Em outras palavras, a energia usada para curvá-lo é armazenada nas fibras e então liberada de novo.

Se os golfinhos podem economizar energia dessa maneira, isso explica alguns dados estranhos que surgiram nos últimos anos. Quando os golfinhos nadam cada vez com maior intensidade, seu consumo de oxigênio aumenta lentamente e então se equilibra. Esse equilíbrio não é surpreendente, uma vez que os animais têm limites para seu metabolismo aeróbico; para ir além eles têm que recorrer a outras cadeias metabólicas de reações químicas que não utilizam oxigênio. Para os humanos, como para a maioria dos animais, essa energia anaeróbica é de fôlego curto porque gera ácido láctico como refugo que se acumula nos músculos, criando uma sensação de peso, dolorosa. Mas os golfinhos podem gerar mais e mais forças enquanto acumulam apenas níveis insignificantes de ácido láctico. Só um outro mamífero se compara a eles: o canguru.

Os cangurus podem continuar saltando muito além de sua capacidade aeróbica porque têm molas maciças nas pernas. Com cada salto, eles esticam os rijos cordões de colágeno nos tendões e armazenam muito da energia da queda; quando se projetam para o próximo salto, os tendões devolvem 92 por cento da energia neles acumulada. Quando um canguru quer pular mais rápido do que permite seu metabolismo aeróbico, usa as molas nas pernas em vez da química geradora de ácido láctico. Os golfinhos podem estar fazendo a mesma coisa na água. Talvez numa certa freqüência a batida da cauda para cima possa armazenar energia na bainha subcutânea, que é devolvida ajudando a empurrar o rabo para baixo no movimento seguinte. Na freqüência certa, os golfinhos ressoariam quando nadam, soando como sinos. Se o fizessem, faria um pouco mais de sentido como um espantoso nadador desses consegue se virar com a fisiologia de um boi.

Os pesquisadores especularam no passado que os golfinhos deviam nadar com molas, mas os resultados que obtiveram foram ambíguos. O problema é o que os cetáceos não são simples cilindros; seus rabos se estreitam e se achatam antes de espalhar-se em pás e a bainha faz coisas confusas, como ancorar na espinha. Mesmo assim, os ângulos das fibras na bainha são corretos para fazer o rabo vibrar como uma mola. A melhor maneira de testar essa idéia seria medir a elasticidade da bainha, mas acontece que as máquinas de esticar que os engenheiros usam mudam a orientação das fibras quando as puxam, tornando impossível uma leitura acurada.

Ann Pabst teve melhor sorte com a gordura. A gordura não é, como se poderia pensar, uma coberta desinteressante de graxa. Pode-se ver a diferença com um microscópio de luz polarizada: a gordura de uma vaca aparece como uma faixa de glóbulos arroxeados, mas a dos golfinhos contém listas deslumbrantes de azul e dourado de tecido conjuntivo trançado aos glóbulos como uma tapeçaria japonesa. Aqui há um segundo material entrançado no topo da bainha revestindo o golfinho, com ângulos de fibra que combinam com os da bainha embaixo. Mas, ao contrário da bainha, a gordura mantém seu formato quando é apertada e esticada. A elasticidade é apenas uma medida da quantidade de energia que se retira de um sistema comparada à quantidade que se coloca nele. Enquanto o colágeno — a melhor mola biológica — tem um valor de 92 por cento, a graxa dos cetáceos tem um respeitável valor de 87 por cento.

O nado requer uma complicada anatomia — uma anatomia completa, com refrigeradores, molas, bainhas de revestimento e alavancas — mas dentro da testa de um golfinho há órgãos tão estranhos e intrincados que fazem o resto do seu corpo parecer fácil de compreender como um carrinho de mão. Escondida na cabeça do golfinho está a capacidade de ver o oceano através do som. Quando Darwin pensou alto sobre como a evolução podia criar estruturas complexas, o exemplo que escolheu foi o olho. Provavelmente não podia pensar num órgão sensível mais intrincado do que esse pequeno globo que nos permite ver apenas porque tantas partes diversas — córnea, pupila, retina, corpo vítreo gelatinoso, músculo, pigmento, sangue, nervo — trabalham juntas para focalizar a luz em imagens. Devia parecer impossível que todas simplesmente se juntassem às cegas numa combinação tão sofisticada. Se Darwin estivesse escrevendo hoje, acho que teria escolhido o equipamento de sonar de um golfinho.

O melhor guia para as engrenagens desse instrumento é Ted Cranford. Ele estuda as cabeças das baleias desde 1984, sob a orientação de Ken Norris, professor hoje aposentado da Universidade da Califórnia, em Santa Cruz, e guru da localização do eco. Em 1960 os zoólogos sabiam que as baleias com dentes faziam cliques, zumbidos, apitos, pipocos e que usavam esses sons para detectar objetos à sua volta através do eco, como fazem os morcegos. Supunha-se naturalmente que os sons eram produzidos pela garganta dos odontocetos. Quando um anatomista corta fora a língua de um golfinho morto, ela parece um coração carnudo do Dia dos Namorados, e brotando da parte de trás da língua há uma longa haste que termina no que parece um par de lábios sorridentes. Esta é a laringe do animal. Uma vez que a laringe dos mamíferos, como nós, produz sons e que num golfinho ela é controlada por dezoito músculos diferentes, a maioria das pessoas pensava que devia ser dali que saía a voz de uma baleia com dentes. Mas em 1960 Norris contrariou esse senso comum ao assinalar que um golfinho não pode detectar um objeto sob a sua mandíbula. Com efeito, ele era capaz de localizar um objeto de maneira bastante precisa se estivesse perto do quadrante superior da sua cabeça ligeiramente curva. Norris argumentou que portanto os sons não podiam sair da garganta do golfinho — deviam ser emitidos pela sua passagem nasal em algum ponto entre o lugar onde emerge do crânio e onde termina no respiradouro.

Nos anos seguintes, experiências confirmaram que Norris estava certo, sobretudo o trabalho de Cranford. Quando Cranford começou a estudar em Santa Cruz, Norris sugeriu que ele reconstituísse a cabeça de um golfinho no computador. Havia décadas que os anatomistas dissecavam golfinhos, mas o método tinha limitações, por mais importante que fosse o seu trabalho. "Tudo o que temos em textos sobre anatomia é o típico osso-do-joelho-está-ligado-ao-osso-da-coxa, essa coisa", diz Cranford. O equipamento de localização do eco — sacos, tubos, pedacinhos de gordura, ossos, cartilagem — está disposto de forma tão intrincada nas três dimensões que não pode ser entendido meramente cortando-se a cabeça de um golfinho. Alguém precisava ver as estruturas na sua posição natural para dizer se Norris realmente estava certo. Sem esse tipo de detalhe, ninguém poderia saber exatamente o que estava produzindo o som e para onde ele estava indo. Cranford pensou que o projeto seria bem direto — simplesmente ele faria o que Erik Jarvik havia feito com o seu *Eusthenopteron* de nadadeira lobada: fatiar a cabeça e fotografar o esquema das estruturas em cada camada. Então colocaria as fotos num computador e o utilizaria para calcular os formatos tridimensionais dentro da cabeça do golfinho.

Cranford pegou a cabeça de um golfinho de nariz inchado ou baleia-negra que havia encalhado e morrido na costa da Califórnia. Congelou-a, com o plano de fatiá-la em centenas de pedaços com uma serra de fio de diamante e fotografar cada um. Levou um ano para juntar o dinheiro necessário para alugar uma serra e comprar lâminas especiais incrustadas de diamantes. "A única maneira de deixar a cabeça do golfinho dura de verdade era mantê-la no congelador. Então montei a serra num congelador no aquário Sea World num verão. Então lá estava eu trabalhando com gaivotões e pingüins correndo em volta dos meus pés, como se eu estivesse no Ártico. As coisas saíram mal. O tecido ficou sólido de tão congelado, mas ainda estava macio demais e arrancava os diamantes dos fios. Um sujeito estava fazendo para mim fios especiais de diamante com três vezes mais diamantes neles — cada um me custava 350 dólares — e lá estava eu arrancando os diamantes dos fios."

Passado um mês, Cranford desistiu do congelador, convencido de que seu projeto era um dispendioso fracasso. Mas antes de começar a serrar havia feito uma série de *scans* em tela de computador para a hipótese de que pudessem captar algum detalhe. Examinou-os e percebeu que havia subestimado demais o poder da máquina: podia ver nos *scans*, tudo em deslumbrante detalhe, ossos, sacos, gordura, cartilagens e músculos da cabeça do golfinho. Podia projetar as fatias numa tela, desenhar os perfis de saliências e curvas e transformá-los numa cabeça computadorizada. Os resultados foram tão bons que ele pôde usar os *scans* para estudar outros odontocetos, incluindo cachalotes-anões, botos de porto e golfinhos de barriga branca do Pacífico. Os dias de desespero no frio e dos diamantes perdidos ficaram para trás: Cranford pôde afinal guiar as pessoas pelo caminho que, acredita, deve seguir o som para fora e para dentro da cabeça de um golfinho.

Ele começa na laringe. Agindo como uma bomba, abre caminho pela passagem nasal que vai da garganta do golfinho ao topo do crânio. Porque as paredes ósseas não cedem, a pressão do ar comprimido na cavidade sobe. Um pouco do ar entra num conjunto de sacos que se ramificam de cada tubo, mas a maior quantidade pressiona firmemente até o alto dos tubos. Eles são selados por abas de gordura e cartilagem, cuja textura nua e contraída levou anatomistas do século XIX a chamá-los de lábios de macaco. Cuidadosamente controlando os lábios de macaco com seus músculos faciais, um golfinho pode deixar o ar preso escapar entre eles, fazendo os lábios de macaco vibrarem como os lábios de um pistonista. Depois que o ar escapou entre eles, o golfinho não deixa que passe ao respiradouro e se perca; o respiradouro permanece firmemente fechado e o ar flui, em vez disso, para dois sacos que cercam a passagem nasal. O golfinho comprime o ar de volta para fora dos sacos e de novo para baixo no nariz, de forma que possa ser novamente empurrado para cima entre os lábios de macaco.

Não é, porém, o ar mesmo que produz o som. A vibração aerotransportada é inútil debaixo d'água: a água é tão mais densa que o ar que o som aerotransportado ricocheteará nela como a luz num espelho. Mas as vibrações produzidas em tecido macio de consistência aquosa — especialmente certas gorduras — podem mover-se quase sem esforço na água porque as substâncias são acusticamente bem semelhantes. O ar que passa através dos lábios de macaco de um golfinho faz esses lábios vibrarem até milhares de vezes por segundo e isso, acha Cranford, é a fonte dos sons subaquáticos de um golfinho.

Alojadas nos lábios há pilhas de gordura chamadas bolsas dorsais, conectadas a uma larga peça de tecido gorduroso que dá ao golfinho sua testa pronunciada, chamada melão. O melão aninha-se no alto do crânio côncavo do golfinho. Outrora os biólogos achavam que o melão era uma espécie de amortecedor que apenas ajudava a tornar o corpo de um golfinho mais hidrodinâmico, mas agora considera-se que é uma lente acústica que pode mudar o curso dos sinais sonoros. "Essas gorduras são venenosas para a maquinaria metabólica", explica Cranford. "Em outras palavras, não estão ali para acumular energia, nem para uma função trivial como a de amortecedor hidrodinâmico. São moléculas bem caras para usar com esse objetivo — poderia ser usado para isso tecido conjuntivo." Quando produzem sons, as baleias com dentes podem controlar o formato do melão com seus músculos faciais, possivelmente alterando o curso das ondas sonoras.

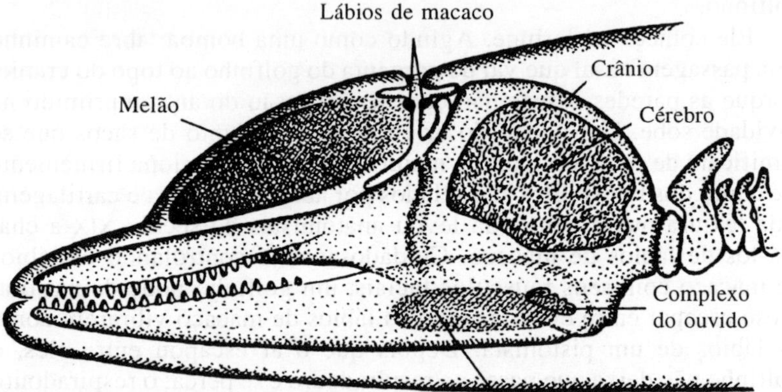

Seção transversal da cabeça de um golfinho. O ar que entra pela passagem nasal faz vibrar os lábios de macaco e essas vibrações passam pelo melão e daí à água.

Seguir o som dos lábios de macaco através do melão e daí para fora da cabeça do golfinho ainda está além da capacidade de cientistas como Cranford. Algumas ondas sonoras movem-se para trás e ricocheteiam no crânio, enquanto outras se refletem dos muitos sacos aéreos ao redor do nariz — e o osso e o ar são espelhos completamente diferentes. Cada tubo nasal tem seus próprios lábios de macaco e o golfinho pode trabalhar cada conjunto de forma independente. A gordura do melão é feita de cadeias moleculares de extensões muito variadas e cada uma muda as propriedades de um som à sua própria maneira. Essas gorduras parecem distribuídas pelo melão com uma topografia específica, mas ninguém conhece seus efeitos sobre as vibrações. Todas essas ondas sonoras também interferem umas com as outras, reforçando-se em alguns pontos, amortecendo-se em outros, mudando não apenas o tom do som mas a sua direção.

"As pessoas não pensam nisso quando são treinadas em engenharia ou física", diz Cranford. "Sua formação exige que destrinchem um sistema nos seus mais simples elementos e eles podem ir longe nisso. Mas um biólogo é ensinado a ver as coisas de forma complexa. Se você tenta resolver uma equação diferencial parcial e coloca todas as condições que encontra na cabeça de um golfinho, então acha lugares onde os limites são duros, lugares onde são macios, outros onde são macios mas altamente refletores — assim vai. Mesmo os computadores mais poderosos terão um bocado de dificuldade para destrinchar isso."

O melhor que os cetólogos podem fazer por enquanto é estudar os sons que saem da cabeça de um golfinho. Os zumbidos, apitos e pipocos parecem servir de comunicação entre os golfinhos, enquanto os cliques revelam os arredores. Eles emergem do melão como um feixe sonoro, um feixe que os golfinhos podem de alguma maneira esquadrinhar como um raio de luz na água. E como fótons num raio de luz, as ondas sonoras refletem os objetos que atingem. Para ouvir com tamanha sensibilidade, um golfinho precisa de uma anatomia bem diferente da de um mamífero terrestre. Você pode dizer que um tordo está cantando à sua esquerda porque seu canto aerotransportado não pode penetrar o osso. O som viaja direto para o seu tímpano esquerdo através do orifício do seu ouvido, mas tem que ricochetear em outros objetos para circundar a sua cabeça e alcançar o ouvido direito. Há um ligeiro retardo entre os dois sinais, retardo que o seu cérebro utiliza para detectar onde se encontra o tordo. Mas quando você nada debaixo d'água num lago e ouve um barco a motor passando acima, não poderá saber onde ele se encontra. Se o barco a motor está à sua esquerda, seu som viaja pela água e chega diretamente ao seu ouvido esquerdo. Para alcançar o seu ouvido direito não precisa circundar a sua cabeça como teria que fazer no ar. Isso porque algum som subaquático pode penetrar o osso e as vibrações do barco simplesmente fazem o trajeto mais curto através do seu crânio até o ouvido direito, confundindo o seu cérebro que mede posições pelo retardo sonoro.

Um cetáceo é poupado dessa confusão porque seu ouvido é separado do crânio. Situado numa caixa óssea com a forma de uma uva, ele pende logo atrás da maxila, mal conectado ao crânio por uma única borda de osso e alguns ligamentos, cercado por bolsas de ar e espuma. Isolado dessa maneira, o ouvido não pode captar sons desgarrados que passem pela cabeça da baleia, incluindo seus próprios ruídos intensos para localização de ecos. Mas um golfinho efetivamente não ouve pelas aberturas do ouvido. Sua mandíbula é oca e cheia do mesmo tipo de gordura que se encontra no melão frontal, o que significa que o som que chega passa mais facilmente pela gordura do que pelo osso, fazendo seu trajeto de volta ao ouvido e confinando com a mandíbula. É como um duto acústico, bombeando som para o ouvido do golfinho, que contém uma floresta de células pilosas seis vezes mais densa que a do mamífero médio, a qual transfere os sinais para o cérebro.

Por mais estranho que pareça uma baleia dentada assoar o nariz e ouvir os ecos pela mandíbula, os odontocetos são capazes de perceber o mundo subaquático com uma clareza tal que a gente mal pode sonhar. São como máquinas vivas de ultra-som, capazes de ver o que se passa no interior dos animais à sua volta. Os pesquisadores puderam aferir as percepções dos golfinhos treinando-os a tocar uma nadadeira quando ouvem um objeto colocado à sua frente. Um golfinho pode guinchar para uma bola de aço do tamanho de uma tangerina colocada num campo de futebol a certa distância, receber um eco (que ao retornar é um milhão de vezes mais fraco que o guincho emitido) e dizer a um humano que a bola se encontra lá. Ele pode indicar a diferença entre uma esfera e um disco. Pode distinguir cilindros que diferem por uma fração de polegada e se os pesquisadores tentarem enganá-lo usando dois cilindros do mesmo tamanho ele simplesmente se recusará a responder. Ele pode ouvir a diferença entre cobre e alumínio.

As percepções que um golfinho pode ter com a localização pelo eco exigem mais do que ouvidos sensíveis. Seu cérebro tem que poder comparar o *timing* do que ouve, de forma a poder distinguir entre sons separados por 25 milionésimos de segundo, quarenta vezes mais breves do que consegue o ouvido humano. Se colocam uma venda nos olhos de um golfinho e lhe apresentam uma pirâmide em diversas posições — ou um cubo ou um bloco retangular — ele pode identificar as diferentes visões como pertencentes ao mesmo objeto. Os pesquisadores fizeram golfinhos olhar intricadas construções de tubos plásticos, depois vendá-los e deixar que, de olhos vendados, tirassem os objetos selecionados dentre uma fileira de outros tubos. Ambas as experiências mostram que um golfinho não apenas percebe objetos de forma tão aguçada quanto os vemos, mas que podem construir representações abstratas multidimensionais desses objetos, que não estão vinculadas a nenhum sentido específico da percepção.

Nem as suas representações precisam ser de um objeto físico. Na Universidade do Havaí, Louis Herman e seus colaboradores inventaram uma linguagem de sinais que conseguiram ensinar aos golfinhos.

Eles a ensinam aos golfinhos pelo exemplo, recompensando-os quando respondem corretamente a um sinal. O que é mais notável no trabalho de Herman é que a linguagem não é meramente um conjunto de rótulos. Se ele gesticula para um golfinho os sinais BUSCAR BONECO ESQUERDA ARGOLA DIREITA, o animal vai até o boneco à sua esquerda, pega-o com a boca e leva-o até a argola à direita. A pesquisa havaiana sugere que um golfinho pensa gramaticalmente e pode lidar com representações abstratas não apenas de coisas mas de suas relações com outras coisas. Certa vez os pesquisadores instruíram um golfinho a nadar por dentro de uma argola, mas a argola estava deitada no fundo da piscina. O golfinho nadou até o fundo, pegou a argola com a boca e a colocou em posição para poder cumprir as instruções.

Como as crianças humanas, os golfinhos aprendem essa linguagem mais pelo exemplo que pela regra e no entanto vêm a compreender a gramática implícita tão bem que sabem quando ela está sendo violada. Na linguagem trans-espécies de Herman, por exemplo, BUSCAR ARGOLA PESSOA ÁGUA não faz sentido. Quando se ensina uma linguagem artificial a sujeitos humanos e então se lhes transmite um comando sem sentido, eles respondem extraindo o pouco sentido que puderem tirar. É também o que fazem os golfinhos: em suas mentes eles apagam a palavra ÁGUA do comando, reduzindo-o a BUSCAR ARGOLA PESSOA e trazem a argola à pessoa. Se a sentença não faz sentido algum — BUSCAR ÁGUA PESSOA — o golfinho esperará pacientemente que o humano pare de dizer baboseira. E o mais notável de tudo: um pesquisador pode dizer a um golfinho simplesmente para fazer alguma coisa nova — talvez alguma coisa com um dos seus brinquedos ou alguma acrobacia que nunca fizeram antes. Pode-se dizer a dois golfinhos para fazerem alguma coisa nova juntos e eles imediatamente correm para o meio da piscina e fazem seu desempenho. Como eles decidem dividir o trabalho criativo continuará sendo um mistério até podermos compreender a comunicação entre os golfinhos.

Na década de 60, quando foi publicado o primeiro trabalho sobre a inteligência dos golfinhos, todos os tipos de coisas foram ditas — que as baleias são mais inteligentes que os humanos, que dentro de poucos anos estaríamos tendo diálogos filosóficos com as baleias-negras. No entanto, em trinta anos o melhor que se conseguiu foi o tipo de trabalho desenvolvido na Universidade do Havaí. O problema não é que os golfinhos sejam mais bobos do que pensávamos, mas o fato de que o nosso antropomorfismo inevitavelmente torna difícil compreender uma inteligência diferente da nossa.

Cientistas como Cranford dependem de treinadores profissionais de golfinhos para fazer suas experiências e os treinadores fizeram com que ficasse bem ciente do abismo que enfrentam todo dia. "Nas festas as pessoas às vezes brincam do Jogo do Treinamento. É uma coisa simples. A pessoa que faz o golfinho sai da sala e então todos os demais decidem o que querem que o golfinho faça. Plantar bananeira e bater os pés três vezes ou pegar uma bola e colocá-la na cabeça de alguém. A pessoa que faz o golfinho volta à sala e a única maneira pela qual você pode se comunicar com o animal é dizer 'vai' ou soprar um apito e dizer 'é isso' e ela recebe uma recompensa.

"Então você diz 'vai' e a pessoa começa a perambular pela sala. Quando chega perto da coisa que se deseja, você diz 'é isso'. A pessoa pensa: 'há alguma coisa aqui'. Depois que recebe a recompensa, ela volta àquele ponto, e por uma série de recompensas você a treina para fazer o que você quer que ela faça. Uma vez que eu fui o golfinho ficou bem claro que eu não conseguia atinar com o que, diabos, eles queriam que eu fizesse. Comecei a fazer todo tipo de coisas. Você pode pensar que eles querem que você dê um giro antes de pegar uma bola, mas não era esse o caso — é que você deu um giro e pegou o objeto e aí eles tocaram o apito. E agora o treinador pensa que eu *tenho* que girar."

Treinadores experientes sabem como cortar esse comportamento supersticioso e as centenas de experiências que ajudaram os cetólogos a realizar são testemunho do tipo de conversa que eles mantêm com essas criaturas. Mas em outro sentido o Jogo do Treinamento também mostra como é difícil penetrar a mente de um golfinho. O desempenho de Cranford na festa mal se assemelha ao que faria se soubesse exatamente o que os treinadores queriam. Talvez após alguns dias de trabalho o treinador consiga que ele faça corretamente o que deve ser feito. Mas quem quer que tentasse explicar a psique de Cranford baseado na sua desastrada atuação estaria lhe fazendo uma grave injustiça.

Um exemplo dessa ambigüidade na psicologia do golfinho é a pesquisa em curso para saber se os golfinhos têm autoconsciência. No teste clássico com animais, os psicólogos observam se eles se reconhecem num espelho. Uma vez que não podem perguntar aos animais se eles se reconhecem, os pesquisadores lançam mão de um rodeio. Primeiro colocam o espelho diante do animal por alguns dias e depois o retiram. Então anestesiam o animal, fazem uma marca na sua cabeça e colocam o espelho de volta. Se depois de se ver no espelho o animal tenta alcançar a marca no próprio rosto, muito provavelmente considera o reflexo no espelho não como sendo outro animal mas ele mesmo. Chimpanzés e orangotangos passam no teste do espelho, mas até hoje apenas um gorila o conseguiu.

Uma pesquisadora chamada Lori Marino, da Universidade Emory, no estado americano da Geórgia, fez a primeira experiência de espelho com golfinhos em 1993. Ela e os colegas testaram dois golfinhos machos de nariz inchado chamados Pã e Delfos numa piscina com um espelho coberto numa das extremidades. Diariamente os golfinhos iam a um determinado ponto numa extremidade da piscina e os treinadores tocavam seus flancos ou pintavam uma mancha de líquido medicinal azul que é quase invisível no corpo do golfinho. A cada dois ou três dias o espelho era descoberto e Lori Marino filmava o comportamento dos animais. No décimo primeiro dia, no toque diário, ela marcou-os com uma pincelada de óxido de zinco branco.

Nos primeiros dez dias, Pã e Delfos pareciam se comportar de forma diferente em frente ao espelho. Eles inclinavam o corpo vezes seguidas diante da imagem, giravam a cabeça ou abriam a boca. Lori Marino também notou que a vida sexual deles mudou. Pã e Delfos, como a maioria dos golfinhos machos, formavam um par casual e volta e meia um tentava penetrar o outro. Quando Marino descerrava o espelho, eles faziam sexo exclusivamente diante dele e, se acontecia de nadarem para longe do reflexo no espelho, paravam o sexo imediatamente. E por fim, no décimo primeiro dia, depois que ela marcou Pã com óxido de zinco, ele e Delfos nadaram feito loucos pela piscina durante uma hora. Ela os chamou de volta para apagar a marca e, assim que terminou, Pã zarpou para o espelho antes de receber seu comando de partida, posicionou-se de modo a poder ver onde a mancha estivera e então voltou para Lori Marino. A mesma seqüência de fatos se produziu com ambos os golfinhos três vezes seguidas.

Então os golfinhos têm autoconsciência? Os resultados não permitiram a Marino chegar a uma conclusão definitiva. Tudo o que Pã e Delfos fizeram que poderia ser visto como sinal de autoconsciência podia também ter outra explicação. Quando abriam a boca, podiam querer ver a própria garganta. Mas boca aberta é também demonstração de agressão e eles podiam estar fazendo aquilo contra o que supunham ser um outro golfinho. Uma vez que os golfinhos adoram imitar uns aos outros, não havia como saber se esses movimentos eram de um animal consciente de si mesmo ou uma mímica. Quanto ao sexo, Pã e Delfos podiam gostar de se ver no espelho — ou podiam gostar de fazer sexo diante de outros golfinhos. Quanto à marca, os golfinhos só se postaram em frente ao espelho depois que ela foi removida, não quando foi aplicada.

Pode ser que os golfinhos não tenham que fazer uma opção entre a autoconsciência e a ausência dela. Harry Jerison, neuroanatomista da Universidade da Califórnia, em Los Angeles, tentou atacar o problema da inteligência dos golfinhos imaginando como eles percebem o mundo deles. O que nós consideramos realidade é muito uma questão do que nossos sentidos oferecem ao nosso cérebro. As abelhas podem usar a luz solar polarizada como um compasso para guiá-las até as flores e de volta à colméia, e assim um senso de norte, sul, leste, oeste parece todo circundante para elas como a nossa percepção das três dimensões do próprio espaço. Nós percebemos o mundo em relação aos nossos corpos, ao nosso ser, mas para uma abelha pode haver dois pólos: o ser da abelha, tal como é, e o sol.

Um golfinho tem muito de sua percepção através dos olhos — uma visão nebulosa de 360 graus — e da localização pelo eco, o que lhe sobrepõe uma bruxuleante imagem tridimensional. Mas, assinala Jerison, os golfinhos podem perceber o universo de forma bem semelhante à dos humanos. Graças à linguagem, podemos organizar nossos pensamentos numa sofisticada representação do mundo e das pessoas no mundo e podemos transmitir aos outros nossa percepção do mundo falando ou escrevendo. A audição se torna não apenas uma maneira de detectar o som de uma árvore que tomba; ela vira um sentido telepático.

Os golfinhos também podem ser telepáticos no sentido dado por Jerison. Como os golfinhos viajam juntos em bandos coesos, o guincho de um indivíduo ecoa de volta com sua informação para todos os demais. Nenhum indivíduo tem uma percepção não partilhada por outro golfinho. Também é possível que os golfinhos possam se comunicar fabricando visões ecolocalizadas. Se os golfinhos de fato estão continuamente trocando e partilhando mundos interiores e exteriores uns com os outros, nossa noção do eu não teria sentido para eles. Certamente as sociedades de golfinhos têm hierarquias, conflitos com relação a parceiros(as) e outras características das sociedades em que os indivíduos lutam. Os golfinhos podem mesmo ser capazes de se nomearem mutuamente com silvos que sejam assinaturas. Mas sua sociedade pode no entanto ser uma rede sobreposta de mentes vagando interligadas por um oceano transparente.

Aí está, do cérebro às pás da cauda, um breve sumário do que sabemos sobre os golfinhos de nariz inchado ou baleias-negras. Talvez, se pudermos evitar a matança de outros cetáceos, seremos capazes de aprender também um bocado sobre eles. Terão muito em comum, mas haverá diferenças também. As baleias de barbatanas podem ou não ser capazes de usar uma mola de matéria graxa como fazem os golfinhos, mas seu enorme tamanho pode permitir que peguem imensas ondas submarinas que lhes forneçam um terço da energia de que precisam para nadar. As baleias de barbatanas não parecem capazes de localização pelo eco, mas ninguém tem a menor idéia sobre suas percepções ou inteligência. No entanto, mesmo com o pouco que se sabe, fica claro que a origem dos cetáceos foi uma das maiores produções da macroevolução. Quando se considera o fato de que ela adaptou tão bem ao oceano um mamífero de sangue quente que respira ar, dotando-o de dons como as barbatanas, a ecolocalização e uma mente tão sofisticada e misteriosa, fica óbvio que na história da vida há muitas histórias além da nossa própria evolução que vale a pena conhecer. E quando começamos a recuar na superfície do tempo rumo à transformação que, antes de mais nada, criou os cetáceos, vemos que longa viagem vamos empreender.

CAPÍTULO 6

A EQUAÇÃO DE UMA BALEIA

Uma das coisas que mais impressionaram Balzac a respeito de Cuvier foi que ele "reconstruía cidades a partir de um dente, como Cadmo". O Barão dos Fósseis granjeou sua reputação com relação a dentes em 1804, quando recebeu o esqueleto de uma criatura do tamanho de um gato das pedreiras de calcário de Montmartre. Ela deixara sua marca em duas lascas de pedra que se encaixavam como sardinhas na lata. Os quadris, as pernas e pedaços da espinha alojavam-se numa das peças de calcário, com o resto do esqueleto na outra peça: um ombro, um braço e parte da mandíbula, os dentes como que num sorriso meio escancarado na pedra. Sem uma idéia clara de que tipo de animal se tratava, Cuvier levou o fóssil para o seu laboratório de museu e começou a examinar a boca do animal, desencravando os ossos e desenhando os detalhes à medida que avançava.

Podia ver a saliência na parte de trás da mandíbula, onde ela se articulava com o crânio, característica chamada de côndilo e que só os mamíferos possuem. Em muitos mamíferos o côndilo eleva-se alto atrás da maxila, mas a criatura no calcário recebido por Cuvier tinha um côndilo baixo que mal sobressaía das fileiras de dentes. Pôde de imediato eliminar a hipótese de ser um gato, cão ou marta, porque só animais como a toupeira, o porco-espinho, o morcego e o opossum têm mandíbulas desse tipo. Cuvier soltou a mandíbula inferior e expôs as duas fileiras de dentes. Não eram pontiagudos como os de um carnívoro nem achatados como os de um herbívoro, uma vaca por exemplo. Eles se eriçavam em pequenos vértices pontudos — o tipo de dentes também característico apenas dos mamíferos com côndilo baixo. Sob uma lupa, pôde ver que alguns dentes eram triangulares, com três cúspides na forma de ganchos. Uma toupeira tem sete cúspides desse tipo; igualmente um morcego; um porco-espinho tem quatro. Os únicos mamíferos que têm três são certos marsupiais: o opossum da América do Sul e do Norte e seus parentes, os dasiurídeos da Austrália (grupo que inclui o diabo-da-tasmânia).

"Parei o meu trabalho nos dentes antes de me ocupar do resto do esqueleto", escreveu mais tarde Cuvier, "mas podia prever tudo apenas a partir desse índice. Número de partes, formas, proporções — tudo o que a superfície da rocha nos oferecia achava resposta completa à primeira vista."

Um opossum francês seria um ultraje à ciência. O opossum é um marsupial e, como tal, dá crias do tamanho de um grão de arroz que se arrastam para a bolsa da mãe e se agarram a uma teta durante meses. Mas todos os mamíferos existentes hoje na Europa são placentários — são gerados no ventre, nutridos por uma placenta e vêm à luz muito maiores do que as crias de marsupiais. Não existem marsupiais atualmente na Europa e o opossum e seus parentes vivem apenas na Austrália e no Novo Mundo. Cuvier acabara de apresentar à Europa o conceito de extinção e as pessoas ainda podiam ficar céticas porque ele encontrara apenas alguns fósseis deslocados. Se ele estava certo acerca dessas lascas de calcário, os céticos iam ter muito mais dificuldade para duvidar dele.

Cuvier não tinha dúvidas sobre a sua previsão, no entanto, porque estava convencido de que a anatomia do animal não era uma colcha de retalhos. Cada organismo nasce dedicado à sua própria forma de vida, argumentava, e todas as partes do seu corpo apontam para esse fim. A mão de enxada das toupeiras e sua caixa craniana grossa não são uma coincidência — ambas são necessárias para escavar túneis subterrâneos. E como os animais têm assim uma unidade, seus dentes podem servir como retratos em miniatura. "Cada criatura organizada forma um todo, um sistema único e fechado cujas partes correspondem mutuamente umas às outras", escreveu Cuvier. "Em uma palavra, a forma do dente leva à forma do côndilo, a da omoplata à das unhas, assim como uma equação de uma curva implica todas as suas propriedades."

Claro que Cuvier não sabia a equação de um opossum, mas podia chegar perto estudando como as partes de um corpo se correlacionavam umas às outras. Com bastante observação, os naturalistas podiam se aproximar das leis racionais da física e da matemática. Cuvier queria muito colocar a anatomia no nível dessas ciências, transformá-la em algo mais do que uma refinada distração de colecionador — queria tanto que usou seu suposto opossum para fazer uma performance. Tendo previsto sua identidade apenas pelos dentes e com o resto do fóssil intacto, ele levou testemunhas a seu laboratório antes de terminar o trabalho. "Essa operação foi realizada na presença de pessoas às quais eu havia previamente anunciado o resultado", escreveu, "com a intenção de provar-lhes a justeza de nossas teorias zoológicas, uma vez que o selo definitivo de uma teoria é sem dúvida a sua capacidade de prever fenômenos."

Cinzelando o calcário, Cuvier percorreu o corpo do animal. Encontrou treze costelas e depois ossos do braço que se uniam de forma a permitir que a criatura trepasse em árvores, seis vértebras lombares nas costas — tudo perfeitamente consistente com a hipótese de que o animal era um parente do opossum. Mas, para satisfazer os mais céticos, Cuvier pôs de lado esses ossos. Os marsupiais, como todos sabiam, têm bolsas e todas são sustentadas por dois ossos que se projetam da parte frontal da pélvis. A pélvis do fóssil de Cuvier estava voltada para a pedra e então ele começou a escavar a lasca com uma ponta de aço afiada, suas testemunhas sem dúvida chocadas ao vê-lo destruir parte da espinha do inestimável fóssil para conseguir chegar à parte frontal do animal. Ele continuou escavando, arrancando o sacro e o rabo, até que por fim dois ossos em forma de machadinha apareceram lado a lado, projetando-se da pedra na parte frontal da pélvis.

"Não há ciência que não possa se tornar quase geométrica", declarou Cuvier diante dos ossos da bolsa. "Os químicos provaram isso em relação à sua ciência nos últimos tempos e eu espero que não esteja muito longe o tempo em que poderemos dizer a mesma coisa dos anatomistas."

Quase dois séculos depois, os paleontólogos de hoje não estão tão convencidos quanto Cuvier. O corpo de um animal não é gerado por alguma fórmula da sua função. É produto de sua história evolutiva e, se a progressão correlacionada e as restrições de como se desenvolvem os embriões podem lhe dar certa coerência, há alguns animais fósseis que são diferentes de tudo que existe hoje e outros que parecem ter sido alinhavados de partes aleatórias. Mas mesmo hoje os dentes continuam a ser marcas taxonômicas impressionantes, pelo menos no caso dos mamíferos. Quando nascemos, ainda não estamos com o esqueleto formado: ossos macios têm que solidificar-se e fundir-se, tornando-se firmes quando amadurecemos, com a exceção dos dentes. Assim que as cúspides, fissuras e raízes dos dentes se formam nos maxilares de um bebê, mantêm sua topografia pelo resto da vida. Se os paleontólogos encontram um fêmur ou costela isolados, geralmente não podem dizer muito sobre o dono, mas se encontram um fragmento de esmalte, um caco desgastado de dente como único osso deixado por um animal morto há dezenas de milhões de anos, podem afirmar que pertenceu a um tigre, uma preguiça, um opossum ou um hominídeo — e, quando o fazem, ainda é fácil a gente se sentir como um dos cavalheiros no museu em Paris olhando por cima do ombro de Cuvier para a lasca de calcário ainda lacrada e achando que estavam vendo um mágico em ação.

Desde o início, os dentes de baleia ajudaram a guiar os paleontólogos para sua verdadeira história. Em 1832, ano em que morreu Cuvier, o presidente da Sociedade Filosófica Americana, de Filadélfia, recebeu uma carta e uma caixa. A carta era de um homem da Louisiana que se auto-intitulava Juiz Bry e dentro da caixa havia um pedaço de rocha de vinte quilos, do tamanho de um barrilete de pólvora. "Não se pode esperar uma dissertação científica de alguém que passou os últimos trinta anos da existência literalmente nas mais remotas florestas da Louisiana, cuja vida nesse longo período foi inteiramente dedicada a objetivos agrícolas", dizia Bry. Simplesmente descrevia então uma colina junto ao rio Ouachita, na paróquia de Caldwell, onde encontrara fósseis de conchas do mar. "Cerca de três anos atrás, após um longo período chuvoso, uma parte da colina deslizou próximo à beira d'água e assim expôs 28 desses ossos, até então cobertos por uma massa de terra de uns 12 metros de espessura. Quando esses ossos foram vistos pela primeira vez, estendiam-se em linha que, pelo que me mostrou a pessoa que mora perto do lugar, perfazia uma curva de mais de 120 metros de comprimento, com alguns intervalos vazios. A pessoa mencionada destruiu muitos dos ossos utilizando-os como suporte da sua lareira e eu salvei o restante de ter o mesmo destino. Se posso me arrogar uma opinião sobre o animal a que pertenceram esses ossos, arrisco-me a dizer que foram de um monstro marinho."

O fóssil foi deixado nas mãos de um tal dr. Richard Harlan. Um dos poucos paleontólogos dos Estados Unidos à época, ele era uma versão caseira de sir Richard Owen. Como Owen, era cirurgião — trabalhava no Hospital Beneficente de Filadélfia — mas tinha talento também em fisiologia, geologia, zoologia e anatomia comparada. Fazia a ciência que podia quando tinha a oportunidade. Quando um *performer* de segunda categoria apareceu em Filadélfia alardeando a cura para mordida de cascavel, Harlan testou o que ele dizia fazendo experiências com o homem. Fez a cascavel do sujeito morder filhotes de cachorro e notou que apenas um morreu; viu o homem igualmente ser mordido e tomar sua poção secreta feita de raízes. Ele suou um pouco mas sobreviveu. Harlan concluiu que a cobra tinha pouco veneno nas presas. Quando restos de animais eram levados à Sociedade Filosófica Americana, Harlan os descrevia, fossem condores, orangotangos ou dentes de mamute. Examinou um esqueleto encontrado na foz do Mississippi, que havia sido identificado como de um lagarto marinho gigante, e percebeu que se tratava na verdade de um cachalote.

Harlan era um cuvieriano cauteloso. Catástrofes haviam destruído antigos habitantes do planeta e novos habitantes tomaram o seu lugar, mas "entre as espécies a natureza traçou uma linha de separação que o tempo não pode mudar nem o sofisma humano eliminar", disse. Ele examinou as vértebras gigantes encontradas por Bry na Louisiana e, como faria Cuvier, tentou reconstruir todo o animal a partir delas. Concluiu que pertenciam à coluna de algum réptil marinho gigante e extinto, talvez de 30 metros de comprimento. "Se futuras descobertas das extremidades, das mandíbulas e dos dentes desse réptil confirmarem a minha indicação", escreveu Harlan, "podemos supor que o gênero a que pertenceu levará por aclamação o nome de BASILOSSAURO" — em outras palavras, o Rei dos Répteis.

Logo depois que Harlan publicou seu texto sobre o fóssil de Bry, em 1835, mais ossos apareceram no sul dos Estados Unidos. No Alabama, outro juiz — este chamado John Creagh — encontrou ossos enormes encravados em calcário nas suas terras, uma rocha tão dura que teve que explodi-la para retirar os fósseis. Quando Harlan pôde examinar os ossos encontrados por Creagh, percebeu que alguns deles combinavam com os encontrados por Bry — e nas mesmas rochas submetidas a explosão Creagh encontrou também costelas, ossos de um braço gigante e mandíbulas ainda com alguns dentes no lugar. Os dentes, cada um do tamanho de uma batata, deram um pouco o que pensar a Harlan. Alguns eram estreitos, alguns mais para trás eram um bloco maciço. Harlan sabia que os dentes dos répteis marinhos, como os de todos os répteis, eram uniformes e que só os mamíferos tinham dentes de variados tipos — molares, pré-molares, incisivos. Mas, embora o *Basilosaurus* tivesse dentes variados, sua mandíbula era alongada e oca como a dos répteis marinhos, de modo que manteve sua suposição inicial. A única alteração que fez em relação às primeiras suposições foi concluir que esse réptil tinha na verdade 45 metros de comprimento.

Quando chegou à Europa a notícia sobre o *Basilosaurus*, veio envolvida numa controvérsia sobre outro conjunto de dentes de mamífero. Os opossuns de Cuvier, em 1804, eram provenientes da parte posterior do que hoje é chamado de período cenozóico, ou seja, de 65 milhões de anos atrás. Até onde se sabia, os mamíferos limitavam-se à era cenozóica; na era anterior, mesozóica, os únicos vertebrados eram répteis e peixes. Quando os evolucionistas lamarckianos olhavam esse padrão, encontravam conforto: ele sugeria que os mamíferos eram apenas a última transmutação pela qual haviam passado os vertebrados. Mas em 1812 as mandíbulas de um primitivo mamífero apareceram num pedaço de ardósia de Stonesfield, Inglaterra, datando da era mesozóica. A idéia de que esse mamífero vivera lado a lado com dinossauros, criados separadamente e sem nenhum parentesco, era exatamente o que não desejava ouvir um evolucionista. As rochas eram indubitavelmente mesozóicas e era impossível para os evolucionistas negar que as mandíbulas de Stonesfield eram de mamíferos, pois os dentes não eram idênticos. Quando Harlan apresentou ao mundo o seu *Basilosaurus*, com seu variado conjunto de dentes na mesma mandíbula, os evolucionistas encontraram de repente uma saída: os animais de Stonesfield deviam ser parentes do *Basilosaurus* e, portanto, répteis também. Assim a era mesozóica ficava novamente livre de mamíferos.

Os lamarckianos convidaram Harlan a Londres em 1839 para dar uma conferência na Sociedade Geológica. Como não era evolucionista, ele provavelmente não tinha idéia da batalha para a qual estava marchando nem por que Richard Owen ficou tão feliz de vê-lo quando chegou à Inglaterra. Recém-saído do seu trabalho sobre os peixes pulmonados, o chimpanzé e o ornitorrinco, Owen passara os últimos anos apagando as centelhas de Lamarck. Quando olhava as mandíbulas de Stonesfield, via mamíferos e estava decidido a destruir os laços que haviam sido usados para ligá-las a répteis. Quando Harlan chegou a Londres, Owen arrebatou-lhe os dentes do basilossauro.

Poucas semanas depois, no encontro da Sociedade Geológica, Owen subiu ao pódio. Varreu as características que para Harlan indicavam um réptil marinho. Uma comprida mandíbula oca podia ser facilmente encontrada em um cachalote. As vértebras tinham suaves terminações côncavas como as dos mamíferos, não como as dos répteis, e o grande buraco no centro — percorrido em vida por uma medula espinhal — tinha o mesmo formato que o de uma baleia. Mas o mais importante para Owen eram os dentes. Estudou-os detalhadamente, até fatiando-os em uma série de secções e examinando-os ao microscópio. Alguns dos dentes frontais eram simples presas, mas cada um dos dentes de trás era um par de dentes meio fundidos e então encaixados num par de caixilhos. Nenhum peixe ou réptil conhecido tinha nada parecido; os verdadeiros répteis marinhos tinham dentes com raízes únicas que se fundiam à própria mandíbula. Além disso, ao microscópio um dente de réptil marinho tem uma simples eclosão de tubos finos que penetra anéis concêntricos espaçados regularmente. Mas o *Basilosaurus* tinha o mesmo padrão que se encontrava nos mamíferos marinhos, com uma fina camada de cimento na superfície e tubos finos ondulados justo abaixo. Pelo seu estudo dos dentes e outros ossos, Owen via-se tentado a afirmar que aquela era uma estranha criatura, mas não um monstro marinho e sim uma baleia em forma de serpente — "um dos mais extraordinários mamíferos que as revoluções do globo haviam apagado da esfera dos seres existentes".

Harlan concordou humildemente com a nova visão do *Basilosaurus* dada por Owen. Retornou à Filadélfia, onde em 1842 soube que a plantação do juiz Creagh tinha produzido agora uma espinha de 20 metros de comprimento com um bom pedaço de cabeça preso a ela, que parecia nitidamente mais de uma baleia que de um réptil. Ele morreu no ano seguinte, com apenas 47 anos, mal conhecido na época fora dos Estados Unidos e hoje mal conhecido dentro. Mas Harlan tem uma pequena vitória sobre Owen. Para apagar completamente a ficção lamarckiana de répteis com dentes de mamíferos, Owen quis mudar o nome do fóssil de Harlan de *Basilosaurus* para o bem mais obscuro de *Zeuglodon* — isto é, de dentes unidos. "O dr. Harlan", anunciou Owen na reunião de Londres, "... consentiu que o gigantesco monarca dos sáurios, como se supunha, fosse deposto." Mas a taxonomia é uma ciência que aproveita as coisas em primeira mão, e o esqueleto ainda leva o nome que Harlan lhe deu. Pelo resto da vida, Owen teve que ouvir o nome do rei que não foi destronado.

Mais ou menos na época em que Harlan coroava o basilossauro em Filadélfia, em 1832, inaugurava-se um pequeno museu em Saint Louis, Missouri. Por 25 centavos de dólar, as pessoas podiam entrar e apreciar mágicos e imitadores de pássaros, ver múmias egípcias nos sarcófagos, múmias indígenas das cavernas do Kentucky, figuras em cera de Jim Corvo e Zip Mão-pelada, os famosos irmãos siameses, além de ursos e jacarés vivos, pinturas da Revolução Francesa, do túnel sob o Tâmisa e da batalha de Austerlitz.

O proprietário do museu era um imigrante alemão chamado Albert Koch. Como Owen e Harlan, era um paleontólogo, mas sem formação acadêmica nem emprego em hospital. Quando não estava dirigindo seu museu, perambulava sozinho pelo vale do Mississippi à procura de fósseis, vadeando rios, lutando contra doenças e comendo apenas carne de porco salgada e pão. Em 1839 ele desenterrou os ossos de um mastodonte gigante que chamou de *Missourium*, fazendo o esqueleto pagar pela descoberta numa turnê pela América. Em Filadélfia, cientistas que examinaram o esqueleto disseram que ele tinha inchado o animal acrescentando-lhe dez vértebras de outro *Missourium* e inserindo blocos de madeira para alongá-lo ainda mais. Em vez de fazer encolher o seu gigante, Koch rumou para a Europa para mostrar o fóssil em Piccadilly em 1842, proclamando-o " a suprema obra-prima e mais soberbo monumento de toda a natureza animada". Depois de Owen visitá-lo, o Museu Britânico comprou o fóssil de Koch por 1.300 libras e reduziu-o ao tamanho normal.

Koch sabia exatamente o que fazer com o dinheiro. Imediatamente zarpou de volta aos Estados Unidos, atraído por histórias sobre os monstros marinhos do Alabama. Em janeiro de 1845 ele estava em Clarksville, perto do local onde o juiz Creagh explodira a rocha para retirar seu fóssil, e descobriu que vértebras do *Basilosaurus* eram tão comuns que se tinham tornado objetos de mobiliário na região, escorando achas nas lareiras ou enfiadas entre colméias. Mas durante meses procurou em vão um esqueleto completo, encontrando apenas dentes de tubarão e outros ossos de animais marinhos.

Em março, um carteiro que fazia o trajeto entre Prairie Bluff e a Comarca de Old Washington viu-o trabalhando nos seus fósseis. Ele disse a Koch que ouvira na comarca acerca de um tubarão petrificado de 27 metros de comprimento que as pessoas tinham tentado desenterrar mas não conseguiram porque os ossos eram muito pesados. Parece que esse carteiro tinha muito tempo sobrando porque, quando Koch demonstrou interesse, ele cavalgou os 64 quilômetros até a Comarca de Old Washington para ver se os ossos ainda estavam lá. Koch esperou-o, nervoso. Três homens e uma mulher de Nova York pararam para conversar com ele enquanto o carteiro viajava e lhe disseram que tentavam também encontrar os fósseis da serpente marinha. As serpentes marinhas estavam na mente do povo nos Estados Unidos e na Europa; os marinheiros diziam ter visto monstros nadando junto dos navios em alto-mar. A possibilidade de que seus ossos estivessem nos sertões do Alabama era irresistível. Dois dias depois o carteiro voltou a Clarksville e disse a Koch que o fóssil não fora removido.

Koch cavalgou sozinho até a Comarca de Old Washington, por entre florestas, debaixo de tempestades, por vales infestados de febre amarela. Quando alcançou a cidadezinha, descobriu que os fósseis descritos pelo carteiro não eram de um tubarão mas outras vértebras do monstro marinho. Koch trancou-os na cadeia abandonada. Um menino branco e um escravo que o viram mexendo com os ossos falaram-lhe de fósseis ainda não desenterrados e o levaram a um campo perto do rio Sintabogure, onde ele viu aquilo com que vinha sonhando: ossos da grande serpente dispostos num vasto semicírculo.

Durante três meses Koch escavou os fósseis de Sintabogure. Ali os ossos eram ainda mais comuns do que em Clarksville: as pessoas de Old Washington usavam-nos como portões de jardim, queimavam-nos para obter cal, colocavam-nos como bases de chaminés e dormiam fazendo-os de travesseiros. Koch martelou os ossos sob o sol escaldante, queimando-se nos instrumentos de ferro, trabalhando sozinho depois de despedir um ajudante bêbado, afastando tolos que acidentalmente quebraram a mandíbula gigante. Quando terminou, tinha cinco carroças cheias de fósseis, o maior carregamento de ossos de baleia que o mundo já vira.

É difícil saber se Koch estava ciente de que o *Basilosaurus* era de fato uma baleia. Quando viajava com o *Missourium*, passou por Londres três anos após a reviravolta pública sofrida por Harlan. Quando achou um crânio à margem do Sintabogure, anotou no seu diário que ele tinha dentes como os de um mamífero. Se ele sabia, com certeza manteve a verdade para si mesmo: em agosto, os jornais de Nova York estavam cheios de artigos sobre uma serpente marinha de quase 35 metros de comprimento que estava em exposição no Salão Apollo, na Broadway, descoberta pelo *dr.* Albert Koch, como ele agora se intitulava. "A serpente do dilúvio de Deucalião, morta por Apollo Pythius, pode ser contemplada, sem nenhuma ajuda da menor fantasia", disse o *New York Dissector*. O *New York Evangelist* foi mais reverente: "Quem sabe se ela não viu a Arca? Quem sabe se Noé não a teria visto pela janela? Quem sabe se ela não visitou o Ararat? Quem sabe quantos cruéis gigantes mortos de antanho não terá ela engolido para se alimentar? Talvez, quanto tocarmos suas costelas, estejamos tocando os restos de algum dos descendentes de Caim que pereceram no dilúvio."

Os cientistas não foram tão generosos. Como no caso do *Missourium*, viram que a espinha da serpente não era de uma única criatura. Quando algumas das vértebras se fossilizaram, eram novas e ainda esponjosas, enquanto outras eram velhas e quebradiças. O canal da medula espinhal era estreito em alguns pontos, enquanto em outros era largo como a própria caixa craniana. Os cientistas decidiram que Koch não tinha um animal, mas cinco, todos os quais não eram serpentes marinhas mas a extinta baleia *Basilosaurus*. (Anos mais tarde, os paleontólogos reconheceriam que Koch de fato tinha juntado várias espécies diferentes de baleias.) Um cavalheiro de Old Washington escreveu à Sociedade de História Natural, de Boston, dizendo que todo mundo na cidadezinha sabia que os ossos que Koch dizia serem de um animal tinham sido de fato encontrados por ele espalhados nas pradarias do Alabama. As pessoas de lá riam das solenes reportagens dos jornais de Nova York falando das descobertas do dr. Koch. "O dr. Koch poderia dar 90 metros a esse esqueleto, tão facilmente como deu 35", escreveu o homem.

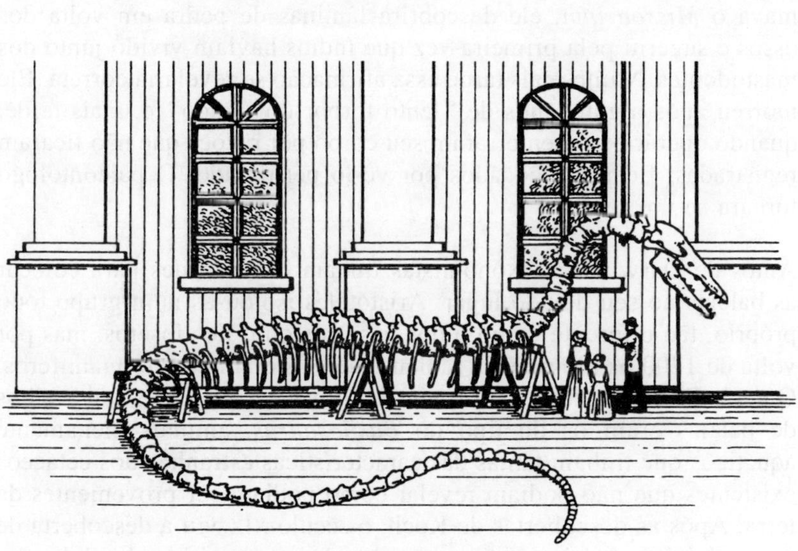

A serpente marinha de Alfred Koch na exibição em Nova York.

Koch respondeu aos críticos americanos indo novamente com seus ossos para a Europa. Exibiu-os em Leipzig e o rei Guilherme IV da Prússia ficou tão impressionado que os comprou para o seu museu de anatomia, dando a Koch um estipêndio vitalício. Ele voltou para o Alabama em 1848 e encontrou mais ossos, que montou como uma serpente de 29 metros de comprimento e levou à Europa. O novo esqueleto levou as pessoas a perguntarem a Richard Owen se ele acreditava que essas serpentes marinhas gigantes ainda infestavam os oceanos, com o que Owen ficou tão irritado que escreveu uma carta a um jornal londrino descartando as narrativas de marinheiros como invenções fantasiosas e insistindo que os répteis gigantes se extinguiram com os dinossauros, ao passo que a coisa que Koch traficava o próprio Owen havia mostrado que se tratava de uma baleia.

Foi a última vez que Koch foi perturbar Owen. Ele voltou aos Estados Unidos e se estabeleceu em Saint Louis, auto-intitulando-se professor de filosofia. De tempos em tempos ia ao Tennessee à procura de veios de ferro ou carvão, mas nunca de fósseis. Em 1871, sua coleção de ossos foi destruída num incêndio em Chicago, mas Koch não seria lembrado como um trapaceiro simplesmente. Quando exumava o *Missourium*, ele descobrira lâminas de pedra em volta dos ossos e sugeriu pela primeira vez que índios haviam vivido junto dos mastodontes. Muito mais tarde essa afirmação se revelaria correta. Ele morreu após alguns anos de "lento torpor do fígado" e, mais tarde, quando operários desenterraram seu corpo por razões que não ficaram registradas, ficaram chocados por vê-lo petrificado. O paleontólogo tornara-se um fóssil.

Antes de Darwin, os taxonomistas tinham dificuldades para colocar as baleias no seu devido lugar. Aristóteles isolou-as num grupo todo próprio, tão diferente como o dos pássaros ou o dos insetos, mas por volta de 1700 os biólogos já sabiam que elas eram de fato mamíferos. Quando Darwin escreveu *A origem das espécies*, os fósseis mais velhos de baleias eram os do tipo do *Basilosaurus*, animais plenamente aquáticos que tinham tantas das características estranhas dos cetáceos existentes que não podiam revelar como podiam ser provenientes da terra. Após as descobertas de Koch, o século XIX viu a descoberta de mais algumas baleias antigas, sobretudo na América do Sul, mas também em Kiev, na Inglaterra, na Nova Zelândia, no Egito. O *Basilosaurus*, ficou claro, tinha apenas 15 metros de comprimento, enquanto outras espécies alcançavam um tamanho mais modesto: de quatro metros e meio. Em geral tinham mais forma de serpentes que as baleias atuais, com nadadeiras mais finas, narinas próximas da ponta do focinho e uma mescla de dentes, ao contrário das fileiras de pinos dos atuais odontocetos. Como qualquer baleia de hoje, aparentemente não tinham pernas traseiras e obviamente só podiam ter vivido na água. Como chegaram à água era a questão que todos se formulavam.

Em teoria, pelo menos, Darwin não achava que esse mistério era insondável. "Na América do Norte", ele escreveu, "o urso negro foi visto por Hearne nadando durante horas com a boca bem aberta, assim pegando insetos na água, como uma baleia. Mesmo num caso tão extremo como esse, se a disponibilidade de insetos fosse constante e se competidores mais bem adaptados já não existissem no campo, eu não vejo problema em uma raça de ursos se tornando, por seleção natural, mais e mais aquáticos na sua estrutura e em seus hábitos, com bocas cada vez maiores, até que surgisse uma criatura tão monstruosa como uma baleia." A sugestão não teve muito sucesso com um público que tentava colocar na cabeça a idéia da seleção natural. Como zombou um jornal: "O sr. Darwin adotou, no seu mais recente livro científico sobre o assunto, 'teorias' tão absurdas — como a de um urso nadar um certo tempo até se transformar numa baleia, ou algo parecido." Darwin preferiu não lutar com esse caso específico de confusão lamarckiana: em edições posteriores de *A origem das espécies* abandonou a maior parte de suas especulações sobre baleias.

Coube à geração seguinte de biólogos pensar seriamente sobre a origem das baleias e ninguém pensou tanto a respeito quanto o zoólogo inglês William Flower. Flower tinha 28 anos quando leu *A origem das espécies* e logo se viu atraído pelos debates acirrados que se seguiram à publicação do livro. Sua vida não terminou pingando rancor como as de Owen e Thomas Huxley: sua biografia parece do início ao fim um agradável passeio. Quando criança ele construiu pequenos museus em caixas de papelão e depois num armário e aos 21 anos era um estudante de medicina que havia dissecado primatas exóticos como o galago. Lutou na guerra da Criméia, onde metade do seu regimento morreu na sangrenta queda de Sebastopol e na batalha de Balaclava, mas o horror aparentemente não projetou sombras sobre a sua vida posterior.

Os mamíferos eram a especialidade de Flower e, quando Owen tentou distanciar os humanos dos macacos, Thomas Huxley buscou em Flower dados para investigar. Da platéia, Flower ficou contente de ver Huxley debater e atacar com as armas que ele, Flower, havia criado e só uma vez chamou muita atenção. Num encontro científico em 1862, Owen argumentou, como já fizera muitas vezes antes, que os humanos têm no cérebro uma estrutura chamada hipocampo que nenhum outro animal possui, incluindo os gorilas. Huxley disse que ele estava errado e remeteu o público à descoberta feita por Flower de um hipocampo em alguns primatas. Lá estavam os dois homens num impasse quando Flower se levantou do seu assento e disse: "Acontece que tenho aqui no bolso um cérebro de macaco." Bastou uma olhada e o caso foi resolvido.

Àquela altura Flower ocupava o velho cargo de Owen no Museu Hunteriano e, como o antecessor, dissecava um monte de animais estranhos. Foi o primeiro cientista a ver o interior de um panda. Examinou peixes-bois, chimpanzés, elefantes birmaneses, rinocerontes anões, preguiças, tatus, macacos gritadores, lobos vermelhos e cervos almiscareiros. Mas Flower nunca descobriu um novo mamífero em uma expedição nem sequer apontou um único paradigma zoológico. "Não há descoberta ou generalização que tenha feito época e que se possa associar ao nome dele", diz seu cauteloso biógrafo.

Flower bateu-se por quase tantas causas quanto o número de animais que estudou — protestava contra a matança de águias-pescadoras para decorar chapéus com suas plumas, indignava-se contra a matança de golfinhos para obtenção de óleo usado na lubrificação de relógios. Achava que as pessoas deviam parar com a prática pouco saudável de enterrar os mortos em caixões fechados e, em vez disso, cremá-los. Fazia campanha contra o tabaco, o espartilho, as ataduras para os pés, os sapatos de salto alto e o fato de que os correios cobravam mais por uma carta pesada do que por um livro. A seleção natural assustava Owen por sua bestialidade, enquanto para Darwin, que sofreu uma série de mortes na família, Deus e a natureza eram igualmente obscuros. Mas Flower mesclava pacificamente a evolução com sua complacente existência vitoriana. Concluiu que os caucasianos como ele eram biologicamente superiores às outras raças "não adaptáveis", que acabariam por se extinguir. Antes que elas desaparecessem, Flower achava que os cientistas deviam pelo menos coletar seus ossos para estudo. Também não o incomodava ser um evolucionista cristão. A noção de arquétipo de Owen, sonho arbitrário de uma criatura parecida com uma lampréia, não glorificava o Criador, mas as leis simples e elegantes pelas quais a vida se desenvolvia. Falando certa vez a um público de ansiosos ministros religiosos, Flower perguntou: "Se a sucessão de pequenos milagres que supostamente regulam as operações da natureza já não nos satisfaz, não a substituímos por uma de incomensurável grandeza e grandiosidade?"

Alguns dos trabalhos mais importantes de Flower com mamíferos foram com baleias. Ele viajava à costa sempre que sabia que alguma havia encalhado, desenhando o cadáver no seu caderno de anotações sobre esqueletos e algumas vezes transportando os ossos para Londres. Mostrou que os golfinhos que viviam nos rios do Brasil, da Índia e da China eram todos membros da mesma família. Colocou os cetáceos em uma nova classificação, dividindo-os em odontocetos e misticetos. E no final da carreira pensou um bocado sobre a sua origem. Baleias fósseis como o *Basilosaurus* — já tão aquáticas — eram de pouca ajuda para ele, mas simplesmente comparar as baleias existentes a outros mamíferos deveria bastar, se feito da maneira certa. "Raramente em qualquer parte do reino animal vemos tantos casos de persistência de organismos rudimentares e aparentemente inúteis — esses fenômenos maravilhosos e sugestivos que outrora pareciam enigmas irremediáveis — desesperando aqueles que tentaram desvendar seu significado, encarado como mera vontade fátua, mas agora avidamente acolhidos como faróis de verdadeira luz, lançando raios luminosos sobre os caminhos sombrios e impenetráveis pelos quais o organismo viajou rumo ao objetivo de sua existência atual."

O desafio, como Flower o via, era decidir em que rumo seguiam os caminhos. As baleias eram os ancestrais aquáticos de todos os mamíferos — noção de alguns dos primeiros lamarckianos — ou seus próprios ancestrais viveram na terra como Darwin sugeria? Em geral os mamíferos são peludos, mas a flexível pele das baleias é nua, exceto por alguns pêlos em volta do respiradouro e no queixo. Embora provavelmente as baleias não tivessem olfato, o respiradouro ainda se conectava à principal passagem de ar como as narinas dos mamíferos terrestres. E embora Flower presumisse que deviam ser surdas porque a passagem do ouvido era praticamente fechada — "como o orifício feito pela ponta de um alfinete" —, as baleias tinham os ossos de ouvido de um mamífero. Suas nadadeiras eram na verdade braços com dedos que haviam sido lacrados e bem no fundo da matéria graxa na parte de trás do corpo havia fragmentos de osso e cartilagem. Em algumas espécies, dois desses ossos se encaixavam como o quadril e o fêmur. Na ponta do assim chamado fêmur havia uma cápsula de fluido, um vestígio de um joelho desaparecido. Até os músculos em volta desses ossos abandonados permitiam e restringiam diferentes movimentos, da mesma forma que os músculos em volta das pernas traseiras de um cavalo.

Flower concluiu que algum mamífero terrestre convencional e completo, com quatro patas, placenta, cabelo, dentes e um nariz atuante, dera origem às baleias. As antigas baleias, como o *Basilosaurus*, eram exatamente como achávamos que seriam os primeiros descendentes aquáticos dessa criatura: tinham crânio pequeno, com narinas mais próximas à ponta do focinho. E enquanto os misticetos existentes têm barbatanas na boca e os odontocetos têm fileiras de dentes uniformes, as primeiras baleias tinham uma mistura de molares, pré-molares e incisivos muito parecida com a que encontramos na boca dos mamíferos terrestres.

Flower buscou uma genealogia que levasse ao mar. Duvidava que as focas pudessem ser os parentes mais próximos das baleias, apesar do fato de serem intermediárias na sua adaptação à água. Em vez de erguer e baixar um rabo gigante como as baleias, as focas batem as pernas traseiras de um lado para o outro e mal têm um rabo entre elas. Parecia improvável que uma linhagem de animais que já nadava dessa maneira produzisse descendentes que encolheriam os pés para aumentar o rabo. Flower achava que um ancestral das baleias devia parecer um mamífero semi-aquático de grande cauda, como as lontras e os castores. Em alguns detalhes do fígado e dos pulmões os anatomistas já haviam encontrado semelhanças entre as baleias e os mamíferos de casco (conhecidos como ungulados) e assim talvez os nomes que as pessoas davam à baleia não eram tão despropositados — porco-do-mar, porco-arenque ou o francês *porcpoisson* (peixe-porco, origem da palavra inglesa para boto: *porpoise*).

"Podemos concluir", escreveu Flower, "visualizando alguns animais primitivos, no geral habitantes de pântanos, com escassa cobertura de pêlos, como o moderno hipopótamo, mas com largas caudas natatórias e membros curtos, onívoros, provavelmente se alimentando de plantas aquáticas, mexilhões, vermes e crustáceos de água doce, gradualmente se tornando mais e mais adaptados para preencher o vazio pronto para eles no lado aquático da faixa ribeirinha em que habitavam e assim aos poucos sendo modificados em criaturas semelhantes ao golfinho, habitando lagos e rios e por fim abrindo caminho até o mar. Favorecidos por variadas condições de temperatura e clima, abundância de suprimento alimentar, quase total imunidade a inimigos mortais e ilimitado espaço para vagar, eles passaram pelas várias modificações às quais o tipo cetáceo chegou agora e gradualmente atingiram a colossal magnitude que, como vimos, não foi sempre um atributo dos animais desse grupo."

Flower terminava com um alerta. "Por favor, lembrem-se porém que isso é mera especulação, que pode ou não ser confirmada por subseqüentes descobertas paleontológicas." As descobertas levariam mais de um século, mas os paleontólogos de hoje têm Flower na conta quase de um clarividente.

A idéia de que as baleias eram porcos do mar se desfez. Os zoólogos não discutiram se as baleias descendiam de algum mamífero de quatro pernas — se mais prova era necessária, podiam ler o relato de baleeiros da ilha de Vancouver que mataram uma fêmea de jubarte em 1919 e encontraram um coto de 60 centímetros saindo do seu flanco perto do rabo. Por fora parecia um bastão de beisebol enterrado numa montanha — dissecado, revelou-se uma série de ossos e pedaços de cartilagem que se prolongava por 1,20 metro corpo adentro. A cartilagem havia encolhido quando zoólogos a examinaram, mas eles ainda puderam traçar homologias com os ossos da perna dos mamíferos, como o fêmur, a tíbia e partes do tornozelo e do pé. Não, o verdadeiro problema com a idéia de Flower era que as primeiras baleias eram evidentemente assassinas, com grandes dentes em lâmina, ao passo que todos os ungulados existentes têm dentes que usam mais como pilão para triturar plantas. No século XX, mais e mais fósseis de primitivas baleias foram descobertos. Flower os havia chamado de arqueocetos — "primeiras baleias" — e chegavam a datar de 43 milhões de anos atrás. Mas todos os arqueocetos eram muito parecidos com o *Basilosaurus* e os três grupos de baleias — arqueocetos, odontocetos e misticetos — tinham pouco em comum e ainda menos em comum com qualquer mamífero terrestre.

Enquanto o mergulho evolutivo das baleias no mar permaneceu em segredo a maior parte deste século, os paleontólogos conseguiram nesse meio tempo esboçar a história dos mamíferos como um todo. Quando os primeiros amniotas chegaram à terra, eram personagens menores no palco terrestre, mas por volta de 320 milhões de anos atrás já haviam surgido as três grandes linhagens de amniotas que ainda vivem hoje, inclusive a nossa, a dos sinapsídeos. Os primeiros sinapsídeos não eram particularmente distinguíveis de outros amniotas existentes naquele tempo: tinham pele grossa, presas, ouvido ruim, sangue frio, cérebro pequeno e rastejavam. Mas já tinham características que faziam deles nossos parentes. Por exemplo, um único buraco em cada lado do crânio atrás de cada olho, na borda dos quais se encaixavam músculos mandibulares presos às têmporas. Esse mesmo buraco persistiu em sinapsídeos posteriores e hoje é definido pelo malar. Cerre os dentes e poderá sentir que os músculos que passam por esse buraco criam uma crista saliente sob os seus cabelos. Você está sentindo 320 milhões de anos de tradição.

Muitas vezes imaginamos os mamíferos herdando o mundo dos dinossauros que vieram antes, mas essa é uma visão paroquial da história. Nossos ancestrais sinapsídeos foram com efeito os primeiros amniotas a ter sucesso em terra. Há 280 milhões de anos eles constituíam praticamente três quartos da diversidade dos amniotas. Alguns ramos desenvolveram a capacidade de comer plantas e participaram da grande eclosão herbívora, pastando arbustos e brotos como vacas de pele grossa. Outros, com dentes semelhantes a cravos de ferrovia, moviam-se pesadamente atrás de outros tetrápodes, como dragões de filmes japoneses. Incontáveis linhagens de sinapsídeos surgiram e desapareceram, sendo hoje tão obscuras e exóticas quanto seus nomes: caseídeos, ofiacodontídeos, gorgonopsianos, venjukoviamorfos. Mas por entre a folhagem da árvore sinapsídea é possível decifrar a evolução por 100 milhões de anos dos rudimentos do corpo dos mamíferos. E assim como a cabeça dos animais de nadadeira lobada evoluiu em progressão correlacionada, isso também ocorreu com os corpos desses mamíferos precursores. Praticamente nada aconteceu aos poucos.

Os sinapsídeos começaram a comer de uma nova maneira. Em vez de engolir um animal inteiro ou cortar um bocado de carne, eles modificaram suas mandíbulas, músculos e dentes de modo a poder fatiá-la com a parte da frente da boca e mastigá-la com a parte de trás. Algumas linhagens adaptaram essa mastigação para comer plantas. Os benefícios foram grandes — a comida que chegava ao estômago estava bem moída, permitindo às vísceras extrair mais nutrientes dela — mas para obtê-los os sinapsídeos tinham que simultaneamente alterar seu modo de respirar. Os primeiros amniotas tinham narinas que se abriam na parte frontal da boca, o que significava que tinham que prender a respiração enquanto comiam. Podiam se permitir isso, uma vez que apenas engoliam a comida, mas a mastigação dos sinapsídeos levava bem mais tempo. Quando seu aparato de mastigação evoluiu, a passagem nasal dos sinapsídeos também moveu-se para a parte de trás da boca, fazendo com que pudessem comer e respirar ao mesmo tempo.

A evolução libertou-os também de outras restrições. Os primeiros sinapsídeos andavam gingando como as salamandras e lagartos, meneando à frente uma perna esparramada, plantando um pé no chão, e usando os músculos dos flancos para se contorcerem em **S** e aumentarem o passo. Mas os sinapsídeos também precisavam desses mesmos músculos laterais para abrir os pulmões e fechá-los, comprimindo-os. Assim, tinham que segurar a respiração não apenas quando comiam mas também quando andavam. Mas ao longo de milhões de anos os ombros e os quadris dos sinapsídeos mudaram de modo a que suas pernas se encaixassem por baixo do corpo em vez de se esparramarem para os lados. Suas costelas criaram caixas rígidas, com barras largas. Pontas apareceram dos lados das vértebras, impedindo-os de se contorcerem. Quando essas mudanças impediram o movimento de um lado para o outro, o sinapsídeos se tornaram aptos a trotar, mexendo as pernas sob o corpo e flexionando as costas. Agora os músculos que usavam para respirar não tinham mais que ajudar também durante a caminhada. Estavam livres agora para usar os pulmões quando corriam e, com um suprimento constante de oxigênio, podiam fazer expedições mais longas e mais rápidas.

Ao mesmo tempo que seus esqueletos mudavam, a fisiologia dos sinapsídeos mudava também, tornando-se mais lépida. Eles podiam bombear mais moléculas para dentro e para fora das células, queimar mais comida como energia e produzir mais proteínas. E como as reações químicas que alimentavam sua resistência geravam calor como subproduto, seus corpos se tornaram quentes. Com o crescimento de pêlos, aprisionavam o calor que escapava e se tornaram capazes de colonizar regiões de clima mais frio onde pudessem sobreviver sem hibernar. Tornaram-se capazes de abrir caminho à noite. Essa evolução rumo aos primeiros mamíferos foi assim o produto de uma realimentação entre diferentes pressões seletivas. Uma criatura sem um metabolismo crescente não teria razão para desenvolver uma marcha de corrida. Ao mesmo tempo, qualquer favorecimento, por menor que fosse, da capacidade de correr com constância encorajaria esses impulsos metabólicos porque permitiria ao sinapsídeo viajar mais além e encontrar mais comida.

Os primeiros sinapsídeos provavelmente ouviam o mundo apenas como um zunido confuso: fortes vibrações deviam chegar ao crânio, mas o estribo, ainda ajudando a segurar a caixa craniana no resto da cabeça, não podia responder. Com o tempo, o crânio do sinapsídeo cimentou-se e os sons que deviam atingir a parte de trás da mandíbula podiam agora fazer o estribo vibrar. O ouvido tornou-se mais sensível quando os sinapsídeos desenvolveram a capacidade de ouvir através de suas maxilas. A maxila de um primitivo sinapsídeo era um comitê de ossos: os dentes alojavam-se num grande osso chamado dentário, que se fundia atrás com um conjunto de ossos menores que faziam contato com o crânio. Quando os sinapsídeos desenvolveram uma mordida mais poderosa, o osso dentário expandiu-se enquanto os outros ossos encolheram e se afrouxaram. Ao se reordenarem, esses ossos extras da maxila — ainda essenciais para abrir a boca de um sinapsídeo — entraram em contato com o estribo. Qualquer vibração que os atingisse viajava até o ouvido.

A maioria dos sinapsídeos era formada de robustos brigões diurnos, mas uma pequena linhagem com características de ratos especializou-se em caçadas noturnas por volta de 240 milhões de anos atrás. Quando exploravam o mundo depois do crepúsculo, precisavam extrair mais informação dos olhos, do nariz, dos ouvidos, e para tal precisavam de cérebros maiores. Quando se desenvolvia no embrião, o cérebro crescia mais e de modo mais rápido do que antes e grande parte do novo tecido transformava-se num neocórtex, um invólucro exterior do cérebro destinado a captar e unificar a informação dos sentidos. O crescimento do cérebro — uma mudança direta no *timing* do desenvolvimento defendido por Stephen Jay Gould — produziu uma das colisões de desenvolvimento tão caras a Guenter Wagner. O cérebro em crescimento expandiu-se até a posição dos ossos frouxos de trás da maxila e continuou pressionando, removendo os ossos e arrastando-os. A maxila, agora constituída apenas do osso dentário, formou uma nova liga com o crânio. Os ossos traseiros seqüestrados não podiam agora fazer mais nada além de ouvir e se encolheram, transformando-se nos delicados ossos do martelo e da bigorna que integram o ouvido médio dos mamíferos, pequenos o bastante para vibrar em resposta a sons de alta freqüência. Esses novos sinais entravam num cérebro que estava agora cheio de sinais. Poderiam perturbar um animal com cérebro menor, mas os primeiros mamíferos tinham suficiente capacidade de processamento para organizá-los em representações do mundo. Não mais se baseavam nas respostas reflexas dos seus ancestrais. Pela primeira vez havia objetos e rótulos. Havia mentes.

Por mais impressionante que pareça toda essa evolução, os primeiros mamíferos viram desaparecer a dinastia de sinapsídeos que os havia criado, com a maioria das linhagens se extinguindo. Por volta de 220 milhões de anos atrás, um outro grupo de amniotas surgira, transformados de répteis rastejantes em corredores eretos. Começaram como pequenos carnívoros de duas pernas, mas logo evoluíram para formas que iam dos herbívoros quadrúpedes de pescoço comprido aos carnívoros de 12 metros de comprimento. Estes eram os dinossauros, que dominaram a terra por 150 milhões de anos. No oceano, parentes dos lagartos — plessiossauros de pescoço comprido, ictiossauros em forma de peixe-espada e outros — cresciam até quase 25 metros de comprimento. Parentes próximos dos dinossauros, os pterossauros cresciam até o tamanho de pequenos aviões e planavam sobre os desertos ou deslizavam sobre o mar catando peixes.

Os paleontólogos ainda debatem por que exatamente os descendentes do *Tyranosaurus*, do *Iguanodon*, do *Triceratops* e outros grandes dinossauros não mantêm ainda os mamíferos acuados. Sob certos aspectos, muitas linhagens de dinossauros estavam decaindo no final do período cretáceo, que terminou há 65 milhões de anos. O clima esfriou, os mares recuaram e talvez os dinossauros não tenham podido se adaptar às mudanças. (Ao contrário, os crocodilos, lagartos, cobras, aves e a maioria dos peixes e tubarões ultrapassaram esse limite com poucas perdas.) É quase certo, porém, que o período cretáceo terminou com um cósmico ponto de exclamação: um asteróide ou cometa medindo 16 quilômetros de ponta a ponta caiu sobre a península do Iucata, lançando no ar sulfatos e dióxido de carbono e possivelmente incendiando grande parte da América do Norte. Do outro lado do planeta, mais ou menos na mesma época, vulcões na Índia cuspiram lava suficiente para cobrir o Alasca e o Texas com uma camada de 400 metros de espessura e acrescentaram à atmosfera um conjunto pernicioso de gases venenosos. Alguns grupos de organismos podiam estar em declínio havia milhões de anos, mas o fim do cretáceo trouxe um fim violento e rápido para muitas formas de vida, especialmente no oceano.

Alguns mamíferos sobreviveram e a essa altura eram bem diferentes dos fundadores de sua classe. Podiam alimentar os filhotes com leite, o que significava que sua prole tinha muito mais chances de sobreviver até a maturidade. Alguns mamíferos — o ornitorrinco e seus parentes — ainda botavam ovos, mas nas linhagens mais recentes o embrião e suas membranas permaneciam no ventre da mãe. Entre os marsupiais, o embrião arrastava-se para uma bolsa, enquanto entre os mamíferos placentários o filhote ficava no útero até estar pronto para nascer. As ordens modernas de mamíferos placentários tinham apenas começado a se dividir quando os dinossauros implumes morreram, os primeiros primatas não parecendo muito diferentes dos musaranhos arborícolas, os avós dos elefantes mal se distinguindo dos avós dos cavalos. Mas os mamíferos eclodiam em novas formas numa taxa extraordinária, e foi nessa época agitada que algo em alguma parte se transformou numa baleia.

Em boa parte deste século, a maioria dos paleontólogos achou que as baleias descendiam de algum mamífero carnívoro terrestre. O primeiro sinal em contrário não veio de seus ossos mas de suas células. Assim como as mutações de genes podem reesculpir ossos, elas também mudam a estrutura das proteínas. Uma mutação que deixa uma proteína geradora de energia em frangalhos pode matar seu possuidor, enquanto uma outra pode tornar a proteína mais eficiente, mas muitas mutações não têm qualquer efeito sobre as proteínas porque muito da sua estrutura não é vital para as tarefas que realizam. Um aminoácido alterado aqui ou ali passa despercebido e, quando uma população de animais começa a se separar do restante da sua espécie, essas mutações aumentam, criando um padrão nas suas proteínas distinto de si mesmas.

Em 1950, biólogos da Universidade Rutgers usaram proteínas para encontrar um lugar para as baleias entre os mamíferos. Extraíram uma proteína do sangue de baleias de barbatana e cachalotes anões, assim como de uma ampla gama de outros mamíferos, como coiotes, vacas, pangolins, elefantes, kudus (espécie de antílopes africanos), ouriços-cacheiros e javalis africanos. Injetaram um pouco da proteína da baleia em coelhos, cujos sistemas imunológicos reagiam juntando anticorpos que podiam ligar-se a essas moléculas estranhas e sinalizar para as células assassinas atacarem. Os biólogos então retiraram as células sangüíneas dos coelhos, deixando um soro claro ainda carregado desses anticorpos de baleia. Se acrescentavam a proteína de baleia a esse soro, os anticorpos fechavam-se ao seu redor e a reação faria o fluido ficar turvado. Adicionar as proteínas de outros mamíferos também provocava uma reação, embora mais suave. Os anticorpos, talhados especialmente para a proteína de baleia, podiam prender-se com variado sucesso àqueles de outras espécies se tivessem uma estrutura similar — quanto mais similar, mais se encaixavam sobre eles. Anticorpos da maioria dos mamíferos mal tomavam notícia dos antígenos de coelho preparados com baleia, descobriram os pesquisadores, mas as vacas turvavam o soro. Isso demonstrou que as proteínas desses ungulados eram provavelmente mais semelhantes à de baleia do que as proteínas de quaisquer dos outros mamíferos. Até onde dizia respeito aos coelhos, Flower estava certo.

No entanto, qualquer comparação de animais vivos, não importa quão sofisticados, jamais poderia contar a história plena das baleias, porque muitos intermediários desapareceram. Era preciso esperar que os paleontólogos tivessem um interesse cuvieriano nos dentes das baleias. Em 1966, Leigh van Valen, então estudante graduado trabalhando no Museu Americano de História Natural, estava examinando a taxonomia de mamíferos carnívoros dos dois períodos que se seguiram à extinção dos dinossauros, o paleoceno e o eoceno. Os paleontólogos tradicionalmente classificavam muitos desses mamíferos em duas ordens, a dos creodontes e a dos condilartos. Os creodontes eram os predadores de garra da época e os paleontólogos aceitavam que os verdadeiros carnívoros — cães e gatos e outros predadores existentes hoje — descendiam de algum membro desconhecido da ordem. Os condilartos incluíam os precursores de cascos dos atuais ungulados — incluindo os artiodáctilos de dedos pares como porcos e vacas e os perissodáctilos de dedos ímpares como os rinocerontes e os cavalos. Como os seus descendentes, os condilartos eram herbívoros de várias formas e tamanhos. Mas enquanto é fácil estabelecer a diferença entre o esqueleto de um elefante e o de um leão hoje em dia, esses primitivos mamíferos eram muito menos especializados e muito mais confusos. A verdade é que *creodonte* e *condilarto* eram nomes pregados em cestas de lixo nas quais os paleontólogos jogavam os fósseis que pareciam geralmente semelhantes mas eram difíceis de classificar.

Van Valen foi um dos primeiros paleontólogos a revolver fundo nessas cestas. Um dos seus atos mais notáveis foi encontrar um lar taxonômico para um grupo extinto de mamíferos conhecido como mesoniquídeos. Os paleontólogos haviam colocado esse grupo entre os creodontes carnívoros por causa dos seus dentes de lâmina maciços. Mas mesmo numa categoria inflada como a dos creodontes, os mesoniquídeos eram estranhos porque as suas pernas pareciam mais os cascos dos ungulados do que as patas em garras. Sua verdadeira identidade, argumentou van Valen, estava nos dentes, que pareciam com os dos condilartos. Os dentes dos condilartos são um negócio complicado. Seu primeiro molar superior, por exemplo, é dominado por um triângulo de cúspides conectadas por cristas, com cúspides extras espalhadas pelas beiradas, todas cercadas por sua vez com anéis exteriores de ressaltos salientes. Esse tipo de dente adapta-se bem para apanhar comida dura tal como folhas ou capim em inúmeros punhados e lentamente separá-la com movimentos da mandíbula. Muitos ungulados existentes agora — descendentes de mamíferos com esse tipo de dente — levaram a arquitetura a seu extremo evolutivo: todos os dentes deles parecem-se hoje com molares.

Os mesoniquídeos, dizia van Valen, eram também descendentes de condilartos herbívoros, mas tomaram uma rota evolutiva oposta à dos ungulados hoje existentes. Pensem nos dentes como se fossem mobília: os condilartos tinham um estilo missões e os ungulados existentes desenvolveram um estilo rococó. Os mesoniquídeos tinham um estilo misto. No seu primeiro molar superior, por exemplo, mantinham um triângulo de cúspides mas não as cristas, anéis salientes e cúspides extras. Não podiam mais moer comida com esses dentes; tinham sido simplificados para cortar carne. Se você quisesse transformar uma cabra para que ela pudesse caçar o seu jantar, seria assim que você mudaria seus dentes.

Ao mesmo tempo van Valen esteve examinando os dentes das primeiras baleias conhecidas na época e notou que eram surpreendentemente parecidos com os de um mesoniquídeo. Se você levantasse as cúspides exteriores do molar de um mesoniquídeo e lixasse as cúspides interiores, ele iria se encaixar na boca de um arqueoceto. Van Valen também assinalou alguns buracos na parte de trás do crânio dos mesoniquídeos e das baleias que eram semelhantes, mas foram os dentes — aquelas marcas dentais — que fizeram as pessoas pensarem que ele devia ter encontrado algo. À distância, um mesoniquídeo parece ter tanto em comum com uma baleia quanto um Dodge tem com um submarino, mas mesmo assim os mesoniquídeos se tornaram os melhores candidatos — os únicos, na verdade — a parentes terrestres mais próximos das baleias.

Van Valen, então professor na Universidade de Chicago, havia deixado o Museu Americano de História Natural fazia trinta anos, mas de tempos em tempos jovens paleontólogos voltam para estudar a ótima coleção de mesoniquídeos da Mongólia e do Wyoming existente no museu. Um deles é uma mulher chamada Maureen O'Leary. Visitei-a e caminhamos pelo Saguão dos Mamíferos Fósseis. Quando van Valen trabalhava no museu, o saguão era sombrio como uma lembrança esquecida, mas agora haviam aberto janelas e o pálido céu sobre o Central Park iluminava suas paredes. As crianças paravam para *tocar* nos computadores revestidos de metal antes de correrem para a área dos dinossauros. Telas de televisores mostravam gazelas correndo e baleias jubarte guinchavam suas canções pelos alto-falantes. Paramos em frente de uma vitrine de mesoniquídeos. Enquanto O'Leary apontava cristas cranianas e ângulos dentários, sua voz funda sacudia-se com uma tosse com a qual ela lutava fazia seis meses. Provavelmente isso tinha algo a ver com o formol que preservava os cadáveres humanos que ela usava para ensinar anatomia básica aos estudantes de medicina da Universidade de Nova York — emprego comum para os paleontólogos nestes magros tempos acadêmicos. "É divertido cortar pessoas, mas há um bocado de insultos respiratórios no meu mundo", disse ela.

Na vitrine dos mesoniquídeos havia uma das belas pinturas de Charles Knight da virada do século. "Aquele é o *Mesonyx*", disse O'Leary. O *Mesonyx* viveu no Wyoming durante o eoceno e Knight pintou-o rugindo sobre um cadáver de que estava se alimentando. A única coisa estranha na pintura era a maneira como as pernas traseiras do animal derreavam-se para o lado como as de um bassê. "Não sei por que tem essa forma estranha — parece que está arrastando as pernas", disse O'Leary. Talvez Knight tivesse tentado captar a idéia de um animal carniceiro e quisesse lhe dar a forma diminuída da parte de trás de uma hiena — analogia popular para os mesoniquídeos. O'Leary não tinha certeza. "Não sei", disse ela, "parece mais uma representação *ad hoc*."

As dúvidas de O'Leary não são nada novas no estudo dos mesoniquídeos. Eles não querem se encaixar nas categorias dos animais vivos. Uma das primeiras descrições de um mesoniquídeo foi feita por Edward Cope, que em 1884 fez o melhor que pôde para aplicar a língua inglesa a um animal hoje chamado *Pachyaena* (descrição que mais tarde se revelaria extremamente incorreta):

> *As pernas dianteiras são tão mais curtas que as traseiras que o animal costumeiramente sentava-se sobre os quartos quando em terra. Ao andar, suas ancas altas e a cernelha baixa lhe davam um pouco o aspecto de um imenso coelho. Seu pescoço era mais ou menos do mesmo comprimento que o de um cachorro de tamanho médio. Seu passo era plantígrado* [andava sobre as plantas dos pés] *e suas garras, como as de vários roedores, intermediárias entre cascos e garras. O animal, a julgar por seu úmero semelhante ao da lontra, era um bom nadador, embora não haja nada especialmente adaptado para a vida aquática nos outros ossos das suas pernas. Seus dentes, por outro lado, são de construção simples como os dos mamíferos que têm uma dieta essencialmente composta de peixes. Só podemos considerar esse animal um dos mais singulares mamíferos do período eoceno.*

O'Leary levou-me das áreas públicas para os escondidos labirintos de depósitos e escritórios do museu. Seu escritório era uma mesa perdida entre armários de fósseis de mamíferos. Um molde cor de cereja de um molar de um mesoniquídeo recém-descoberto estava sobre o monitor do seu computador. Cuvier não ficaria feliz estudando os mesoniquídeos: apesar da semelhança dos seus dentes, é difícil de entender o que eles eram, porque eram muito diferentes um do outro. Para ilustrar isso, O'Leary abriu uma gaveta de armário perto da sua mesa e retirou mandíbulas inferiores do tamanho de colherinhas para açúcar. Pertenciam a um animal chamado *Haplodectes* e, por menor que tenha sido, seus dentes combinam bem com as mais de vinte espécies maiores de mesoniquídeos.

Para me dar uma noção do tamanho que podiam alcançar os mesoniquídeos, O'Leary foi até uma prateleira aberta e inclinou-se sobre uma tigela feita de papelão e folha de alumínio. Dentro havia um crânio emborcado, tão grande que teria sido perigoso para nós dois tentarmos tirá-lo e virá-lo para cima. Examinando-o pelo palato, vi que poderia enfiar meu braço até o cotovelo na boca comprida desse animal e que ele facilmente poderia arrancá-lo com seus enormes dentes. Ninguém encontrou outro osso do esqueleto desse animal aterrorizante chamado *Andrewsarchus*, mas alguns paleontólogos sugeriram que ele devia medir mais de 3,5 metros de comprimento ou dois leões da cabeça aos quadris. Caso positivo, teria sido o maior mamífero carnívoro que já existiu. Olhe os seus dentes e verá versões similares mas aumentadas dos dentes do *Haplodectes*, este do tamanho de um rato.

Tamanha variedade torna difícil para pesquisadores como O'Leary fazer os mesoniquídeos se assentarem obedientes nos ramos de um cladograma. Eles concordam que os mesoniquídeos são ungulados, mas ainda não decidiram se são mais próximos dos artiodáctilos ou dos perissodáctilos. Nem chegaram a um acordo sobre como os mesoniquídeos se relacionam uns aos outros. Podem nem mesmo formar um grupo natural, todos descendentes de um ancestral comum. E o menos claro de tudo é qual deles foi o parente mais próximo das baleias. Indicações para primo dos cetáceos percorreram toda a gama, do pequeno *Haplodectes* ao monstruoso *Andrewsarchus*, passando pela *Pachyaena* do tamanho de um urso.

Quando obteve seu doutorado sob a orientação de Ken Rose na Universidade Johns Hopkins, O'Leary desenvolveu um estudo especial da *Pachyaena*. Utilizando as formas e proporções dos seus ossos, ela tentou fazer um perfil do animal quando vivo. Apesar de o desajeitado urso-rato de Cope ser evidentemente uma fantasia, foi difícil para ela encontrar analogias modernas que tomassem o lugar dele. "Parece ser uma quimera de coisas diferentes", diz O'Leary. "Às vezes você fica perdido."

Os mesoniquídeos apoiavam-se em cascos — com dedos chatos alongados — que pareciam muito os de um porco ou anta e lhes davam uma base estável para correr. A geometria dos ossos de suas pernas ligeiramente curvadas combina com a dos corredores, como cães e porcos-do-mato. Todas as suas juntas denunciam uma pura dedicação à corrida, não à escavação, à escalada ou qualquer outra coisa que os mamíferos fazem com os membros. Seus tornozelos e pulsos só se movem no plano da corrida e seus cotovelos e joelhos estão também encaixados. No ponto onde suas pernas se encaixam nos ombros ou quadris, há cristas e bordas para impedi-las de se deslocarem em alta velocidade. "Talvez não fossem tão velozes como alguns corredores modernos, as chitas ou as gazelas, por exemplo, mas eram como as antas, que atingem uma velocidade respeitável quando se movimentam", diz O'Leary.

Mas a velocidade deles não faz sentido para O'Leary. "Por que corriam? Corriam para pegar alguma coisa? Se era isso, não parece que fossem capazes de pegá-la." Um mesoniquídeo mal podia afundar suas patas sobre um *condylartha*, nem tinha a mordida rápida e mortífera de muitos predadores mamíferos. Todos os verdadeiros carnívoros aperfeiçoaram um conjunto de tesouras dentais feitas do quarto pré-molar inferior e do primeiro molar superior, cujo uso durante anos criou um padrão característico. Os mesoniquídeos não podiam fatiar dessa maneira, sugerindo a O'Leary que só conseguiam cortar carne com dificuldade. Mas seus crânios tinham uma crista gigante ao longo do topo, onde os músculos da maxila podiam apoiar-se e gerar uma poderosa mordida. Os mesoniquídeos tinham hastes altas nas vértebras do pescoço para erguer suas pesadas cabeças e lhes dar força que podem ter usado para arrancar e rasgar carne.

É aí que os paleontólogos sempre se voltam para a hiena em busca de inspiração. As hienas, que são verdadeiros carnívoros intimamente relacionados aos gatos, têm crânios largos, poderosos, e uma espinha rígida (que se parece à de um mesoniquídeo) adaptada para corridas contínuas em longas distâncias. Como as hienas, os mesoniquídeos devem ter corrido pelas planícies do eoceno, alimentando-se de carcaças de outros *condylartha*. Se seus dentes não eram afiados o bastante

O mesoniquídeo *Pachyaena.*

para a caçada, poderiam pelo menos usá-los para limpar a carcaça. Mas O'Leary não se satisfaz com isso: "A analogia com a hiena tem sido um bocado batida, mas não sei até que ponto pode ser boa uma analogia dessas em se tratando de carniceiros. As hienas praticam sua própria matança. Teria sido possível sobreviver apenas de cadáveres ou seria necessário comer também outra coisa?"

Embora os dentes dos mesoniquídeos não sejam desgastados como os de um leão, O'Leary sempre se espantou pela forma como parecem gastos. "Você pode ver até a dentina, o que sugere que eles mascavam algo realmente com força", explica. Os mesoniquídeos podem ter vagado ao longo de rios ou das costas, comendo animais como peixes e tartarugas, sem jamais revirar um cadáver. Crescendo ao longo de rios tropicais, os mesoniquídeos podem ter tido que enfrentar investidas de crocodilos e, nesse caso, O'Leary e Rose sugeriram que os mais novos podiam ter usado suas pernas rápidas para se livrar de um ataque. E talvez, ao longo desses rios, o focinho de uma linhagem de mesoniquídeos esticou-se, tornando assim mais fácil pegar peixes e gradualmente eles se sentiram à vontade na água. Podem ter dado os primeiros passos para se transformarem em baleias.

Quando O'Leary e eu terminamos de conversar, desci os largos degraus do museu até a estação do metrô e lá imaginei a plataforma deserta repleta de mesoniquídeos, como um *Haplodectes* deslizando pelos meus pés como um rato de cascos, um *Andrewsarchus* assomando de uma cabine de bilheteiro, rugindo e balançando a cabeça raivosamente na direção de um grupo de *Pachyaena*, fazendo com que elas corressem na minha direção. Tive problemas em aumentá-las até o tamanho de baleias, amaciando e engordando os seus corpos e colocando seu nariz acima dos olhos. Mas aí tive que lembrar que eu mesmo dava uma péssima imagem de um peixe pulmonado. Num olhar em retrospectiva, a macroevolução pode parecer óbvia ou predestinada, mas no presente é impossível saber o seu futuro.

Capítulo 7

À beira do Tétis

Como a maioria dos paleontólogos, Phillip Gingerich tem um escritório que mais parece um armário gigante de almoxarifado. Os corredores dos fundos do Museu de Paleontologia da Universidade de Michigan estão tomados por altos armários de madeira contendo fósseis, mas Gingerich tem mais centenas deles no seu gabinete, dispostos em gavetas de aço, sobre espuma amarela e jornais cheios de notícias sobre Ann Arbor. Ele preenche a maior parte do espaço restante com pilhas de livros e arquivos cheios de separatas. Pode haver dez mil folhas de jornal nas gavetas, ele não sabe dizer. O gabinete é composto de duas salas: uma sem janelas, a outra com as persianas pretas fechadas. Ambas cheiram a sabão Murphy. Fui depositado em seu escritório certa manhã bem cedo, para uma entrevista, e fiquei surpreso que não tivesse muito da aura de um paleontólogo que nos últimos vinte anos havia encontrado alguns dos mais notáveis fósseis de baleias do mundo. Mas gradualmente fui notando coisas que falavam por si nos espaços não reclamados: cartões-postais do Paquistão na parede, o crânio de um golfinho metido num canto de prateleira, uma caixa pendente junto ao teto contendo um crânio de cachorro acima de úmeros cruzados e o dito antigo *De Mortuis Nil Nisi Bonum* — não fale mal dos mortos. E presa com fita colante à porta interna do escritório havia uma folha de papel com fotocópias reduzidas de ilustrações de baleias e navios de Rockwell Kent, bem como alguns parágrafos que um amigo certa vez lhe escrevera como presente para quem partia numa expedição. Começava assim: "Chamem-me Gingerich."

O que se segue é um remendo, na maior parte fiel, do começo de *Moby-Dick*. A única mudança é a do destino de Ismael do cabo Horn e do Pacífico: "Os grandes portões de dilúvio do mundo prodigioso abriram-se de par em par e nas fantasias selvagens que me oscilaram para o meu objetivo duas a duas lá flutuavam no mais íntimo da minha alma, intermináveis procissões da baleia, e no meio delas todas um grande fantasma encapuzado, como uma montanha de neve no ar. Enfiei uma ou duas camisas no meu velho saco de viagem, meti-o debaixo do braço e rumei para o Cairo e o Mediterrâneo."

Abaixo havia outra passagem de um capítulo posterior. Não precisava personalizar nada para que Gingerich se encaixasse:

Antes de entrar no tema das baleias fósseis, apresento minhas credenciais como geólogo, afirmando que no meu tempo de miscelânea eu fui pedreiro e também um grande escavador de valas, canais e poços, adegas, porões e cisternas de todos os tipos. Da mesma forma, a título de preliminar, desejo lembrar o leitor que enquanto nos estratos geológicos mais primitivos são encontrados os fósseis de monstros hoje quase completamente extintos, as relíquias subseqüentes descobertas nas chamadas formações terciárias parecem os elos de ligação ou pelo menos intermediários entre as criaturas anteriores à crônica e aquelas cuja remota posteridade teria entrado na Arca; todas as baleias fósseis até aqui descobertas pertencem ao perídodo terciário, que é o último precedendo as formações superficiais. E embora nenhuma delas responda com precisão a nenhuma das espécies conhecidas atualmente, são ainda assim semelhantes o bastante a elas em aspectos gerais para justificar que sejam colocadas na lista de fósseis de cetáceos. Mas de longe a mais maravilhosa de todas as relíquias de cetáceos foi o quase completo e imenso esqueleto de um monstro extinto, encontrado no ano de 1842 na plantação do juiz Creagh, no Alabama. Os crédulos escravos assustados da vizinhança tomaram-no pelos ossos de um dos anjos caídos. Os doutores do Alabama declararam que era um imenso réptil e conferiram-lhe o nome de Basilosaurus. *Mas alguns ossos do espécime levados ao anatomista inglês Owen no ultramar revelaram que esse suposto réptil era uma baleia, embora de uma espécie desaparecida. Então Owen rebatizou o monstro de* Zeuglodon *e declarou-o uma das mais extraordinárias criaturas que as mutações do globo eliminaram.*

Quando me coloco entre esses poderosos esqueletos de leviatãs, crânios, presas, mandíbulas, costelas e vértebras, tudo caracterizado por semelhanças parciais com raças existentes de monstros marinhos, mas ao mesmo tempo carregando, por outro lado, afinidades similares com os extintos leviatãs anteriores à crônica, seus inimagináveis predecessores, sou levado por uma torrente àquele período assombroso anterior ao próprio começo do tempo; porque o tempo começou com o homem. Então o mundo todo era o mundo da baleia; e, rainha da criação, ela deixou seu sulco ao longo da linha atual dos Andes e dos Himalaias.

Antes de conhecer Gingerich eu imaginava que ele andava à cata de fósseis de baleias desde menino, mas seu amor por leviatãs anteriores à crônica surgiu tarde na verdade. "Fui criado no Meio-Oeste", disse-me quando chegou. "Para mim, uma baleia era coisa de outro planeta." Gingerich é um homem alto, com um rosto calmo e suave, que fala sobre as complicações da amostragem estatística e da teoria evolucionista no ritmo pachorrento de um fazendeiro. Quando veio para o leste estudar em Princeton, em 1964, pensava em se tornar economista. "Como a maioria das pessoas, escolhi geologia no meu primeiro período letivo porque parecia a maneira mais fácil de satisfazer a exigência em matéria de ciências", conta. No segundo período estava assistindo aulas de geologia avançada; no verão estava martelando rochas em Montana e, dois verões mais tarde, desencavava mandíbulas de primatas que 55 milhões de anos antes saltitavam pelas florestas do Wyoming. "Você desenterra mandíbulas cheias de dentes brilhantes e, não leva muito, está fisgado."

Depois de ensinar ciências no Malaui por dois anos, Gingerich foi para a escola graduada de paleontologia de vertebrados. Desenterrou mais mamíferos no Wyoming durante os verões, ainda sobretudo primatas, mas também antigos artiodáctilos, roedores e mesoniquídeos. Uma das muitas questões em que cogitou quando trabalhava com eles foi como e quando essas ordens modernas surgiram. (Quando os paleontólogos dizem "moderna" podem estar querendo dizer, como neste caso, 50 milhões de anos.) "Bem rápido percebemos que as ordens modernas em que estávamos interessados apareciam numa camada", diz Gingerich, "e podemos levá-lo ao Wyoming e você pode pôr a mão nessa camada; abaixo dela você não as encontrará e acima logo se tornam comuns. Se tudo aparece junto, você começa a pensar que teria que evoluir em alguma outra parte."

Da ignorância surgiam muitas possibilidades. Os mamíferos norte-americanos podiam ter evoluído na América Central e ido para o norte, ou na Europa e cruzado para o ocidente através da Groenlândia, ou na Ásia e ido para o leste pelo Alasca. A última possibilidade parecia especialmente boa para Gingerich, mas a política escondia os fósseis asiáticos em locais como a União Soviética, a China e a Mongólia, o que era o mesmo que escondê-los num pântano. O Paquistão, no entanto, estava pronto a receber um americano curioso. E Gingerich havia lido relatos sobre como geólogos em busca de petróleo na década de 30 haviam descoberto alguns ossos de mamíferos do eoceno perto da aldeia de Ganda Kas, nos desolados contrafortes das montanhas Kala Chitta. Um paleontólogo britânico chamado Guy Pilgrim estudava os fósseis e concluíra que alguns eram de dentes de mesoniquídeos. "Pilgrim descreveu alguns como dentes de mesoniquídeos do Paquistão. E nós encontramos mesoniquídeos no Wyoming. Então achei que seria bom seguir aquela pista. O melhor lugar para encontrar outro fóssil é onde você já encontrou um."

Em novembro de 1975, Gingerich tirou duas semanas de um *tour* pelos museus da Europa que expunham mandíbulas de primatas para seguir a trilha de Pilgrim no Paquistão. Viajou até a cidade de Rawalpindi e de dois em dois dias pegava um táxi de manhã para levá-lo a 80 quilômetros para oeste, em direção ao rio Indo. Lá erguiam-se as formações Kuldana e Kohat, leitos de rochas do eoceno, de cerca de 50 milhões de anos, por entre as montanhas de vegetação rala. As rochas tinham se formado quando o subcontinente indiano fincava-se na Ásia, formando o Himalaia. Ao fazê-lo, a Índia fechava a extremidade leste do mar de Tétis, uma extensão de água que outrora ia da Espanha à Indonésia. Mais tarde o Oriente Médio e a África do Norte também se moveriam tanto para o norte que o mar de Tétis foi reduzido ao que é hoje o Mediterrâneo. A colisão da Índia elevou e baixou violentamente o nível do mar nas costas orientais do Tétis e Gingerich podia ver que as rochas do Paquistão — que eram parte da costa norte do subcontinente indiano — davam testemunho disso. Os afloramentos baixos em volta de Ganda Kas eram raiados com xisto limoso da cor de chocolate e calcário da cor de velhas notas de dólar — passando de terra seca a rios e enseadas e terra seca de novo em algumas centenas de metros. Lá Gingerich andava quilômetros olhando o que estava à superfície — as rochas soltas que se haviam desprendido dos afloramentos. Quando via fragmentos de osso expostos, parava para colocá-los em sua mochila. À tarde ele caminhava longamente de volta à estrada, o motorista do táxi acordava do cochilo sob uma acácia e eles retornavam a Rawalpindi.

As rochas não eram espetaculares e ele deu ao texto em que as descrevia um título adequadamente soporífero: "Pequena coleção de vertebrados fósseis do eoceno médio, das formações Kuldana e Kohat, no Punjab (Paquistão)". Havia alguns ossos de crocodilo, pinças de caranguejo e dentes de tubarão. Os mamíferos deixaram-lhe apenas fragmentos de dentes e ele os identificou como antracobunídeos (parentes de elefantes e peixes-bois) e dicobunídeos (arquiodáctilos primitivos do tamanho de esquilos). A maioria dos dentes de mamíferos vinha de rochas claramente formadas em terra, mas Gingerich também achou um dente de um mesoniquídeo chamado *Gandakasia* numa faixa de calcário que também tinha moluscos e outros fósseis marinhos. Gingerich sabia da ligação estabelecida por van Valen entre os mesoniquídeos e as baleias, por isso se perguntou se o *Gandakasia* não seria com efeito uma primitiva baleia. Não pensou muito nisso; estava interessado em encontrar mamíferos terrestres e uma rocha com uma baleia não ia despertar tanto a sua atenção.

Os outros fósseis fizeram Gingerich querer voltar ao Paquistão, para procurar mais contrapartes do seu rebanho do Wyoming. Mas dois meses após a sua visita uma equipe de paleontólogos paquistaneses e americanos andou escavando ao redor de Ganda Kas e também encontrou fósseis. Quando todos concluíram que estavam trabalhando no mesmo lugar, encontraram-se para dividir as áreas. "Decidimos que eles continuariam trabalhando na área central, a mais desejável, a apenas três horas da cidade. Eu deveria trabalhar na margem ocidental do Indo", conta Gingerich. Não pareceu ressentido narrando isso, mas vinte anos já haviam se passado. Quando ele voltou ao Paquistão, em 1977, com um grupo de paleontólogos de Michigan e Paris, procurou novo território: o vale do Rakhi Nala, no pé da serra Sulaiman, onde o xisto verde do eoceno da Formação Domanda se desnudava nas paredes do vale.

Pilgrim também achara alguns ossos ali, lugar ainda mais remoto que Ganda Kas. Alguns agricultores cultivavam painço em meio a centenas de quilômetros de montanhas virgens cruzadas por uma única estrada repleta de caminhões que traziam frutas do Beluchistão. Quando os paleontólogos da equipe de Gingerich encontraram algumas peças de osso de mamífero, os sedimentologistas estudaram o xisto para estabelecer a paisagem em que tenha se formado. Gingerich não ficou feliz quando eles lhe contaram o que tinham encontrado. "Tudo marinho", lembra, o desespero ainda denunciado na voz. Os ossos de mamífero que haviam encontrado não tinham sido depositados em terra seca mas levados do mar. "Após uma semana, colocamos o rabo entre as pernas e fomos para um local opcional no sul do Paquistão, onde esperávamos encontrar fósseis do paleoceno. Depois de uma ou duas semanas, encontramos algumas peças de tartaruga que eram absolutamente entediantes. Então fomos para o norte, para a terceira opção. Não me lembro muito do que aconteceu lá. Fiquei doente. Lembro da febre começando à tarde, lembro de mim deitado sob uma acácia e de um colega paquistanês encontrando uma pequena mandíbula de mamífero."

Essa mandíbula era enfim o sinal de fósseis de mamíferos terrestres. O grupo de Gingerich a havia encontrado apenas 48 quilômetros a oeste de Ganda Kas, perto de uma aldeia chamada Chorlakki. Voltaram no ano seguinte e de novo em 1979 e colheram os fósseis. "Os fósseis de Chorlakki são todos de uma camada dura como cimento numa seqüência de leito vermelho", diz Gingerich. "Em toda a extensão, ocorriam mandíbulas de pequenos artiodáctilos e dentes de mamíferos, de modo que chegamos ao ponto de apenas fragmentar a rocha. Se havia algo promissor, levávamos a matriz e a processávamos para tirar dela pequenos mamíferos." Enquanto isso, Neil Wells, estudante graduado da Universidade de Michigan, tentava imaginar em que tipo de paisagem aqueles mamíferos tinham vivido. Ele explicou a Gingerich que eles estavam perto do que outrora fora o litoral do mar de Tétis quase 50 milhões de anos antes, onde cursos d'água doce cheios de peixes cortavam uma vegetação rasteira de cerrado. Em geral esses cursos d'água eram de apenas alguns centímetros de profundidade, mas quando a estação das chuvas os enchia, eles de repente inundavam a terra seca, ocasionalmente afogando mamíferos que estivessem num oco de pau, como artiodáctilos ruminantes, primatas, mesoniquídeos, morcegos e insetívoros semelhantes ao musaranho.

Um dos quebradores de pedra colegas de Gingerich, um francês especialista em roedores chamado Jean-Louis Hartenberger, deu com o martelo um dia numa rocha que se abriu para revelar um entalho de osso de uns oito centímetros. Hartenberger ficou decepcionado que obviamente não fosse parte do esqueleto de um roedor, mas para ver melhor ele bateu de novo na rocha. Dessa vez revelou-se o alto de um crânio. "Tudo o que podíamos ver é que era um crânio, sem cérebro", diz Gingerich. Uma grande crista erguia-se dessa cabeça como um cocar de osso, deixando pouco espaço para a caixa craniana guardar a matéria cinzenta.

Gingerich levou o crânio para casa com os outros fósseis e os preparadores no seu laboratório trabalharam nele durante um ano, eliminando os fragmentos de rocha dura como cimento com um aparelho de ar comprimido. Expuseram a parte de trás do crânio de um animal do tamanho de um coiote. No alto do crânio estava a maciça crista sagital que Hartenberger havia vislumbrado pela primeira vez no Paquistão, mas pendendo abaixo do crânio havia algo que Hartenberger não vira: um osso do tamanho e com o formato de uma uva.

Parecia a concha na qual as baleias atuais escondem os ossos do ouvido para poder ouvir debaixo d'água. Gingerich inspecionou a ponta da concha que se ligava ao crânio e viu um arabesco ósseo em forma de S servindo de âncora. Toda baleia, existente ou extinta, tem essa pequena assinatura em osso que nenhum outro animal possui. "Pois ali estava eu com uma baleia e não sabia nada sobre baleias."

Trabalhando com seu colega Donald Russell, do Museu Nacional de História Natural, de Paris, Gingerich deu ao fragmento o nome de *Pakicetus* e começou a se informar sobre baleias fósseis. Os ouvidos eram nitidamente de cetáceo mas, ainda assim, peculiares. As baleias podem ouvir direcionalmente debaixo d'água porque têm o ouvido dentro de uma caixa óssea separada do crânio, flutuando numa cesta solta de ligamentos e espuma, de forma que recebem o som unicamente pelas mandíbulas. Os ossos semelhantes a uvas do *Pakicetus*, ao contrário, ainda estavam presos firmemente ao fundo do crânio em três pontos diferentes. Ele deve ter podido ouvir razoavelmente debaixo d'água, mas as vibrações podiam ainda filtrar-se pelas ligações ósseas, confundindo a direção do som. Quando as baleias atuais mergulham, enchem de sangue uma rede de espaços em torno dos ouvidos para continuar mantendo os ouvidos isolados sob altas pressões. O crânio do *Pakicetus* era sólido na área correspondente, indicando que ele não podia nadar muito fundo. Ali estava uma baleia ainda pouco à vontade debaixo d'água, incapaz de ouvir ou de nadar bem, encontrada não no oceano mas num curso raso d'água — a baleia mais primitiva que se conhecia e a mais velha por vários milhões de anos.

Outrora Gingerich teria resmungado por encontrar um fóssil de baleia, mas o *Pakicetus* era notável demais para ser ignorado. Ele voltou ao Paquistão não mais para descobrir de onde tinham vindo seus mamíferos do Wyoming mas para encontrar mais ossos do *Pakicetus*. Trabalhou de novo ao redor de Chorlakki, mas só encontrou uns poucos dentes da baleia. Eram sem dúvida importantes — eram ainda mais parecidos com dentes de mesoniquídeos do que os que levaram Leigh van Valen a ligá-los às baleias — mas Gingerich não conseguiu encontrar nada do pescoço para baixo. Enquanto isso, eclodia a guerra civil no Afeganistão e milhões de refugiados invadiam o norte do Paquistão. O governo não gostava da idéia de ter estrangeiros perambulando pelo interior do país, aumentando o caos, e, quando Gingerich pediu para voltar lá no final de 1982, não teve permissão.

Mas as baleias fósseis haviam se tornado parte da sua vida e Gingerich arranjou um jeito de estudá-las de outras formas. Foi chamado por um especialista em primatas que acabara de passar uma estação de campo no Egito num grupo dirigido por um antigo professor de Gingerich em Yale, Elwyn Simons. Todos os anos Simons ia para o deserto a oeste do Nilo escavar em rochas do oligoceno em busca de primatas próximos do ancestral comum dos símios. Às vezes algumas pessoas do grupo de Simons ficavam impacientes e entravam mais fundo no deserto por um tempo. Baleias fósseis haviam sido encontradas em rochas a algumas horas do acampamento deles em 1906 e algumas pessoas do grupo decidiram seguir um dos relatos. Parece que tinham encontrado um fóssil deitado no solo do deserto como uma gigantesca serpente de areia.

Cabeça do *Pakicetus*, a mais antiga baleia conhecida.

Essa baleia fóssil era um espécime do *Basilosaurus* com 40 milhões de anos e Gingerich decidiu que seria uma boa coisa tê-lo. Poderia usá-lo no seu trabalho com o *Pakicetus*, para ver como tinham evoluído os ouvidos das baleias nos seus primeiros 10 milhões de anos. No outono de 1983 Gingerich rumou para o Cairo, mas não sozinho como Ismael; levou consigo a mulher, a antropóloga Holly Smith, e o paleontólogo Gregg Gunnell, de Michigan.

Exatamente um século antes, um paleontólogo alemão havia encontrado o primeiro fóssil egípcio de baleia. Registrou que o havia encontrado nas montanhas ☿ . ("Como se referir a essas montanhas sem nome?" — perguntou a si mesmo.) Fez o possível para localizar o ponto, anotando a quantas horas de camelo estavam da mesquita ou templo abandonado mais próximo. Outros paleontólogos voltaram a cada dez ou vinte anos às rochas do eoceno que emergem a oeste do Nilo e deram com novas baleias em sítios que futuros paleontólogos nunca conseguiam localizar. Embora alguns ossos de uma baleia de 45 milhões de anos tenham sido encontrados nessas rochas, a maioria era de uma safra de *Basilosaurus*. Em 1947, uma expedição da Universidade da Califórnia que atravessava a África chegou ao deserto em quatro caminhões do exército dos Estados Unidos. Os cientistas pararam a caravana e caminharam quilômetros pela areia, à procura de baleias. "Muitas vezes um fragmento de osso de um centímetro quadrado ou menos era a primeira indicação da existência de fósseis numa área que parecia vazia", escreveu P.E.P. Deraniyagala, cientista cingalês que fazia parte da expedição. "Procurando nas proximidades efetivamente apareciam outros fragmentos que se tornavam mais numerosos à medida que nos aproximávamos do fóssil. Seguir a trilha dos fragmentos era como seguir um animal ferido pelo rasto de sangue, só que aqui não se sabia se o prêmio seria algo extremamente valioso ou absolutamente sem valor. É o elemento da possibilidade que mantém a caçada aos fósseis num ritmo febril durante todo o dia, apesar da terrível brancura cegante e da aridez do deserto."

Na sua primeira visita, Gingerich e sua equipe rumaram quatro horas para o sul a partir do acampamento de Simons, ao longo da cadeia rochosa do oligoceno, e mergulharam os jipes num declive de dunas rumo a uma planície do eoceno chamada Wadi Hitan. Era o local que os estudantes de Simons haviam visitado; fora descoberto por cientistas britânicos que ali encontraram tantos fósseis de baleias que deram ao lugar o nome de vale do Zeuglodonte. Apenas com camelos para levar os ossos, os britânicos haviam deixado a maioria onde estava. Gingerich passou dois dias desenterrando o *Basilosaurus* que os alunos de Simons tinham visto, enquanto Smith percorria o vale, localizando esqueletos de baleia por toda a parte. O vale do Zeuglodonte podia não ser o berço das baleias, mas o que lhe faltasse em ancianidade sobrava em quantidade. Em 1985 Gingerich voltou, desta vez montando um pequeno acampamento de três barracas no vale, de modo que sua equipe pudesse ficar uma semana entre as baleias de cada vez, retornando então ao acampamento de Simons para se reabastecer e tomar banhos de esponja. A única companhia que tiveram naqueles meses foram grandes montes de areia e um tapete de ossos. Uma vez alguns camelos haviam passado calmamente pelo acampamento, deixando a marca dos cascos na areia. Três dias depois passou um beduíno à procura deles. Foi o único ser humano que viram.

Os fósseis abundavam: quase todo dia eles encontravam uma nova baleia e o total chegaria por fim a 349. "Ficou logo evidente que não íamos carregar todos", conta Gingerich. "Então começamos a mapeá-los. Alguns eram esqueletos que simplesmente afloravam e outros tinham que ser arrancados com explosivos. A gente pegava onde eles apareciam, e era o que queríamos, porque então todo o esqueleto estava lá e bem preservado." Às vezes, porém, o vento soprava a areia e expunha inteiramente os fósseis. "Estão lá, como grandes serpentes. Fico me perguntando por que não há qualquer referência a esse lugar em antigas fontes egípcias. Seria acessível a eles e fico me perguntando... Fico me perguntando se a adoração que eles tinham por crocodilos não era em parte baseada nos esqueletos de *Basilosaurus*."

Gingerich chegara então ao extremo ocidental do mar de Tétis. O *Pakicetus* vivera, 49 milhões de anos atrás, no extremo oriental desse mar, na parte rasa onde ele era mais salgado, mas a baleias que viveram no vale do Zeuglodonte cerca de 10 milhões de anos depois nadavam onde o Tétis fluía para o Atlântico. No vale do Zeuglodonte aparecem trançadas serpentinas rochosas que outrora foram mangues; eles cresciam na beira de uma baía rasa cheia de gigantes — tubarões, tartarugas-marinhas, vacas-marinhas e crocodilos que nadavam junto com as baleias. É difícil saber por que tantas baleias foram encontradas em um lugar tão pequeno. Deraniyagala havia sugerido que elas eram um cardume fossilizado de baleias encalhadas, mas os animais morreram efetivamente na baía ao longo de milhares de anos. Muitas das baleias eram uma espécie de 4,5 metros de comprimento chamada *Dorudon atrox* e a equipe de Gingerich achou uma abundância de dentes de filhotes dessa espécie. A maioria das restantes era de *Basilosaurus* semelhantes a serpentes, mas apenas adultos. Talvez o vale do Zeuglodonte fosse uma área de criação da espécie *Dorudon*; e talvez o *Basilosaurus* aterrorizasse os filhotes, assim como as baleias assassinas de hoje acossam os filhotes de jubarte, os sobreviventes escapando com as pás da cauda marcadas por mordidas em forma de meia-lua.

Quando Gingerich voltou ao vale do Zeuglodonte em 1989, tinha uma lista de compras: queria trazer nadadeiras e, se tivesse sorte, quadris. A pélvis de um *Basilosaurus* consiste de duas lascas de osso de 20 centímetros com buracos a atravessá-las, unidas numa ponta em forma de V. A maioria dos quadris fora encontrada longe dos esqueletos correspondentes, mas com a abundância de fósseis de *Basilosaurus* no vale Gingerich esperava achar um com os quadris no lugar. Durante a maior parte da temporada as escavações foram um fracasso. Acharam ossos, mas que não podiam identificar. Enquanto trabalhava com um pequeno *Dorudon*, Gingerich achou alguns fragmentos de ossos não identificáveis, incluindo um do tamanho e no formato de um ovo de tordo. Achou que se parecia com uma rótula. "Mas na época não era possível pensar isso", diz. Afinal, tratava-se de grandes baleias de mar aberto. Se alguma baleia tinha joelho (e a perna que ele dobrasse), deveria ser um animal que ainda passasse tempo andando em terra, como o *Pakicetus*. Na época em que as baleias viviam no vale do Zeuglodonte, uma perna teria sido um entrave.

Sua procura de quadris era pouco mais que casual. "O problema era que, num esqueleto de 15 metros, onde é que você olha?" Quase no final da temporada Gingerich sentou-se no chão do vale, trabalhando numa espinha de *Basilosaurus* que o vento tinha deixado branca e achatada. Perto da 48ª vértebra, quase 13 metros costa abaixo da baleia, achou um osso no chão. "Eu estava apenas esperando encontrar uma pélvis e olhe o que encontramos", diz Gingerich, segurando um osso em forma de bastão. "Parece um pouco uma costela, mas, quando olhei bem, não parecia exatamente uma costela e estava bem abaixo na coluna vertebral. Fiquei imaginando se não seria um fêmur. Eu não estava procurando fêmures — achava que seriam do tamanho de uma caneta esferográfica e não mais interessantes. Mas aí, olhando bem, havia osso suficiente para ver que existia um joelho e havia articulações para uma tíbia e um perônio. Fiquei entusiasmado porque essas coisas apareceram num esqueleto exposto e então eu soube onde procurar mais."

Eles tinham apenas mais uma semana mas voltaram aos seus muitos esqueletos, trabalhando de novo até a primeira vértebra com menos de 30 centímetros de comprimento, joeirando atrás de ossos. No dia seguinte Gingerich teve mais sorte. "Atingi este osso com uma pazada e ele voou, espalhando areia", conta, revirando um pequeno fóssil na mão e depois mostrando-o na palma aberta enquanto me contava a história: um tornozelo. Enquanto levantavam acampamento, colocando ossos frágeis em invólucros de gesso e desmontando as barracas, ainda procuraram. No último dia, Holly Smith varreu a areia de cima de três artelhos perfeitos.

De volta a Michigan, Gingerich tentou encaixar os ossos como deveriam ter sido em vida. Podia afirmar que não eram como os vestígios ósseos encontrados nas baleias existentes hoje, porque tinham todas as marcas onde fortes músculos e tendões se ligavam a eles. Mas quando tentou colocá-los numa configuração normal para mamíferos, só conseguiu triturar osso com osso. O joelho era rebelde. Numa perna humana, como nas pernas da maioria dos mamíferos, há uma suave depressão na ponta do fêmur onde se encaixa e desliza a rótula. Mas o fêmur do *Basilosaurus* tinha apenas dois recessos, sem nenhuma ranhura de acomodação entre eles. A perna podia acomodar-se confortavelmente apenas em duas posições: uma em que era mantida apertada contra o corpo e outra em que se abria inteiramente. Não havia meio termo. "Imagino que elas iam aos saltos!" — diz Gingerich, sorrindo. E agora tinha um enigma: o que uma baleia do tamanho de um ônibus escolar faria com pernas do tamanho das de uma criança e, além do mais, pernas que iam aos saltos?

Pensamos no que somos, naquilo em que nos tornamos com nossas almas e palavras, mas não pensamos muito sobre o que deixamos para trás. Ao contrário de um primata do Wyoming, não podemos andar na copa de uma floresta por um vale tomado de neblina noturna; ao contrário de um peixe, não podemos mergulhar nus por uma garganta de oceano por entre trêmulas gorgônias violeta. As espécies não são as únicas coisas que se extinguem: ossos, órgãos e sentidos desaparecem com o tempo. Perdemos guelras, rabos e pêlo; nosso apêndice, outrora uma bolsa cheia de bactérias digestoras de plantas, zomba de nós com crises ocasionais de apendicite. Outrora as baleias tiveram algum tipo de perna; o *Basilosaurus* tinha pernas delicadamente reviradas que se erguiam e se abaixavam quando ele nadava pelo mar de Tétis; e agora, exceto por um raro coto, as baleias não têm perna alguma.

Para Darwin, esses vestígios encolhidos eram algumas das melhores evidências da evolução. Ele ficava espantado em ver como os peixes e outros animais que viviam em tocas eram tão parecidos com seus parentes que viviam à luz, exceto pelas peles claras, sem pigmentação, e os olhos cegos; ficava espantado em ver como as aves e besouros que não podiam voar ainda assim tinham asas rudimentares. Se Deus tinha criado todas as espécies na Terra tais como são agora, por que deixaria esses erros grosseiros? Owen poderia dizer que esses vestígios eram na verdade os traços da transformação de um animal a partir do Arquétipo, mas Darwin argumentava que um avestruz não foi criado com asas incapazes de voar — suas asas tinham-se atrofiado

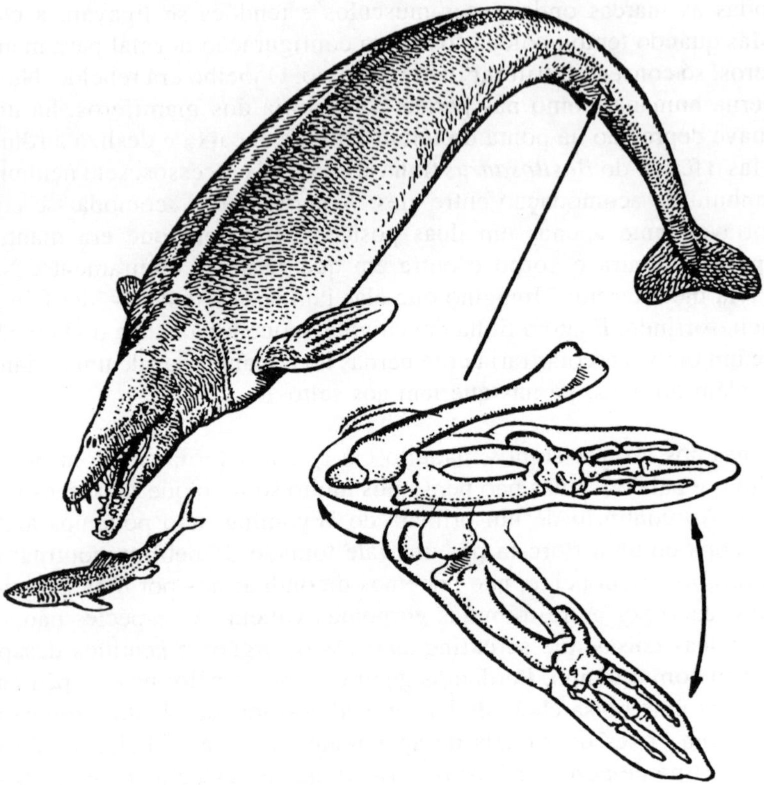

O *Basilosaurus* completo, com pernas (mostradas nas suas duas posições).

ao longo de gerações. Sem compreender a genética, no entanto, Darwin não podia saber como um membro podia encolher. Restava-lhe o modelo lamarckiano e ele então argumentava que se um animal parasse de usar uma estrutura ela se tornaria residual pelo desuso. Se você ordenha mais uma vaca, pensava Darwin, seu úbere torna-se maior e suas crias nasceriam também com úberes grandes; se você parasse de ordenhá-la, o úbere encolheria através das gerações.

Agora temos uma boa noção de como funciona o apagador da evolução. Em alguns casos ele pode encolher uma estrutura com mutações ao acaso. Quando um gene sofre uma mutação em sua seqüência, quase nunca é uma mudança para melhor; na maioria das vezes, o gene pode simplesmente continuar a produzir a proteína que produzia antes, mas em outros casos ele entra em colapso total. Uma mutação pode impedir uma proteína crucial de estar no lugar certo na hora certa durante o desenvolvimento do embrião, uma vez que os genes determinam a forma das proteínas, algumas das quais ligam outros genes à medida que as células se arrastam pelo corpo e criam tecidos tais como músculo e cartilagem, e os tecidos assinalam uns aos outros para que cresçam ou se abatam. Desligado do seu curso normal, um embrião desvia-se para uma deformidade.

Normalmente esses genes que sofreram mutação não têm chance de se espalhar numa população, porque as mutações muitas vezes matam embriões antes que nasçam ou reduzem as chances de que os sobreviventes cheguem à maturidade. Digamos que uma salamandra é atingida por uma mutação que estraga uma proteína na córnea ocular, mutação que lhe embaça a vista. As chances são de que não viva por muito tempo para passar adiante esse gene se, como seus pais, depender da visão para sobreviver. Mas se a visão, por algum motivo, não tem mais essa importância — se uma população de salamandras se encontra caçando insetos numa caverna, por exemplo — a salamandra mutante não sofrerá e pode ter filhotes. A mutação pode espalhar-se ao acaso pela população ao longo das gerações. Outras mutações que ocorram prejudicando a visão também não são eliminadas e o olho da salamandra vai se degradando até simplesmente mal existir.

Mas este peneiramento não pode explicar todas as coisas estranhas que ocorrem quando nascem os animais. Por exemplo, a perna espantosa que foi encontrada em uma baleia canadense em 1909. Como podia uma única baleia remontar a milhares de gerações de mutações amputantes, apagadoras, e reconstruir uma perna rudimentar? Esses retrocessos são chamados de atavismos e, apesar de outrora terem sido descartados pelos biólogos como anomalias sem sentido, hoje está claro que são na verdade experiências naturais da evolução. Os humanos às vezes nascem com cotos de rabo ou com uma espessa cobertura de pêlos em boa parte do corpo, que remontam às selvas do Wyoming. Os cavalos têm apenas três dígitos; os artelhos exteriores são um pedacinho grudado ao enorme dedo médio que termina no casco. Mas às vezes os cavalos nascem com cinco dedos bem formados. Os gregos e os romanos consideravam mágicas essas criaturas e tanto Alexandre, o Grande, como Júlio César cavalgaram animais de cinco dedos. Nesses casos, um antigo programa para o desenvolvimento de um embrião acabou não sendo destruído mas de alguma forma armazenado e preservado, à espera de ser novamente acionado.

Nos últimos quarenta anos os biólogos chegaram a tentar produzir atavismos no laboratório. Há mais de 70 milhões de anos as aves tinham dentes, que são o produto da união de dois tipos de células. A mandíbula começa como uma peça de cartilagem revestida de gengiva. Enquanto isso, ao longo da espinha em formação, é produzida uma multidão de células chamadas células da crista neural, que começam a perambular pelo corpo, contribuindo para a formação de tudo, desde as células nervosas e as cordas vocais até o coração. Quando as células da crista neural alcançam a mandíbula, emitem comandos a algumas das células da gengiva, fazendo-as secretar esmalte ou produzir outros tecidos dos dentes. As aves, como outros vertebrados, têm células da crista neural, mas não podem mais desenvolver dentes. Em 1980, cientistas pegaram um pouco desse tecido da gengiva de um embrião de galinha, combinaram-no com células da crista neural de um camundongo e então enxertaram o tecido nas costas de outros camundongos. Do enxerto brotaram dentes, inteiros, com coroa e raiz. Os biólogos concluíram que, embora as células da crista neural das aves não emitam mais às células da gengiva os necessários comandos para a formação de dentes, as células da gengiva ainda têm a capacidade de se transformar em dentes.

É fácil, porém, ver atavismos onde eles de fato podem não existir. Numa recente experiência, geneticistas removeram um gene de camundongos e observaram que as mães mutantes ignoravam completamente os filhotes, cuidando da vida delas enquanto as crias morriam ao redor. O cuidado amoroso dos genitores é um comportamento relativamente novo na linhagem que produziu camundongos e outros mamíferos: os primeiros tetrápodes e sinapsídeos provavelmente guardavam ou escondiam seus ovos até a incubação, mas, assim que nasciam, os filhotes tinham que se virar sozinhos. Quer dizer que a negligente mãe do camundongo remontou a um comportamento de 250 milhões de anos atrás? Não efetivamente. O gene em questão parece criar proteínas que servem como uma ligação única numa longa cadeia desde os olhos e o nariz do camundongo até as partes do cérebro que comandam o comportamento para com os filhotes. Removida essa ligação, a cadeia se rompeu, mas as outras ligações ainda permaneciam no cérebro do camundongo. A ausência não é um bom sinal do passado — pode ser simplesmente ausência.

E mesmo quando uma estrutura arcaica parece ressurgir pode também ser uma ilusão. Os dentes de aves são um pouco menos assombrosos hoje do que quando foram notados pela primeira vez. Alguns pesquisadores tiveram pouca sorte ao tentar reproduzir o enxerto e os céticos agora se indagam se algumas células epiteliais de camundongo não acabaram entrando na mistura que deu origem aos dentes na experiência original. No início dos anos 90, geneticistas conquistaram a imaginação do público quando mexeram com os genes Hox nos camundongos e disseram ter transformado alguns dos ossos do ouvido dos camundongos na sua velha encarnação como parte da mandíbula sinapsídea. Mas anatomistas questionaram também seus resultados. A cartilagem, como vimos no caso das canelas das aves, não se forma apenas porque assim o determine um gene. Quando os tecidos do embrião interagem uns com os outros — por exemplo, quando um tendão em desenvolvimento é colocado sob pressão — a cartilagem pode formar-se espontaneamente. Por outro lado, os genes Hox podem simplesmente estimular mais células a se congregarem perto da mandíbula do que num camundongo normal e as células podem formar um novo bloco. Isso torna difícil dizer que um novo pedaço de cartilagem que venha a aparecer nas proximidades de um velho osso seja realmente um atavismo.

Muitos atavismos, no entanto, são genuínos. São importantes tanto como marcadores da evolução quanto, por vezes, seus agentes. Imagine um gene *A* que liga outro gene *B*. Se uma mutação anula *A*, *B* pode continuar vivendo em silêncio por alguns milhões de anos em boa ordem de funcionamento. Nesse período uma nova mutação pode recolocar *A* em atividade ou pode se desenvolver um outro gene para tomar o seu lugar. Em qualquer dos casos, *B* de repente pode fazer de novo sua proteína e, se a proteína normalmente desencadeia um crescimento em cascata do embrião, sua ressurreição pode ser dramática.

Algumas espécies de salamandras, por exemplo, atravessam a vida como filhotes permanentes. Elas nascem de ovos debaixo d'água como larvas mas nunca adquirem a forma adulta, simplesmente mantendo suas guelras larvais e vivendo na água até a morte. Em algumas espécies de axolotle mexicano, essa vida de desenvolvimento suspenso resulta de um único gene silenciado, o que normalmente produz um hormônio chamado tiroxina. Injete tiroxina em um desses axolotles e você estará dando às suas células o sinal para ligar um número de genes que por fim o transformam numa salamandra adulta. Em outras espécies de axolotles, as salamandras podem seguir um caminho ou outro, dependendo de alguma deixa externa, como a temperatura. Os axolotles invadiram uma região do planalto mexicano há apenas 10 milhões de anos e evoluíram em dezenas de espécies. Um cladograma mostra que naquela época as espécies de desenvolvimento interrompido deram origem a outras maduras, as maduras deram origem às de desenvolvimento interrompido e ambas deram origem a espécies que podem crescer dessa ou daquela forma. Em outras palavras, o gene da tiroxina foi ligado e desligado repetidas vezes em 10 milhões de anos. Não apenas essas salamandras experimentam atavismos, como, ao fazê-lo, fundam novas espécies.

Os atavismos de tais genes silenciados podem aparecer apenas em alguns milhões de anos — se passa mais tempo, são definitivamente arruinados. Um eco de 40 milhões de anos como, por exemplo, um coto de perna de baleia, é de uma linhagem bem mais antiga e revela uma maneira diferente de desaparecimento das coisas. Os ancestrais quadrúpedes das baleias construíram seus membros com a ajuda de alguns dos seus genes Hox, mas esses genes estão também envolvidos em muitas outras tarefas — padronizar o último terço da espinha dorsal, por exemplo, assim como os órgãos genitais. Para livrar-se de seus membros traseiros, não se pode simplesmente silenciar esses genes, porque no processo se destruiria os membros dianteiros (que se transformariam em nadadeiras), para não falar no terço dorsal do seu corpo e no seu sistema reprodutor. O desenvolvimento de um embrião de baleia mostra como a evolução escolheu um curso mais suave. Como outros mamíferos, as baleias têm um complemento pleno de genes Hox que moldam sua espinha e seus quatro botões de membros, cujo par dianteiro continua a se desenvolver em nadadeiras. O par traseiro consegue no máximo formar pedacinhos de cartilagem antes que o programa de morte de células presente nos genes — que esculpe os nossos dedos — ganhe a dianteira e destrua completamente os botões. Se uma baleia nasce com uma mutação que de alguma forma enfraquece ou retarda o efeito dos genes destruidores de pernas, versões rudimentares de membros podem se formar de maneira bem semelhante ao que acontecia 40 milhões de anos atrás.

Ao nível dos genes e das células, os biólogos têm uma compreensão satisfatória de como a evolução se livra de estruturas — certamente bem melhor que sua compreensão de como as coisas passam a existir. Mas não é uma simples viagem dessa bioquímica à maneira como essas estruturas efetivamente desaparecem no curso da vida, com a seleção natural e outras forças entrando em ação. Quando os animais passam à escuridão — sejam salamandras esgueirando-se em cavernas, morcegos voando na noite ou peixes descendo aos abismos — seus olhos com efeito muitas vezes incham, em vez de encolher, ao tentarem captar a luz que some. Um exemplo particularmente desesperado é o de um camarão que vive no fundo dos oceanos, onde se formam escapes nas extensas cadeias de placas tectônicas pelos quais jorra água fervente carregada de minerais. Esses escapes de alguma forma produzem um brilho — talvez pelo enérgico pipocar de bolhas em ebulição ou pelo craquear da rocha — que é invisível ao olho humano. Mas medidores de luz conseguem registrar o turvo fogo e aparentemente também o consegue algum camarão que se agite pelos flancos desses escapes. Seus olhos transformaram-se em grandes fatias de fotorreceptores alojadas nas costas e que não servem para nada além de detectar luz. Aparentemente, eles precisam de olhos apenas para isso: avaliando o nível do brilho, eles podem fugir pelo escape, talvez para se alimentar do seleto emaranhado de bactérias ou simplesmente evitar de serem fervidos. Eventualmente, no entanto, os animais se deparam com uma escuridão tão irremediável que atingem o que os biólogos chamam de ponto de desistência. Para além desse ponto, um investimento em olhos traz tão poucos dividendos que eles rapidamente se encolhem ao tamanho de uma picada de alfinete, coberta por cicatrizes de pele.

Da mesma forma, pode-se supor que quando um tetrápode perde seus membros, é um processo direto: ele descobre que a vida seria mais fácil sem pernas, suas pernas se reduzem a nada, ele reverte a suas antigas contrações laterais de peixe e desliza para sua nova existência. Mas os membros também desaparecem de maneiras anti-intuitivas. As cobras são apenas uma das dezenas de linhagens de lagartos que perderam em parte ou integralmente as pernas e hoje nadam no chão, pela areia ou no lixo das florestas Embora os herpetologistas ainda não tenham formado uma idéia de quantas espécies de lagartos se relacionam umas às outras, podem oferecer algumas das melhores idéias sobre como os vertebrados perderam as pernas. Se você os alinha em séries, de pernas completas a nenhuma perna em absoluto, surgem alguns padrões comuns.

Quando estudava camaleões australianos, por exemplo, Carl Gans, da Universidade do Texas, descobriu que eles começam a transformação não por uma simples amputação da perna mas primeiro alongando seus corpos, aparentemente para facilitar a passagem por frinchas. Esta não é em si uma pequena mudança, uma vez que os lagartos têm que esticar seus órgãos, desenrolar os intestinos e rearrumar partes que antes ficavam lado a lado em linha. Uma vez alongados num corpo serpentino, porém, eles ainda não estão prontos para abandonar as pernas e começar a deslizar. Eles passam por um estágio em que se movem como sanfonas que andam: com as pernas dianteiras plantadas, dão alguns passos para a frente com as pernas traseiras de modo a enrolar o tronco e, então, as pernas dianteiras prosseguem e endireitam o corpo. Caminhando dessa forma por túneis ou tocas, um lagarto comprime as curvas do seu corpo contra as paredes. Se isso enrijece os músculos ao longo das costelas no ponto de contato, ele pode forçar o corpo contra a terra e avançar. Então o animal pode começar a desenvolver os reflexos que lhe permitirão mover-se como uma cobra. Mas não se trata da ressurreição da locomoção de um peixe e, sim, de algo muito mais complexo: quando um lagarto curva o tronco, tem que testar continuamente cada ponto em que pressiona o chão ou a parede de uma toca, avaliando que linha de costelas precisa retesar de modo a impelir-se para a frente. Então, por fim, os lagartos podem abandonar as pernas. O que pode parecer, em retrospecto, simples atrofia é na verdade uma reorganização plena do corpo, com a atrofia ocorrendo como uma conseqüência.

Cada tipo de tetrápode provavelmente perde os membros à sua própria maneira. Os cecilianos são anfíbios que parecem cobras cegas sem escamas, mas de acordo com trabalho realizado por um aluno de Gans, James O'Reilly, da Universidade do Norte do Arizona, eles parecem ter desenvolvido essa forma ao longo de um caminho completamente diferente. A diferença vem do fato de que os anfíbios nunca transformaram suas costelas nas gaiolas circundadas por músculos que os amniotas usavam para respirar. Os ancestrais quadrúpedes dos cecilianos, portanto, não podiam usá-las para retesar os corpos e obter tração contra o solo. Em vez disso, eles seguravam a respiração e apertavam os músculos para dentro contra as cavidades do corpo, com a grande pressão enrijecendo seus corpos.

Com umas poucas mudanças menores de anatomia, o corpo sob pressão de um ceciliano podia mudar de forma. A ligação de pele e músculos à coluna vertebral afrouxava (operação fácil, uma vez que suas costelas são tão pequenas). Ao mesmo tempo, a evolução fez com que as fibras de sua pele criassem um trançado em hélice — a mesma geometria que os golfinhos usam para nadar com uma mola. No ângulo em que se formam as fibras no corpo de um ceciliano, porém, elas têm uma propriedade completamente diferente: quando colocadas sob pressão elas se esticam, alongando o corpo do anfíbio. E assim, quando um ceciliano pressiona o corpo, seus flancos se enrijecem e sua cabeça projeta-se à frente. Ele diminui a pressão e puxa a coluna vertebral para a frente internamente e, então, pressiona de novo. O movimento semelhante ao da minhoca permite a um ceciliano gerar duas vezes mais força do que uma cobra do mesmo tamanho. Talvez o mais notável seja o fato de que o ceciliano — que parece ser todo rabo — perdeu o rabo completamente, uma vez que é inútil para esse tipo de movimento. Em vez disso, um ceciliano é todo vísceras.

Outro erro comum em se tratando de vestígios é supor que, não sendo mais o que eram, eles se tornaram inúteis. Ratos-toupeiras cegos vivem a vida inteira em túneis subterrâneos, alimentando-se de raízes e insetos. Pele e pêlo cobrem seus olhos, que carecem inteiramente de pupilas e músculos oculares e têm apenas 823 nervos retinianos (contra 100.000 em um parente que vive acima do solo, como o criceto ou *hamster*). Direcione uma luz para o olho de um rato-toupeira e nenhuma centelha se produz no seu córtex visual, região do cérebro onde qualquer outro roedor formaria uma imagem mental do raio luminoso. Mas o rato-toupeira cego precisa dos seus olhos. Suas poucas células nervosas da retina podem não se conectar ao córtex visual, mas lançam densos ramos no hipotálamo, onde os mamíferos — incluindo, ao que parece, os ratos-toupeiras — transformam ciclos de luz e escuridão em um relógio e um calendário com os quais controlam seus hormônios, os atos de andar e acordar e seus ciclos de acasalamento.

Dados os mesmos incentivos para a perda de uma estrutura — a escuridão, por exemplo, ou tocas — nem todos os animais podem perdê-la. Uma criatura só pode perder seus olhos se já possui algum tipo de órgão sensorial pronto para substituí-los. Quando um peixe fica cego, ele pode recorrer a suas linhas laterais, desenvolvendo-as para se tornarem sensíveis aos campos elétricos de outros animais a 30 metros de distância. As lulas de águas profundas — os animais da grande linha divisória invertebrado-vertebrado — nunca desenvolveram nada sequer remotamente parecido com linhas laterais, de modo que não têm alternativa para os olhos. Por isso seus olhos só podem projetar-se mais e mais da cabeça em profundidades escuras que um peixe consideraria bem além do ponto de desistência.

E longe de ficar aleijado pelo apagador da evolução, um animal como uma baleia ou um rato-toupeira cego pode se tornar ainda mais adaptado. Pode ser que em muitos casos a seleção natural, mais do que os efeitos aleatórios das mutações indisciplinadas, provoque uma ativa erosão de parte do corpo de um animal. Os olhos são peças de equipamento que gastam muito: o tecido da retina consome, grama por grama, cem vezes mais energia que uma parte média do corpo e a visão requer vastas extensões territoriais do cérebro para processar informação. Um rato-toupeira cego, que só usa seus olhos como relógio de sol, precisa de menos comida e oxigênio que um camundongo que vive acima do solo e pode converter os neurônios do córtex visual para atividade mais útil, como sentir as raízes que seus bigodes tocam, cheirar a urina dos outros ratos-toupeiras na sua toca e ouvir ao seu código de batidas de pé. Ganho e perda são a mesma coisa para a evolução: nada mais do que mudança.

"Você sabe", diz Gingerich, segurando um pequeno osso da coxa de um *Basilosaurus*, "essas baleias têm 15 metros de comprimento. Você poderia facilmente descartar essas pernas pequeninas como residuais, vestígios a ponto de desaparecer. Mas aí você é surpreendido com essas superfícies para ligação muscular e essas bem formadas junções." Seus polegares movem-se sobre o osso. "Isso não parece vestígio. Então pensei: 'Bem, o que faz a pélvis?'"

Por mais de um século o Museu de História Natural dos Estados Unidos, em Washington, exibiu um impressionante *Basilosaurus* do Alabama com quase todos os ossos explicados, inclusive os quadris. Grande parte dos quadris dos mamíferos é como duas partes unidas de um anel. São fundidas na espinha (na região chamada sacro) e é através do sacro que as forças das pernas viajam de modo a mover o corpo. Os quadris são também fundidos na parte de baixo do anel, num ponto chamado sínfise pubiana, onde ancoram os músculos do pênis no macho e do útero na fêmea. Os quadris do *Basilosaurus* são duas peças retas de osso achatado, o que quer dizer que o anel foi nitidamente partido e perdeu um dos dois pontos de fusão. Os curadores do museu achavam que eles ainda deviam ter-se ligado à espinha no sacro e haviam se separado na sínfise pubiana.

Esses quadris do Alabama, porém, foram castigados pelo tempo e a geologia, enquanto os ossos que Gingerich encontrou no Egito estavam belamente preservados. Ele podia ver a fina teia que é a marca de dois ossos unidos e a partir daí podia dizer que a fusão não era ao longo da espinha mas na parte de baixo do anel, na sínfise pubiana. Os quadris iam fundo no corpo da baleia, onde contactavam as pernas que Gingerich havia descoberto no Egito. Obviamente, as pernas não teriam utilidade alguma para a locomoção, pequenas como eram e separadas da espinha. Mas ainda assim tinham amplas ligações musculares. Como os olhos do rato-toupeira cego, deviam ser usadas para outro fim. A sínfise pubiana sugeria a Gingerich para que deveriam servir: para o sexo.

Nem todas as cobras são desprovidas de pernas. Algumas espécies de boas têm cotozinhos que usam para guiar os corpos dentro de um perfeito alinhamento para se acasalarem. O *Basilosaurus* foi o mais parecido com uma cobra a que já chegou uma baleia e Gingerich achava que aquele tipo de orientação facilitava o sexo. Se era esse o caso, faria sentido para as pernas se moverem aos saltos: com os joelhos dobrados, as pernas se arregaçavam contra o corpo e as coxas se comprimiam dentro do próprio corpo, dando ao *Basilosaurus* um perfil mais suave quando nadava pelo mar de Tétis. Trancadas na sua outra posição, porém, as pernas se encaixariam perfeitamente nos flancos de outra baleia. "Acho que são vestígios do ponto de vista da locomoção, mas não da reprodução", diz Gingerich.

Uma ajuda para amantes serpentários — foi como Gingerich apresentou ao mundo pela primeira vez as pernas do *Basilosaurus*, em 1990. "Mas já não acho mais que essa parte serpentária seja crucial", diz. No começo da temporada de 1989 ele encontrara o osso parecido com um ovo de tordo perto do *Dorudon*, a baleia menor. Na época ele havia ignorado a possibilidade de que fosse um joelho, mas assim que encontrou uma perna inteira de *Basilosaurus*, abriu-se para a idéia. Outros fragmentos que a equipe encontrou ao redor do *Dorudon* revelaram-se partes do seu fêmur e tornozelo. Em 1994, Mark Uhen, então aluno de Gingerich, encontrou ossos pélvicos de *Dorudon* escondidos numa gaveta do Museu de Charleston, na Carolina do Sul. "Acontece que as peças do membro traseiro do *Dorudon* são as mesmas", diz Gingerich, "mas numa escala menor para uma baleia menor. Evidentemente não é a comprida forma corpórea de serpente que é responsável por manter esses guias copulatórios. Eles apenas estão presentes nesse estágio de evolução da baleia e posteriormente se perdem."

Antes do seu trabalho no Egito, para ver a herança das baleias em terra Gingerich só podia observar um fóssil: o *Pakicetus*. Com a sua descoberta de baleias que nadam e têm artelhos, ele chegou próximo ao fim da plena transição das baleias para o oceano. "De repente fez-se luz no meu cérebro: aqui estamos 10 milhões de anos — *10 milhões de anos* — depois do *Pakicetus* e essas criaturas ainda têm pés? Pensei: 'Podemos estudar esse problema.' Aqui está uma transição que se estende por mais de 10 milhões de anos, além do mais num cenário com um monte de fósseis em depósitos marinhos rasos." Entre o *Pakicetus* e o *Basilosaurus* os paleontólogos podem descobrir muitas baleias na gradação entre andar e nadar. E para encontrar as baleias caminhantes Gingerich achava que alguém tinha que voltar ao Paquistão.

Capítulo 8

De andar a nadar

Só uma vez Frank Fish teve que fazer jus ao sobrenome, *peixe* em inglês. Uns 110 quilômetros a noroeste de Ann Arbor, onde Phil Gingerich armazenou suas baleias, fica o lago Rose, coberto de juncos. Enquanto Gingerich examinava os ouvidos do *Pakicetus*, Fish ia ao lago para apanhar ratos-almiscarados. E numa das visitas, o corpulento cientista de olhos de tição quase ficou "integrado ao ecossistema", como ele diz. Havia colocado um impermeável até a altura do peito e chapinhou lentamente por entre os juncos, levando uma armadilha que tomara emprestada e havia jurado devolver ao dono em perfeitas condições. Naquele dia planejava ir até uma nova furna de ratos-almiscarados, mas ao se aproximar a água de repente ficou mais funda, ultrapassando a beirada do impermeável. Acabara de decidir voltar atrás quando descobriu que estava andando sobre um fundo falso de 1,20 metro. O fundo cedeu e ele desapareceu sob as águas. Enquanto o impermeável inflava e ele era puxado para baixo, viu a si mesmo sendo encontrado dias depois, preso ao fundo do lago com a armadilha ainda segura pela mão acima da superfície, como uma espécie de troféu anual ao trabalho de campo. A próxima coisa de que se lembra é de que já estava em terra firme.

A maior parte do tempo Fish é um mamífero terrestre como todos nós. Pode nadar razoavelmente no estilo *crawl*, mas precisaria de vinte vezes mais energia do que um peixe de tamanho semelhante para atravessar o lago Rose. Tais fatos — fundamentos de como os mamíferos se viram na água — contribuem bastante para definir Fish como um cientista. "Se você perguntar o que eu sou, terei dificuldade em dar uma resposta simples", me explicou quando conversamos em seu laboratório de porão na Universidade de West Chester, no vale de Brandywine, Pensilvânia. Também tem dificuldade em manter a simplicidade do laboratório: golfinhos e baleias assassinas infláveis estão suspensos de canos, um pequeno crocodilo jaz boquiaberto e imóvel num tanque, chifres cor de fuligem pendem da parede, velhos televisores ladeiam um comprido *freezer* onde às vezes ele guarda pedaços de cauda de jubarte. "Digo que sou um zoólogo, mas, se quiserem mais do que isso, defino-me como um morfologista funcional e fisiologista ecológico de brejo. É bem extenso, mas é o que eu faço." Deixando os rótulos de lado, é graças em grande parte a Fish que temos hoje medições precisas das forças, energia e movimentos exigidos dos mamíferos para nadar. E, embora não desenterre fósseis, Fish também pode ajudar a mostrar como a macroevolução funciona usando animais vivos para explicar como um mesoniquídeo trotante pode ter-se transformado numa baleia que nada.

Fish decidiu ser paleontólogo quando tinha cinco anos, mas quando fez sete percebeu que todos os dinossauros estavam mortos e não haveria graça em brincar com eles. Na Universidade Estadual de Michigan ele revelou sua porção de fisiologista ecológico do futuro — o tipo de cientista que, entre outras coisas, mede o fluxo de gases e calor para dentro e para fora de um animal durante suas atividades naturais. Chapinhou um pouco com peixes, mas esse campo estava repleto de especialistas e o resultado era que muitas das grandes questões já tinham sido respondidas. Mas poucos tinham estudado com cuidado os mamíferos que nadam, apesar da charada que representa o fato de usarem para se movimentar na água um corpo esculpido por centenas de milhões de anos de evolução em terra.

Para sua tese de mestrado Fish queria estudar como um mamífero de sangue quente adaptou seu metabolismo à água, que suga o calor como um vampiro térmico. Vasculhou Michigan em busca de um tema. Castores eram um desastre — animais enormes que podiam jogar fora metade da água de um aquário com tapas da cauda, escalar suas paredes e perambular pelo laboratório inundado. O musaranho d'água geralmente morria assim que chegava ao campus. O melhor que Fish pôde arranjar foi o rato-almiscarado, não que tenha grande amor pelo bicho. "Monstrinho manhoso" — é como se refere a ele, respeitosamente. Depois de pegar os ratos-almiscarados no lago Rose e trazê-los para o campus, usava redes e escovas para empurrá-los da armadilha para o tanque. Media a temperatura do corpo deles na água e no ar, no calor e no frio. Suas experiências mostraram que os ratos-almiscarados usam a mesma estratégia básica dos golfinhos, controlando o calor do corpo pela orientação da circulação sangüínea. O rabo e as pernas pequenos e sem pêlo dos ratos-almiscarados têm um índice tão alto de pele em relação à carne que podem irradiar calor bem mais rápido que o resto do corpo. A 27ºC, um rabo seco de rato-almiscarado fica quente e descarrega calor suficiente para impedir que seu miolo asse. Em temperaturas mais frias ele precisa reter calor mais do que descarregar, por isso reprime a circulação. Quando Fish colocou o tanque a 18ºC, os ratos-almiscarados mantiveram o corpo quente mas deixaram o rabo na temperatura ambiente. Na água, por outro lado, que pode extrair calor de forma bem mais fácil que o ar, os ratos-almiscarados sempre mantinham o rabo estanque, mesmo quando Fish aumentava a temperatura da água para 27ºC.

Os fisiologistas às vezes têm o hábito de pensar nos seus animais como nada além do que caixas, com energia e matéria fluindo para dentro e para fora delas. Mas, quando trabalhava com seus monstrinhos manhosos, Fish pensava em como eles não apenas adaptavam um metabolismo de sangue quente à água como conseguiam usar membros de mamíferos para mover-se nela. Quando emergiu a outra metade de Fish, a do morfologista funcional, ele descobriu que a hidrodinâmica dos ratos-almiscarados era outra fonte de confusão. "Na literatura, os ratos-almiscarados nadavam apenas com o rabo ou usando alternativamente as pernas traseiras ou usando-as juntas ou usando as pernas dianteiras sem as traseiras ou todas as quatro — e todo mundo que diz essas coisas olha os animais quando eles estão nadando no rio. Não podem sequer ver os pés."

Para estudar cuidadosamente o seu nado, Fish pôs os ratos-almiscarados em tanques fechados de água corrente e filmou-os atravessando a corrente. Projetando o filme quadro a quadro numa tela, ele delineou pernas esticadas e daí pôde calcular as forças que o rato-almiscarado gerava a cada golpe; medindo quanto oxigênio os animais consumiam, pôde ver como transformavam energia em movimento de forma eficiente. Revelou-se que os bichos nadavam na superfície da água remando apenas com as patas traseiras, mantendo as dianteiras imóveis e junto ao corpo. Quando moviam para trás cada pata, abriam bem seus artelhos peludos e palmípedes de modo a forçar a maior superfície contra a água. Assim que uma perna ia o mais para trás possível, o animal fechava a pata e a trazia para a frente de novo para novo empurrão. Nadando dessa forma, os ratos-almiscarados queimavam tanta energia, proporcionalmente ao peso e à distância, quanto um ser humano — que é uma fogueira aquática.

Fish visitou zoológicos. Filmou lontras, golfinhos, focas, ursos polares, todo mamífero que dispunha de uma piscina. Quase todos os mamíferos podem nadar — a idéia corrente é de que apenas os macacos e as girafas não — mas poucos foram estudados com cuidado. Durante alguns anos Fish se contentou em desenhar pernas esticadas, uma espécie após outra, mesmo não tendo certeza de onde esse trabalho o levaria. "Por um tempo fiquei à deriva", diz. "Não sabia o que fazer com a experiência dos ratos-almiscarados a não ser repeti-la e não havia um modelo guia para isso. Era como colecionar selos."

Quando juntou filmes o bastante, quase inconscientemente Fish começou a qualificar os seus nadadores, dispondo-os num espectro. Num extremo estava a maioria dos mamíferos, cidadãos de terra firme que podiam atravessar um riacho se fosse preciso, devagar e de modo pouco eficiente. No meio estavam as espécies que podiam mergulhar em busca de moluscos ou raízes e na outra ponta os mamíferos que vinham à terra somente para acasalar ou que nunca vinham, os quais nadavam com tanta facilidade quanto os demais mamíferos andam. Os mamíferos de cada categoria tinham muito em comum na maneira de nadar, na anatomia, na eficiência e na importância que a água tinha para eles — apesar do fato de virem de ramos distantes da árvore dos mamíferos. Ocorreu a Fish que poderia usar seus filmes não apenas para descrever o nado dos mamíferos existentes mas para investigar a macroevolução que o produziu. "Comecei a pensar na questão básica: como se passa de quadrúpede terrestre a golfinho? E por quê? E por que se produzem outras morfologias, como focas e leões-marinhos?"

Os fósseis provavelmente não podiam ajudá-lo muito, pensou Fish, em parte por causa de sua escassez e em parte pela maneira como os paleontólogos brincavam com eles. Quando foi publicado um informe sobre a parte de trás do crânio do *Pakicetus* na prestigiosa revista *Science*, em 1983, um alentado retrato aparecia na capa: uma criatura de focinho comprido, com aspecto de urso e patas atarracadas, mergulhando fundo e longe em busca de arenques. Fish não gostou. "O lado da paleontologia de que nunca gostei é essa, digamos, para ser gentil, falta de rigor. Estão muito melhores agora, mas na época havia um monte de histórias incríveis. Arranjam ossos, encaixam esses ossos e então dizem o que bem entendem. Quando vi o *Pakicetus*, fiquei um bocado desconcertado. Podia ser verdadeiro, mas não havia nenhuma evidência daquilo. Estava muito além até de uma reconstituição em que se dispõe de um esqueleto inteiro e se pode dizer se o *Tyrannosaurus rex* tinha o rabo no chão ou não. Pelo menos sabíamos que tinha um rabo."

Fish não podia estudar a evolução do nado dos cetáceos da mesma maneira que é possível estudar a evolução da respiração dos tetrápodes. A transição da água para a terra está corporificada no caminho passo a passo do cladograma da página 131. Peixes de nadadeiras raiadas, peixes pulmonados, salamandras e lagartos são membros vivos das linhagens que se ramificam desses nados e, embora desde então tenham evoluído em diferentes direções, sua respiração não parece ter mudado muito. Mas quando Fish olhava um cladograma de baleias e seus parentes, a coisa mais próxima em terra que podia esperar estudar seria um artiodáctilo tal como um alce — animal que divergiu bastante dos mesoniquídeos nos últimos 60 milhões de anos. "Você pode jogar esses animais na água, mas não vai ver a mesma coisa. Estão inteiramente adaptados para correr, escalar rochas ou algo assim", diz Fish.

Pelo menos Fish sabia que um mesoniquídeo ancestral não saltou de um rochedo para a água e saiu nadando como um golfinho. Arrumando suas categorias de nadadores ele podia criar uma hipótese sobre os estágios pelos quais um mamífero terrestre podia se suavizar em uma forma aquática, com o comportamento e a anatomia fazendo um jogo gradual de pular carniça. Quando os paleontólogos afinal encontrassem algum fóssil de transição das baleias, ele poderia colocar em teste a sua hipótese. Mas ao resolver seguir esse plano Fish reconheceu quantas categorias lhe faltavam, quantos animais precisava observar. Tinha que colocar opossuns nos seus tanques, tanto da América do Norte quanto da América do Sul, além de ornitorrincos e castores, ratos de arrozais e ratos aquáticos australianos. Agachou-se em passadiços para filmar baleias assassinas dilacerando suas presas, em aquários com paredes de vidro registrou diversas espécies de golfinhos em suas rápidas investidas e filmou lontras de todos os tipos: lontras do mar, lontras de rio e as lontras gigantes da Amazônia.

No início dos anos 90 já tinha base bastante para uma teoria de como as baleias vieram a nadar. O primeiro passo seria uma remada de cachorro. Os cachorros e outros mamíferos terrestres (incluindo, presumivelmente, os mesoniquídeos) usam todos uma batida idêntica na água: a pata dianteira esquerda empurra para trás enquanto a traseira direita vem para a frente, depois a dianteira direita empurra para trás enquanto a traseira esquerda vem para a frente. A remada de um cão nada mais é que um trote na água e não exige do cérebro mais que os mesmos padrões motores usados para andar em terra. Para um animal que quer nadar apenas para atravessar um riacho, é o bastante.

Comparado a outros estilos, porém, o nado do cachorro é fraco. Para deslizar pela água a gente quer se mover como um torpedo, apresentando o menor corte transversal possível do corpo. Mas um mesoniquídeo remando com o peito cheio de ar enristaria para cima enquanto nadasse. Outro inevitável infortúnio é a maneira como as pernas de um cachorro interferem uma com a outra no nado. "Observamos gambás nadando", conta Fish, "e quando uma perna ia para trás e outra para a frente elas praticamente colidiam, e o animal hesitava como um cavalo quando dá um passo em falso. Do ponto de vista hidrodinâmico, a água está sendo empurrada, recebendo um impulso, de modo que está sendo alterada em relação à maneira como outro pé a sentiria se não fosse assim impelida."

Bastam umas poucas adaptações para aprumar esse nado. Como os mesoniquídeos passaram mais tempo dentro e em volta d'água, podem ter experimentado uma mudança que Fish encontrou quando comparou o opossum da América do Norte com o da América do Sul. O opossum norte-americano, que mais provavelmente estará numa árvore ou encarando feito bobo um carro que se aproxima do que num rio, é um típico nadador no estilo do cachorro. Seu parente sulista mais aquático (também chamado cuíca-d'água) parece quase idêntico, mas ele estende as pernas dianteiras para a frente enquanto chuta com as pernas traseiras, de modo que não tem mais o problema da interferência. O cuíca-d'água é palmípede nas patas traseiras para aumentar o empuxo, seus olhos estão mais para cima na cabeça e seu pêlo aprisiona bolhas de ar para dar flutuação ao corpo. Enquanto o opossum norte-americano luta e balança sem prumo quando nada, o cuíca-d'água mantém uma linha horizontal e rema com facilidade.

Mas isso é o máximo que a evolução pode fazer com um nado de cachorro. No essencial, é um ciclo bifásico: cada perna passa por uma fase de energia quando empurra a água para trás e depois por uma fase de volta à posição anterior, puxando para a frente. Cada volta reduz a velocidade do animal, mesmo que ele possa diminuir a resistência fechando a pata. Para piorar as coisas, um mamífero que nada como um cachorro na superfície tem que lutar contra a turbulência de pequenas ondulações. Ele cria suas próprias ondas de proa, como um navio, o que rouba energia, e enquanto um navio ou um nadador se move mais rápido, ele alcança a chamada velocidade de quilha, na qual se vê preso na depressão da onda e não pode avançar mais rápido.

As baleias não poderiam ter ido além desse estágio ineficaz de evolução do cuíca-d'água, segundo Fish, sem passar a um novo estilo de nado. Tiveram que ser, por um tempo, como lontras. O corpo de uma lontra é substancialmente diferente do corpo de um mamífero terrestre: ela tem um longo rabo musculoso, um tronco em forma de charuto e pernas curtas e grossas; os pés dianteiros são pequenos e os traseiros avantajados. Quando cruza a superfície da água, ainda é capaz de remar, mas para mergulhar em busca de comida precisa de um outro estilo. Se tentasse descer nadando como um cuíca-d'água, a flutuação do pêlo iria sobrepujar o empuxo modesto das pernas traseiras.

Em vez de alternar os membros traseiros, a lontra empurra-os juntos no mergulho. Está ainda se apoiando no mesmo princípio básico de empurrar a água, o mesmo princípio do nado do cachorro, mas pode agora acrescentar o empuxo do rabo. As longas costas flexíveis se curvam quando as pernas golpeiam para trás, de modo que quando as pernas terminam o empuxo e começam a voltar para a frente — normalmente o momento em que o animal perderia o impulso para adiante — sua ondulação continua no rabo firme, continuando a empurrar a água. Quando a onda chega à ponta do rabo da lontra, suas patas traseiras já estão curvadas para cima, para uma nova patada. Os efeitos combinados desse poderoso golpe e da liberação da tirania das ondas de superfície são imensos: uma lontra do mar pode nadar 75 por cento mais rápido debaixo d'água e cortar praticamente à metade seu custo de transporte. E, no entanto, para nadar dessa maneira uma lontra não precisa de uma nova rede elétrica cerebral: em vez de um trote terrestre, ela usa o mesmo padrão motor que produz um galope.

Uma lontra ainda está muito longe de uma baleia. "Você está balançando na superfície como uma rolha. O mergulho vai exigir um bocado de esforço", diz Fish. Nesse ponto as baleias teriam que ter perdido o pêlo que aprisiona o ar e desenvolvido a gordura. "Passando do ar à gordura, adquire-se uma boa flutuação neutra. Só encontramos lontras do mar em águas rasas. Elas não são encontradas em mar aberto. A gordura não precisa de trabalho de manutenção, ao passo que as lontras gastam um bocado de tempo cuidando do pêlo. E a gordura é uma fonte de energia que você pode armazenar para viver dela." Uma protobaleia gorda podia continuar a nadar como uma lontra enquanto seu rabo crescia e se tornava mais musculoso, suas costas ainda mais flexíveis à medida que se soltavam dos quadris. Ela dependeria menos das pernas porque poderia gerar empuxo suficiente flexionando as costas sem o empurrão inicial das patas traseiras. O último passo para o nado das baleias seria o acréscimo de pás ao rabo.

Agora, com essas asas de avião na cauda, eram capazes de gerar força de ascensão, que é a maneira mais eficiente de se mover em qualquer fluido, ar ou água. E ajustando o ângulo dos lobos da cauda, eram capazes de se impelir a tanta distância com o golpe para cima quanto com o golpe para baixo.

A lontra golpeia com as pernas traseiras e gera empuxo extra curvando as costas e o rabo.

O que torna especialmente poderoso o modelo de Fish é que ele explica não apenas como a baleia pode ter evoluído mas também como outros mamíferos marinhos acabaram tendo a anatomia que têm. As focas podem também descender de animais que remavam como cachorro e que pararam de usar as pernas dianteiras e nadavam como cuícas-d'água para diminuir a interferência. Mas aí fizeram uma opção diferente: em vez de empurrar com as patas traseiras, viraram-nas para o lado como remos — estágio que encarna o ornitorrinco, como Fish descobriu numa viagem à Austrália. Começaram a remar os pés de um lado para o outro e gradualmente toda a pélvis evoluiu para oscilar também.

Os destinos diferentes das focas e das baleias não foram arbitrários, porém; na verdade eles remetem Fish a seu primeiro trabalho de zoólogo, sobre caudas. O rabo pode rapidamente descarregar o calor extra de um mamífero, o que faz dele um trunfo nos trópicos, mas em climas mais frios qualquer extremidade é um risco. "Se observar os gambás do norte e do sul", diz Fish, "achará que são dois animais diferentes. Os gambás nortistas têm sempre o aspecto de ratos, com orelhas que parecem ter sido arrancadas a dentadas, rabos meio que faltando: perdas causadas pelo frio. Os gambás sulistas não têm problemas desse tipo porque não sofrem ulcerações pelo frio, por isso têm grandes orelhas caídas, um longo rabo e todos os dedos — e parecem de certa forma bonitos." O registro fóssil mostra que as focas evoluíram de um animal semelhante ao urso há pelo menos 25 milhões de anos em alguma costa fria do Pacífico Norte. Esse animal não tinha algo que se pudesse chamar de rabo. As mais antigas baleias, ao contrário, vêm do Paquistão, que ficava próximo ao equador 50 milhões de anos atrás, e uma longa cauda de mesoniquídeo pode tê-las ajudado a se refrescar. Assim, seus hábitats em terra determinaram seu futuro no mar. William Flower havia sugerido mais de um século antes que as caudas decidiram quem herdaria lobos de cauda e, com um conhecimento maior de fisiologia, Fish trouxe a idéia para a moderna teoria da evolução. Como ele diz, "a gente está preso na nossa história".

Em 1979, Phil Gingerich descobriu o *Pakicetus*, a mais antiga das baleias; dez anos depois, encontrou as mais recentes baleias com pernas; e em 1992 alguém abriu um volume pela primeira vez entre esses dois tomos. Seria um clichê como recurso de trama fazer desse alguém um aluno de Gingerich, mas foi isso o que aconteceu e esta história é a história dos fatos, não importa se vêm ou não a calhar. Quando visitei Hans Thewissen, ex-aluno de Gingerich, na Escola de Medicina das Universidades do Nordeste de Ohio, ele estava passando a tarde de pé em cima de uma mesa apontando uma câmera de 35 milímetros para uma rocha cor de bronze entre seus pés. Um assistente segurava uma luz e Thewissen pediu que eu segurasse outra para eliminar um resto de sombra. Parecia que estávamos fazendo uma foto de moda para uma revista sobre pedras. A pedra era uma recente descoberta do Paquistão, cheia de ossos. Achei que Thewissen poderia dilacerá-la com as mãos: bem em cima da pedra estava um crânio de *Pakicetus* com a metade frontal intacta, dando pela primeira vez uma visão do que tinha sido realmente toda a sua cabeça. As pequeninas órbitas oculares estavam expostas, bem juntas no alto e na frente da cabeça. Também misturados na rocha havia fósseis de cascos de tartaruga e dos pequenos tios dos elefantes chamados antracobunídeos. Pedaços de ombros e pernas dianteiras também se misturavam. Podiam ser do *Pakicetus*, o que significaria que Thewissen teria encontrado os primeiros ossos além do crânio dessa baleia primordial. Ou podiam não ser.

Mas Thewissen (pronuncia-se Têvissen) não tinha pressa. Pulou da mesa e puxou para perto da primeira outra pedra que com ela se encaixava. Enquanto trabalhava, tinha uma expressão tão intensa que parecia melancólico. Seu cabelo era cortado rente nas têmporas e os lábios eram pálidos como a face. Olhando-o, pensei nos rostos solenes desenhados por Holbein. Não deixava o assistente começar a extrair os ossos das pedras enquanto não as fotografasse de todos os ângulos. Há informação nos fósseis, mas há outra informação nos fósseis ainda presos à rocha. Eles chegam ao seu lugar final de repouso quando animais morrem juntos em tempestades de areia, quando ursos os empilham nas suas cavernas prediletas, quando suas carcaças desviam-se das correntes centrais e entram em redemoinho num cotovelo de rio. Thewissen tirou essas pedras a marretadas numa colina do Paquistão e queria usar as fotografias que tirava para fazer um mapa dos ossos, um mapa que lhe dissesse como esses animais morreram. Elas podiam indicar se o ombro e a perna desgarrados realmente pertenciam a uma baleia. Pelo menos essa era a sua esperança ao tentar virar uma das pedras para se lembrar de como originalmente se encaixavam juntas numa montanha do outro lado do mundo. "Às vezes gostaria de ter feito um curso de pedreiro", resmungou.

"Tentei fazer com que Hans se interessasse pelas baleias, mas não consegui", conta Gingerich. Como ele, Thewissen era apaixonado pelos fósseis há muito tempo mas só recentemente fora seduzido pela origem dos cetáceos. "Sempre fui interessado em fósseis, desde criança, segundo a minha mãe", diz. Nos fins de semana seu pai o levava a um afloramento a 50 quilômetros de casa, na Holanda, onde ele podia escavar traços de vida marinha de 70 milhões de anos atrás. "Ele tinha interesse porque eu tinha; o que ele queria basicamente era me manter longe de problemas. E eu era filho único, de modo que escolhia onde ir nas férias. E era sempre para locais onde havia fósseis, grandes sítios devonianos na Alemanha, com trilobitas e corais, várias vezes à costa da Normandia, num ponto de transição do jurássico para o cretáceo, e muitas férias na Espanha, onde há moluscos do carbonífero."

Quando foi estudar com Gingerich em Michigan, Thewissen já percebia que era mais um paleobiólogo do que um paleontólogo. "Estava mais interessado nos animais, não tanto no que acontece com eles após a morte ou em como usá-los para datar as rochas." É raro um estudante de paleontologia passar um mês dissecando um cão embalsamado para aprender como é cada tendão, glândula e músculo. Na Universidade de Utrecht ele havia estudado artiodáctilos e passou a admirar seus tornozelos. Nos humanos e na maioria dos mamíferos, o tornozelo move o pé num eixo. Mas o búfalo, o alce e todos os outros artiodáctilos têm ossos alongados no tornozelo que podem girar nas duas pontas, o que lhes dá uma passada larga e estável. Para entender a evolução dessa polia dupla, ele dissecou aardvarks (um tubulidentata) que haviam morrido no zoológico de Amsterda para estudar seus tornozelos primitivos e estudou também fósseis, trabalhando no Museu Nacional de História Natural em Paris e participando de uma escavação no Paquistão.

Em Michigan, Thewissen estudou os condilartos, esses herbívoros primitivos que dariam origem aos atuais mamíferos de casco, e viajou com Gingerich nos verões para procurar fósseis no Wyoming. Na época, Gingerich passava os invernos no Egito e trazia para casa pilhas de ossos de baleia que queria que alguém estudasse, mas Thewissen não se apresentou como voluntário. Estava mais interessado em mamíferos que ainda usavam suas pernas em terra. Depois de se graduar, Thewissen lecionou anatomia a estudantes de medicina na Universidade de Duke, onde se dedicou a investigar os músculos de vôo dos morcegos para encontrar pistas de parentesco desses animais com outros mamíferos. Ele meditava como podia dar um impulso na carreira e concluiu que precisava descobrir uns fósseis. O Paquistão era uma possibilidade. Muitas das questões que haviam levado Gingerich até lá permaneciam sem resposta. Os geólogos sabiam que o subcontinente indiano havia aberto caminho Ásia adentro, fechando o mar de Tétis e criando o Himalaia, mas eram surpreendentemente inseguros quanto ao momento em que fez a atracação e quanto tempo levou para grudar completamente. Primeiro sugeriram 25 milhões de anos atrás mais ou menos, depois recuaram para cerca de 40 milhões e havia quem especulasse com 65 milhões de anos. O momento podia ter enorme importância.

David Krause, paleontólogo da Universidade do Estado de Nova York, em Stony Brook, examinou os fósseis de mamíferos que haviam sido coletados desde a década de 70 e sugeriu que a Índia teria sido o berço de muitas das ordens de mamíferos existentes hoje. Antes de 70 milhões de anos atrás, a Índia era colada à costa meridional da África. Talvez mamíferos primitivos abordassem a massa de terra antes de ela embarcar na travessia do oceano Índico e durante os 15 milhões de anos seguintes evoluíram na Índia isolados dos animais do resto do mundo. Uma linhagem de primatas semelhantes a lêmures evoluiu para uma nova forma que por fim daria origem a társios, macacos e homens. Os condilartos produziram alguns dos primeiros mamíferos de casco. Quando a Índia fez da Ásia seu novo lar, esses mamíferos atravessaram a prancha de desembarque e em poucos milhões de anos se espalharam pelo mundo, aparecendo em áreas ricas em fósseis como o Wyoming. Mas por mais interessantes que fossem as idéias de Krause, dependiam inteiramente do tempo da colisão, que ainda não estava definido. Pareceu a Thewissen que um paleontólogo podia ajudar. Antes da colisão, o subcontinente indiano teria sido uma ilha repleta de formas estranhas de vida e, se ele fosse ao Paquistão, na extremidade norte do subcontinente, veria os mamíferos da Índia invadindo a Ásia e as criaturas da Ásia fazerem o caminho inverso. E, se pudesse datar os fósseis, poderia estar datando a colisão.

Thewissen entrou de novo em contato com os paleontólogos que o haviam acolhido no Paquistão quando estudante, em equipe liderada por pesquisadores da Universidade Howard e do Projeto de Estudo Geológico do Paquistão. Era a equipe que tinha trabalhado em Ganda Kas poucos meses depois de Gingerich em 1977 e que no final da década de 70 encontrara muitos fósseis de mamíferos lá, inclusive um pedaço de mandíbula de baleia que Gingerich depois rebatizou de

Pakicetus. A equipe de Howard e do Paquistão sugeriu que Thewissen voltasse a um sítio particularmente rico em mamíferos, a Localidade 62, e Thewissen perguntou à Sociedade Geográfica Nacional dos Estados Unidos se estaria interessada em financiar o projeto. "Pensava que minhas chances aumentariam muito se eu pedisse muito pouco dinheiro. Então a coisa resultou em apenas três passagens para o Paquistão", conta. Deram-lhe o dinheiro e na primeira viagem, em 1991, levou Andres Aslan, sedimentologista que havia trabalhado com ele no Wyoming. Em Islamabad eles se juntaram a Mohammed Arif, vice-diretor do Projeto de Estudo Geológico do Paquistão, e rumaram para a Formação Kuldana, na região ao redor de Ganda Kas que Gingerich havia trilhado deixando um táxi à espera.

Arif, Aslan e Thewissen iam toda manhã, numa velha camioneta Isuzu azul, da cidade vizinha de Attock para um vale na cadeia de Kala Chitta. Caminhavam 1,5 quilômetro da estrada até a Localidade 62, onde rocha sedimentar, xisto limoso, calcário e arenito se expunham ao longo de afloramentos de 3 metros em meio à vegetação mirrada. Thewissen precisava aí dos conhecimentos de Aslan enormemente. Estavam caminhando de volta no tempo, vendo o mar de Tétis subindo e descendo tão rápido que bastavam uns poucos passos para levá-los a um hábitat completamente diferente. "Em Kuldana é espantoso como o ambiente muda de repente", diz Thewissen. "Você tem pedras de água doce, então uma incursão marinha, uma baía, aí outro lago e, de repente, mar alto." E ele precisava se ater às rochas terrestres, pois apenas nelas podia esperar encontrar mamíferos que estivessem cruzando a fronteira indiana.

Enquanto os sedimentologistas exploravam as faces da rocha na Localidade 62, Thewissen entrava com a marreta. Após alguns dias, encontrou ossos, mas de um ouvido de baleia — que mais tarde perceberia ser o ouvido do *Pakicetus*. Sabia que era um fóssil importante, mas não para o seu objetivo de registrar os mamíferos que entraram no Tibete. "Quando você busca migrações de mamíferos terrestres, não está à procura de baleias", explica. Trabalharam durante seis dias antes de terem que voltar a Islamabad, onde Thewissen prometera pegar um paleontólogo holandês que ia chegar de avião para estudar rochas do mioceno. Estava pronto para voltar a campo quando a história deu o sinal da graça. A embaixada americana avisou para que ficasse na capital porque a crise entre os Estados Unidos e o Iraque estava tornando tenso todo o mundo islâmico. Por alguns dias Thewissen ficou à espera em Islamabad. "Aí percebemos que as negociações não iam dar em nada e simplesmente fomos embora. Pelo menos tive meus seis dias. E além disso encontramos aqueles ouvidos de baleia."

Os ouvidos mantiveram-no ocupado por alguns meses na Universidade de Duke. Dentro da concha dos ouvidos em formato de uva ele encontrou a primeira bigorna conhecida de *Pakicetus*, o osso mediano da cadeia de ossos do ouvido. Quando os embriões de baleia formam os ouvidos, essa cadeia assemelha-se basicamente à de outros mamíferos. Mas no caso dos ouvidos de baleia, Haeckel estava certo: a ontogenia de fato reproduzia a filogenia. A bigorna gira cerca de 90 graus, puxando com ela os cordões de tecido conjuntivo que a circundam. Essa rotação provavelmente tem algo a ver com a adaptação à acústica subaquática de um ouvido de transporte aéreo, mas ninguém ainda pode dizer exatamente que algo é esse. De qualquer forma, Thewissen descobriu que na bigorna o *Pakicetus* era mais uma vez um notável intermediário: comparada com o ouvido de uma baleia existente hoje, sua bigorna girava só cerca de metade do ângulo.

O exílio de Thewissen do Paquistão foi muito mais curto que o de Gingerich. Na temporada seguinte tinha terminado a Guerra do Golfo e o Departamento de Estado norte-americano não interferiu quando ele fez seus preparativos para retornar. Estava, porém, com o dinheiro praticamente no fim e, quando viajava de volta a Islamabad, pensou que esta era a sua última chance de encontrar vestígios de um animal em migração. Arif juntou-se a ele em Islamabad e voltaram na Isuzu para Ganda Kas. Rumaram de novo pelo mesmo vale para a Localidade 62. Mas não foram andando bem em linha reta até o sítio; os paleontólogos têm o costume de perambular, a não ser que estejam carregados de marretas, picaretas, cinzéis e pás para um dia de trabalho duro na pedreira. Arif passava por um lado do vale quando viu um fragmento de osso. Talhou a pedra ao redor e, ao soltar o osso, Thewissen reconheceu-o como a costela de um antigo sirênio — membro de um grupo de mamíferos que inclui o peixe-boi e o dugongo, mamíferos que como a baleia voltaram ao mar não muito depois do desaparecimento dos dinossauros. Os paleontólogos suspeitam que eles evoluíram, 50 milhões de anos atrás, dos antracobunídeos de aspecto elefantino, levando sua pacífica pastagem da terra para a água, onde se alimentavam de gramíneas aquáticas.

Como os ouvidos do *Pakicetus*, era um fóssil fascinante — o primeiro sirênio do eoceno do Paquistão — porém mais uma vez

Thewissen estava dando n'água quando queria encontrar terra. Quando ele e Arif chegaram à Localidade 62, ainda não puderam encontrar mamíferos terrestres como queriam e Thewissen decidiu que era hora de buscar novas rochas, de sair em prospecção. "É apenas perambular", diz Thewissen. "Você vê numa foto aérea um afloramento da idade certa e do aspecto certo, então decide vasculhar essa área, o que significa que as pessoas se dispersam e só se vêem na hora do almoço, caminhando devagar de uma camada para outra, sem grande orientação, para ver se há fósseis lá. Foi assim que fizemos aquela manhã, apenas tentando ver se havia algo naquele lugar, e então nos encontramos para almoçar."

Estavam encostados numa parede de pedra verde e rósea. Era também parte da camada em que Arif havia encontrado a costela de sirênio — alguns milhões de anos mais recente que as rochas onde foi encontrado o *Pakicetus* — e, ao erguer os olhos e observá-la, Thewissen notou a textura esburacada da pedra. Placas de ostras que outrora floresceram justo ao largo da costa no mar de Tétis haviam esculpido aquela rocha. Ainda sentado ali, comendo, Thewissen encontrou três dentes de peixe. Era como se a pedra estivesse tentando lhe dizer que deveria desistir de ser o cronometrista da Índia e passar a olhar o que o mar podia lhe oferecer. Decidiu ouvir.

Em poucos dias de escavação nas rochas marinhas percebeu que tinha tomado a decisão certa, porque ele e Arif encontraram pedaços de um crânio de sirênio. Poucos dias depois Arif encontrou um joelho de algo que se projetava de um penhasco baixo de rocha sedimentar. "Reconheci o joelho de um mamífero por causa do formato do fêmur e da tíbia", diz Thewissen. "Àquela altura não sabia o que era."

Quando encontraram mais ossos desse mamífero espalhados perto do joelho, na superfície do penhasco, decidiram quebrar a pedra para ver até onde se estendia o fóssil. "Mais e mais ossos surgiram. Era um penhasco vertical e caminhávamos no topo, onde encontramos o joelho. Então, assim que identificamos em que leito estava, descemos e a primeira coisa que encontramos foi uma costela com um ossinho do pé ao lado. Depois um fêmur à direita e mais costelas. E aí começamos a correr à procura da mão." O animal, de mais de 1,80 metro de comprimento, estava enterrado de cabeça para baixo na rocha e, enquanto o exumavam ao longo de três dias, Thewissen tentou adivinhar o que haviam encontrado. Pensou que talvez fosse um antracobunídeo — sugestão razoável, uma vez que ninguém jamais encontrara antes mais que uma mandíbula de antracobunídeo. Talvez tivesse encontrado um elo perdido entre os antracobunídeos e os sirênios. Mas ainda assim era um corpo esquisito para um mamífero. As pernas dianteiras eram curtas mas tinham grandes mãos chatas, enquanto as pernas traseiras terminavam em pés que tinham a forma de sapatos de palhaço. "Fiquei pensando, é um belo esqueleto, mas o que vou fazer com ele se não sei o que é?"

Escavaram fundo no penhasco e os últimos ossos que acharam foram do crânio. Era uma coisa de focinho comprido, quebrada pela raiz de um arbusto. Extraíram a pedra de um dos dentes do animal, a coisa dos antracobunídeos que Thewissen conhecia com certeza. "Quando vi esses dentes, falei: 'Não parecem de sirênio.'" De fato, pareciam dentes de um mesoniquídeo, de uma primitiva baleia. Ele e Arif removeram a pedra do ouvido e viram que ele pendia como uma uva da parte de trás da mandíbula e então reconheceram o **S** nele gravado, a marca dos cetáceos. Fez-se luz por fim para Thewissen: haviam encontrado uma baleia que andava.

Thewissen não voltou triunfante para casa, pelo menos não de imediato, porque então estava quebrado. "Não pude trazer todo o esqueleto porque não tinha dinheiro para pagar pelo excesso de peso", conta. No Projeto de Estudo Geológico do Paquistão em Islamabad ele reuniu os fósseis que havia encontrado naquele inverno. Suas outras descobertas incluíam a costela e o crânio de um sirênio e uma mandíbula de *Pakicetus*. Essa mandíbula iria se revelar importante também. Como a bigorna que havia encontrado em 1991, essa mandíbula era lindamente intermediária. Os mamíferos terrestres — incluindo os humanos e os mesoniquídeos — têm um orifício do tamanho de uma cabeça de fósforo mais ou menos no meio do lado interior de cada asa da mandíbula. Por esse orifício passam vasos sangüíneos e nervos que mantêm o queixo vivo. Na baleia, esse orifício é uma fenda larga que atravessa grande parte da mandíbula; ela acomoda a almofada de gordura que passa o som para os ouvidos. No *Pakicetus*, descobriu Thewissen, o orifício era ainda pequeno, enquanto na baleia andante, cerca de três milhões de anos mais recente, tornava-se maior. Mas Thewissen não rasparia o sedimento da mandíbula e não veria o orifício antes de mais um ano. Em Islamabad, teve que colocar quase todos os seus fósseis em caixotes revestidos de palha e fechá-los com pregos. Só pôde levar para casa o que tinha como carregar num avião e escolheu o crânio da sua nova baleia, recheado com o seu Talmude taxonômico. Enfiou papel higiênico molhado nas fissuras, cobriu com papel laminado e enrolou-o em bandagens de gesso. Colocou-o na mochila e foi para casa.

De volta à América, Thewissen teve que contar a mesma história repetidamente, a cada vez com um toque diferente de embaraço: encontrei uma baleia com pernas, um dos mais importantes fósseis na história da paleontologia, mas não tenho as pernas comigo no momento. "Ele a encontrou e então me ligou", conta Gingerich. "Ligou para dizer como estava indo a temporada e pedindo recomendação para um emprego. Lembro que eu disse: 'Hans, como é que você espera arranjar um emprego se deixa o seu melhor fóssil no Paquistão?' Como eu, ele estava interessado em dentes e crânios e, quando me contou que trouxe esse grande crânio pesado na bagagem de mão num avião e deixou para trás o caixote com os membros, não pude acreditar. 'Não deixe lá o seu material mais espetacular! Vamos, dê um jeito nisso!'" Thewissen foi a encontros científicos e tentou impressionar as pessoas com o crânio e alegações de que a 16 mil quilômetros de distância ele tinha as pernas da mesma baleia. "Eu teria esperado, mas estava tão entusiasmado — meu Deus, eu tinha esse fóssil espantoso, esse elo perdido! — mas acho que a maioria das pessoas dizia: 'Tá legal. Vamos acreditar quando pudermos ver as pernas e os pés.' Era como eu mesmo teria reagido a uma outra pessoa."

Foi Gingerich quem trouxe os ossos de volta para Thewissen. Após a sua viagem ao vale do Zeuglodonte em 1991, ele ficou pensando o que mais poderia fazer no Egito. Havia encontrado cinco gêneros diferentes de baleias, que seu aluno Mark Uhen estava classificando. Havia encontrado pernas e artelhos numa baleia. Havia inclusive utilizado o Sistema Global de Posicionamento de satélites para marcar a localização de cada um dos 349 esqueletos de baleia que tinha encontrado no vale para que paleontólogos posteriores não tivessem que redescobrir os ossos. Se alguém mais desejasse continuar o trabalho, era bem-vindo. E com o fim da guerra civil afegã, seus pensamentos se voltaram para o Paquistão. Lembrou-se da desastrosa primeira temporada de campo, quando levou uma equipe internacional ao vale do Rakhi Nala para escavar ossos de mamíferos de 43 milhões de anos, apenas para descobrir que estavam no que outrora fora o mar. "Antes de irmos embora, conseguimos coisas como esta", disse-me em seu gabinete enquanto sua mão deslizava por um grupo de gavetas, parava e abria uma delas. Dentro havia uma massa fundida de ossos cor de sidra. "Esse é claramente o acetábulo de um osso pélvico. Conseguimos um sacro e a espinha acha-se fundida na ligação à pélvis.

A gente pilheriava sobre baleias andantes, mas eram apenas piadas então." Supunham ao contrário que devia ter sido algum parente do elefante que fora arrastado para o mar e se putrefez em pedaços. Agora que havia encontrado pernas de *Basilosaurus*, já não podia mais ter tanta certeza.

Quando Gingerich se preparava para voltar ao vale do Rakhi Nala em 1992, Thewissen lhe contou sobre as pernas de baleia que havia deixado para trás dentro de caixotes. Quando Gingerich voltou ao Paquistão depois de nove anos, as diferenças não eram muitas; os velhos rifles britânicos que os homens carregavam no campo tinham se transformado todos em Kalashnikovs. Quando chegou ao vale do Rakhi Nala, fez prospecção durante dias no extremo norte com Mohammed Arif e Xiaoyuan Zhou, um estudante de Michigan. As rochas aqui eram provavelmente alguns milhões de anos mais recentes do que aquelas em que Thewissen trabalhara. Uma manhã estavam no cume e combinaram de se separar e encontrar-se depois para o almoço numa colina pontuda a distância. Arif não havia se distanciado muito de Gingerich quando encontrou osso e os dois passaram a manhã trabalhando nele. Era um remingtonocetídeo, uma primitiva baleia de rosto fino cujo crânio fora encontrado na Índia. Encontraram-se na colina e à tarde se separaram de novo. Dessa vez foi Xiaoyuan quem chamou Gingerich. "Num pequeno monte ele encontrou alguns pedaços de osso branco. Estava nítido lá, no chão. Fiquei entusiasmado. Pensei: 'Aqui é exatamente como o Egito. Está começando tudo a aparecer — e isso é a mandíbula de uma baleia.' Pensei: 'Isso vai ser bom.'"

"Nos dias seguintes me sentei e comecei a escavar essa coisa. Quase de imediato cheguei ao fêmur — estava quase dobrado para a frente, de modo que ao escavar a mandíbula chegou-se ao fêmur." Gingerich nunca vira nada como a coxa dessa baleia, de apenas 18 centímetros de comprimento. Lembrou-se do que Thewissen lhe dissera sobre os seus espécimes, do tamanho de um leão-marinho, e sua coxa de 28 centímetros. Essa baleia do vale do Rakhi Nala — um pouco mais recente que a de Thewissen — tinha pernas bem mais atarracadas para o seu tamanho, embora naturalmente fossem grandes comparadas às pernas do *Basilosaurus* mais jovem que ele havia encontrado no Egito. O fêmur que agora Gingerich liberava da rocha tinha trechos macios em cada extremidade para o encaixe de músculos poderosos, e a ranhura para o joelho era normal, sem o grotesco bloqueio em duas posições do *Basilosaurus*. E enquanto as pernas e quadris do *Basilosaurus* flutuavam isolados na parede do corpo, essa nova baleia os tinha próximos à espinha.

Gingerich encontrou quatro outras espécies de baleias na escavação, mas nada se comparava em abundância de ossos àquele espécime curvado. Em fevereiro de 1992 ele voltou a Ann Arbor, levando consigo os ossos de Thewissen junto com os dele. Durante dois anos eles rasparam a rocha tenaz para liberar suas baleias e em 1994 publicaram suas descobertas com poucos meses de diferença entre um e outro. Esse ano marcou a primeira vez em que as baleias não mais se separavam de outros mamíferos por um largo curso d'água: dois degraus haviam aflorado acima da correnteza.

A criatura de Thewissen, que ele chamou de *Ambulocetus* ("baleia caminhante"), era das duas a mais próxima da origem das baleias. Seu corpo de 180 quilos — uma enorme cabeça de crocodilo, peito largo e longo rabo — assentava-se sobre pernas atarracadas. Ainda tinha as altas projeções nas vértebras do pescoço que os mesoniquídeos utilizavam para levantar suas pesadas cabeças. A largura do peito empurrava suas mãos para cada lado como nadadeiras de foca e os

Ambulocetus.

pés gigantes nas suas pernas traseiras agachadas espalmavam-se desajeitadamente no chão. O *Ambulocetus* podia andar desajeitado em terra se precisasse, mas o formato de sua espinha dizia a Thewissen onde estavam os seus dons. Ele havia perdido as presilhas que mantinham rígida a espinha dos mesoniquídeos e sua geometria geral era mais parecida com a da lontra que a de qualquer outro animal. Embora

Thewissen não tivesse encontrado os quadris do *Ambulocetus*, a espinha sugeria fortemente que o animal podia arquear as costas quando empurrava as pernas traseiras gigantes, dirigindo a força do empuxo para a ponta da cauda.

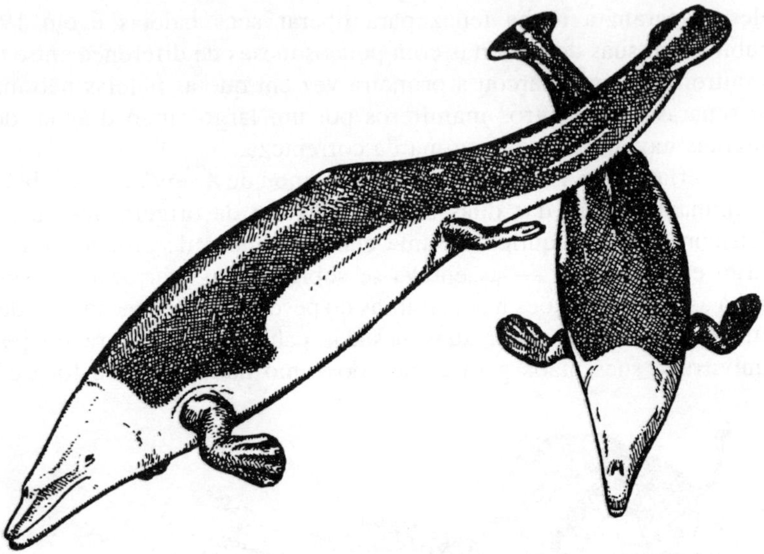

Rodhocetus.

A baleia de Gingerich, que ele chamou de *Rodhocetus*, era provavelmente um pouco mais parecida com uma baleia moderna, embora a sua cabeça fosse ainda maciça e sustentada por músculos que se ancoravam no pescoço nas mesmas vértebras altas dos mesoniquídeos. Embora não soubesse como eram os pés do *Rodhocetus*, suas pernas eram tão curtas que ele duvida que pudessem gerar uma força significativa na água. Sua espinha, não mais fundida aos quadris, podia agora se dobrar sem esforço em toda a parte superior até a caixa de costelas, de modo que pela primeira vez as baleias se tornavam essencialmente metade cauda. O *Rodhocetus* ainda podia arrastar-se às margens do Tétis, mas agora dependia completamente do impulso da cauda para mover-se na água. Gingerich só encontrou alguns ossos da sua pélvis, o que o impediu de saber se tinha desenvolvido lobos na ponta. Mas dado que o xisto onde a encontrara ficava a uma boa distância da costa, ela deveria ter nadado da costa com uma forte batida e só raramente voltado à terra.

Vistos em conjunto, esses dois fósseis de baleia eram como uma flecha apontando da terra para o mar. E talvez o mais notável de tudo era que ambos podiam ser desenhados com os óculos que Frank Fish oferecera havia apenas alguns anos, com base nos seus estudos dos mamíferos hoje existentes. Aqui estavam a lontra e a pós-lontra afinal feitas carne ou, pelo menos, osso.

Capítulo 9

Uma viagem para fora

Apenas o *Ambulocetus* não pode dizer como as baleias aprenderam a nadar, nem mesmo unido ao *Rodhocetus*. Como qualquer das obras da macroevolução, a origem das baleias precisa de um coro de fósseis para descrevê-la. Felizmente, porém, esses dois fósseis têm bastante companhia. Nos últimos anos foram descobertos vários arqueocetos primitivos e juntos eles agora contam uma história de surpreendente coerência, por mais estranha que pareça ao ser contada. Algumas partes dela são obscuras, outras se baseiam em evidência fragmentária e outras ainda sofrem de profunda contradição. Seus muitos autores não estão prontos para concluir toda a história, mas talvez possa ser o primeiro esboço da história. Pelo menos agora temos um esboço.

Como a maioria das histórias sobre a macroevolução, essa começa com morte. Por volta de 65 milhões de anos atrás, chegava ao fim a maneira como o mundo vinha funcionando fazia 150 milhões de anos. Os dinossauros na terra, os pterossauros no ar, os répteis marinhos no oceano, todos depuseram seus ossos finais e por 10 milhões de anos a vida na terra foi relativamente calma e pequena. Muitos antigos sobreviventes vertebrados viram pouca mudança no seu estilo de vida: os tubarões ainda vagavam, as tartarugas arrastavam-se na terra e nadavam no mar, os crocodilos ficavam à espreita. Mas nada ainda podia recuperar o grande tamanho das extintas criaturas, sua velocidade em terra ou no mar, seus dotes sociais. No final do período cretáceo os níveis do mar estavam declinando, as chuvas diminuindo e as temperaturas baixando, mas no período após a extinção — o paleoceno — a terra aqueceu de novo. Palmeiras oscilavam em Spitzbergen, perto do pólo, que estava livre de gelo. Havia mamíferos roçando pela folhagem das árvores e caminhando sob seu dossel. Enquanto viveram os dinossauros, eles andaram se arrastando e no paleoceno alguns dos principais ramos existentes hoje tinham acabado de brotar. No entanto, quando os dinossauros desapareceram, foi quase como se os mamíferos tivessem medo de desfrutar de sua boa sorte. Pequenos primatas de cérebro obscuro que se pareciam a ratos com olhos de escaravelho alimentavam-se de insetos e dos frutos que ofereciam as plantas floríferas hoje comuns. Herbívoros primitivos, do tamanho de uma vaca na maioria, mastigavam folhas e brotos — ainda não haveria grama por mais 30 milhões de anos. Quando viveram os dinossauros, a linha de pasto nas árvores ficava a 12 metros de altura. Agora estava a 1,80 metro.

Um dos fenômenos geológicos da era foi a colisão da Índia com a Ásia. O Himalaia emergiu, o Tibete foi erguido num planalto e o mar de Tétis começou a encolher, tornando-se como o Golfo Pérsico de hoje: raso, salgado e pululante de vida. Nas suas costas surgiu um novo conjunto de mamíferos. Talvez tivessem evoluído na Índia durante os anos em que o subcontinente esteve perdido no mar ou talvez viessem de alguma outra parte da Ásia. De qualquer forma, estavam lá em grande número: roedores nas moitas, morcegos e primatas nas árvores e, nas florestas e vegetação mirrada, alguns dos primitivos mamíferos de casco — parentes ancestrais das antas, rinocerontes e elefantes.

Como predadores havia mamíferos semelhantes ao lince chamados hienodontídeos e os deslocados mesoniquídeos. Os mesoniquídeos vinham de uma raça mansa, herbívora e de cascos cujos parentes mais próximos eram provavelmente os artiodáctilos. Tinham um apetite carnívoro, mas costas rígidas como as de um cavalo, que os impedia de perseguir e agarrar as presas. Havia comida suficiente, porém, e podiam usar suas mandíbulas quebra-ossos para limpar cadáveres ou pegar uma tartaruga ocasional ou espadanar na parte rasa de um rio para pegar um peixe — não dando patadas nele como um urso mas agarrando-o com a boca comprida. A maioria dos mesoniquídeos vivia esse tipo de vida, criando assim centenas de milhares de gerações de jovens mesoniquídeos, até 34 milhões de anos atrás, quando seu tipo específico de confusão anatômica não podia mais sobreviver.

Em volta do Tétis, no entanto, uma raça de mesoniquídeos ou alguma parente próxima foi atraída para a água. O mar era rico em arenques e outros peixes e a água salgada se lançava em estuários salobros terra adentro. Como a maioria dos mamíferos, esses mesoniquídeos podiam remar atravessando os cursos d'água com o passo alternado que usavam para andar em terra. Nunca haviam usado os cascos para abater presas; em vez disso, seus longos focinhos ficaram mais compridos, de modo que podiam mais facilmente agarrar peixes. Seus dentes frontais haviam se transformado em finas tenazes que podiam fisgar presas nadando; com seus dentes traseiros em lâmina podiam cortar a comida ou simplesmente podiam engoli-la inteira. Pescavam em geral nas partes rasas, com água pelos joelhos. Quando nadavam, despendiam muito mais energia do que quando corriam. A água extraía seu calor, ainda que vivessem nos trópicos e tivessem casacos de pele. Haviam se transformado no *Pakicetus* e seus pares — em outra palavras, tinham simplesmente se tornado baleias.

Gingerich acha que apenas dois milhões de anos separam o *Pakicetus* da primeira baleia de verdade, ainda não descoberta. Talvez mais três milhões de anos se passaram antes que surgisse o *Ambulocetus* — Hans Thewissen ainda não tem certeza da sua idade precisa. A evolução trabalhava rápido nessa época. Novas espécies de baleias nadavam para águas mais fundas e longínquas, evoluindo de um nado de cachorro para um de cuíca-d'água. Suas pernas encolheram, as suas patas traseiras se tornaram compridas e provavelmente em formato palmípede. De acordo com o modelo de Fish, é provável que seu pêlo, agora flutuante, ajudasse a manter seus corpos retos quando nadavam. Surgiram novas espécies que podiam nadar como lontras, passando de uma remada de superfície para uma batida de galope, flexionando sua então maleável coluna vertebral, que podia levá-los fundo na água dos rios. Por que as baleias se incomodariam em fazer tal transição? O *Pakicetus* e seus contemporâneos saíam-se bem apenas visitando a água — em alguns sítios do eoceno no Paquistão seus dentes são hoje os fósseis mais comuns de encontrar. Uma coincidência pode ser uma pista: nos mesmos lugares onde os paleontólogos encontram baleias primitivas, encontram antracobunídeos, esses ancestrais do elefante e do peixe-boi, seguidos no tempo pelos mais antigos sirênios. Talvez os sirênios fossem os sonolentos pioneiros que entraram na água primeiro. Pastavam como hipopótamos debaixo d'água a grama do fundo dos rios e dos mangues salobros do litoral, e as baleias, linhagem de predadores que já estava flertando com a água, seguiu-os água adentro.

Mas o *Ambulocetus* ainda não os havia seguido tão completamente, segundo Thewissen. A seu ver, eles eram crocodilos peludos. Ficavam na margem a maior parte do tempo, as pesadas cabeças descansando na areia ou em alguma pedra alta, e pode ter sido nessa posição — e não debaixo d'água — que a audição da baleia pode ter começado.

Os sons de baixa freqüência podem viajar rapidamente pelo chão e alguns vertebrados podem detectá-lo. Uma tartaruga sentada, por exemplo, pode sentir vibrações transmitidas pelo solo quando elas passam pela parte de baixo de seus cascos, porque o osso e a terra são acusticamente semelhantes. As vibrações viajam através do seu esqueleto até o crânio, onde fazem o estribo vibrar contra a cóclea. Quando o *Ambulocetus* aquecia-se ao sol do Paquistão com sua cabeça maciça no chão, essas ondas sonoras podiam viajar por sua mandíbula ossuda e canalizar-se até os ouvidos pela almofada de gordura. Se Thewissen puder confirmar sua especulação, pode ser que os ouvidos de baleia se revelem como as pernas dos tetrápodes: uma exaptação tão estranhamente bem adaptada a um tipo de ambiente que é difícil acreditar que originalmente tenham evoluído para a vida em outro ambiente.

Como os crocodilos, o *Ambulocetus* era um animal completamente diferente quando deslizava para caçar na água. Podia emboscar um animal remando vagarosamente, os olhos no alto da cabeça enquanto o resto do corpo permanecia escondido debaixo d'água, até alcançar uma curta distância e poder passar para um nado do tipo da lontra. Ao agarrar a presa com seu longo focinho, o *Ambulocetus* mantinha a distância segura as desesperadas mordidas e as patas de sua presa. Os crocodilos, como as baleias, podem juntar grande quantidade de oxigênio no sangue e nos músculos, mas em vez de usá-lo para mergulhar em mar aberto, usam-no para prender a respiração enquanto afogam a presa no fundo da água. Ancestrais do *Ambulocetus* podem ter desenvolvido sua capacidade de oxigênio pelas mesmas razões. E uma vez morta a presa, o *Ambulocetus* podia usar os poderosos músculos da mandíbula e do pescoço desenvolvidos por seus ancestrais mesoniquídeos para arrancar pedaços da carne da criatura.

É tentador construir essa história como um poste totêmico, com o trotante *Pakicetus* na base, o *Ambulocetus* colocando em cima sua vigorosa mandíbula e o *Rodhocetus*, a primeira baleia a nadar como uma baleia, em cima dos dois. Parece de tal forma uma suave evolução até os cetáceos de hoje que deve estar certo. Mas tal versão seria apenas um corte vertical na história. A vida não procede de um ponto a outro — como os cladogramas que a representam, ela bifurca-se e se irradia. Thewissen e outros paleontólogos haviam encontrado muitos outros ossos de baleia em rochas do eoceno no Paquistão e na Índia. Na maioria são dentes — a rocha dá alguns crânios também — mas mesmo dentes mostram claramente que seus donos não eram clones do *Pakicetus* ou de outras baleias mais bem conhecidas. O *Ambulocetus* mantinha-se em deltas salobros e águas costeiras, mas Thewissen encontrou dentes de baleia mais ou menos da mesma idade no que à época era mar aberto. Gingerich encontrou pelo menos três contemporâneos do *Rodhocetus* alguns milhões de anos mais jovens que o *Ambulocetus*: o *Takracetus*, com uma cabeça larga e chata; o *Gaviocetus*, com um crânio fino e quadris soltos; e o *Dalanistes*, uma baleia com uma cabeça tão comprida e estreita como a de uma garça, sobre um pescoço comprido, com quadris cimentados com firmeza bastante à espinha para caminhar em terra.

Se este é um panorama confuso, é como ele deveria mesmo ser. À medida que passava o tempo, emergiram certas espécies de baleias que eram mais e mais adaptadas à vida na água, mas outras espécies diversificaram-se simultaneamente em muitas direções. Baleias caminhantes e nadadoras viveram lado a lado, ou em alguns casos trocaram de lar, à medida que o nascimento vigoroso dos Himalaias misturou seus hábitats. Algumas eram simplesmente variações menores em um tema que seria desenvolvido pelas baleias modernas, mas outras, como *Dalanistes*, com cabeça em forma de garça, por exemplo, formaram ramos estranhos, diferentes de tudo que existe atualmente.

É possível seguir o rastro dos hábitats em mudança das baleias observando as rochas que preservam seus fósseis — a sulcada rocha sedimentar das planícies inundadas das formas mais primitivas, os arenitos ondulados de uma praia de espécies mais avançadas e finalmente o calcário liso mais para dentro do mar. Mas os paleontólogos também faziam uma idéia de como investigar os rins de baleias extintas. Os ancestrais terrestres dos arqueocetos haviam levado 300 milhões de anos para adaptar seus rins à sobrevivência em terra, usando-os para concentrar excreções de modo a conservar água. Não estavam prontos para viver na água salgada. O peixe-boi e outros sirênios estiveram pastando ao longo das costas por 50 milhões de anos e de certa forma ainda não estão prontos: têm que de vez em quando beber água doce para sobreviver. Dê uma esguichada de mangueira com água doce na costa da Flórida e eles lhe farão uma visita. As baleias, por outro lado, obtêm água doce o suficiente com o ar que respiram e as presas que apanham, mas também de vez em quando engolem água salgada.

O oxigênio pesa menos num rio do que no oceano. Os átomos que ajudam a formar as moléculas de água no mar tendem a carregar mais um nêutron do que na água doce, graças à física da chuva e da evaporação (cada tipo de átomo é chamado um isótopo). Quando um animal em crescimento bebe, o oxigênio na água abre caminho pelos ossos e dentes em desenvolvimento, e foi assim que Thewissen e uma equipe de geoquímicos e paleontólogos puderam observar as baleias irem para o oceano, analisando o oxigênio em seus fósseis. Eles primeiro mediram os isótopos de oxigênio nos dentes dos cetáceos vivos e descobriram que os golfinhos de rio, que vivem em água doce, tinham isótopos de oxigênio significativamente mais leves do que as espécies marinhas como as baleias assassinas e as baleias-negras ou golfinhos de nariz inchado. Thewissen e os outros paleontólogos então submeteram os dentes das primitivas baleias, inclusive do *Pakicetus* e do *Ambulocetus*, aos geoquímicos. O *Pakicetus* e o *Ambulocetus* combinaram com os golfinhos de rio, mas espécies posteriores tinham dentes tão pesados do ponto de vista isotópico quanto um cachalote. O mais interessante aqui é o *Ambulocetus*: as rochas demonstram que ele nadou na água salgada ou justo ao largo da costa ou em deltas salobros e mesmo assim a água não deixou sua marca nos ossos da baleia. Talvez ele fosse como um peixe-boi, talvez bebesse apenas água doce, ou quem sabe fosse mais parecido com uma foca, crescendo na terra durante meses e só entrando no oceano depois de amadurecer bastante.

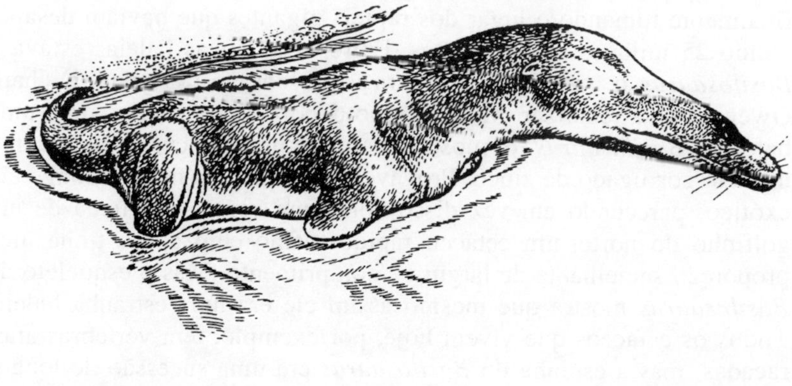

Dalanistes.

Entre 43 e 40 milhões de anos atrás, surgiram provavelmente as primeiras espécies de baleias que pela primeira vez podiam passar sem sequer tocar a terra. Embora ainda não fossem mais compridas que um cavalo e tivessem pernas traseiras completas, com artelhos, seus rins agora repeliam a água salgada do Tétis e suas cabeças estavam se esticando, de modo que suas aberturas nasais não estavam mais agora na ponta do focinho mas a meio caminho dos olhos. Junto com os primeiros sirênios, estes foram provavelmente os primeiros mamíferos a dar à luz, debaixo d'água, um filhote que respirava. Eles exploraram as costas do Tétis, visitando o Egito e a Carolina do Sul. Em vez de emboscar peixes e sirênios nesse mar tropical, perseguiam a presa, nadando rápido graças em parte ao seu corpo de forma lisa e também a seus músculos. Os músculos que outrora deram força a seus membros atrofiaram-se, enquanto os que meramente sustentavam as costas e a seção entre o tórax e o abdome se expandiram. Em lugar de pêlo, desenvolveram gordura, que os tornou flutuantes como a própria água. As formas mais arcaicas, as espécies semelhantes ao *Pakicetus* e ao *Ambulocetus*, morreram todas com o tempo, de forma que só sobreviveram as baleias plenamente aquáticas.

Por volta de 40 milhões de anos atrás, uma dessas linhagens de baleias deu origem a verdadeiros cosmopolitas. Pela primeira vez os cetáceos saíram do mar de Tétis, nadando até o frio Atlântico Norte, para o sul até a Costa do Marfim, dobrando o Cabo Horn, subindo até a Baixa Califórnia ou seguindo até a Nova Zelândia. Essas baleias, coletivamente conhecidas como basilossaurídeos, alcançaram grandes tamanhos pela primeira vez: chegavam a 15 metros de comprimento, finalmente tomando o lugar dos répteis gigantes que haviam desaparecido 25 milhões de anos antes. Entre essas novas baleias estava o *Basilosaurus*, o animal que enganara as pessoas em 1832 e que Richard Owen tentava rebatizar. Muito tempo depois de ser aceito como uma baleia, o *Basilosaurus* foi mostrado em pinturas tão curvilíneo quanto um teto corrugado de zinco. Provavelmente não era nem de longe tão exótico, parecendo em vez disso com uma versão ampliada de um golfinho do norte, um cetáceo rápido e fino cujo corpo tinha uma proporção semelhante de largura e comprimento. Mas o esqueleto do *Basilosaurus* mostra que mesmo assim ele era uma estranha baleia. Todos os cetáceos que vivem hoje, por exemplo, têm vértebras atarracadas, mas a espinha do *Basilosaurus* era uma sucessão de longos ossos na forma de um barril. Quando os paleontólogos põem dados como este nos seus programas cladísticos, descobrem que o *Basilo-*

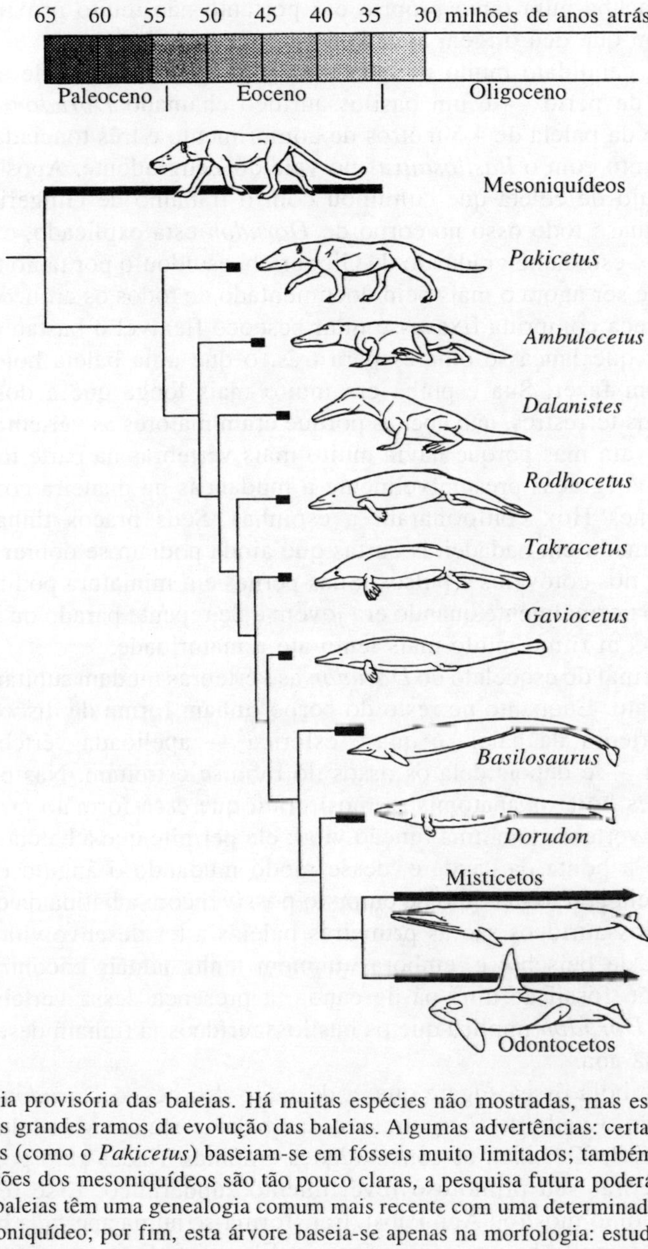

Filogenia provisória das baleias. Há muitas espécies não mostradas, mas esta árvore inclui os grandes ramos da evolução das baleias. Algumas advertências: certas reconstituições (como o *Pakicetus*) baseiam-se em fósseis muito limitados; também, porque as relações dos mesoniquídeos são tão pouco claras, a pesquisa futura poderá mostrar que as baleias têm uma genealogia comum mais recente com uma determinada espécie de mesoniquídeo; por fim, esta árvore baseia-se apenas na morfologia: estudos moleculares não concordam com algumas das ramificações.

saurus acaba num ramo próprio e é portanto não muito próximo da linhagem que deu origem às baleias existentes hoje.

Um candidato muito melhor — e portanto um que vale a pena estudar de perto — é um basilossaurídeo chamado *Dorudon atrox*. Trata-se da baleia de 4,5 metros de comprimento e três toneladas que viveu junto com o *Basilosaurus* no vale do Zeuglodonte. Após quase um século de coleta que culminou com o trabalho de Gingerich no Egito, quase todo osso no corpo do *Dorudon* está explicado, e Mark Uhen, ex-estudante graduado de Gingerich, estudou-o por tanto tempo que deve ser agora o mais bem documentado de todos os arqueocetos. Sua cabeça comprida fixava-se num pescoço flexível o bastante para permitir que lançasse olhares para trás, o que uma baleia hoje nem sonha em fazer. Sua espinha era muito mais longa que a dos seus ancestrais terrestres, não apenas porque eram maiores as vértebras que a formavam mas porque havia muito mais vértebras na parte inferior da coluna (graças presumivelmente a mudanças na maneira como os seus genes Hox conformaram a espinha). Seus braços tinham se transformado em nadadeiras curtas que ainda podiam se dobrar ligeiramente nos cotovelos e pulsos. Suas pernas em miniatura podiam ter crescido normalmente quando era jovem e de repente parado ou talvez crescido em ritmo muito mais lento até a maturidade.

No final do esqueleto do *Dorudon* as vértebras mudam subitamente de formato. Enquanto no resto do corpo tinham forma de disco, aqui uma vértebra da baleia é quase esférica — apelidada vértebra de beisebol — e depois dela os ossos do rabo se estreitam. Nas baleias existentes hoje os anatomistas mostraram que esse formato arredondado de vértebra tem uma função vital: ele permite que a baleia dobre bastante a ponta da cauda e, desse modo mudando o ângulo de sua pá, que ela gere o máximo de empuxo possível com a batida da cauda. Os basilossaurídeos são as primeiras baleias a ter desenvolvido uma vértebra de beisebol e, embora ninguém tenha jamais encontrado a impressão fóssil de uma pá de cauda, a presença dessa vértebra no rabo do *Dorudon* implica que os basilossaurídeos já tinham desenvolvido essa aba.

Essa bola óssea sugere que, a despeito dos pés, o *Dorudon* tinha alcançado o nado de soerguimento das baleias atuais. Mas faltam às vértebras do *Dorudon* as concavidades e pontas usadas pelo golfinho para ancorar seu primoroso revestimento subdérmico. Esse revestimento, como mostrou Ann Pabst, transforma-se numa apertada bainha no rabo do golfinho justo antes das pás. Ele aperta firme a cauda nesse ponto e por uma razão hidrodinâmica muito boa: quando o golfinho move o rabo para cima e para baixo na água, são apenas as pás que geram empuxo. Todas as demais partes da cauda criam resistência, sobretudo perto da ponta, que se move mais para cima e para baixo. Com os rabos estreitados neste ponto, os cetáceos existentes tornam-se nadadores muito mais eficientes. Ao *Dorudon* faltava essa bainha, o que sugere que sua cauda provavelmente tinha o formato largo do rabo de um peixe-boi. O revestimento deve ter evoluído em algum cetáceo posterior, desenvolvendo-se a partir de uma pequena faixa de tecidos conjuntivos que muitos mamíferos têm no final da espinha para se transformar numa bainha de corpo inteiro.

O *Dorudon* deve ter sido um bom nadador, fazendo 40 quilômetros por hora, mas sem a bainha de revestimento ele era muito menos eficiente que um golfinho. Sua cauda larga criava resistência e não podia se valer da energia de um golpe em mola propiciado pela bainha. Tinha que se esforçar muito para nadar e sua gordura o ameaçava de superaquecimento. O mais provável é que o *Dorudon* ou um dos seus ancestrais imediatos resolveram esse problema recorrendo aos padrões de vasos sangüíneos que serviram a seus ancestrais em terra. Os mesoniquídeos provavelmente refrescavam-se nos trópicos descarregando calor na pele dos seus longos rabos e membros. As baleias fizeram uma reengenharia dos seus vasos sangüíneos de modo a restringir o fluxo de calor apenas para as nadadeiras e as pás da cauda. E com suas veias reorientadas de modo a fluir para os testículos e o ventre, banhando-os de sangue fresco, o *Dorudon* escapou ao perigo de se esterilizar com o calor.

Uma idéia do que o *Dorudon* comia pode ser dada pelo seu primo *Basilosaurus*: um espécime foi desenterrado da argila Yazoo do Mississippi com uma pedra do tamanho de um melão almiscarado no lugar do estômago. Dentro havia dentes e ossos de arenque, de tubarões de 60 centímetros, de peixes agulha e cabrinha, todos corroídos pelo ácido estomacal. Estava claro que as baleias haviam deixado de esmagar ossos e cascos de tartaruga havia milhões de anos; livre dessa tarefa estressante, a mandíbula inferior ficou mais leve, tornou-se oca e encheu-se de gordura que debaixo d'água podia verter sons para os ouvidos. Sem a ecolocalização, os ouvidos do *Dorudon*, afinados a sons de baixa freqüência, provavelmente só podiam captar os sons de outro peixe de forma passiva. Perseguia-os individualmente, prendia-os com seus pequenos dentes frontais e rasgava-os com os pontudos molares.

O *Dorudon* era uma baleia pesada que nadava a muitas milhas da costa, um animal que morreria se desse numa praia e, no entanto, não combina com a nossa noção de uma baleia. Tinha pernas e dedos, sua cabeça era pequena, seu pescoço era relativamente longo e flexível, suas nadadeiras podiam dobrar-se como braços. Não podia localizar pelo eco como as baleias dentadas ou dragar *krill* como uma baleia de barbatanas. Tinha um cérebro pequeno e seu nado deixava muito a desejar do ponto de vista hidrodinâmico. Embora o *Dorudon* e o resto do basilossaurídeos estivessem no oceano fazia milhões de anos, não haviam alcançado as formas modernas que têm as baleias de hoje. Ainda estavam por vir muitas das adaptações bem-sucedidas à água que supomos terem sido feitas pelas baleias: a transição exigiu muito mais do que um simples mergulho.

No final do eoceno, 34 milhões de anos atrás, o mundo recomeçou a esfriar. As florestas retiraram-se das savanas e as correntes marinhas mudaram. Como as baleias caminhantes que haviam desaparecido muito antes, também desapareceram os basilossaurídeos. Entre os últimos a morrer estava o *Basilosaurus*, o primeiro arqueoceto já encontrado pelos humanos. As razões disso ainda não são claras. Talvez essas primitivas baleias simplesmente fossem tropicais na essência e desapareceram quando as águas esfriaram. Por outro lado, os paleontólogos acham que na época em que elas estavam morrendo apareciam novas espécies de baleias.

A origem das baleias de barbatanas e das baleias dentadas foi quase tão difícil de desvendar quanto a origem das próprias baleias. Mesmo dez anos atrás ainda era possível para algumas pessoas examinar as evidências disponíveis e racionalmente sugerir que os arqueocetos, os misticetos e os odontocetos descendiam de três mamíferos terrestres diferentes. Enquanto os arqueocetos têm algumas características em comum com as baleias dentadas e as de barbatanas, seus corpos são tão distintos que era difícil achar uma conexão forçosa. Tanto os arqueocetos como os odontocetos têm dentes, mas os dentes dos arqueocetos são diferenciados — molares, pré-molares e assim por diante — enquanto a maioria das baleias dentadas têm mandíbulas cheias de pinos idênticos. O que torna mais singulares os odontocetos são as muitas maneiras pelas quais estão adaptados à ecolocalização. Um melão ou um beiço de macaco não pode fossilizar-se, mas os espaços aéreos e os ossos cranianos refletores que os acompanham se fossilizam e os crânios de arqueocetos carecem de tudo isso. Essas primitivas baleias podiam ouvir razoavelmente bem debaixo d'água, mas não podiam lançar um *flash* sônico pelo oceano.

As baleias de barbatanas pareciam ainda mais isoladas. Observe a língua de uma baleia-azul — que sozinha pesa tanto quanto um elefante — ou sua mandíbula inferior pregueada que pode se abrir para engolfar 70 toneladas de água, ou sua floresta de barbatanas, e verá como é fácil apreciar o problema do paleontólogo. Uma possível solução apareceu em 1966, oculta no crânio de uma baleia que saltou do tempo errado. Encontrado no Oregon, pertencia a uma baleia que viveu no final do oligoceno (entre 34 e 24 milhões de anos atrás). Embora a baleia, chamada de *Aetiocetus*, tivesse vivido milhões de anos depois do período em que os cientistas supunham ter morrido o último arqueoceto, não se classificava como um odontoceto (seu crânio não estava modificado para a ecolocalização) ou um misticeto (tinha dentes de meia polegada em vez de barbatanas). Por algum tempo o *Aetiocetus* foi tratado como um arqueoceto tardio e esquisito. Mas logo depois Leigh van Valen argumentou que esse rótulo estava errado: o *Aetiocetus* qualificava-se sob quase todos os aspectos como uma baleia de barbatanas, assinalou, exceto pelas barbatanas. Os ossos de sua mandíbula inferior eram frouxos no queixo e a mandíbula superior formava o mesmo tipo de contraforte sob os olhos que têm as atuais baleias de barbatanas. "Os ancestrais dos misticetos devem ter tido dentes", observou van Valen, "e o *Aetiocetus* é sob outros aspectos semelhante aos misticetos." Era, decretou, uma baleia de barbatanas com dentes em vez de barbatanas.

Com evidência tão escassa, van Valen podia fazer pouco mais do que uma adivinhação genérica, mas desde a década de 60 os paleontólogos concordam que ele estava certo. Eles reconheceram várias outras baleias de barbatanas com dentes, algumas de até 34 milhões de anos, logo após o desaparecimento dos arqueocetos. Há cinco famílias vivas de misticetos desdentados, mas os paleontólogos identificaram três famílias extintas com dentes nos últimos anos. Um desses fósseis mais recentemente descobertos mostra particularmente bem como deve ter acontecido a transição. Seu descobridor, Larry Barnes, do Museu de História Natural do Condado de Los Angeles, passou boa parte de sua carreira demonstrando que van Valen estava certo a respeito das baleias de barbatanas. Ele viajou ao Japão, ao México, à Carolina do Sul e ao Oregon, encontrando misticetos dentados em todos esses lugares. Na verdade desenterrou só alguns deles. "O que foi realmente engraçado é que os encontrei em coleções de outras instituições, onde essas coisas foram identificadas como arqueocetos ou não foram absolutamente identificadas. Então eu disse: 'Uau, sabe o que vocês têm aqui?' E eles disseram: 'Ahn? Não.'"

Em 1996 Barnes teve uma dessas experiências no Museu de História Natural da Carolina do Sul. Percebeu que três diferentes espécies de baleias pertenciam a uma família completamente nova de misticetos. Criaturas de 25 milhões de anos, não são as mais antigas baleias de barbatanas, mas são as mais primitivas que Barnes já viu. Ele suspeita que, na época em que existiram, elas eram fósseis vivos que preservavam muito da anatomia das primeiras baleias de barbatanas. Deu-lhes um nome adequadamente primordial: *Archaeomysticetus* — baleia de barbatanas antiga.

O *Archaeomysticetus* era pequeno pelos padrões das atuais baleias de barbatanas: seu crânio de 1,65 metro implica um corpo de 9 metros de comprimento. Tinha uma mandíbula inferior solta e a superior estava começando a se estender para trás dos olhos, levando consigo o respiradouro. Mas faltavam ao crânio as bolsas de ar que os odontocetos usam para ecolocalização. "Tem todas aquelas estruturas de uma baleia de barbatanas, mas seus dentes poderiam ter saído de um *Basilosaurus*", diz Barnes. São espaçados na mandíbula, como ocorre com o *Basilosaurus*, têm as mesmas serrilhas e, o mais importante, são do mesmo tamanho. Barnes encontrou no geral dentes pequenos, de escala humana, nas baleias primitivas, mas o *Archaeomysticetus* tinha dentes de 10 centímetros de comprimento e quase 8 centímetros de largura. Não cabem na palma da mão, os dedos não os abarcam.

Embora fosse uma baleia de barbatanas, o *Archaeomysticetus* não era como as baleias atuais do mesmo tipo. Ainda caçava como seus parentes mais antigos, perseguindo tubarões da Carolina do Sul e engolindo-os inteiros. Com efeito era possível transformar um basilossaurídeo no *Archaeomysticetus* simplesmente estendendo a mandíbula superior abaixo do olho e soltando a fusão entre os lados da mandíbula inferior. "E isso é bem fácil de fazer", diz Barnes. "Isso não é muito, do ponto de vista evolucionário. Há diferenças maiores entre golfinhos e botos. Se a evolução da baleia parasse no *Archaeomysticetus*, não diríamos que ele foi uma baleia de barbatanas, porque não teríamos visto nada com as placas das barbatanas. Sempre que se observa um estágio de transição, as diferenças são pequenas. Só com a perspectiva de onde elas vieram, depois de mais 30 milhões de anos de evolução, podemos apreciar o que eram essas diferenças. Por causa da nossa perspectiva, traçamos a linha para trás e é aí que a cortaremos."

Outros fósseis sugerem mais evolução em direção às baleias de barbatanas. O nariz sobe inteiramente para o alto da cabeça. Os dentes tornam-se menores e uniformes, multiplicando-se para encher as mandíbulas. Os embriões das atuais baleias de barbatanas ainda preservam esse padrão de botões de dentes, mas eles logo desaparecem sob uma cortina de barbatanas. Como as próprias barbatanas vieram a surgir é algo ainda não explicado. Elas raramente se fossilizam — as mais antigas placas de barbatanas têm 15 milhões de anos — mas, a julgar pela estrutura da mandíbula de baleias mais antigas, as barbatanas provavelmente se desenvolveram muito mais cedo. Um cetáceo vivo poderia ser um modelo para esse passo final na transição para as baleias de barbatanas: a toninha de Dall, um cetáceo de flancos brancos com 1,80 metro de comprimento que vive no Pacífico Norte, é uma baleia dentada, mas seus minúsculos dentes são completamente cercados por gengivas córneas que ela usa para pegar lulas e peixes. Numa escala microscópica, esse tecido duro é quase idêntico à barbatana. Talvez algum misticeto dentado primitivo, 30 milhões de anos atrás, tenha seguido um caminho semelhante, desenvolvendo gengivas tão duras como unhas, para capturar determinadas presas.

As primeiras baleias efetivamente de barbatanas podem ter sido o produto de um mundo em rápida transformação. Os continentes aproximavam-se de sua atual geografia, com a Antártida isolada dos outros continentes. No oligoceno ela estava bem no Pólo Sul e o oceano pôde cercá-la inteiramente. Separada do resto do mundo, tornou-se fria, congelada. Água resfriada e densa desceu ao fundo do oceano e fluiu rumo ao equador, retornando à superfície ao longo das plataformas continentais. O plâncton era abundante onde a água subia, carregando nutrientes do fundo, e seus densos enxames possibilitavam que um grande predador os pegasse numa pazada se sua anatomia o permitisse. Algumas baleias de gengivas duras deixaram de usar a boca para pegar grandes peixes e passaram a engolir nuvens dessas pequenas criaturas, esguichando então a água fora para peneirar a comida.

A evolução pôde trabalhar em muitas características do seu passado para aperfeiçoá-las como filtros de alimento. Suas mandíbulas soltas podiam abrir-se amplamente para engolir e capturar mais comida. A larga plataforma da mandíbula superior tornou-se rija o bastante para impedir que a mandíbula inferior se deslocasse ao se escancarar. A evolução nunca criou uma maneira tão eficaz de dragar a riqueza do oceano e assim cresceram as baleias maiores, podendo pegar tanto mais comida, até que algumas linhagens alcançaram os tamanhos que vemos hoje. Sem predadores com que se preocupar e nenhum território fixo a defender, as baleias de barbatanas formaram as sociedades casuais, frouxas, que têm hoje. De acordo com esse cenário, as baleias de barbatanas nunca desenvolveram qualquer tipo detectável de localização por eco, porque nunca precisaram disso, nem poderiam sequer tentar algo do gênero, de tal forma seus crânios foram alterados para filtrar comida.

Os nomes que os biólogos deram às baleias estão se mostrando enganosos. As baleias de barbatanas aparentemente surgiram antes que houvesse barbatanas e, embora todas as baleias dentadas tenham dentes, os arqueocetos também os tinham. Para encontrar aspectos definidores realmente singulares das baleias dentadas, você tem que olhar o melão, os beiços de macaco e outros órgãos de ecolocalização. A origem dessas características é, para todos os propósitos e efeitos, a origem das baleias dentadas, mas seus fósseis ajudam bem menos que os das baleias de barbatanas. O mais antigo fóssil de baleia dentada, encontrado no estado de Washington, data de 34 milhões de anos. "Tem tudo o que é preciso para ser um odontoceto", explica Barnes. "Tem os sacos onde entraram as bolsas de ar, tem o osso maxilar onde é necessário para apertar o melão." O sistema de localização pelo eco começa, pelo menos até onde podem sugerir os fósseis, inesperadamente.

Comparando as baleias dentadas de hoje com fósseis de arqueocetos, porém, alguns pesquisadores puderam pelo menos colocar certos limites aos possíveis caminhos tomados pela evolução. A origem da ecolocalização provavelmente dependeu de dois dos aspectos mais comuns da macroevolução — exaptações que os ancestrais dos odontocetos já usavam para alguma outra função e a progressão correlacionada de muitas partes diferentes. Os ouvidos das baleias dentadas, tendo sido parcialmente isolados do crânio durante 10 milhões de anos, já estavam protegidos dos seus próprios cliques e portanto preparados para a localização pelo eco. Para emitir seus gritos, os odontocetos devem ter desenvolvido a capacidade de cantar pelo nariz em vez de pelas caixas vocais. Sua herança comum com os artiodáctilos pode ter ajudado aqui: os especialistas em mamíferos notaram que o cabrito montês, o antílope e a gazela lançam chamados de alarme pelo nariz. Talvez os mesoniquídeos pudessem fazê-lo também.

Seu melão já podia ter existido como um tampão de nariz. Em dissecções de baleias de barbatanas, John Heyning, do Museu de

História Natural do Condado de Los Angeles, e James Mead, do Instituto Smithsoniano, encontraram pequenos glóbulos de gordura e tecido conjuntivo perto dos respiradouros que parecem melões em miniatura. Isso sugere que os melões podem ter surgido como tampões de nariz para que os primeiros arqueocetos pudessem mergulhar fundo. Essas primitivas baleias precisariam apertar bem os respiradouros para impedir que a água salgada entrasse em suas passagens nasais. Como as baleias atuais, os basilossaurídeos tinham prateleiras ósseas no alto da cabeça, que usavam com o mesmo propósito — ancorar os músculos que mantinham firmemente fechados os respiradouros. Para esses músculos se moverem suavemente, as baleias devem ter desenvolvido uma estrutura gordurosa em torno do respiradouro para lubrificar a passagem. Nos misticetos ainda vemos essa almofada ancestral, prossegue o argumento, mas nos odontocetos ela inchou e adquiriu uma nova função.

Ali estava um material bruto que a evolução pode ter usado para produzir a ecolocalização. Não poderia ter desenvolvido nenhuma parte do sistema com a exclusão das outras — que sentido faria uma baleia poder ouvir sons de alta freqüência se não pudesse, antes de mais nada, produzi-los? Mas se as mudanças ocorreram em acréscimos por toda a cabeça das baleias dentadas, cada uma estimularia a outra. Talvez quando algumas baleias acidentalmente produziam um barulho com o nariz, podiam perceber sem muita nitidez ecos de um peixe vizinho, o que lhes dava uma ligeira vantagem na caça. O som deve ter sido inadvertidamente focalizado pelos seus tampões nasais e assim as baleias que nasciam com tampões grandes demais deviam ser favorecidas. Enquanto isso, o nariz movia-se para o alto da cabeça, por uma razão que os anatomistas suspeitam ser inteiramente não relacionada: para tornar mais eficiente a respiração. Mas para que o nariz fizesse essa viagem, os ossos da maxila superior tinham que expandir-se em direção aos olhos para levá-lo lá. Quanto mais para trás ia a mandíbula superior, mais estável ficava o crânio da baleia, o que as ajudava na caçada. A mesma transformação, no entanto, criou uma depressão refletora na maxila superior para ondas sonoras que vinham do nariz, assim como uma plataforma onde podia descansar o melão. Os ouvidos abriram caminho a freqüências cada vez mais altas à medida que se separavam ainda mais do crânio. Essa possível rede de mudanças foi se produzindo ao longo de milhares de gerações até que a ecolocalização, que começou como uma pista menor para a posição de um peixe, iluminou o oceano.

Os biólogos moleculares descobriram a estrutura do ADN em 1953, mas só na última década foram capazes de ler com facilidade seqüências efetivas, base por base. Leram os genomas de variedades de bactérias e fungos do início ao fim e a Internet range com bases de dados de seus códigos em quatro letras, que parecem a datilografia de um macaco ao longo de um ano numa máquina de apenas quatro teclas. Quando aparecem notícias nos jornais sobre genes recém-descobertos, a reportagem geralmente envolve uma sinistra informação (esse ou aquele gene aumenta muito a sua chance de ter esse ou aquele câncer) ou uma fraca correlação (pessoas que têm um certo gene tendem a evitar o alpinismo). Ao mesmo tempo, porém, alguns cientistas têm usado genes recém-seqüenciados para fazer calmamente uma revolução na biologia evolucionária. Eles têm comparado os genes de diferentes organismos e construído cladogramas. Como Geoffroy Saint-Hilaire e Owen em busca de homologias na forma e textura dos ossos, glândulas e dentes, os biólogos moleculares podem olhar as seqüências de genes em busca de homologias de código. E assim como você pode transformar homologias palpáveis em cladogramas, você pode usar as que forem lidas por um seqüenciador gênico. Digamos que numa seqüência de quatro posições do ADN de um ancestral o código dê ACGT. Quando seus descendentes se ramificaram em espécies, algumas das posições podem ter mudado e outras permanecido as mesmas. Uma árvore genética teria então a aparência desta que mostramos aqui.

A arte de construir árvores gênicas (conhecida como filogenia molecular) já está mudando para sempre o estudo da macroevolução. Ali onde a anatomia confunde ou quando não se encontram fósseis, as moléculas acendem uma luz. Por enquanto a disciplina é frágil, nova, e seus pioneiros estão ainda aprendendo o que podem e o que não podem descobrir com os seus dados. A filogenia molecular das baleias é um importante exemplo, porque a versão da evolução das baleias contada pelos ossos de forma tão eloqüente não concorda em alguns pontos chaves com alguns dos seus genes. Várias equipes de geneticistas têm comparado os genes de baleias com os de outros mamíferos desde 1991 e têm convergido para um padrão espantoso. Mostramos adiante uma versão simplificada de uma das últimas árvores, criada por um biólogo da Universidade do Arizona, John Gatesy.

Esta árvore diz algo bem diferente do velho trabalho com sangue de coelho. Ela diz que as baleias não apenas são parentes dos artiodáctilos como são com efeito artiodáctilos elas mesmas e têm como

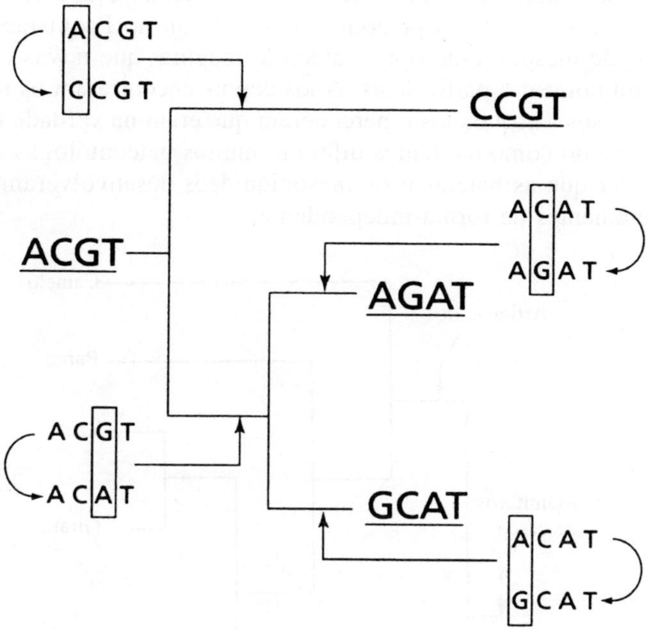

Porque uma seqüência gênica ancestral sofre mutação nas espécies descendentes, pode-se usá-la para construir um cladograma.

parente vivo mais próximo o hipopótamo. A vida de muitos paleontólogos seria bem mais fácil se esta árvore não existisse. Muitos acham difícil se enquadrar à evidência de que os mesoniquídeos deram origem às baleias. Todos os artiodáctilos têm um osso único, uma polia dupla, no tornozelo, mas os mesoniquídeos não. Esse fato, junto com muitos outros, faz os paleontólogos concluírem que os mesoniquídeos não são artiodáctilos. E se as baleias estão mais intimamente relacionadas aos mesoniquídeos que qualquer outro animal, então também não podem ser artiodáctilos.

Se a árvore de Gatesy é verdadeira, restam aos paleontólogos duas opções igualmente penosas. Uma é de que os mesoniquídeos com efeito foram artiodáctilos intimamente relacionados aos hipopótamos e perderam o tornozelo de polia dupla — algo que nenhum outro artiodáctilo foi tolo o bastante para fazer. A outra opção é que os mesoniquídeos são ungulados mas não artiodáctilos e seus muitos aspectos semelhantes aos das baleias são todos uma ilusão convergente. Houve época em que os paleontólogos colhiam no Paquistão dentes isolados de mesoniquídeos e ficavam a imaginar que novas espécies poderiam nomear a partir deles. Anos depois encontraram os mesmos dentes presos a esqueletos e perceberam que eram na verdade baleias. Considerando como os dentes diferem, muitos paleontólogos relutam em aceitar que as baleias e os mesoniquídeos desenvolveram dentes tão semelhantes de forma independente.

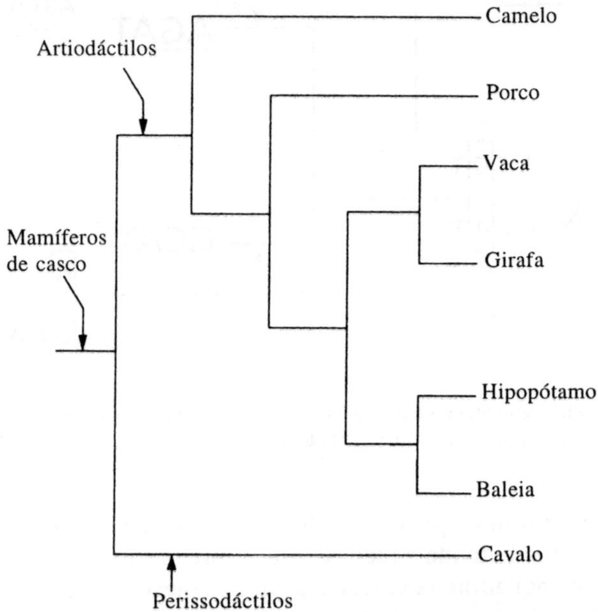

Determinadas pesquisas gênicas sugerem que as baleias são artiodáctilos de parentesco íntimo com os hipopótamos.

Quanto aos hipopótamos, Gatesy ressalta que, como as baleias, eles são animais sem pêlo que adoram a água e podem amamentar seus filhotes debaixo d'água. De acordo com os fósseis, os hipopótamos, que datam de 15 a 20 milhões de anos atrás, provavelmente descendem de uma raça de artiodáctilos do tamanho de um cão *terrier* cujos fósseis, por sua vez, remontam possivelmente a 40 milhões de anos. Os paleontólogos também concluíram que tanto os hipopótamos quanto esses ancestrais pertencem ao ramo dos porcos na árvore dos artiodáctilos. O novo trabalho gênico eliminaria os hipopótamos e seus ancestrais desse grupo. Ele também cria uma defasagem no registro fóssil: se os hipopótamos e as baleias partilham um ancestral comum, então ele deve ser mais antigo que o *Pakicetus*, que data de 49 milhões de anos.

Como quer que tenham surgido as baleias, no entanto, os fósseis agora pelo menos contam uma história razoavelmente tranqüila sobre como evoluíram para os principais grupos existentes hoje. E aqui também um geneticista tornou a vida interessante. No início dos anos 90, Michel Milinkovitch, atualmente na Universidade de Bruxelas, decidiu usar alguns novos métodos para seqüenciar o ADN e ver como as baleias se relacionam entre si. Amigos envolvidos no trabalho com mamíferos marinhos enviaram-lhe o ADN e ele arranjou seqüências de artiodáctilos com as quais podia compará-lo. A árvore que encontrou, apoiada por trabalho subseqüente com mais genes, é mostrada a seguir.

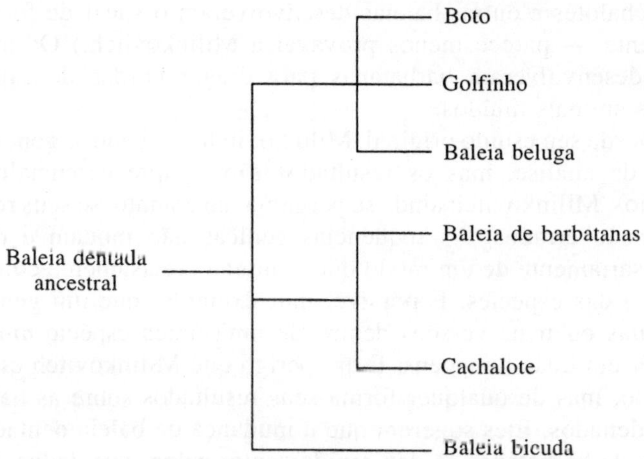

Os genes também sugerem que as baleias de barbatanas são com efeito descendentes dos odontocetos e que seus parentes mais próximos são os cachalotes.

Milinkovitch tinha certeza de que a árvore estava errada. "Estava tão arraigado na minha mente, como acho que estava na de todo mundo, que as baleias dentadas são um grupo monofilético." Em outras palavras, ele supunha que os animais denominados por William

Flower odontocetos descendiam de fato de um ancestral comum que não originou nenhum outro grupo de animais. Talvez essa sentença tenha se perdido no éter da taxonomia. Eis uma maneira mais concreta de pensar por que a árvore deixa os paleontólogos histéricos: eles imaginam as baleias de barbatanas surgindo 35 milhões de anos atrás, ou mesmo antes, a partir de um basilossaurídeo primitivo com dentes grandes e sem sistema de localização pelo eco. As baleias dentadas surgiram de uma linhagem separada, reduzindo gradualmente seus dentes a uma série de pinos ou a um único esporão gigante e construindo seu sistema de ecolocalização. Mas de acordo com o cladograma de Milinkovitch, quando os arqueocetos desapareceram, só os odontocetos preservaram os genes das baleias. Milhões de anos depois, uma linhagem de odontocetos intimamente relacionada aos cachalotes abandonou a caça por sonar e desmantelou todo o sofisticado equipamento necessário para a emissão e recepção dos sinais. O que os anatomistas identificaram como um tampão de nariz nas baleias de barbatanas é efetivamente um melão residual. (A alternativa — de que os cachalotes e outras baleias desenvolveram o sonar de forma independente — parece menos provável a Milinkovitch.) Os misticetos logo desenvolveram barbatanas para dragar hordas de camarões e outros animais miúdos.

Desde seu estudo original, Milinkovitch usou outros genes e novos tipos de análise, mas os resultados são sempre essencialmente os mesmos. Milinkovitch ainda se pergunta, no entanto, se seus resultados não estão errados. As seqüências gênicas não mudam e divergem necessariamente de um modo que combine precisamente com a ramificação das espécies. É possível, por exemplo, que um gene evolua em duas ou mais versões dentro de uma única espécie *antes de* se dividir em duas linhagens. É um perigo que Milinkovitch está investigando, mas de qualquer forma seus resultados sobre as baleias são desordenados. Eles sugerem que a mudança da baleia dentada para a baleia de barbatanas se deu rapidamente: pelos seus dados, Milinkovitch oferece uma data aproximada de 25 milhões de anos atrás para a origem dos misticetos — pouco antes do aparecimento da primeira baleia de barbatanas verdadeiramente moderna.

"Os morfologistas me perguntam: 'Se você está certo, pode nos dizer por que as baleias de barbatanas perderam a capacidade de localização pelo eco?'" — diz Milinkovitch. "Por que fariam isso, dado que haveria uma forte pressão seletiva para mantê-la? Afinal, um sistema de sonar biológico é bastante útil. Agora eu imagino que seria assim: você tem duas pressões seletivas conflitantes, uma para manter a ecolocalização e a outra para modificar o crânio de modo a dar espaço a todas essas enormes placas para filtragem do alimento. Parece-me provável que houve conflito, porque ter essa grande maxila superior lisa e essa grande maxila inferior curva não permite que a ecolocalização funcione mais de maneira apropriada. Agora, se você tem um grupo de organismos começando a se alimentar por filtragem, trata-se de uma maneira inteiramente nova dos mamíferos se alimentarem no mar. A possibilidade de ocupar um novo nicho vence, especialmente porque a ecolocalização não é tão importante quando se procura grandes cardumes. Isso também explicaria como as baleias de barbatanas mudaram tão rápido a sua morfologia. As baleias de barbatanas disseminaram-se de repente porque encontraram uma nova maneira de se alimentar. É assim que vejo a coisa."

Milinkovitch é de uma animada brusquidão para conversar. Ataca violentamente quem julga culpado de desleixo científico, diz que os textos dessas pessoas são estúpidos ou medíocres e, no entanto, parece um pouco desconcertado porque elas não querem conversar com ele depois. A retaliação que recebeu tomou a forma de uma recontagem da história de algumas páginas atrás, de como as baleias dentadas de barbatanas passaram gradualmente de arqueocetos a baleias de barbatanas. Ele não se comove. "O que eu gostaria e ainda não consegui, apesar de ter pedido a vários morfologistas, é, por favor, que me mandem uma matriz com todas as características para que façamos uma análise cladística com esses dados. Ninguém me manda isso. Não, eles preferem mostrar um crânio, depois outro, depois mais um, e dizer: 'Olhe, há um caminho suave por esses diferentes crânios.' E isso é estranho. Muitos desses poderiam ser ramos laterais que não têm nada a ver com a origem das baleias de barbatanas, dos cachalotes ou quaisquer outras baleias existentes. Trata-se de ramos extintos. Outro problema é que muitos desses espécimes são incrivelmente incompletos. Eles mostram um desenho a você, mas você deveria ver o fóssil!" Vários dos fósseis mais antigos rotulados como baleias dentadas de barbatanas são conhecidos até aqui apenas pelos dentes isolados, sem nenhuma baleia além dos dentes. "Naturalmente devem ter características interessantes, mas isso é muito diferente de ter fósseis bem completos como os encontrados por Thewissen e Gingerich. Com certeza esses são bons fósseis."

Ninguém, é verdade, publicou ainda um cladograma de todas as criaturas fósseis que os paleontólogos julgam estar na linha que une os arqueocetos às atuais baleias de barbatanas. Parte do problema reside no fato de que muitos dos fósseis recentemente descobertos apareceram tão de repente que seus descobridores tiveram que tropeçar em conferências com carrosséis cheios de *slides* tão novos que eles próprios não viram as fotos. Obter os dados brutos para fazer uma árvore molecular é sobretudo uma questão de ligar seqüenciadores de genes e computadores; os paleontólogos têm que ver os fósseis — não apenas os que eles próprios desenterram mas aqueles nos museus ao redor do mundo — e decidir com que se pareciam em vida aqueles crânios esmagados, se uma certa costela estava ausente ou ainda espera ser encontrada em outra rocha em algum lugar. Mas o que faria Milinkovitch se a história suave sobrevivesse à metamorfose numa árvore real?

"Então fica realmente emocionante", diz Milinkovitch. "Digamos que eles fizeram tudo realmente bem e não incluíram as características dúbias e as duas árvores discordem. Então é claro que uma delas deve estar errada. Não estou dizendo que a árvore molecular será necessariamente a melhor, mas pelo menos tenho algumas razões para acreditar que os dados moleculares serão mais informativos. Pelo menos *nós* sabemos o que uma característica é. Se tomar a posição 32 no gene do citocromo b, essa é uma característica. É um fato. Se você obtém ali um *A* para uma baleia de barbatanas, isso é inequívoco. Agora considere a mesma coisa para a morfologia: o que é uma característica? Bem, aquele osso ou aquela parte do osso. Ou talvez o fragmento de um pedaço de um osso. Isso é uma interpretação — é subjetivo.

"Outro problema é mais importante conceitualmente. Você não herda uma característica morfológica do seu pai e da sua mãe. Você a constrói de novo. Isso também é um fato. Obviamente isso tem enormes conseqüências, porque entre o zigoto e o indivíduo adulto plenamente amadurecido muitas coisas acontecem durante o desenvolvimento." A crista na canela de uma ave não está codificada em qualquer parte do gene mas emerge quando ela se move no ovo. Uma estrutura partilhada por duas espécies, como uma mandíbula, pode parecer homóloga a um morfologista, mas em alguns casos diferentes animais a constroem com diferentes populações de células. O debate sobre a evolução das baleias é, no essencial, muito mais que isso: é uma arena onde os biólogos podem lutar em torno das questões cruciais em que se engalfinharam Cuvier, Geoffroy Saint-Hilaire e Owen anos antes de *A origem das espécies*: o que é homologia e como podemos reconhecê-la?

Os anatomistas e paleontólogos ficam felizes de descer da tribuna e se unir aos filogeneticistas moleculares. Depois de falar com Milinkovitch, peguei o metrô na Sexta Avenida para o centro da cidade, de novo rumo ao Museu Americano de História Natural, onde passei uma manhã com Patrick Luckett, anatomista e especialista em mamíferos da Universidade de Porto Rico. Ele se especializou em comparar as estruturas de reprodução e desenvolvimento dos mamíferos e visita a coleção do museu pelo menos durante um mês por ano. É também um dos editores do *Journal of Mammalian Evolution*, nova publicação trimestral que tenta reconciliar moléculas e morfologia. "Sou muito a favor das moléculas e estou tentando unir as duas coisas", diz.

Mas Luckett também acha que os biólogos moleculares precisam pensar mais como anatomistas antes que possam todos encontrar um terreno comum. Luckett não é manhoso ou doutrinário — é como um novo avô, gentil e um tanto inseguro sobre o que fazer da sua sabedoria, só algumas manchas de idade nas suas mãos. Estendeu uma delas por sobre a sua mesa de trabalho, que parecia ter acabado de sofrer uma tempestade de granizo com crânios e dentes. Pegou um dos ossos e nos mostrou: o crânio de um filhote de hipopótamo anão. Os hipopótamos anões têm o mesmo corpo em forma de berinjela dos seus parentes maiores e mais conhecidos, mas só alcançam 1,5 metro de comprimento. O nome hipopótamo — "cavalo de rio" — é inadequado para o hipopótamo anão, que não passa muito tempo na água, em vez disso perambulando à noite pelas florestas e pântanos da África ocidental, comendo frutos caídos das árvores e rebentos macios. Os hipopótamos comuns passam muito mais tempo na água e os seus corpos evidenciam isso — seus olhos, por exemplo, situam-se no alto da cabeça como os olhos do crocodilo ou do *Ambulocetus*. Da mesma forma, fica clara a vida terrestre no crânio de um hipopótamo anão, que parece o de um filhote de urso, com olhos dos lados. Embora essas duas espécies sejam os únicos hipopótamos existentes hoje, muitas outras formas existiram. Algumas eram anfíbias, mas algumas eram ainda mais terrestres que o hipopótamo anão. Outrora havia hipopótamos escalando os Alpes.

A idéia de que os hipopótamos — como primos das baleias — ainda se atêm aos hábitos anfíbios do ancestral comum de ambos os animais pode se basear em algumas suposições simplistas. Os únicos traços que com certeza sabemos que tinha o ancestral de todos os hipopótamos são os que encontramos em todos os hipopótamos vivos e fósseis e não os que uma ou outra linhagem de hipopótamos desenvolveu por conta própria. Esse fato guia Luckett quando ele constrói um cladograma de qualquer conjunto de famílias de mamíferos: ele usa apenas as características que o fundador de cada família deve ter possuído. Ele chamou a minha atenção para um desses traços quando nos sentávamos à sua mesa de ossos. Um dos molares de leite na mandíbula inferior do hipopótamo anão parece ser três dentes soldados. Os hipopótamos partilham essa característica com as vacas, camelos e todos os demais artiodáctilos, mas nenhuma baleia a possui nem outro mamífero qualquer.

Luckett fica feliz de conversar com os biólogos moleculares nos termos deles e o hipopótamo anão é também importante para ele nesse aspecto. Assim como é fácil supor que todos os hipopótamos são morfologicamente semelhantes, é também possível pensar que seus genes não se distinguem uns dos outros. No entanto, os filogeneticistas sempre descobrem que, se incluírem os genes de duas espécies de uma família na sua análise, chegam a uma árvore diferente do que se incluíssem apenas um. Isso acontece porque, quando um computador usa uma única espécie como representante de toda uma família, não tem como dizer que parte do gene existia no ancestral da família e qual evoluiu depois naquela espécie particular. O problema só piora quando os filogeneticistas moleculares usam genes de grupos de animais muito diversos. Nenhum rato específico pode representar mais de duas mil espécies de roedores.

O trabalho de Gatesy e Milinkovitch recentemente inspirou Luckett a olhar a filogenia molecular das baleias com os olhos de um anatomista. Em vez de colocar seqüências gênicas brutas num computador e deixar que ele desenhe a melhor árvore, ainda que incerta, Luckett escolhe as bases que usará no seu estudo, assim como escolhe dentes e ossos. Muitas vezes, quando examina um gene de várias espécies da mesma família, há longas seqüências óbvias que são idênticas: estas, é seguro supor, estavam também presentes no seu ancestral comum. "Os computadores não podem pensar", diz Luckett. "Estou tentando reconstituir o que é ancestral, reduzir uma família a um código. Uma espécie de hipopótamo deve partilhar uma característica com uma ou duas baleias, mas a baleia ancestral não a possuía." Só depois de selecionar essas seqüências em nível de família Luckett construiu um cladograma. Quando o fez, a ligação hipopótamo-baleia desapareceu, dissolvendo-se igualmente o quadro supostamente claro de Milinkovitch sobre os cachalotes como parentes mais próximos das baleias de barbatanas. "Eles têm algumas características em comum com os misticetos, mas têm outras em comum com outros odontocetos", diz. Partilham até algumas características com os sirênios — o peixe-boi e o dugongo.

Nesse empate, Luckett inclina-se para a morfologia, particularmente em traços como o tornozelo em polia dupla e o molar de leite que são exclusivos de um grupo de animais. E para Luckett a morfologia, por enquanto, ainda argumenta que as baleias não são artiodáctilos e que a tradicional divisão das baleias por Flower entre misticetos e odontocetos estava certa. Luckett não partilha a fé de Milinkovitch na homologia dos genes, porque eles podem criar uma confusão própria. "Podemos saber que tal posição é uma característica, mas o que significa quando muda?" — pergunta. Os biólogos moleculares são atormentados pelos palimpsestos genéticos. Uma posição num gene pode começar como um *G*, mudar para um *C*, um *T* e de novo para um *G*. Quando a anatomia muda, sua forma antiga pode deixar ligeiras cicatrizes, seja uma aorta semelhante à dos peixes, sejam ossos do ouvido que se formam no embrião ainda ligados à mandíbula. Quando uma base genética muda numa posição, não fica nenhum traço de sua identidade original ou das versões intermediárias. Uma vez duas linhagens divirjam de um ancestral comum e construam mais e mais mutações, mais desse sobrescrever tem lugar. Quando um biólogo molecular tenta seguir esses ramos de volta no tempo, esse sobrescrever os atrai um para o outro e os ramos errados podem se unir, produzindo uma árvore falsa. Ramos que se atraem não são o único problema da filogenia molecular, assinala Luckett. "Em alguns genes você tem interrupções, perdas, adições, inserções. O problema, então, é como alinhar os genes." Pode haver homologia nos genes, mas, depois que se alteram de uma maneira ou de outra, pode ser impossível recuperar.

Para ser justo, os biólogos moleculares são mais conscientes que qualquer outra pessoa dessas limitações e grande parte do seu trabalho consiste em repará-las. Eles medem a rapidez com que diferentes extensões de um gene sofrem mutação para saber quanto despistamento e imitação de estranhos deve-se esperar e, então, selecionam os melhores genes disponíveis para a questão em foco. Quando seus computadores produzem uma árvore, podem balançá-la com uma série de testes — introduzindo uma base falsa aqui e ali nas seqüências ou retirando um dos animais e então recalculando a árvore. Se a árvore é forte, os ramos ficarão no lugar; se ela é produto de muita convergência ilusória, os ramos podem adejar ao redor.

À medida que os biólogos tiverem uma visão mais precisa de como os genes sofrem mutação e de como se desenvolvem os embriões, tais conflitos entre genes e morfologia gradualmente desaparecerão. Mas mesmo na sua infância a filogenia molecular deu uma sólida confirmação às idéias de Darwin. Uma dúzia de espécies pode teoricamente ser arranjada em milhões de árvores evolutivas diferentes, mas os genes geralmente oferecem algumas alternativas que se parecem umas às outras. Os genes das baleias nos dizem que elas não são tigres que foram para o mar, nem tamanduás, nem pequenos cangurus ou ratões. Seus parentes mais próximos hoje existentes são os artiodáctilos ou talvez um artiodáctilo em especial. A realidade da evolução não está em discussão, mas o caminho específico que ela tomou.

As baleias do Tétis, 40 milhões de anos atrás, tinham todas as graças mentais de um porco — não que os porcos sejam tão carentes de inteligência enquanto ungulados. Mas em algum momento após a extinção dos arqueocetos o cérebro das baleias floresceu, evoluindo rapidamente ao ponto de hoje rivalizar em certos aspectos com o cérebro humano. É difícil de medir ou mesmo de definir plenamente a inteligência de qualquer animal, humano ou não, e ainda mais difícil compreender como a macroevolução pode produzi-la. Mas graças em grande parte ao trabalho de Harry Jerison, da Universidade da Califórnia, em Los Angeles, os que tentam estudar a evolução da inteligência têm pelo menos um ponto de partida: o tamanho relativo dos cérebros.

Jerison primeiro teve que livrar o tamanho cerebral de sua dúbia história científica. Desde o século XIX muitos cientistas estavam convencidos de que um cérebro grande significava inteligência, mas eram guiados por preconceitos e teoria ruim. Alguns tinham certeza de que os europeus possuíam os maiores cérebros humanos ou de que as mulheres tinham cérebros menores que os dos homens, talvez porque os homens europeus que formulavam a questão se achassem os mais inteligentes de todos. Dentro de uma mesma espécie, porém, o tamanho do cérebro efetivamente diz pouco da inteligência porque a variação de um indivíduo para outro é muito pequena. Entre espécies ele pode ser significativo apenas se for medido o peso de um cérebro em relação ao corpo do animal, porque, como argumentou Jerison, uma parte enorme de qualquer cérebro é dedicada aos detalhes cotidianos da manutenção de um corpo — coisas como contrair músculos, mover os intestinos, sentir dor na pele. Amplie um animal e você terá mais território para administrar, mais músculos a acionar, mais pele a monitorar, precisando portanto de mais matéria cinzenta. O fato de que um alce tem um cérebro maior que o de um camundongo não significa nada em si mesmo, porque seu corpo pesa cinco mil vezes mais.

Subtraia as partes do cérebro relativas à manutenção do animal e o que resta é a única coisa que interessa, porque esses neurônios extras podem integrar informação do mundo exterior em abstrações — capacidade que pode ser uma definição bruta de inteligência. Jerison fez um estudo completo do peso cerebral relativo de vertebrados e descobriu que peixes, anfíbios e a maioria dos répteis formavam uma linha ascendente num gráfico, mas que as aves, os mamíferos e alguns dinossauros formavam linha bem mais elevada. Em outras palavras, um mamífero pode pesar o mesmo que um réptil mas tem um cérebro dez vezes maior. Na transição de sinapsídeos para mamíferos, nossos ancestrais passaram da proporção dos répteis para a dos mamíferos.

O tamanho cerebral relativo é como uma faca estatística para dissecar o cérebro, segundo Jerison, mas para definir as diferenças entre os mamíferos ele precisava de uma lâmina mais afiada. Ele calculava a partir dos seus dados o tamanho que "devia" ter o cérebro de um mamífero — o peso do cérebro médio de um mamífero de determinado peso — e então fatorava em quanto se encontrava acima ou abaixo dessa média o cérebro de um animal específico. Com esses números ele calculava seu quociente de encefalização (QE). Com um QE de 1, um mamífero (um cavalo, por exemplo) tem todo o cérebro necessário para levar uma vida padrão de mamífero. Se o seu QE é mais alto, ele dispõe de células nervosas extras que geralmente se encontram amontoadas no neocórtex, para onde os órgaos dos sentidos enviam seus dados e o cérebro os analisa.

Jerison elaborou o QE como um conceito teórico na década de 70. Como no tiro ao prato, é um alvo a abater e alguns atiradores o acertaram, mas ainda está relativamente intacto. Quando os behavioristas testam a capacidade de resolver problemas em espécies animais intimamente relacionadas, o desempenho delas se afina bem com seu QE. Mas alguns pesquisadores assinalaram que simplesmente ter um conjunto extra de transistores cerebrais não produz automaticamente inteligência. Como notou o antropólogo Terrence Deacon, de Harvard, um chihuahua tem um QE alto para um cachorro, mas com certeza não se trata de um gênio canino. A inteligência pode não ser determinada pelo tamanho relativo do cérebro *per se* mas pela proporção de crescimento cerebral no embrião. No ventre, os primatas crescem com um *timing* incomum: seus cérebros crescem logo e rápido, mas seus corpos crescem devagar para mamíferos do seu tamanho.

O cérebro em crescimento cria grande parte da sua estrutura em resposta ao corpo no qual se encontra. As conexões nervosas levam do tronco e dos membros às regiões que controlarão seus movimentos, os olhos ligam-se aos locais onde será criada a visão. Quando um corpo de tamanho reduzido termina de fazer suas demandas a um cérebro de tamanho avantajado, há ainda um bocado de espaço cerebral em aberto e as regiões do cérebro que não estão recebendo dados do resto do corpo — incluindo as regiões do neocórtex que conferem inteligência — podem capturá-lo. Quando está no ventre, o cérebro de um chihuahua cresce em ritmo normal para um cachorro enquanto tem lugar essa partilha. Depois o seu ritmo de crescimento corporal diminui, conferindo-lhe um QE ilusoriamente alto.

Poucos mamíferos têm cérebros e corpos que crescem nas mesmas trajetórias dos primatas, mas parece que os cetáceos estão entre aqueles que o fazem — e esses dois grupos de mamíferos são também aqueles com os mais altos QEs. Observe a seleção classificatória adiante, extraída de uma recente pesquisa de Lori Marino, com alguns hominídeos antigos figurando na listagem para torná-la interessante. O *Australopithecus afarensis*, mais conhecido pelo nome do fóssil Lucy, viveu há 3,2 milhões de anos e era próximo do ancestral de todas as linhagens de hominídeos posteriores. O *Homo habilis* viveu cerca de 2 milhões de anos atrás e o *Homo erectus* entre 1,8 milhão e 50 mil anos atrás — nossa evolução passou provavelmente por essas duas espécies.

Os humanos são, de longe, os animais mais encefalizados existentes hoje no planeta, com um cérebro sete vezes maior que o de um mamífero médio de nosso tamanho. Mas você tem que passar em seguida por um monte de cetáceos lista abaixo antes de chegar ao primeiro símio existente. Com efeito, até 1,8 milhão de anos atrás os golfinhos tinham QEs mais altos que os hominídeos. Antes disso, a criatura mais encefalizada da terra vivia no oceano.

QUOCIENTES DE ENCEFALIZAÇÃO

Homo sapiens	7,06
Homo erectus	5,50
Boto tucuxi (golfinho fluvial brasileiro)	4,56
Golfinho de flanco branco do Pacífico	4,55
Golfinho comum	4,26
Baleia-negra (golfinho de nariz inchado)	4,14
Golfinho de Risso	4,01
Homo habilis	4,00
Toninha de Dall	3,54
Australopithecus afarensis	3,00
Baleia assassina	2,57
Chimpanzé	2,34

Porque nós, os primatas e os cetáceos, estamos sozinhos no topo da escala de QE e desenvolvemos nossos grandes cérebros da mesma maneira, a única forma de compreender como evoluiu a mente das baleias é compará-la à nossa. Jerison inventou o QE para encontrar um jeito de aferir a inteligência de animais extintos e, medindo as caixas cranianas vazias de primatas de 60 milhões de anos, mostrou que esses distantes ancestrais tinham QEs do nível dos ratos. Seus esqueletos mostram que eles eram animais semelhantes aos lêmures, que podiam saltar de árvore em árvore, e cerca de 50 milhões de anos atrás uma linhagem de seus descendentes virou pequenos trepadores diurnos. Seus olhos ficaram mais sensíveis e se moveram para a parte frontal da cabeça para melhor divisar os insetos. Dessa raça se originaram os primeiros macacos 30 milhões de anos atrás, os quais viviam confortavelmente nas árvores e no chão das florestas, passando a uma dieta essencialmente de frutas durante 20 milhões de anos. Mas há 10 milhões de anos, com um maior resfriamento do clima e mudanças na vegetação, eles foram relegados às margens das florestas.

Existe evidência de várias pressões evolutivas diferentes que podem ter levado a um aumento do QE de nossos ancestrais pré-humanos. Se compararmos o cérebro de um macaco-aranha, por exemplo, com o de um lêmure, não se trata simplesmente de uma versão ampliada. Partes foram acrescentadas e reposicionadas. As regiões voltadas para o olfato encolheram, enquanto o córtex visual se ampliou. Novos mapas foram acrescidos ao córtex visual, alguns oferecendo novas cores ao macaco, outros ajudando-o a focalizar importantes aspectos de um objeto em movimento, como bordas e sombreado. Num cérebro primitivo, as regiões que percebem o tato, a visão e o som, assim como a região que controla o movimento do corpo, tomam todo o córtex — a camada exterior do cérebro. Na evolução dos primatas, o cérebro parece um balão que infla com as regiões pintadas separadas umas das outras.

Os primatologistas compararam os QEs de macacos em termos de sua dieta e descobriram que as espécies que se alimentam de coisas difíceis de obter — cupins, lesmas, sementes, nozes — ou podem comer uma série de coisas diferentes têm QEs mais elevados do que os macacos que buscam comida óbvia ou uma seleção limitada de alimentos. Talvez houvesse grandes recompensas evolutivas em manter uma noção de onde cresciam diversas árvores frutíferas, a época do ano em que amadureciam e a forma especial de lidar com cada uma. Isso pode explicar a elaboração do córtex visual. Outra possibilidade emerge quando se considera o fato de que o tamanho relativo do neocórtex de um macaco é maior se ele vive em sociedades mais amplas. Um sagüi que vive num bando de seis micos não precisa ter memória para rostos, uma vez que cada membro do bando tem um papel claramente definido que o identifica. Mas num grande bando de macacos como os babuínos gelada, em que alianças se fazem e desfazem, em que se podem conceder favores ou recusar o sexo, cada indivíduo tem que manter um elaborado mapa social continuamente atualizado em sua mente. Grandes sociedades podem se formar entre os primatas por uma série de razões. A comida pode estar disseminada de tal forma em determinada paisagem que os macacos não podem se evitar uns aos outros. Predadores como as cobras e as águias podem tornar vantajoso que os macacos se agreguem em grandes grupos e nessa associação por necessidade cada indivíduo tentará maximizar seu sucesso reprodutivo através de uma série de políticas animais.

Cada aumento do QE trouxe consigo ainda mais espaço neural que pôde ser reivindicado pelo neocórtex para construir novos sistemas de integração de informação e criar uma representação mais rica do mundo. Cerca de 5 milhões de anos atrás, quando viveu o último ancestral comum dos humanos e dos chimpanzés, seu cérebro podia dar vários sinais de inteligência: um senso rudimentar de si mesmo, a capacidade de fazer instrumentos complexos (desde varetas para pegar cupins até sandálias de folhas), a capacidade de pensar o mundo em categorias abstratas e de se comunicar com alguns gestos e chamados simples. Há 4 milhões de anos os hominídeos propriamente ditos já caminhavam eretos e há 2,6 milhões de anos estavam usando instrumentos de pedra para caçar e para cortar carne. Foi por essa época que os cérebros começaram a expandir-se bem mais rápido do que jamais ocorrera antes, expansão que prosseguiu até desembocar na nossa espécie.

Muitos pesquisadores suspeitam que os primórdios da linguagem — a expressão de sons ou gestos simbólicos, talvez com uma gramática simples — coincidiram com esses dois eventos. Os hominídeos podiam estar criando um novo tipo de sociedade, formada por imensos bandos nos quais os machos por vezes caçavam com instrumentos e supriam de carne as fêmeas e os filhos, e a linguagem era a única coisa que podia impedir a desagregação desses grupos complexos. Fosse qual fosse a razão, os outros usos da linguagem, por exemplo possibilitar que as pessoas cooperassem de formas que nenhum outro animal podia ou passar conhecimento aos jovens, estimularam o contínuo crescimento dos nossos cérebros. Em algumas centenas de milhares de anos nossos cérebros chegaram ao seu atual QE e no processo descobrimos como dar a outros humanos um fragmento do nosso mundo interior.

O *Dorudon* — a baleia genérica do eoceno — tinha um baixo QE, de cerca de 0,42. Passar do *Dorudon* a um cetáceo moderno, como um golfinho de QE acima de 4, não é fácil. O caminho passa pelo pesado bombardeio das batalhas de genes fósseis, que tornou algumas regiões imprestáveis. Não podemos dizer ainda que as baleias de barbatanas evoluíram de forma independente dos arqueocetos ou que são odontocetos disfarçados. Para piorar as coisas, mal se fez algum trabalho sobre os QEs dos misticetos hoje existentes. Por ora é possível dizer coisas importantes apenas sobre os odontocetos. Poucos pesquisadores mediram as caixas cranianas de baleias fósseis, mas a pouca evidência que existe sugere que os odontocetos chegaram a seus elevados QEs aproximadamente entre 25 e 15 milhões de anos atrás. Por volta de 15 milhões de anos atrás os golfinhos haviam atingido a sua máxima encefalização.

Não foi a ecolocalização em si que deu aos odontocetos o seu cérebro. Os morcegos possuem um sistema de sonar que sob certos aspectos é tão sofisticado quanto o dos golfinhos e o comandam com um cérebro que tem o peso de uma passa de uva. Com efeito o cérebro dos morcegos é pequeno para um mamífero do tamanho deles e as espécies com sistemas de ecolocalização têm cérebros com metade do tamanho do cérebro daquelas que não possuem tais sistemas. Mesmo isso pode não ser o mínimo suficiente, a julgar pelo fato de que um submarino pode se orientar com alguns milhares de circuitos. Em vez de guiar a evolução do cérebro dos odontocetos, a ecolocalização provavelmente apenas constituiu o alicerce. Muita evidência sugere que os cachalotes e as baleias bicudas foram as primeiras linhagens de odontocetos hoje existentes a se separar em ramos próprios. É possível que a vida que levam hoje ainda seja um eco dos primeiros odontocetos. As primitivas baleias dentadas foram os primeiros cetáceos que puderam caçar em águas não iluminadas pelo sol, perscrutando lulas e peixes com seus sonares a 300 metros abaixo da superfície. A maneira mais simples de levar esse tipo de vida seria uma existência solitária, vagando sozinho e subindo apenas para pegar ar. Mas os primeiros odontocetos não podiam se permitir uma vida de tubarão errante porque, como mamíferos placentários, tinham que cuidar dos filhotes e amamentá-los durante anos, dando-lhes a oportunidade de aprender o lado bom de ser uma baleia. Não tinham escolha senão organizar-se em grupos.

Unidades familiares de cachalotes, formadas na maior parte por fêmeas adultas com as crias, fazem varreduras organizadas do oceano nos seus mergulhos (possivelmente partilhando a mútua localização pelo eco), mas escalonam o nado de forma que haja sempre adultos na superfície para tomar conta das crias. Após uma longa sessão de mergulhos, por vezes se reúnem na superfície, batendo nas mandíbulas umas das outras e produzindo cliques que, como os cuidados mútuos dos macacos ou a conversa fiada dos humanos, podem ajudar a manter a estreita união das baleias num grupo coeso. (Os jovens machos são expulsos da família depois que se tornam velhos demais e ficam perambulando entre outros grupos de fêmeas. Ficam buscando chances de cruzar, cortejando as fêmeas com cliques de outro tipo.) Esse modo de vida funciona porque os cachalotes conseguem viver tanto — talvez 60 anos — de forma que há avós que podem criar os jovens da família e transmitir conhecimentos sobre os vastos territórios cobertos pelos cachalotes.

Complexas coreografias sociais como essas podem ter levado a um primitivo aumento do QE dos odontocetos, como no caso dos primatas. A sustentar essa idéia está o fato de que, entre as baleias dentadas hoje existentes, QEs mais elevados correspondem a grupos maiores. Mas à medida que cresceu o cérebro dos cetáceos, não o fez da mesma maneira que o dos primatas. Num símio ou primata, as regiões do cérebro que recebem informação dos sentidos estão à superfície, separadas pelo córtex, sem *input* externo, e o tecido é envolto numa densa variedade de neurônios. Nos odontocetos toda a informação dos sentidos flui para partes do córtex que se comprimem, enquanto vastas regiões da superfície cerebral não são exigidas. O córtex forma cinco camadas, três das quais são praticamente um mistério para os neurologistas. Os neurônios que as compõem são mais esparsos, desenhados não tanto para densas interconexões mas para um *timing* refinado.

Embora o mergulho à cata de lulas produza recompensas para uma baleia, pode também erguer uma muralha a um aumento continuado do tamanho do cérebro. Especializando-se em um animal abundante, as primitivas baleias podem ter imitado o macaco langur asiático, comedor de folhas, cujo cérebro pequeno pode ser determinado por sua dieta simples. Os mergulhos profundos que as primitivas baleias tinham que dar para pegar comida podem ter sido outra restrição. Quando uma baleia mergulha centenas de metros na água fria, precisa conservar oxigênio e calor com o máximo cuidado. O cérebro tem que ficar aquecido e exige enorme quantidade de oxigênio, de forma que provavelmente não vale a pena para tal baleia torná-lo maior. Cerca de 25 milhões de anos atrás, no entanto, um grupo de baleias dentadas parece que retornou a águas rasas, de onde surgiriam os golfinhos. De uma tacada (de forma bem semelhante a nós), os ancestrais dos golfinhos atuais ampliaram seu QE aos níveis que têm hoje — multiplicando-o por cinco em talvez 5 a 10 milhões de anos.

Livres da obrigação dos mergulhos profundos, esses cetáceos podem ter sido levados a desenvolver seu cérebro porque eram mamíferos relativamente pequenos e sem onde se esconder. Tiveram que formar grupos cada vez maiores e mais coesos nos quais os indivíduos trocavam informação constantemente através de cliques e do sonar. Nessas amplas sociedades valia a pena não descuidar da vida social, formar coalizões mais firmes que em espécies anteriores de baleias. Outro fator pode ter sido a forma como os odontocetos mudaram sua dieta, passando das lulas de águas profundas para as muitas espécies diferentes de peixes que vivem em mares mais rasos, peixes que caçavam de forma cooperativa. Com uma vida social cada vez mais complexa, um sistema aprimorado de localização por eco e um cérebro aperfeiçoado para integrar informação em mapas, os golfinhos, como os hominídeos, lançaram inadvertidamente as bases para uma mente capaz de abstrair. As relações entre as coisas cristalizaram-se em uma forma gramatical de pensar o mundo e alguns odontocetos podem ter-se tornado capazes de partilhar seus mundos interiores através dos sons. Como nossos próprios poderes mentais, a inteligência dos cetáceos é um requintado produto da progressão correlacionada, na qual não apenas a anatomia bruta desempenha um papel mas também a sociedade e o pensamento, todos impulsionando-se uns aos outros para um fenômeno que nosso planeta nunca vira antes.

Ninguém deveria sair dessa história com um sentimento complacente de triunfo da inteligência humana com seu QE de 7. As baleias podem ser uma exceção às regras de Jerison porque não precisam prestar tanta atenção a seus corpos. Boa parte do seu peso — até 30 por cento — é constituída de gordura, que requer muito menos nervos que o mesmo peso em músculos. Os mamíferos terrestres estão sempre em luta com a gravidade, com cuidadosas medições de equilíbrio e contrações musculares, mas as baleias simplesmente flutuam, sendo irrelevantes para elas as noções de em cima e embaixo, exceto quando precisam respirar. Esses dois fatores podem significar que as baleias têm com efeito muito mais espaço cerebral livre da manutenção do corpo do que indicaria um QE convencional. E se elas vierem a galgar os degraus da lista de QEs, deveríamos também conservar em mente o Jogo do Treinamento: ainda mal conhecemos o que os cetáceos podem fazer com seus cérebros. Houve uma época em que os cientistas tinham certeza de que para alcançar os frutos do intelecto os vertebrados tiveram que vir para a terra. Mas parece que na água o cérebro dos mamíferos também encontrou outro espaço para se cultivar.

CAPÍTULO 10

NO RASTRO DA MACROEVOLUÇÃO

Em 1841, quando Richard Owen servia de porteiro na Inglaterra a toda biologia viva ou petrificada, falou perante a Associação Britânica para o Avanço da Ciência e apresentou ao público os grandes répteis desaparecidos. "A era em que a classe dos répteis floresceu sob as mais amplas modificações, no mais elevado número e no mais alto grau de organização, é passado", disse, quase lamentoso. Apresentou os animais que mais tarde chamaria de dinossauros, nome que significava "lagartos imensos", grandes não apenas no tamanho mas na anatomia — uma obra complexa e requintada sob todos os aspectos, dos dentes serrilhados ao sacro cimentado com esmero. E do mar trouxe monstros, embora não as disfarçadas baleias fósseis de Albert Koch ou assustadoras miragens de marinheiros, mas antigos fósseis de enormes répteis marinhos, alguns com o aspecto de um peixe-espada do tamanho de um iate, outros com pescoços compridos como mastros.

Mas Owen tinha mais em mente do que catalogar os répteis fósseis da Grã-Bretanha. Vinha combatendo as idéias evolucionárias de Lamarck e Geoffroy Saint-Hilaire fazia quase uma década, enquanto estudava animais que iam do ornitorrinco ao peixe pulmonado e o chimpanzé. Agora aproveitava mais uma oportunidade de revelar uma metamorfose menor: a que transformou monstros marinhos nos atuais crocodilos.

Sessenta anos antes, Geoffroy Saint-Hilaire havia estudado o crânio de um incongruente réptil marinho do mesozóico, o teleossauro. Ele parecia menos um monstro marinho de sua época do que um crocodilo de 4,5 metros e focinho comprido que vivia no oceano. Nenhum crocodilo atual tinha exatamente o desenho de seu corpo mas, examinando seus ossos, Geoffroy ficou imaginando se os teleossauros e os crocodilos não formavam parte de uma longa cadeia evolutiva. O primeiro elo foram os répteis marinhos semelhantes ao peixe-espada (chamados ictiossauros), que deram origem às formas de pescoço comprido chamadas plesiossauros. Desses, por sua vez, surgiram os teleossauros, dos quais se originaram os crocodilos atuais.

Owen investigou essa idéia. Examinou as camadas de rochas em que se fossilizaram teleossauros, ictiossauros e plesiossauros. Se eles se sucediam nas pedras como exigia a evolução, admitiria que "podia haver alguma probabilidade nessa hipótese". Mas os mais velhos fósseis dos três répteis extintos apareciam todos ao mesmo tempo no mesozóico e os ictiossauros e plesiossauros com efeito sobreviviam a seus supostos descendentes, os teleossauros.

A tragédia de Owen foi acertar apenas num ponto. Os fósseis de fato argumentam contra a transformação visualizada por Geoffroy, mas os ossos de répteis marinhos desenterrados desde a sua época argumentam em favor de outras transformações ainda mais dramáticas do que aquela. Os teleossauros eram afinal antigos crocodilos marinhos, descendentes com os crocodilos atuais de um ancestral comum de 220 milhões de anos, pequeno e esguio animal com aspecto de crocodilo que podia andar em terra firme com pernas semelhantes às da corça. Os ictiossauros e plesiossauros não foram os ancestrais dos crocodilos de hoje, mas linhagens extintas e separadas que descendiam de outros répteis terrestres. Com efeito, os répteis voltaram ao mar dezesseis vezes e na maioria dos casos adotaram uma vida de peixe, vivendo permanentemente no mar, onde nadavam gloriosamente graças a seus corpos compridos e afilados e aos membros em forma de nadadeiras.

Foi Darwin quem reconheceu os padrões naturais que explicam as histórias dos répteis marinhos e do resto da vida, não Owen. E agora, depois de 140 anos construindo a partir das idéias originais de Darwin e de descobrir fósseis cruciais, podemos observar as transições que os répteis marinhos fizeram da terra para o mar, assim como as de muitas outras linhagens, e ver tomar forma um esquema geral da macroevolução. Entre as baleias e o primeiro tetrápode, por exemplo, há algumas coincidências notáveis. Pense nas origens deles, de forma bastante simplificada, com um X. Na ponta superior esquerda estão ancestrais da baleia semelhantes a mesoniquídeos, que deslizam para baixo em seu eixo rumo ao mar aberto. Na ponta inferior esquerda estão animais de nadadeiras lobadas que sobem pelo outro eixo rumo à terra. Os dois animais cujos caminhos se cruzam, o *Acanthostega* e o *Ambulocetus*, são surpreendentemente semelhantes. São ambos animais que caçam de tocaia em águas rasas, ambos com cabeças compridas e chatas, mandíbulas vigorosas, membros curtos e caudas poderosas. À medida que adentravam mais o oceano, as baleias desenvolveram nadadeiras e podiam usar a cauda para mover-se. Seus membros dianteiros continuaram presos aos ombros, mas os traseiros desapareceram junto com os quadris. Dessa forma, a baleia *Dorudon* é exatamente como o *Eusthenopteron*, animal de nadadeira lobada.

Mas muitas dessas reversões eram ilusórias. A pá da cauda dos cetáceos se fez com tecido conjuntivo e não com raios de nadadeiras e, em vez de recorrer às oscilações laterais dos peixes, eles levaram para a água a andadura dos mamíferos, tornando-se (junto com os sirênios) os únicos vertebrados marinhos que nadam movendo a cauda para cima e para baixo. Seus ouvidos reconciliaram-se com as mandíbulas após 200 milhões de anos de separação, mas em vez de se fundirem numa velha forma de sinapsídeo ou peixe, tornaram-se parte de uma maneira completamente nova de ouvir na água. Longe de serem peixes reconstruídos, as baleias são, como as lulas com seus olhos avantajados, um exemplo vivo do ponto de desistência. Não podiam deixar que desaparecessem seus órgãos sensoriais desenvolvidos em terra, porque não tinham mais sistemas de *backup*. Sem as linhas laterais dos peixes, tinham que tornar os ouvidos mais poderosos ainda. Um peixe com guelras e pulmões podia perder a capacidade de respirar ar sem se sufocar, mas as baleias tinham que organizar suas vidas em torno da respiração, desenvolvendo incontáveis pequenos truques de fisiologia e comportamento para minimizar o tempo que passavam na superfície. As baleias são as rãs do oceano, furiosamente produzindo pequenas e oportunas invenções para poder viver num novo ambiente ao mesmo tempo que mantidas sob severas restrições evolutivas.

A verdadeira semelhança entre as baleias e os primeiros tetrápodes não está nos detalhes mas na forma geral de sua metamorfose. Cada uma começa com um pequeno grupo de animais tenteando à beira de novos ecossistemas — sejam as terras costeiras inundadas do devoniano ou o raso e salgado mar de Tétis livre de répteis gigantes. Esses precursores herdaram estruturas de ancestrais distantes que terão uma importância muito diferente e não planejada no futuro, milhões de anos adiante: os pulmões para os tetrápodes, por exemplo, ou os rabos compridos para os mesoniquídeos. À medida que exploram hesitantemente essa zona intermediária, desenvolvem novas adaptações para suas condições imediatas que posteriormente se revelarão mais exaptações, tais como pés para se locomoverem debaixo d'água e talvez ouvidos de cetáceo que se separaram do crânio para ouvir em terra. Novas estruturas aparecem inesperadamente, graças às regras pelas quais se desenvolvem todos os vertebrados. Os genes acidentalmente se duplicam, tecidos entram em contato uns com os outros pela primeira vez nos embriões e desabrocham em algo inesperado. Muitos desses mesmos genes desempenham um papel em todas essas inovações. Os genes Hox tanto modelaram dedos como ajudaram a dotar as baleias de costas com as quais podiam nadar.

De início os animais patinham, apenas parcialmente transformados para o novo meio ambiente. Mas por fim se torna evidente que deram com um terreno vazio: no caso das baleias, um oceano despojado de seus répteis marinhos gigantes; no dos primeiros tetrápodes, continentes sem um único vertebrado a bordo. Rapidamente eles se ramificam em novas formas, muitas das quais duram pouco mas algumas conseguem sobreviver. As exaptações, agora cruciais para a sua sobrevivência, parecem, vistas em retrospecto, dons espantosamente providenciais. Mas, embora os animais tenham se comprometido de forma tão profunda com o novo hábitat que não podem mais sobreviver em seus antigos ambientes, grande parte do trabalho da macroevolução não foi ainda concluído. Gradualmente eles vão acrescentando novas características, como o dono de uma casa que só pode adquirir uma persiana num ano, uma calha no ano seguinte e assim por diante. Leva dezenas de milhões de anos a descoberta de uma boa estratégia para achar comida no novo hábitat — seja a capacidade de comer folhas, de engolfar *krill* ou de ver o oceano e tudo o que ele contém através do som. Quando conseguem isso, porém, os animais se disseminam, banqueteiam-se e bloqueiam o caminho de quaisquer outros animais que aspiram a ser como eles. Em 400 milhões de anos só uma linhagem de vertebrados se estabeleceu permanentemente em terra. E, embora outros mamíferos predadores como as focas e as lontras passem muito tempo no mar, só as baleias vivem o tempo todo no oceano.

Boa parte dessa mudança — de um animal com nadadeiras lobadas e sem dedos para um tetrápode com membros atarracados e sem guelras, ou de um mamífero terrestre de casco para uma grande baleia de cauda com pás e presa ao mar — levou menos de 15 milhões de anos em ambos os casos. Comparadas com outras transformações na história da evolução, essas foram rápidas. Quando Darwin visitou as ilhas Galápagos e viu iguanas pulando no mar para pastar algas, os animais já faziam isso talvez por 15 milhões de anos praticamente sem qualquer mudança no seu desenho básico de iguanas terrestres.

Em 1972, Stephen Jay Gould atacou o enigma dos variados níveis de evolução com uma das suas teorias mais controvertidas, que propôs junto com Niles Eldredge, do Museu Americano de História Natural. No registro fóssil, as espécies muitas vezes aparecem de repente, permanecem relativamente inalteradas por milhões de anos e então desaparecem. Darwin disse que na vida passada do planeta os fósseis são como seixos de uma montanha e ele tinha certeza de que um registro completo sempre mostraria a evolução obedecendo ao ritmo gradual da seleção natural.

Gould e Eldredge sugeriram em vez disso que os fósseis muitas vezes podiam ser tomados por seu significado visível: novas espécies freqüentemente surgiam de repente de espécies mais antigas, permanecendo por milhões de anos relativamente inalteradas até se extinguirem — tempo durante o qual espécies mais novas poderiam originar-se delas. Os animais não iam dormir e acordavam na manhã seguinte com uma nova espécie correndo nas suas savanas. Um fragmento isolado de uma população pode ser capaz de evoluir e se transformar numa nova espécie em apenas 50 mil anos mais ou menos — o que é rápido demais para o testemunho da paleontologia. Se os paleontólogos encontram um punhado de fósseis de uma única espécie num período de tempo tão curto, podem se dar por satisfeitos e com sorte. As chances são esmagadoras de que esses fósseis pertençam à grande parcela inalterada da população e não ao pequeno círculo que estava de fato evoluindo. Se a nova espécie vingasse, iria por fim se disseminar a partir do pequeno lugar de origem e se misturar com as espécies ancestrais, deixando seus próprios fósseis que então pareceriam ter surgido do nada.

De acordo com o equilíbrio pontuado (o nome que Gould e Eldredge deram a sua hipótese), a maioria das mudanças ocorre quando as espécies surgem, não durante a sua existência. Em outras palavras, as espécies nascem de outras com certos traços que carregam até a sua extinção — exatamente como ocorre com um animal individual. E assim como a variação dos indivíduos é a matéria-prima que a seleção natural utiliza durante a microevolução, a variação de espécie para espécie pode ser a matéria-prima da macroevolução. As espécies podem competir e dar origem a novas espécies em níveis diferentes. Uma linhagem em que as espécies não têm muita especiação pode se extinguir ou perdurar como um fóssil vivo, enquanto outras podem se transformar — espécie por espécie — em novas formas inimagináveis.

Quando falo com biólogos evolucionários sobre o equilíbrio pontuado, muitas vezes me surpreendo com o ardor de suas observações confidenciais a favor e contra, vinte e cinco anos depois de ter sido formulada a teoria. Nesse período, alguns paleontólogos procuraram em rochedos e encostas trechos intactos de pedra rica em fósseis onde pudessem testar essa idéia. Em muitos casos, novas linhagens realmente parecem surgir de repente de uma espécie para outra, ao passo que em outros casos elas vão divergindo de forma mais suave. Enquanto isso, alguns pesquisadores que tentaram medir o ritmo natural da evolução nos animais hoje existentes ficaram surpresos com a rapidez que ele pode ter. A evolução pode mudar rapidamente o corpo de um animal, argumentaram Gould e Eldredge, mas a mudança não tem que acontecer conjuntamente com o surgimento de uma nova espécie.

O ardor dos argumentos vem do fato de que o teste do equilíbrio pontuado ainda não foi concluído. Não importa porém como sobrevive, a teoria já produziu um resultado claro: estimulou os paleontólogos a inventar novas maneiras de testar os padrões da macroevolução. Tornou-se evidente a todas as partes envolvidas no debate, por exemplo, que muitas das longas linhas evolutivas sugeridas pelo registro fóssil são reais e merecem uma explicação. Para alguns cientistas de pensamento gradualista, um registro de fósseis por 100 mil anos que parece estático pode na verdade estar escondendo uma orgia de mudanças geração a geração que termina não indo muito longe em qualquer direção. Para outros a estase significa que o ambiente de um animal simplesmente não faz exigências, por um longo tempo, para que ele mude. Os que preferem uma visão de equilíbrio pontuado ressaltam que o clima — provavelmente a parte mais importante de um ambiente animal — pode mudar de forma dramática muitas vezes durante o período de vida de uma espécie e ainda assim a espécie parecerá em geral não afetada. A mudança drástica é rara. Diante de um glaciar que se rompe, é mais fácil para uma espécie de besouro ir para o sul do que ficar e se adaptar ao novo clima.

Com o punhado de primitivos tetrápodes e baleias conhecidos hoje, é impossível dizer se alguma das mudanças de uma dessas espécies para outra se deu gradual ou repentinamente. Em certo sentido, a resposta não importa, porque o equilíbrio pontuado não se destina a explicar a macroevolução na escala dessas transições. Num exemplo cuidadosamente estudado de equilíbrio pontuado, Alan Cheetham, do Instituto Smithsoniano, examinou briozoários, pequeninos animais que formam colônias emaranhadas em ambientes subaquáticos. Nos últimos 20 milhões de anos, espécies do gênero caribenho *Metrarabdotos* desabrocharam repentinamente em novas formas. Mas enquanto uma nova espécie pode ter tido câmaras de criação ligeiramente maiores ou orifícios de alimentação menores, ela permaneceu em linhas gerais um briozoário *Metrarabdotos*.

Os animais de nadadeiras lobadas fizeram uma jornada anatômica muito mais longa e não de um salto, como evidenciam todos os fósseis de peixes semelhantes a tetrápodes e de tetrápodes semelhantes a peixes encontrados pelos paleontólogos. Quer mudanças particulares tenham ou não ocorrido ao longo do caminho dentro de uma única espécie ou de forma pontuada, elas combinaram em uma polifonia evolutiva. Por um tempo a macroevolução dizia respeito sobretudo à remodelação da calota craniana dos tetrápodes enquanto os membros mudavam pouco, mas depois a caixa craniana e os membros passaram a se alterar rapidamente. As muitas mudanças necessárias para construir um tetrápode acumularam-se ao longo de milhões de anos e não de uma vez.

Mais e mais grupos fósseis de transição estão surgindo e esse padrão entre os tetrápodes é verdadeiro para eles. Ao longo da costa dos oceanos no cretáceo nadavam répteis marinhos gigantescos conhecidos como mosassauros. Alcançando 13,5 metros de comprimento, esses leviatãs de sangue frio nadavam oscilando um rabo semelhante a chicote e manobrando com pés em forma de nadadeira. Um olhar preliminar lançado a esses fósseis sugere que os mosassauros surgiram de repente a partir de algum réptil em terra e se fixaram na nova encarnação até se extinguirem há 65 milhões de anos. Mas em 1993, quando Michael DeBraga e Robert Carroll, da Universidade McGill, de Montreal, examinaram toda a evidência fóssil acumulada ao longo dos anos, puderam mostrar que essa não era a verdadeira história.

Os mosassauros descendem do mesmo grupo de lagartos que inclui o dragão Komodo e outros lagartos monitores — e seus ancestrais provavelmente originaram-se dessa raça há 155 milhões de anos. No curso de 65 milhões de anos eles se transformaram em animais anfíbios parecidos com os crocodilos. Ainda podiam andar em terra, mas eram grandes, com quadris e ombros encolhidos, uma mandíbula com nova articulação que lhes permitia pegar peixes com mais facilidade e um longo rabo para nadar. Após esse lento desenvolvimento, os ancestrais dos mosassauros passaram por uma explosão evolutiva durante 3 milhões de anos que produziu os primeiros mosassauros autênticos — sobretudo tornando rígidos e pequenos os ossos de seus braços e esticando os seus dedos. Em mais 3 milhões de anos surgiram três famílias de mosassauros, que então existiram por 20 milhões de anos até a extinção.

DeBraga e Carroll consideraram os traços que surgiram nos mosassauros como um tosco relógio evolutivo. Descobriram que a evolução foi lenta entre os ancestrais dos mosassauros, acelerando-se drasticamente durante a sua origem e divisão em três grandes linhagens e diminuindo novamente a velocidade depois, embora não tão devagar quanto entre os pré-mosassauros. O momento em que efetivamente surgiram os mosassauros não foi aquele em que a evolução trabalhou mais rápido. Depois que surgiu o primeiro mosassauro e as três grandes linhagens começavam a se separar, houve duas vezes mais evolução que no período em que evoluiu o primeiro mosassauro. Como aconteceu com as baleias, muitas das mais importantes adaptações à água só ocorreram bem depois de os mosassauros se prenderem ao mar — seus membros ficaram mais parecidos com nadadeiras, os rabos mais compridos, as mandíbulas com maior mobilidade — e se deram de forma independente nas três linhagens.

O ímpeto com que se produziram essas transições podia ser resultante de uma forte pressão seletiva sobre os membros de uma dada espécie ou decorrer dos padrões de ramificação e eventual extinção de novas espécies. As baleias se davam satisfatoriamente bem com uma vida anfíbia, mas as recompensas de um comprometimento decisivo com o mar eram enormes. Mas tais recompensas provavelmente existiam apenas porque os répteis marinhos gigantes tinham sido varridos do oceano por uma catástrofe. Alguns pesquisadores argumentam que a macroevolução é apenas a microevolução se desenrolando por milhares de gerações. Mas sem compreender os fatores externos que colocavam obstáculos ao curso da seleção natural não podemos compreender a história da vida. As espécies podem suportar grande parte das mudanças no seu meio ambiente, mas violentas alterações causam enorme número de vítimas. Os oceanos subitamente destituídos de oxigênio ou sobrecarregados de dióxido de carbono, abruptos aquecimentos ou resfriamentos atmosféricos, tudo isso derruba os organismos comuns, dominantes, abrindo os ecossistemas a novas experiências com os sobreviventes. As baleias modernas, por exemplo, podem ter surgido quando uma rápida mudança no clima levou à extinção dos arqueocetos.

Além dos fatores externos, porém, a seleção natural também tem que obedecer a fatores internos, uma vez que só pode selecionar do que lhe é oferecido. A malha de genes e as regras de desenvolvimento próprias de uma espécie decidem que tipo de variação ocorrerá a cada geração. Um pé não é necessariamente a melhor estrutura para caminhar, criada a partir do nada; ele resulta de um desvio no padrão dos genes Hox, os quais, como antigos ditadores, dominaram a evolução animal por um bilhão de anos, desde quando criaturas semelhantes à água-viva dominavam os oceanos. Tais regras de desenvolvimento podem resistir a mudanças e ser portanto responsáveis pela estabilidade que muitas vezes experimentam as linhagens da vida. Pode-se imaginar que os genes que dão forma a um embrião criam um tipo abstrato de canal. Quando um embrião cresce, quando seus tecidos se formam, ele se move ao longo desse canal rumo à forma normal para sua espécie. Agressões ao embrião — venenos que entram no ovo ou mutações genéticas — empurram-no para os lados do canal, rumo a uma anatomia diferente. Mas a maioria dos empurrões é fraca demais e os embriões acabam voltando ao canal e nascem como criaturas comuns. Neil Shubin encontrou muita variação nas mãos de suas salamandras congeladas, mas as mutações jamais fizeram descarrilar o programa genético que constrói as suas mãos. As baleias ainda têm mãos com cinco dedos talvez porque os genes Hox que as modelam ajudam a formar tantas outras partes do corpo. O canal simplesmente é fundo demais.

Por vezes pensar no que a macroevolução nunca criou é tão útil quanto estudar o que criou. Os répteis marinhos gigantes do mesozóico abriram caminho em muitos nichos ecológicos: alguns atacavam os lentos náutilos de concha dura e seus parentes, outros caçavam peixes e outros ainda eram grandes o bastante para atacar outros répteis aquáticos. Mas, como assinalaram Rachel Collins, da Universidade de Washington, e Christine Janis, da Universidade Brown, nos 180 milhões de anos em que viveram esses monstros marinhos, a macroevolução aparentemente nunca transformou nenhum deles em animais que se alimentassem por sistema de filtragem como as baleias de barbatanas. Fatores externos parecem não ter atuado neste caso, porque as rochas mostram sinais de que em vários períodos do mesozóico os oceanos dispunham de abundante suprimento de plâncton. Engolfar nuvens de plâncton ou cardumes de peixes pequenos seria um excelente meio de vida e no entanto esses animais nunca fizeram isso. Eis aí um caso em que não se pode simplesmente dizer que a seleção natural impossibilitou a existência de répteis semelhantes às baleias de barbatanas.

A história completa das linhagens ajuda a decidir quem evoluirá de que forma. As baleias puderam vir a se alimentar por filtragem graças a episódios evolutivos que tiveram lugar mais de 200 milhões de anos antes de nascer o primeiro cetáceo. À medida que os ancestrais sinapsídeos dos mamíferos passaram por uma progressão correlacionada de mudanças na maneira de comer, respirar, correr e se reproduzir, eles separaram os caminhos percorridos pelo ar e pela comida. A passagem nasal dos sinapsídeos prolongou-se até a parte de trás da boca e, ao mesmo tempo, a língua e o palato mole evoluíram de tal modo que, quando mastigavam, um fecho impedia a comida de cair na passagem de ar. Sem o fecho na parte de trás da boca, o sinapsídeo engasgaria.

Tal fecho permitiu a alguns descendentes dos sinapsídeos — as baleias de barbatanas — colocar na boca enormes quantidades de água que podiam expulsar com a língua. Se os répteis marinhos tentassem abrir a boca e engolfar centenas de galões de água, não teriam como impedir que ela chegasse ao estômago ou penetrasse nos pulmões. Além dos problemas que um estômago inundado causaria, o réptil não podia usar a língua para expulsar a água da boca. E quando os répteis alcançaram uma condição em que os fechos bucais teriam sido úteis, não puderam desenvolvê-los. Tais estruturas não surgiam isoladamente nos sinapsídeos mas como parte da densa rede de mudanças que ocorreram durante a sua evolução em terra. Restringidos por sua história, os répteis marinhos nunca puderam filtrar alimento e essa pode ser a razão pela qual foram as baleias que se tornaram os maiores animais que jamais existiram.

Há sempre um pouco de tristeza misturada às grandes descobertas, porque elas eliminam parte da confusão que alegra a vida. Antes do *Acanthostega*, antes do *Ambulocetus* e antes de todas as outras pistas que coalesceram nos últimos anos, a metamorfose de um peixe em tetrápode ou de um mesoniquídeo em baleia tinha o sabor das transformações mágicas de Ovídio. Agora essas metamorfoses fazem parte da realidade corriqueira. A título de consolação leve em conta que com o estudo de animais como as baleias e os primitivos tetrápodes temos pela primeira vez um modelo de como a macroevolução conduz a vida pelas mais extraordinárias transições, modelo que pode ser aplicado a outras transições espalhadas pela árvore da vida.

A árvore que vemos hoje é bem diferente daquelas que desenharam os primeiros darwinianos. Ernst Haeckel publicou uma com organismos unicelulares na base do tronco e ramos folhudos se projetando nos níveis que considerava mais e mais elevados de organização, indo dos invertebrados para os vertebrados e os mamíferos, até chegar ao Homem, empoleirado no topo como um anjo de árvore de Natal. A nova filogenia da vida — construída a partir da anatomia, dos genes e da cladística — parece uma mata produzida por computador. Há tantas linhagens hoje identificadas que mesmo os vertebrados, como grupo, se perderam no espinheiro. Retroceda um pouco da nossa área na mata e poderá ver nossos parentes mais distantes e os ancestrais comuns mais antigos que deram origem a nós todos. Os equinodermos — estrelas e ouriços-do-mar — tornam-se visíveis. Retroceda ainda mais e outro grande ramo de animais aparece, o ramo que inclui os artrópodes e crustáceos. Ao longo dos nós desses ramos você pode ver milhares de transições assim como entre os primitivos tetrápodes ou baleias, por exemplo como os insetos chegaram à terra e como passaram a voar. A história da evolução dos insetos, que ainda espera ser plenamente destrinchada, certamente será única — basta considerar o exosqueleto e os olhos complexos de uma mosca, sem falar no resto de sua anatomia bizarra. Mas parece hoje que a história dos insetos pode acabar tendo uma notável semelhança com a nossa: apesar de nossos corpos radicalmente diferentes, parece que construímos nossos olhos, membros e troncos com redes de genes quase idênticas.

Retroceda mais ainda e outros animais aparecem — os corais, a água-viva, os incontáveis animais parecidos com copas de árvores, discos de hóquei ou fusos que surgiram e desapareceram entre 600 e 500 milhões de anos atrás. Nesse ponto os ramos que representam os humanos, os tubarões e as anacondas parecem as pontas separadas de um cabelo. Agora você pode ver onde o ramo do reino animal se separou originalmente dos ramos de organismos como os fungos mais de um bilhão de anos atrás. Aqui aparecem também as plantas, organismos que muitas vezes podem optar entre a clonagem e o sexo para se reproduzir, com córtex em vez de ossos e, portanto, com suas próprias histórias evolutivas. Recue mais ainda e aparecem os primeiros organismos multicelulares, que fizeram a transição da célula solitária para a união de células. E por fim surgem os micróbios — *archea* e bactérias — com ramos tão compridos e densos que todo o reino animal se reduz a um broto em comparação. Entre os micróbios os genes eram trocados ao acaso como cartões comerciais entre vendedores, e parasitas que entravam em hospedeiros transformavam-se em órgãos integrantes do próprio hospedeiro. Nessas regiões a macroevolução não inventa pernas e sangue quente. Ela constrói proteínas que permitiam às bactérias sobreviver num bloco de sal ou se agregar em água fervente. Mesmo nessas partes da mata da vida você pode ver passagens que se assemelham às nossas: uma linhagem de micróbios que vive em mar aberto em volta da Antártida aninha-se entre outras que só vivem numa fonte quente do parque Yellowstone ou na camada superior do solo em Indiana; outra inventou a fotossíntese para aproveitar a luz do sol, apenas para vê-la mais tarde roubada pelas algas.

Se tivéssemos sabido dessas transições um século atrás, elas poderiam ter parecido remotas e radicais demais para serem sequer compreendidas. A história de cada uma dessas transformações oculta seus próprios detalhes inesperados, tão surpreendentes quanto os olhos voltados para cima no alto da cabeça de nossos ancestrais ou os dedos delicados que apareceram na equação de uma baleia. No entanto, se as transformações que compreendemos servem de guia, alguns temas comuns vão emergir. Mais do que saltos simplistas da evolução a partir da necessidade, serão extensões de histórias que remontam a centenas de milhões de anos. Muitos vão se revelar baseados em revoluções na forma em que os organismos crescem, que então esta-

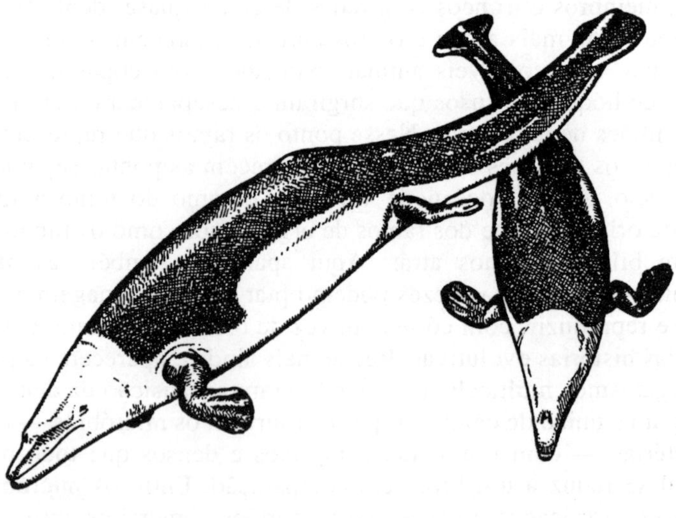

belecem novas regras básicas para a seleção natural. Muitas vezes eles revelam uma dependência na sinfonia da progressão correlacionada e no aumento gradual de adaptações que lentamente vertem em novas funções aparentemente providenciais. Suas histórias vão se desdobrar na arena perversamente enrolada dos ecossistemas do mundo real, onde olhos incham antes de desaparecer, onde as extinções podem de repente ligar um sinal de "vago" para novos inquilinos. E nos anos vindouros mais e mais se contará sobre suas histórias, porque os biólogos estão aprendendo as artes — a distinção de ramos, a leitura de genes e fósseis e tudo o mais — que farão deles novos ovídios da natureza.

Cronologia da Evolução

Período	Milhões de anos atrás (fim do período)
Holoceno	
Pleistoceno	1,8
Plioceno	5,3
Mioceno	24
Oligoceno	34
Eoceno	55
Paleoceno	65
Cretáceo	142
Jurássico	205
Triássico	248
Permiano	290
Carbonífero	354
Devoniano	417
Siluriano	443
Ordoviciano	495
Cambriano	545
Pré-cambriano	

200 mil anos atrás — Surgem os humanos modernos

5 — Último ancestral comum dos chimpanzés e dos humanos

15 — Os golfinhos atingem o atual quociente de encefalização

ORIGEM DOS CETÁCEOS

35 — Surgem os odontocetos e os misticetos

40 — *Basilosaurus* e *Dorudon*

43 — *Rodhocetus*

46 — *Ambulocetus*

49 — *Pakicetus*

50 — Origem dos ruminantes

55 — Primatas primitivos

65 — Extinção dos grandes dinossauros

100 — Os mais antigos mamíferos placentários

220 — Os mais antigos mamíferos

ORIGEM DOS TETRÁPODES

300 — Os amniotas tornam-se herbívoros

330 — Estabelecem-se as grandes linhagens hoje existentes de amniotas

355 — Separam-se as linhagens dos anfíbios e dos amniotas

363 — *Acanthostega, Ichthyostega*

377 — *Panderichthys*

400 — Primeiro peixe com mandíbula

460 — Primeiros rastos de milípedes na terra

480 — As mais antigas plantas terrestres conhecidas

500 — Primeiros peixes

550 — Os mais antigos vertebrados conhecidos

1 bilhão de anos atrás — Animais multicelulares

3,8 bilhões de anos atrás — Os mais antigos sinais de vida

4,5 bilhões de anos atrás — Forma-se a Terra.

Glossário

"Acanthostega" — Tetrápode da Groenlândia com 363 milhões de anos. Descrito por Jenny Clack e Mike Coates.

"Ambulocetus" — Baleia semelhante à lontra, com 46 milhões de anos, descoberta por Hans Thewissen no Paquistão.

Amniotas — Tetrápodes caracterizados, entre outras coisas, por um conjunto de membranas embrionárias dentro de um ovo ou do útero. Inclui todos os vertebrados terrestres existentes, à exceção dos anfíbios.

Anfíbios — Um dos dois grandes ramos de tetrápodes existentes. Põem ovos com cobertura gelatinosa. Incluem rãs, salamandras e cecilianos.

Antracobanídeos — Parentes primitivos do elefantes e sirênios.

Arqueocetos — Baleias primitivas (mais precisamente, baleias extintas que não descendem do último ancestral comum das baleias hoje existentes). Os fósseis de arqueocetos têm de 37 a 49 milhões de anos.

Artiodáctilos — Ungulados com número par de dedos que incluem porcos, vacas, cervos, camelos e hipopótamos. Todos têm tornozelos de polia dupla. Diversificaram-se há 65 milhões de anos. Os mais próximos parentes vivos das baleias.

"Basilosaurus" — Arqueoceto alongado e com pernas pequenas descoberto na Louisiana em 1832. Viveu entre 40 e 37 milhões de anos atrás no mar de Tétis e no Atlântico.

CAMPO MORFOGENÉTICO — Região de um embrião na qual reações químicas ou forças mecânicas distribuídas de modo uniforme podem criar padrões complexos.

CECILIANOS — Anfíbios sem pernas que põem ovos debaixo da terra. Alguns se entocam como minhocas, outros vivem nas folhas caídas e outros ainda são aquáticos.

CELACANTOS — Peixes de nadadeiras lobadas que vivem em águas profundas na costa da África. Únicos sobreviventes de uma linhagem de 400 milhões de anos.

CÉLULA MESENQUIMÁTICA — Tipo primordial de célula no botão dos membros de um embrião de tetrápode que se condensa em cartilagem, que é por sua vez substituída por osso.

CETÁCEOS — Baleias, golfinhos e botos. Todos descenderam, há 50 milhões de anos, de um ancestral comum que era um mamífero terrestre.

CLADÍSTICA — Método de organizar a vida em uma árvore evolutiva (cladograma) comparando traços partilhados por diferentes grupos de espécies.

CUVIER, GEORGES — Fundador da paleontologia e principal anatomista comparativo do início do século XIX (1769-1832). Opositor da evolução, acreditava que a função biológica determinava a forma.

"DORUDON" — Arqueoceto de 4,5 metros de comprimento que viveu entre 40 e 37 milhões de anos atrás. Próximo dos ancestrais das atuais baleias.

ECOLOCALIZAÇÃO — Capacidade de perceber o mundo ao redor através do eco dos próprios chamados. Aperfeiçoada pelos odontocetos e morcegos.

ESTRIBO — Grande osso do ouvido médio. Antes, era o hiomandibular dos peixes de nadadeiras lobadas.

"EUSTHENOPTERON" — Criatura devoniana de nadadeiras lobadas, parente próxima dos tetrápodes.

EXAPTAÇÃO — Característica que encontra uma nova função no curso da evolução. Por exemplo, membros e dígitos desenvolvidos para a locomoção na água tornam-se uma *exaptação* para andar em terra. Às vezes chamada (o que pode induzir a erro) de pré-adaptação.

FILOGENIA — História evolutiva de uma espécie.

GENE — Segmento do ADN que constrói uma proteína.

GENES HOMEÓTICOS/HOX — Genes que ajudam a guiar a construção do eixo e dos membros de um animal. Os genes Hox são os genes homeóticos dos vertebrados.

"HYNERPETON" — Tetrápode da Pensilvânia de 367 milhões de anos, descoberto por Ted Daeschler. O mais antigo tetrápode definitivamente sem guelras quando adulto.

"ICHTHYOSTEGA" — Tetrápode de 363 milhões de anos descoberto por Gunnar Säve-Söderbergh.

LAMARCK, JEAN-BAPTISTE — Naturalista francês (1744-1829). Propôs uma primeira teoria da evolução bascada na herança de caracteres adquiridos e luta interna.

"LEPIDOSIREN" — Peixe pulmonado descoberto pela primeira vez no Brasil.

LINEU (CARL VON LINNÉ, EM LATIM LINNAEUS) — Naturalista sueco (1707-1778) que elaborou o sistema padrão de classificação da vida em espécies, gêneros, famílias etc.

MELÃO — Depósito de gordura na parte frontal da cabeça dos odontocetos que sintoniza as ondas sonoras para a ecolocalização.

MESONIQUÍDEOS — Ungulados carnívoros que viveram entre 65 e 34 milhões de anos atrás. Parentes mais próximos das baleias.

MISTICETOS — Baleias de barbatanas (incluem o jubarte, a baleia azul, a baleia reta, a baleia cinzenta e a baleia de aletas).

NUCLEOTÍDEO — Um dos quatro tipos de moléculas portadoras de informação no ADN.

ODONTOCETOS — Baleias dentadas (incluem o golfinho, a baleia beluga ou golfinho-branco, a baleia assassina, o cachalote, o narval e a baleia bicuda).

ONTOGENIA — O curso de desenvolvimento de um embrião.

OWEN, RICHARD — Anatomista britânico (1804-1892) que propôs o arquétipo vertebrado e se tornou um oponente público do darwinismo.

"PAKICETUS" — Mais antiga e primitiva baleia conhecida, de 49 milhões de anos. Descoberta por Philip Gingerich em 1979.

PEIXE DE NADADEIRA LOBADA — Uma das grandes linhagens de peixes. Caracterizada por nadadeiras com um grande eixo de osso esqueletal. Inclui os celacantos, o peixe pulmonado, o *Eusthenopteron* e tetrápodes.

PERISSODÁCTILOS — Ungulados com número ímpar de dedos, incluindo o cavalo, a anta e o rinoceronte.

PROTEÍNAS — Moléculas de cadeia longa feitas de aminoácidos. Seu agrupamento é determinado pelos genes.

QUOCIENTE DE ENCEFALIZAÇÃO (QE) — A relação entre o tamanho efetivo do cérebro de um animal e o tamanho esperado para um animal do tipo com o mesmo peso corporal. Índice que serve para comparar a inteligência de diferentes espécies.

"RODHOCETUS" — Arqueoceto de 43 milhões de anos. A mais antiga baleia conhecida impelida pela cauda.

RUMINANTES — Artiodáctilos cuja barriga abriga colônias de bactérias e estômago com proteínas especiais que lhes permitem digerir matéria vegetal de modo eficaz. Incluem vacas, ovelhas e cabras.

SINAPSÍDEOS — Grupo de amniotas que inclui os mamíferos.

SIRÊNIOS — Mamíferos marinhos como o dugongo e o peixe-boi.

TETRÁPODES — Vertebrados terrestres (incluindo grupos secundariamente aquáticos como as baleias), todos descendentes de um ancestral de nadadeira lobada de cerca de 370 milhões de anos atrás.

"TULERPETON" — Tetrápode de seis dedos, da Rússia, de 355 milhões de anos. Possivelmente o parente mais próximo dos amniotas.

UNGULADOS — Mamíferos de casco. Incluem artiodáctilos, perissodáctilos, mesoniquídeos e elefantes.

NOTAS

Na coluna à esquerda, estão os números das páginas, seguidos pelo início das frases a que as notas se referem.

INTRODUÇÃO: VIDAS ENTRELAÇADAS

13 Se fosse tolo o suficiente... J.B. Wyngaarden, L.H. Smith e J.C. Bennett (orgs.), *Cecil Textbook of Medicine* (Filadélfia: W.B. Saunders, 1979).

13 As guelras da caranha... G.M. Hughes, "General anatomy of the gills", *Fish Physiology* 1984, nº 10A: 1-72.

15 Para entender esse tortuoso desenho... W. Gilbert, *Developmental Biology*, 4ª ed. (Sunderland, Mass.: Sinauer, 1994).

17 Quando Aristóteles caminhou... Aristóteles, *Historia Animalium*, trad. A.L. Peck (Cambridge: Harvard University Press, 1965); citado da p.589.

17 As propriedades do ar e da água... P. Dejours, L. Bolis, C.R. Taylor e E.R. Weibel (orgs.), *Comparative Physiology: Life in Water and on Land* (Pádua: Liviana Press, 1987).

18 A microevolução foi tão bem estudada... Para uma análise acessível da microevolução, ver J. Wiener, *The Beak of the Finch: A Story of Evolution in Our Time* (Nova York: Knopf, 1994). Para exemplos de microevolução como ciência aplicada, ver P. H. Harvey et al. (orgs.), *New Uses for New Phylogenies* (Oxford: Oxford University Press, 1996).

CAPÍTULO 1. ATRÁS DE UM BALÃO PERDIDO

Entrevistas com Hans Bjerring, Jenny Clack, Michael Coates, Kevin Padian, Martin Rudwick, Phillip Sloan e Keith Thomson.

21 Num laboratório de porão... Esse relato da vida e da obra de Sir Richard Owen baseia-se em A. Desmond, *Archetypes and Ancestors: Paleontology in Victorian London, 1850-1875* (Chicago: University of Chicago Press, 1984); Des-

mond, *The Politics of Evolution: Morphology, Medicine, and Reform in Radical London* (Chicago: University of Chicago Press, 1989); R.M. Macleod, "Evolutionism and Richard Owen, 1830-1868: An episode in Darwin's century", *Isis* 1965, 56:259-280; R. Owen, *The Life of Richard Owen* (Nova York: D. Appleton, 1894); K. Padian, "The rehabilitation of Sir Richard Owen", *Bioscience* 1997, 47:446-453; N.A. Rupke, *Richard Owen: Victorian Naturalist* (New Haven: Yale University Press, 1994); e P.R. Sloan, "On the edge of evolution", introdução a R.A. Owen, *The Hunterian Lectures in Comparative Anatomy, May and June 1837* (Chicago: University of Chicago Press, 1992).

23 Em 1830, um barão francês de 61 anos de idade... Detalhes sobre a vida de Cuvier podem ser encontrados em W. Coleman, *Georges Cuvier, Zoologist* (Cambridge: Harvard University Press, 1964); e D. Outram, *Georges Cuvier: Vocation, Science, and Authority in Post-revolutionary France* (Manchester: Manchester University Press, 1984).

24 "Venha desempenhar..." Citado por T.A. Appel, *The Cuvier-Geoffroy Debate: French Biology in the Decades before Darwin* (Oxford: Oxford University Press, 1987), p.31.

24 As pessoas colecionavam fósseis... M.J.S. Rudwick, *The Meaning of Fossils: Episodes in the History of Palaeontology* (Nova York: Science History Publications, 1976).

25 "Não é Cuvier..." Citado por Appel, *The Cuvier-Geoffroy Debate*, p.46.

26 Geoffroy Saint-Hilaire e Cuvier tinham derivado... Ver Appel, *The Cuvier-Geoffroy Debate*, para um relato completo.

27 "Unidade de Plano..." Citado de Appel, *The Cuvier-Geoffroy Debate*, p.226.

29 Enquanto Owen ocupava-se... A primitiva história científica do peixe pulmonado é traçada por D.E. Rosen et al., "Lungfishes, tetrapods, paleontology, and plesiomorphy", *Bulletin of the American Museum of Natural History* 1981, 167:159-276; e E.B. Conant, "An historical overview of the literature of Dipnoi: Introduction to the bibliography of lungfishes", *Journal of Morphology Supplement* 1986, 1:5-13.

29 "vítimas ... da caça por demais apaixonada de Natterer..." Citado por Conant, "An historical overview", p.7.

29 Em junho de 1837... R. A. Owen, "On a new species of the genus *Lepidosiren* of Fitzinger and Natterer (*L. annectens*)", *Proceedings of the Linnean Society of London* 1839, 1:27-32; e "Description of the *Lepidosiren annectens*", *Transactions of the Linnean Society of London* 1841, 18:327-362.

30 Darwin entrara para a Universidade de Edimburgo... A. Desmond e J. Moore, *Darwin: The Life of a Tormented Evolutionist* (Nova York: W.W. Norton, 1991).

31 A criatura africana que quis chamar de *Protopterus*... Na verdade, Owen teria em última análise uma pequena satisfação a esse respeito. Os peixes pulmonados do Brasil e da África de fato pertencem a gêneros diferentes. O gênero africano tem cinco espécies, que em essência se parecem todas à que Owen estudou. Embora cada uma tenha seu nome específico, todas pertencem ao gênero *Protopterus*.

31 "Desde o tempo do *Ornithorhynchus*..." Owen, "On a new species", p.27.

32 "Se de fato a espécie fosse identificada apenas pelo seu esqueleto..." Owen, "Description of *Lepidosiren*", p.350.

32 "No órgão do olfato..." Owen, "Description of *Lepidosiren*", p.362.

33 uma relação mais profunda, que Owen chamava de homologia... Para uma introdução, ver A.L. Panchen, "Richard Owen and the concept of homology", em *Homology: The Hierarchical Basis of Comparative Biology*, org. B.K. Hall, p.21-62 (Nova York: Academic Press, 1994).

33 "o mesmo órgão..." Citado de Rupke, *Richard Owen*, p. 134.

34 "Mas desse charco de desalento epicurista..." R.A. Owen, *On the Origin of Limbs*, p.40 (Londres: Van Voorst, 1849).

35 Em 1859... Da enxurrada de análises recentes da obra de Darwin, ver Desmond e Moore, *Darwin*; E. Mayr, *The Growth of Biological Thought* (Cambridge: Harvard University Press, 1982); e D. Ospovat, *The Development of Darwin's Theory* (Cambridge: Cambridge University Press, 1981).

36 "Eu vejo os Arquétipos de Owen..." Citado de Desmond e Moore, *Darwin*, p.368.

36 "esforço de adivinhação"... Citado de Rupke, *Richard Owen*, p.245.

37 "Eu costumava me envergonhar..." Citado de Desmond e Moore, *Darwin*, p.596.

37 "*Nosso* ancestral..." Citado de Desmond e Moore, *Darwin*, p.505.

41 Essa combinação das idéias de Darwin... Para um sumário do neodarwinismo, ver, por exemplo, M. Ridley, *Evolution* (Boston: Blackwell, 1993).

41 À medida que foram sendo estudados novos espécimes de *Lepidosiren*... J. Hogg, "On the existence of branchiae in the young Caecilae; and on a

modification and extension of the branchial classification of the Amphibia", *Annals and Magazine of Natural History* 1841, 7:355-363; W. Jardine, "Remarks and on the structure and habits of *Lepidosiren annectens*", *Annals and Magazine of Natural History* 1841, 7:21-26; A.G. Melville, "On the *Lepidosiren*", *Report of the British Association for the Advancement of Science* 1847, 17:78.

41 Cientistas que vieram depois dele, como o anatomista irlandês Robert M'Donnel... R. M'Donnel, "Observations on the habits and anatomy of the *Lepidosiren annectens*", *Natural History Review* 1860, 7:93-112. Citações das p.95, 112.

42 Um terceiro continente... G. Krefft, "Description of a gigantic amphibian allied to the genus *Lepidosiren*, from the Wide-Bay District, Queensland", *Proceedings of the Zoological Society of London* 1870, 221-224.

43 Como escreveu um cético... A. Gunther, "Description of *Ceratodus*, a genus of Ganoid fishes recently discovered in rivers of Queensland, Australia", *Philosophical Transactions of the Royal Society of London* 1871, 161:511-571.

44 Para maior afinidade... P. Bowler, *Life's Splendid Drama: Evolutionary Biology and the Reconstruction of Life's Ancestry* (Chicago: University of Chicago Press, 1996); E.D. Cope, "On the phylogeny of the vertebrata", *Proceedings of the American Philosophical Society* 1892, 30:278-285; W.K. Gregory, "The limbs of *Eryops* and the origin of paired limbs from fins", *Science* 1911, 33:508-509; T.H. Huxley, "On the application of the laws of evolution to the arrangement of the Vertebrata and more particularly on the Mammalia", *Proceedings of the Zoological Society of London* 1880, 649-662; e D.M.S. Watson, "The evolution and origin of amphibians", *Philosophical Transactions of the Royal Society of London* 1926, B 114:189-257.

45 "Entre os mais antigos anfíbios conhecidos..." Citado de W.K. Gregory, "Present status of the problem of the origin of the Tetrapoda with special reference to the skull and paired limbs", *Annals of the New York Academy of Sciences* 1915, 26:317-383.

45 Uma travessia do Ártico em dirigível... A travessia de Andrée é descrita por P. Berton, *The Arctic Grail* (Nova York: Penguin, 1988).

46 Seus colegas cientistas suecos procuraram por ele... E. Jarvik, "The Devonian tetrapod *Ichthyostega*", *Fossils and Strata* 1996, 40:1-213.

47 "escamas de um vertebrado semelhante a peixe..." Jarvik, "The Devonian tetrapod", p.5.

48 De volta a Estocolmo... G. Säve-Söderbergh, "Preliminary note on Devonian stegocephalians from East Greenland", *Meddelesler om Grønland* 1932, 94(7):1-105.

48 Ele podia ver que os seus membros... E. Jarvik, "The oldest tetrapods and their forerunners", *Scientific Monthly* 1955, 80:141-154; e *Basic Structure and Evolution of Vertebrates* (Londres: Academic Press, 1980).

CAPÍTULO 2. AR ILIMITADO, AH!

Entrevistas com Per Ahlberg, Jenny Clack, Michael Coates, Walter Cressler, Ted Daeschler e Keith Thomson.

51 "não passam de peixes..." R.S. Lull em J. Barrell et al., *The Evolution of the Earth and Its Inhabitants* (New Haven: Yale University Press, 1920), p.119.

52 De acordo com um geólogo chamado Joseph Barrell... Os dois trabalhos chaves de Barrell são "Dominantly fluviatile origin under seasonal rainfall of the Old Red Sandstones", *Bulletin of the Geological Society of America* 1916, 27:345-386, e "Influence of Silurian-Devonian climates on the rise of air-breathing vertebrates", *Bulletin of the Geological Society of America* 1916, 27:387-436.

52 "Foi da condição física..." Barrell, "Dominantly fluviatile", p.346.

53 "Respirar ar..." Barrell, "Influence", p.409.

53 Romer adicionou algum realismo biológico... Romer expôs sua hipótese em vários escritos, livros e discursos. Ver por exemplo seus trabalhos *Vertebrate Paleontology* (Chicago: University of Chicago Press, 1933); "The early evolution of land vertebrates", *Proceedings of the American Philosophical Society* 1956, 100:157-167; "Tetrapod limbs and early tetrapod life", *Evolution* 1958, 12:365-369; e "Major steps in vertebrate evolution", *Science* 1967, 158:1629-1637.

53 Walter Bock... Ver W.J. Bock, "Preadaptation and multiple evolutionary pathways", *Evolution* 1959, 13:194-211; e "The role of adaptive mechanisms in the origin of higher levels of organization", *Systematic Zoology* 1965, 14:272-287.

54 Stephen Jay Gould, de Harvard, e Elizabeth Vrba... S.J. Gould e E. Vrba, "Exaptation — a missing term in the science of form", *Paleobiology* 1982, 8:4-15.

56 quando a Europa estava segurando... D.L. Woodrow (org.), *The Catskill Delta* (Boulder, Colo.: Geological Society of America, 1985).

59 Quando Daeschler publicou um texto sobre o seu tetrápode... Ver E.B. Daeschler et al., "A Devonian tetrapod from North America", *Science* 1994, 265:639-642.

61 A rocha vermelha pode se formar... Ver P.D. Krynine, "The origin of red beds", *Transactions of the New York Academy of Science* 1949, 11:60-68. Ver também R.F. Inger, "Ecological aspects of the origins of the tetrapods", *Evolution* 1957, 11:373-376; e G.L. Orton, "Original adaptive significance of the tetrapod limb", *Science* 1954, 1042-1043.

61 A outra parte da antiga cena... Entre os escritos chaves de Keith Thomson estão "The biology of the lobe-finned fishes", *Biological Reviews of the Cambridge Philosophical Society* 1969, 44:91-154; "The environment and distribution of Paleozoic sarcopterygian fishes", *American Journal of Science* 1969, 267:457-464; e "The ecology of Devonian lobe-finned fishes", em *The Terrestrial Environment and the Origin of Land Vertebrates*, org. A.L. Panchen, p.187-222 (Londres: Academic Press, 1980).

62 Antes de mais ou menos 480 milhões de anos atrás... W.N. Steward e G.W. Rothwell, *Paleobotany and the Evolution of Plants*, 2ª ed. (Cambridge: Cambridge University Press, 1993); G.J. Retallack, "Early forest soils and their role in Devonian global change", *Science* 1997, 276:583-585; e P. Kenrick e P. Crane, "The origin and early evolution of plants on land", *Nature* 1997, 389:33-39.

66 uma interessante mandíbula australiana... K.S.W. Campbell e M.W. Bell, "A primitive amphibian from the Late Devonian of New South Wales", *Alcheringia* 1977, 1:369-381.

67 Havia um tetrápode de nome *Pholiderpeton*... J.A. Clack, "*Pholiderpeton scutigerum* Huxley, an amphibian from the Yorkshire coal measures", *Philosophical Transactions of the Royal Society of London* 1987, B 318:1 107.

69 O que fazer?... A descoberta do *Acanthostega* por Clack é detalhada inicialmente em escritos como J.A. Clack, "New material of the early tetrapod *Acanthostega* from the Upper Devonian of East Greenland", *Paleontology* 1988, 31:699-724; M.I. Coates, "The Devonian tetrapod *Acanthostega gunnari* Jarvik: Postcranial anatomy, basal tetrapod interrelationships, and patterns of skeletal evolution", *Transactions of the Royal Society of Edinburgh: Earth Sciences* 1996, 87:363-421; e C. Zimmer, "Coming onto the land", *Discover*, junho de 1995.

Capítulo 3. Como fazer uma mão

Entrevistas com Pere Alberch, Jenny Clack, Michael Coates, David Irwin, Neil Shubin, Philip Sloan e Guenter Wagner.

77 "um par de membros..." Citado por R.A. Owen, *On the Origin of Limbs*, p.9.

78 O próprio Darwin tinha apenas um palpite... E. Mayr, *The Growth of Biological Thought*.

79 A ascídia, animal marinho... H. Gee, *Before the Backbone* (Nova York: Chapman & Hall, 1996).

79 Que se revelou em 1866... Sobre a ascensão e queda do recapitulacionismo, ver Desmond e Moore, *Darwin*; S.J. Gould, *Ontogeny and Phylogeny* (Cambridge: Harvard University Press, 1977); C. Patterson, "How does phylogeny differ from ontogeny?", em *Development and Biology*, org. B.C. Goodwin. N. Holder e C.C. Wylie, p.1-31 (Cambridge: Cambridge University Press, 1983); e M.K. Richardson, "Heterochrony and the phylotypic period", *Developmental Biology* 1995, 172:412-421.

80 As nadadeiras ocorrem em diversos formatos... N. Shubin, "The evolution of paired fins and the origin of tetrapod limbs", *Evolutionary Biology* 1995, 28:39-86.

81 Um paleontólogo britânico chamado D.M.S. Watson comprou *Eusthenopteron*... D.M.S. Watson, "The evolution and origin of amphibians", *Philosophical Transactions of the Royal Society of London* 1926, B 114:189-257.

82 Segundo algumas estimativas, mais de 70 por cento das transformações evolutivas... P. Alberch, "'Ontogeny and Phylogeny' revisited: 18 years of heterochrony and developmental constraints", em *Biodiversity and Evolution*, org. R. Aria et al., p.229-49 (Tóquio: Museu Nacional de Ciência, 1995).

83 Algumas salamandras, por exemplo... R.A. Raff e G.A. Wray, "Heterochrony: Developmental mechanisms and evolutionary results", *Journal of Evolutionary Biology* 1989, 2:409-434.

83 Turing é mais conhecido... A. Hodges, *Alan Turing: The Enigma* (Nova York: Simon & Schuster, 1983).

84 Nos últimos anos de sua vida... A. Turing, "A chemical model of morphogenesis", *Philosophical Transactions of the Royal Society of London* 1952, B 237:37-72.

86 O embrião de um ser humano... Gilbert, *Developmental Biology*; e N.H. Shubin e P.A. Alberch, "A morphogenetic approach to the origin and basic organization of the tetrapod limb", *Evolutionary Biology* 1986, 20:319-387.

87 Alguns pesquisadores procuraram por moléculas morfogenéticas... S.A. Newman e H.L. Frisch, "Dynamics of skeletal pattern formation in developing chick limb", *Science* 1979, 205:662-668.

87 Quando um grupo de biólogos chefiado por George Oster... O modelo mecanoquímico é explorado em escritos como os de G.F. Oster, J.D. Murray e A.K. Harris, "Mechanical aspects of mesenchymal morphogenesis", *Journal of Embriology and Experimental Morphology* 1983, 78:83-125; e J.D. Murray e P.K. Maini, "Mechanochemical models for generating biological pattern and form in development", *Physics Reports* 1988, 171:59-84.

88 Trabalhando em Harvard, em 1983... P. Alberch e E.A. Gale, "Size dependence during the development of the amphibian foot. Colchicine-induced digital loss and reduction", *Journal of Embryology and Experimental Morphology* 1983, 76:177-197.

88 Os genes de cada raça... P. Alberch, "Developmental constraints: Why St. Bernards often have an extra digit and poodles never do", *American Naturalist* 1985, 126:430-433; e "Possible Dogs", *Natural History*, dezembro de 1986.

88 A mais dura refutação veio com as experiências realizadas na década de 70... J.R. Hinchliffe, "Developmental approaches to the problem of transformation of limb structure in evolution", em *Developmental Patterning of the Vertebrate Limb*, org. J.R. Hinchliffe et al., p.313-323 (Nova York: Plenum Press, 1991).

91 Podiam esquematizar o crescimento com uma série de símbolos... Shubin e Alberch, "A morphogenetic approach".

93 Você podia criar cinco dedos... M.I. Coates e J.A. Clack, "Polydactyly in the earliest known tetrapod limbs", *Nature* 1990, 347:66-69.

93 Em 1990, biólogos ingleses... L. Wolpert e A. Hornbruch, "Double anterior chick limb buds and models for cartilage rudiment specification", *Development* 1990, 109:961-966.

94 Um conjunto de aleijões... W. Bateson, *Materials for the Study of Variation Treated with Especial Regard to Discontinuity in the Origin of Species* (Londres: Macmillan, 1894).

94 Só na década de 1980 os geneticistas... Para resenhas recentes de estudos sobre os genes homeóticos, ver E.M. De Robertis, "Homeotic genes and the evolution of body plans", em *Evolution and the Molecular Revolution*, org. C.R. Marshall e J.W. Schopf, p. 109-124 (Sudbury, Mass.: Jones and Bartlett, 1996); e R.A. Raff, *The Shape of Life: Genes, Development, and the Evolution of Form* (Chicago: University of Chicago Press, 1996).

96 A mosca-das-frutas tem apenas um conjunto, mas vertebrados sem mandíbulas como a lampréia têm três e a maioria dos peixes e tetrápodes de mandíbulas tem quatro ou cinco... F. Ruddle, "Vertebrate genome evolution", *Genomics* 1997 (em preparação).

96 A duplicação de todo um conjunto... S. Ohno, *Evolution by Gene Duplication* (Heidelberg: Springer Verlag, 1970).

96 As células imunológicas em muitos animais... P. Jollés (org.), *Lysozymes: Model Enzymes in Biochemistry and Biology* (Basiléia, Suíça: Birkhauser Verlag, 1996).

96 as duplicações de genes homeóticos... P.W.H. Holland et al., "Gene duplications and the origins of vertebrate development", *Development* 1994, Suplemento, 125-133.

97 Uma região do botão do membro... R.D. Riddle et al., "Sonic Hedgehog mediates the polarizing activity of the ZPA", *Cell* 1993, 75:1401-1416; L. Niswander et al., "A positive feedback loop coordinates growth and patterning in the vertebrate limb", *Nature* 1994, 371:609-612; C. Tabin, "The initiation of the limb bud: Growth factors, *Hox* genes, and retinoids", *Cell* 1995, 80:671-674.

98 Quando os cientistas detectaram pela primeira vez os genes Hox... J.-C. Izisua-Belmonte et al., "Expression of the homeobox *Hox*-4 genes and the specification of position in chick wing development", *Nature* 350:585-589; e C. Tabin, "Isolation of potential vertebrate limb-identity genes", *Development* 1989, 105:813-820.

98 era a curva do arco digital de Shubin... M.I. Coates, "New palaeontological contributions to limb ontogeny and phylogeny", em *Developmental Patterning of the Vertebrate Limb*, org. J.R. Hinchliffe et al., p.325-37 (Nova York: Plenum Press, 1991).

98 Inspirados por Coates, biólogos suíços demonstraram em 1995... P. Sordino, F. van der Hoeven e D. Duboule, "*Hox* gene expression in teleost fins and the origin of vertebrate digits", *Nature* 1995, 375:678-681.

98 A espécie que escolheram... N. Holder e A. McMahon, "Genes from zebrafish screens", *Nature* 1996, 384:515-516.

100 Esses resultados combinaram tanto com as previsões... M.I. Coates, "Fish fins or tetrapod limbs — a simple twist of fate?", *Current Biology* 1995, 5:844-848; e P. Thorogood, "The development of the teleost fin and implications for our understanding of tetrapod limb evolution", em *Developmental Patterning of the Vertebrate Limb*, org. J.R. Hinchliffe et al., p.347-354 (Nova York: Plenum Press, 1991).

100 Em 1996, um grupo de geneticistas americanos... C.E. Nelson et al., "Analysis of *Hox* gene expression in the chick limb bud", *Development* 1996, 122:1449-1466; e N. Shubin, C. Tabin e S. Carroll, "Fossils, genes, and the evolution of animal limbs", *Nature* 1997, 388:639-648.

102 O fóssil pertencia... T. Daeschler, "Preliminary description of the pectoral girdle and fin from a new cf. *Sauripterus* specimen", *Journal of Vertebrate Paleontology* 1996, 16:29A; e Shubin et al., "Fossils, genes, and the evolution of animal limbs".

103 Quando William Bateson... E. Mayr, "The emergence of evolutionary novelties", em *Evolution after Darwin*, org. Sol Tax (Chicago: University of Chicago Press, 1960).

103 "Lemos o seu esquema..." Citado em Mayr, *Growth of Biological Thought*, p. 547.

104 Um eminente defensor desse paradigma é Guenter Wagner... Wagner discute novidades evolutivas em G.B. Müller e G.P. Wagner, "Novelty in evolution: Restructuring the concept", *Annual Review of Ecology and Systematics* 1991, 22:229-256; e G.P. Wagner, "The origin of morphological characters and the biological basis of homology", *Evolution* 1989, 43:1157-1171. Os mecanismos de geração de novidade morfológica são discutidos em G.B. Müller, "Developmental mechanisms at the origin of morphological novelty: A side-effect hypothesis", em *Evolutionary Innovations*, org. M. Nitecki, p.99-130 (Chicago: University of Chicago Press, 1990).

104 Nas aves, a tíbia... G.B. Müller e J. Streicher, "Ontogeny of the syndesmosis tibiofibularis and the evolution of the bird hindlimb: A caenogenetic feature triggers phenotypic novelty", *Anatomy and Embryology* 1989, 179:327-339.

106 Muitos roedores, quando saem à procura de alimento... P. Brylski e B.K. Hall, "Ontogeny of macroevolutionary phenotype: The external cheek pouches of geomyoid rodents", *Evolution* 1988, 42:391-395.

107 Quanto ao membro de tetrápode... Ver Shubin et al., "Fossils, genes, and the evolution of animal and limbs"; e F. van der Hoeven, J. Zakany e D. Duboule, "Gene transposition in the *HoxD* complex reveals a hierarchy of regulatory controls", *Cell* 1996, 85:1025-1035.

109 Em 1991, um esfriamento anormal... N.H. Shubin e D. Wake, "Phylogeny, variation, and morphological integration", *American Zoologist* 1996, 36:51-60. Dois outros textos importantes sobre restrições são os de J. Maynard Smith et al., "Developmental constraints and evolution", *Quarterly Review of Biology* 1985, 60:265-287; e D.B. Wake, "Homoplasy: The result of natural selection or evidence of design limitations?", *American Naturalist* 1991, 138:543-567.

109 Alguns ainda argumentam que um padrão Turing... S.A. Newman, "Sticky fingers: *Hox* genes and cell adhesion in vertebrate limb development", *BioEssays* 1996, 18:171-174.

Capítulo 4. Os brotos de Darwin

Entrevistas com Per Ahlberg, Elizabeth Brainerd, Jenny Clack, Michael Coates, Ted Daeschler, James Edwards, Colleen Farmer, Stephen Heard, George Lauder, Brian Moore, Kevin Padian, Joseph Skulan, Stuart Sumida e Keith Thomson.

111 O som é uma mudança sutil... Os escritos de Clack sobre a evolução do ouvido incluem "Discovery of the earliest known stapes", *Nature* 1989, 342:425-427;

"Nos ancêtres respiraient-ils par les oreilles?", *La Recherche* 1990, 21:770-771; "The stapes of *Acanthostega gunnari* and the role of the stapes in early tetrapods", em *The Evolutionary Biology of Hearing*, org. D. Webster, R. Fay e A. Popper, p.405-420 (Nova York: Springer Verlag, 1992); "Homologies in the fossil record: The middle ear as a test case", *Acta Biotheoretica* 1993, 41:391-409; e "Earliest known tetrapod braincase and the evolution of the stapes and fenestra ovalis", *Nature* 1994, 369:392-394. Também vale a pena ler R.I. Carroll, "The hyomandibular as a supporting element in the skull of primitive tetrapods", em *The Terrestrial Environment and the Origin of Land Vertebrates*, org. A.L. Panchen, p.255-292 (Londres: Academic Press, 1980).

113 Essa coreografia de mudanças prendeu a atenção de Keith Thomson... Thomson propôs pela primeira vez a progressão correlacionada em "The evolution of the tetrapod middle ear in the rhipidistian-amphibian transition", *American Zoologist* 1966, 6:379-397; e voltou a ela em "Fisher's microscope, or the gradualist's dilemma", *American Scientist* 1988, 76:500-502; "The origin of the tetrapods", *American Journal of Science* 1993, 293-A:33-62; e "Macroevolution: The morphological problem", *American Zoologist* 1996, 31:106-112.

115 Perto do estribo, Clack e Coates descobriram um osso reforçado... M.I. Coates e J.A. Clack, "Fish-like gills and breathing in the earliest known tetrapods", *Nature* 1991, 352:234-236.

115 Quanto mais Clack e Coates olhavam para... Ver os dois textos com que Clack e Coates colaboraram para a obra *Studies on Early Vertebrates (7th International Symposium, Miguasha Parc, Quebec), Bulletin du Musée Nationale de L'Histoire Naturelle*, Paris 1995, 17(C): "*Acanthostega* — a primitive aquatic tetrapod?", p.359-72, e "Romer's Gap — tetrapod origins and terrestriality", p.373-88. Ver também Coates, "The Devonian tetrapod *Acanthostega*".

117 Uma resposta sofrível... T.W. Pietsch e D.B. Grobecker, *Frogfishes of the World: Systematics, Zoogeography, and Behavioral Ecology* (Stanford: Stanford University Press, 1987); e T.W. Pietsch, "Louis Renard fanciful fishes", *Natural History* 1984, 93:58-67.

117 "membros semelhantes a braços..." Pietsch e Grobecker, *Frogfishes*, p.30.

117 "Ela me seguia..." Pietsch, "Louis Renard fanciful fishes", p.64.

118 Uma espécie que vive em vastas florestas de algas... R.F. Sisson, "Adrift on a raft of sargassum", *National Geographic* 1976, 149:188-199.

119 De tempos em tempos os cientistas assinalavam... J.L. Edwards, "Two perspectives on the evolution of the tetrapod limb", *American Zoologist* 1989, 29:235-254.

120 Agora ele reconstituíra o animal... Ahlberg descreve o *Elginerpeton* em "Tetrapod or near-tetrapod fossils from the Upper Devonian of Scotland",

Nature 1991, 354:298-301; "*Elginerpeton pancheni* and the earliest tetrapod clade", *Nature* 1995, 373:420-425; e "Spare parts for *Elginerpeton*? The postcranial steam tetrapod remains from Scat Craig, Morayshire, Scotland", *Zoological Journal of the Linnean Society*, no prelo.

122 um entomologista alemão chamado Willi Hennig... Entre as muitas revisões da cladística estão D.L. Hull, *Science as a Process* (Chicago: University of Chicago Press, 1988); G. Nelson, "Homology and systematics", em *Homology: The Hierarchical Basis of Comparative Biology*, org. B.K. Hall, p.101-49 (Nova York: Academic Press, 1994); e M. Ridley, *Evolution and Classification: The Reformation of Cladism* (Londres: Longman, 1986).

125 Alguns cladistas chegaram a argumentar (erroneamente)... O perigo de ignorar os fósseis é ilustrado em J.A. Gauthier, A.G. Kluge e T. Rowe, "Amniote phylogeny and the importance of fossils", *Cladistics* 1988, 4:105-209.

125 E no entanto a informação que temos dos fósseis e dos animais existentes... G.F. Engelmann e E.O. Wiley, "The place of ancestor-descendant relationship in phylogeny reconstruction", *Systematic Zoology* 1977, 26:1-11.

127 Ele inseriu no computador informação... A árvore e grande parte de sua interpretação são extraídas de Coates, "The Devonian tetrapod *Acanthostega*". Para um cladograma que conta uma história um tanto diferente sobre a origem dos anfíbios e dos amniotas, ver M. Laurin e R.R. Reisz, "A new perspective on tetrapod phylogeny", em *Amniote Origins: Completing the Transition to Land*, org. S.S. Sumida e K.L. Martin (Nova York: Academic Press, 1997).

127 Ele pensava que os peixes... S.J. Gould, *Eight Little Piggies* (Nova York: Norton, 1996). O cladograma revisto baseia-se em K.F. Liem, "Forms and function of lungs: The evolution of air-breathing mechanisms", *American Zoologist* 1988, 28:739-759.

129 Por outro lado, como assinalou recentemente Colleen Farmer, da Universidade Brown... C. Farmer, "Did lungs and the intracardiac shunt evolve to oxygenate the heart in vertebrates?", *Paleobiology* 1997, 23:358-372.

130 A cladística permite aos pesquisadores reconstruir... E.L. Brainerd e J.S. Ditelberg, "Lung ventilation in salamanders and the evolution of vertebrate air-breathing mechanisms", *Biological Journal of the Linnean Society* 1993, 49:163-183.

132 Um destes animais foi o chamado *Panderichthys*... E.I. Vorobyeva e R. Hinchliffe, "From fin to limbs: Developmental perspectives on paleontological and morphological evidence", *Evolutionary Biology* 1996, 29:263-311.

135 do animal russo conhecido como *Tulerpeton*... O.A. Lebedev, "*Tulerpeton*, l'animal à six doigts", *La Recherche* 1990, 21:1274-1275; e O.A. Lebedev e

M.I. Coates, "The postcranial skeleton of the Devonian tetrapod *Tulerpeton curtum* Lebedev", *Zoological Journal of the Linnean Society* 1995, 114:307-348.

136 Os primeiros anfíbios surgiram em mais de uma dúzia de grandes linhagens... P.E. Ahlberg e A.R. Milner, "The origin and early diversification of tetrapods", *Nature* 1994, 368:507-514.

137 Os anfíbios vivos... R.C. Stebbins e N.W. Cohen, *A Natural History of Amphibians* (Princeton: Princeton University Press, 1995); e W.E. Duellman e L. Trueb, *Biology of Amphibians* (Nova York: McGraw Hill, 1986).

137 Os predecessores dos amniotas... Ver Sumida e Martin, *Amniotes Origins*.

138 Alfred Romer era dessa opinião... A.S. Romer, "Origin of the amniote egg", *Scientific Monthly* 1957, 82:57-63; e "Tetrapod limbs and early tetrapod life", *Evolution* 1958, 12:365-369.

139 Na verdade, um pouco de física básica mostra... J. Skulan, "Alternative scenarios for the origin of the amniote egg", *Journal of Vertebrate Paleontology* 1995, 15:54A.

141 Os biólogos freqüentemente referem-se a esses segredos do sucesso como "inovações chaves"... S.B. Heard e D.L. Hauser, "Key evolutionary innovations and their ecological mechanisms", *Historical Biology* 1995, 10:151-173.

142 Pode simplesmente acontecer que ela viva... J. Cracraft, "The origin of evolutionary novelty: Pattern and process at different hierarchical levels", em *Evolutionary Innovations*, org. M. Nitecki, p.21-43 (Chicago: University of Chicago Press, 1990).

142 Em 1996, Robert Reisz e colegas cientistas... Ver os seguintes textos em *Sixth North American Paleontological Convention, Paleontological Society Special Publication* Número 8, 1996: B.R. Moore e D.R. Brooks, "A comparative analysis of herbivory and amniote diversification in modern terrestrial ecosystems", p.80; e R.R. Reisz e B.R. Moore, "Exploring the 'egg/plant question': What best explains the patterns of amniote diversification?", p.322.

144 Da mesma forma que na origem dos tetrápodes... M.S. Lee, "Correlated progression and the early evolution of turtles", *Nature* 1996, 379:812-815; e P.M. Barrett, "Correlated progression and the evolution of herbivory in non-avian dinosaurs", *Journal of Vertebrate Paleontology* 1997, 17:31A.

145 Entre os lagartos, por exemplo... F.H. Pough, "Lizard energetics and diet", *Ecology* 1973, 54:837-844.

CAPÍTULO 5. A MENTE NO MAR

Entrevistas com Ted Cranford, Jim Darling, Frank Fish, Louis Herman, John Heyning, Harry Jerison, Lori Marino, Bill McLellan, Ann Pabst e Terrie Williams.

148 Há 79 espécies vivas conhecidas... Ver R. Ellis, *The Book of Whales* (Nova York: Knopf, 1980) e *Dolphins and Porpoises* (Nova York: Knopf, 1982).

150 Para ser um bom nadador... Para uma revisão da hidrodinâmica do golfinho, ver F.E. Fish, "Dolphin swimming — a review", *Mammal Review* 1991, 21:181-195.

150 Em 1936, sir James Gray... J. Gray, "Studies in animal locomotion. VI. The propulsive powers of the dolphin", *Journal of Experimental Biology* 1936, 13:192-199.

152 Os fisiologistas descobriram que o golfinho tem o mais baixo custo de transporte... T.M. Williams et al., "The physiology of bottlenose dolphins (*Tursiops truncatus*): Heart rate, metabolic rate, and plasma lactate concentration during exercise", *Journal of Experimental Biology* 1993, 179:31-46; e T.M. Williams, "The evolution of cost-efficient swimming in marine mammals: optimizing energetics", *Philosophical Transactions of the Royal Society of London* 1998, B (no prelo).

152 Pode parecer que o fazem por prazer... T.M. Williams et al., "Travel at low energetic cost by swimming and wave-riding bottlenose dolphins", *Nature* 1992, 355:821-823.

154 Um golfinho macho mantém a fertilidade... S.A Rommel et al., "Anatomical evidence for a countercurrent heat exchanger associated with dolphin testes", *Anatomical Record* 1992, 232:150-156; S.A. Rommel et al., "Temperature regulation of the testes of the bottlenose dolphin (*Tursiops truncatus*): Evidence from colonic temperatures", *Journal of Comparative Physiology* 1994, B 164:130-134; e D.A. Pabst, "Thermoregulation of the intra-abdominal testes of the bottlenose dolphin (*Tursiops truncatus*) during exercise", *Journal of Experimental Biology* 1995, 198:221-226.

154 As fêmeas de golfinho precisam igualmente... S.A. Rommel, D.A. Pabst e W.A. McLellan, "Functional morphology of the vascular plexuses associated with the cetacean uterus", *Anatomical Record* 1992, 237:538-546.

155 Ann Pabst, bióloga da Universidade da Carolina do Norte... D.A. Pabst, "Intramuscular morphology and tendon geometry of the epaxial swimming muscles of dolphins", *Journal of Zoology, London* 1993, 230:159-176; e "Morphology of the subdermal connective tissue sheath of dolphins: A new fibre-wound, thin-walled, pressurized cylinder model for swimming vertebrates", *Journal of Zoology, London* 1996, 238:35-52.

157 O melhor guia para as engrenagens... T.W. Cranford, M. Amundin e K.S. Norris, "Functional morphology and homology in the odontocete nasal complex: Implications for sound generation", *Journal of Morphology* 1996, 228:223-285.

162 Os pesquisadores puderam aferir as percepções dos golfinhos... W. Au, *The Sonar of Dolphins* (Nova York: Springer Verlag, 1993).

162 Os pesquisadores fizeram golfinhos olharem intricadas construções de tubos plásticos... A.A. Pack e L.M. Herman, "Sensory integration in the bottlenose dolphin in immediate recognition of complex shapes across the senses of echolocation and vision", *Journal of the Acoustic Society of America* 1995, Parte 1, 98:722-732.

162 Na Universidade do Havaí... Louis Herman e colegas produziram uma longa série de textos sobre o seu trabalho com golfinhos. Ver, por exemplo, L.M. Herman, D.G. Richards e J.P. Wolz, "Comprehension of sentences by bottlenose dolphins", *Cognition* 1984, 16:129-219; e "Representational and conceptual skills of dolphins", em *Language and Communication: Comparative Perspectives*, org. H.L. Roitblat, L.M. Herman e P.E. Nachtigall, p.403-22 (Hillsdale, NJ: Lawrence Erlbaum, 1993).

163 sabem quando ela está sendo violada... L.M. Herman, S.A. Kuczaj e M.D. Holder, "Responses to anomalous gestural sequences by a language-trained dolphin: Evidence of processing of semantic relations and syntactic information", *Journal of Experimental Psychology, General* 1993, 122:184-194.

165 Uma pesquisadora chamada Lori Marino, da Universidade Emory... L.A. Marino, D. Reiss e G.G. Gallup, "Mirror self-recognition in bottlenose dolphins: Implications for comparative investigations of highly dissimilar species", em *Self-awareness in Animals and Humans: Development Perspectives*, org. S. Parker, R. Mitchell e M. Boccia, p.380-91 (Nova York: Cambridge University Press, 1994).

166 Harry Jerison... H.J. Jerison, "The perceptual worlds of dolphins", em *Dolphin Cognition and Behavior: A Comparative Approach*, org. R.J. Schusterman, J.A. Thomas e F.G. Wood, p.141-66 (Hillsdale, NJ: Lawrence Erlbaum, 1986).

Capítulo 6. A equação de uma baleia

Entrevistas com Phillip Gingerich, Maureen O'Leary, Martin Rudwick, Phillip Sloan e Hans Thewissen.

168 ele "reconstruía cidades a partir de um dente, como Cadmo"... Citado por Appel, *The Cuvier-Geoffroy Debate*, p.190.

168 O Barão dos Fósseis granjeou sua reputação... Este episódio foi extraído de G. Cuvier, *Recherches sur les ossements fossiles* (Paris: d'Ocagne, 1836); com informação adicional de W. Coleman, *Georges Cuvier, Zoologist* (Cambridge: Harvard University Press, 1964); e M.J.S. Rudwick, *Georges Cuvier, Fossil Bones, and Geological Catastrophes* (Chicago: University of Chicago Press, 1997).

169 "Parei o meu trabalho nos dentes..." Cuvier, *Recherches*, p.8.

169 "Cada criatura organizada forma um todo..." Citado por Coleman, *Georges Cuvier*, p.119.

170 "Essa operação foi realizada..." Cuvier, *Recherches*, p.10.

170 "Não há ciência que não possa se tornar quase geométrica..." Cuvier, *Recherches*, p.16.

171 A carta era de um homem da Louisiana... R.D. Harlan, "Notices of fossil bones found in the Tertiary Formation of the State of Louisiana", *Transactions of the American Philosophical Society* 1834, 4:397-403; *Medical and Physical Researches: Or Original Memoirs in Medicine, Surgery, Physiology, Geology, Zoology, and Comparative Anatomy* (Filadélfia: Lydia R. Bailey, 1835); e "A Letter from Dr. Harlan, addressed to the president, on the discovery of the remains of the *Basilosaurus* or *Zeuglodon*", *Transactions of the Geological Society of London*, série 2, 1841, 6:67-68.

171 "Não se pode esperar uma dissertação científica..." Harlan, "Notice of fossil bones", p.397.

172 "Se futuras descobertas..." Harlan, "Notice of fossil bones", p.403.

173 Quando chegou à Europa a notícia... A. Desmond, *The Politics of Evolution; Mophology, Medicine, and Reform in Radical London* (Chicago: University of Chicago Press, 1989); e P.A. Gerstner, "Vertebrate paleontology: An early nineteenth-century transatlantic science", *Journal of the History of Biology* 1970, 3: 137-148.

173 Poucas semanas depois, no encontro... R.A. Owen, "Observations on the teeth of the *Zeuglodon* (*Basilosaurus*) of Doctor Harlan", *Proceedings of the Geological Society of London* 1839, 3:24-28; e "Observations on the *Basilosaurus* of Dr. Harlan (*Zeuglodon cetoides*, Owen)", *Transactions of the Geological Society of London*, série 2, 1841, 6:69-80.

174 "um dos mais extraordinários..." R.A. Owen, "Observations on the *Basilosaurus*", p.79.

175 O proprietário do museu era um imigrante alemão chamado Albert Koch... R. Ellis, *Monsters of the Sea* (Nova York: Doubleday, 1995); A.C. Koch, *Journey*

through a part of the United States of North America in the Years 1844 to 1846, trad. e org. Ernst A. Stadler (Carbondale: Southern Illinois University Press, 1972); e K.V.W. Palmer, "Tales of ancient whales", *Nature Magazine* 1942, 35:213.

175 "a suprema obra-prima..." Cartaz de 1842, cortesia de Michael Coates.

177 Anos mais tarde, os paleontólogos... M. Uhen, "What is *Pontogeneus brachyspondylus*?, *Journal of Vertebrate Paleontology* 1997, 17:82A.

177 Um cavalheiro de Corte Old Washington... J. Wynan, "A communication from Professor Jeffries Wynan, on the subject of the fossil recently exhibited in New York as that of a sea-serpent under the name of *Hydrarchos sillimani*", *Proceedings of the Boston Society of Natural History* 1845, 2:65-68.

178 O novo esqueleto levou as pessoas a perguntarem a Richard Owen... Rupke, *Richard Owen*, e R.A. Owen, "The great sea-serpent", *Annals and Magazine of Natural History*, série 2, 1848, 2:317-322.

178 Após as descobertas de Koch... A.R. Kellogg, "The history of whales — their adaptation to life in the water", *Quarterly Review of Biology* 1928, 3:29-76 e 174-208; e "A review of the Archeoceti", *Carnegie Institute of Washington Publication* 1936, 482:1-366.

179 "Na América do Norte..." Charles Darwin, *On the Origin of Species*. (Londres: Penguin Books, 1985), p.215.

179 "O sr. Darwin adotou..." Alvar Ellegård, *Darwin and the General Reader* (Chicago: University of Chicago Press, 1990), p.240.

179 Flower tinha 28... C.J. Cornish, *Sir William Henry Flower: A Personal Memoir* (Londres: Macmillan, 1904); e R. Lydekker, *Sir William Flower* (Londres: J.M. Dent, 1906).

180 "Não há descoberta ou generalização que tenha feito época..." Lydekker, *Sir William Flower*, p.175.

181 E no final da carreira... W.H. Flower, "On whales, past and present, and their probable origin", *Notices of the Proceedings of the Royal Institution of Great Britain* 1883, 10:360-376.

181 "Raramente em qualquer parte do reino animal..." W.H. Flower, "On whales", p.1.

183 o relato de baleeiros da ilha de Vancouver que mataram uma fêmea de jubarte... R.A. Andrews, "A remarkable case of external hind limbs in a humback whale", *American Museum Novitates* 1921, 9:1-6.

183 Não, o verdadeiro problema... Lydekker, *Sir William Flower*.

183 Os primeiros sinapsídeos... Grande parte do pensamento mais recente sobre a evolução dos mamíferos é resumida por R.I. Carroll, *Vertebrate Paleontology and Evolution* (São Francisco: Freeman, 1988); e T.S. Kemp, *Mammal-Like Reptiles and the Origin of Mammals* (Londres: Academic Press, 1982).

185 Agora os músculos que usavam para respirar não tinham mais que ajudar também durante a caminhada... D. R. Carrier, "The evolution of locomotor stamina in tetrapods: Circumventing a mechanical constraint", *Paleobiology* 1987, 13:326-341; e "Conflict in the hypaxial musculo-skeletal system: Documenting an evolutionary conflict", *American Zoologist* 1991, 31:644-654. Ver também D.M. Bramble e F.A. Jenkins, "Structural and functional integration across the reptile-mammal boundary: The locomotory system", em *Complex Function: Integration and Evolution in Vertebrates*, org. D.B. Wake e G. Roth, p.133-46 (Nova York: John Wiley & Sons, 1989).

185 Eles podiam bombear mais moléculas... J. Ruben, "The evolution of endothermy in mammals and birds: From physiology to fossils", *Annual Review of Physiology* 1995, 57:69-95.

185 Os primeiros sinapsídeos provavelmente ouviam o mundo... Ver a obra de J.A. Hopson, inclusive "The origin of the mammalian middle ear", *American Zoologist* 1966, 6:437-450; e "Synapsid evolution and the radiation of non-eutherian mammals", em *Major Features of Vertebrate Evolution: Short Courses in Paleontology Nº 7*, org. D.R. Prothero e R.M. Schoch, p.238-70 (Knoxville, Tenn.: Sociedade Paleontológica, 1994).

186 Quando se desenvolviam como embriões... T. Rowe, "Coevolution of the mammalian middle ear and neocortex", *Science* 1996, 273:651-654.

186 Esses novos sinais entravam num cérebro que estava agora cheio de sinais... H.J. Jerison, *Evolution of the Brain and Intelligence* (Nova York: Academic Press, 1973); e *Brain Size and the Evolution of Mind*, 59ª Conferência James Arthur sobre a Evolução do Cérebro Humano (Nova York: Museu Americano de História Natural, 1991).

187 Os paleontólogos ainda debatem... J.D. Archibald, *Dinosaur Extinction and the End of an Era: What the Fossils Say* (Nova York: Columbia University Press, 1996).

188 Em 1950, biólogos da Universidade Rutgers... A. Boyden e D. Gemeroy, "The relative position of the Cetacea among the orders of Mammalia as indicated by precipitin tests", *Zoologica* 1950, 35:145-151.

189 Em 1966, Leigh van Valen... L. van Valen, "Deltatheridia, a new order of mammals", *Bulletin of the American Museum of Natural History* 1966, 132:1-126.

191 Uma das primeiras descrições de um mesoniquídeo... E.D. Cope, "The Creodonta", *American Naturalist* 1884, 18:255-267.

192 O'Leary desenvolveu um estudo especial... M.A. O'Leary e K.D. Rose, "Postcranial skeleton of the early Eocene mesonychid *Pachyaena* (Mammalia: Mesonychia)", *Journal of Vertebrate Paleontology* 1995, 15:401-430. Outros escritos sobre mesoniquídeos incluem F. S. Szalay, "Origin and evolution of function of the mesonychid condylarth feeding mechanism", *Evolution* 1969, 23:703-720; e X. Zhou, W.J. Sanders e P.D. Gingerich, "Functional and behavioral implications of vertebral structure in *Pachyaena ossifraga* (Mammalia, Mosonychia)", *Contributions from the Museum of Paleontology, the University of Michigan* 1992, 28:289-319.

Capítulo 7. À beira do Tétis

Entrevistas com Phillip Gingerich, Jean-Louis Hartenberger, Charles Marshall, James Reilly, Melanie Stiassny e Mark Uhen.

199 As rochas não eram espetaculares... P.D. Gingerich, "A small collection of fossil vertebrates from the Middle Eocene Kuldana and Kohat formations of Punjab (Pakistan)", *Contributions from the Museum of Paleontology* 1977, 24:190-203.

200 Mas dois meses após a sua visita... R.M. West, "Middle Eocene large mammal assemblage with Tethyan affinities, Ganda Kas region, Pakistan", *Journal of Paleontology* 1980, 54:508-533.

201 Enquanto isso, Neil Wells... N.A. Wells, "Transient streams in sand-poor redbeds: Early-Middle Eocene Kuldana Formation of northern Pakistan", *Special Publications of the International Association of Sedimentologists* 1983, 6:393-403.

201 Um dos quebradores de pedra colegas de Gingerich... P.D. Gingerich e D.E. Russell, "*Pakicetus inachus*, a new archeocete (Mammalia, Cetacea) from the Early-Middle Eocene Kuldana Formation of Kohar (Pakistan)", *Contributions from the Museum of Paleontology* 1981, 25:235-246; P.D. Gingerich et al., "Origin of whales in epicontinental remnant seas: New evidence from the early Eocene of Pakistan", *Science* 1983, 220:403-406; e P.D. Gingerich, "The whales of Tethys", *Natural History*, abril de 1994, 86-88.

202 Eram sem dúvida importantes... P.D. Gingerich e D.E. Russell, "Dentition of Early Eocene *Pakicetus* (Mammalia, Cetacea)", *Contributions from the Museum of Paleontology* 1990, 28:1-20.

203 Um século antes do ano... P.D. Gingerich, "Marine mammals (Cetacea and Sirenia) from the Eocene of Gebel Mokattam and Fayum, Egypt: Stratigraphy,

age, and paleoenvironments", *University of Michigan Papers on Paleontology* 1992, 30:1-84.

204 "Muitas vezes um fragmento..." P.E.P. Deraniyagala, "Some scientific results of two visits to Africa", *Spolia Zeylanica* 1948, 25:1-42; ver p.2.

206 Sua procura por quadris... P.D. Gingerich, B.H. Smith e E.L. Simons, " Hind limbs of Eocene *Basilosaurus*: Evidence of feet in whales", *Science* 1990, 249:154-157.

207 Para Darwin, esses vestígios encolhidos... Mayr, *The Growth of Biological Thought.*

208 Agora temos uma boa noção de como funciona o apagador da evolução... D.W. Fong, R.C. Kane e D.C. Culver, "Vestigialization and loss of nonfunctional characters", *Annual Review of Ecology and Systematics* 1995, 26:249-268; e C.R. Marshall, E.C. Raff e R.A. Raff, "Dollo's law and the death and resurrection of genes", *Proceedings of the National Academy of Sciences* 1994, 91:12283-12287.

209 Por exemplo a perna espantosa... Os atavismos são examinados por B.K. Hall, "Developmental mechanisms underlying the formation of atavisms", *Biological Review of the Cambridge Philosophical Society* 1984, 59:89-124.

209 uma espessa cobertura de pêlos... L.E. Figuero et al., "Mapping of the congenital generalized hypertichosis locus to chromosome xq24-q271", *Nature Genetics* 1995, 10:202-207.

210 em 1980, cientistas pegaram um pouco desse tecido da gengiva... E.J. Kollar e C. Fisher, "Tooth induction in chick epithelium: Expression of quiescent genes for enamel synthesis", *Science* 1980, 207:993-995.

210 Numa recente experiência, geneticistas removeram um gene... J.R. Brown et al., "A defect in nurturing in mice lacking the immediate early gene *fosB*", *Cell* 1996, 86:297-309.

211 Alguns pesquisadores tiveram pouca sorte... Marshall et al., "Dollo's law".

211 No início dos anos 90... K.K. Smith e R.A. Schneider, "Gene knockouts and the mammalian first arch: Evolutionary reversals or developmental disruptions?", *American Zoologist* 1996, 36:56A.

211 Imagine um gene *A*... Marshall et al., "Dollo's law".

213 Quando os animais passam à escuridão... J.N. Lythgoe, *The Ecology of Vision* (Oxford: Clarendon Press, 1979).

213 Um exemplo particularmente desesperado... C. Zimmer, "The light at the bottom of the sea", *Discover*, novembro 1996.

213 Quando estudava camaleões australianos... C. Gans, "Tetrapod limblessness: Evolution and functional corollaries", *American Zoologisti* 1975, 15:455-467; e "Motor coordination factors in the transition from tetrapod to limblessness in lower vertebrates", em *Coordination of Motor Behavior*, Série Seminário/Sociedade de Biologia Experimental: 24, org. B.M.H. Bush e F. Clarac, p.184-201 (Nova York: Cambridge University Press, 1985). Ver também R. Lande, "Evolutionary mechanisms of limb loss in tetrapods", *Evolution* 1978, 32:73-92.

214 Os cecilianos são anfíbios... J.C. O'Reilly, D.A. Ritter e D.R. Carrier, "Hydrostatic locomotion in a limbless tetrapod", *Nature* 1997, 386:269-272.

215 Ratos-toupeiras cegos... J.M. Diamond, "Competition for brain space", *Nature* 1996, 382:756-766.

Capítulo 8. De andar a nadar

Entrevistas com Frank Fish, Phillip Gingerich e Hans Thewissen.

220 Media a temperatura do corpo deles... F.E. Fish, "Thermoregulation in the muskrat (*Ondatra zibethicus*): The use of regional heterothermia", *Comparative Biochemistry and Physiology* 1979, 64A:391-397; e "Aerobic energetics of surface swimming in the muskrat (*Ondatra zibethicus*)", *Physiological Zoology* 1982, 55:180-189.

221 Para estudar minuciosamente o seu nado... F.E. Fish, "Mechanics, power output, and efficiency of the swimming muskrat (*Ondatra zibethicus*)", *Journal of Experimental Biology* 1984, 110:183-201.

223 O primeiro passo seria uma remada de cachorro... F.E. Fish, "Transitions from drag-based to lift-based propulsion in mammalian swimming", *American Zoologist* 1996, 36:628-641.

224 O opossum norte-americano... F.E. Fish, "Comparison of swimming kinematics between terrestrial and semiaquatic opossums", *Journal of Mammalogy* 1993, 74:275-284.

225 Tiveram que se tornar, por um tempo, como lontras... F.E. Fish, "Association of propulsive mode with behavior in river otters (*Lutra canadensis*)", *Journal of Mammalogy* 1994, 75:989-997.

225 uma lontra do mar pode nadar 75 por cento mais rápido debaixo d'água... T.M. Williams, "Swimming by sea otters: Adaptations for low energetic cost locomotion", *Journal of Comparative Physiology* 1989, A 164:815-824.

230 David Krause... D.W. Krause e M.C. Maas, "The biogeographic origins of late Paleocene-early Eocene mammalian immigrants to the western interior

of North America", em *Dawn of the Age of Mammals in the Northern Part of the Rocky Mountain Interior, North America*, Documento Especial 243, org. T.M. Brown e K.D. Rose, p.71-105 (Boulder, Colo.: Geological Society of America, 1990).

231 Arif, Aslan e Thewissen... J.G.M. Thewissen, "Eocene marine mammals from the Hymalayan foothills", *National Geographic Research & Exploration* 1993, 9:125-127.

232 Os ouvidos mantiveram-no... J.G.M. Thewissen e S. T. Hussein, "Origin of underwater hearing in whales", *Nature* 1993, 361:444-445.

237 A criatura de Thewissen, que ele chamou de *Ambulocetus*... J.G.M. Thewissen, S.T. Hussain e M. Arif, "Fossil evidence for the origin of aquatic locomotion in archaeocete whales", *Science* 1994, 263:210-212.

238 A baleia de Gingerich, que ele chamou de *Rodhocetus*... P.D. Gingerich et al., "New whale from Pakistan and the origin of cetacean swimming", *Nature* 1994, 368:844-847.

Capítulo 9. Uma viagem para fora

Entrevistas com Larry Barnes, Ewan Fordyce, John Gatesy, Phillip Gingerich, John Heyning, David Irwin, Harry Jerison, Patrick Luckett, Lori Marino, Sharon Messenger, Michel Milinkovitch, Maureen O'Leary, Hans Thewissen e Mark Uhen.

240 Como a maioria das histórias sobre a macroevolução... D.R. Prothero, "Mammalian evolution", em *Major Features of Vertebrate Evolution: Short Courses in Paleontology Nº 7*, org. D.R. Prothero e R.M. Schoch, p.238-70 (Knoxville, Tenn.: Sociedade Paleontológica, 1994).

241 Em volta do Tétis, no entanto, uma raça de mesoniquídeos... Essa transformação baseia-se em parte em J.G.M. Thewissen, "Phylogenetic aspects of cetacean origins: A morphological perspective", *Journal of Mammalian Evolution* 1994, 2:157-184.

242 Gingerich acha que apenas dois milhões de anos... P.D. Gingerich e M. Uhen, "Likelihood estimation of the time of the origin of whales (Cetacea)", *Sixth North American Paleontological Convention, Paleontological Society Special Publication Number 8*, 1996:146.

242 A seu ver, eles eram crocodilos peludos... J.G.M. Thewissen, S.I. Madar e S.T. Hussain, "*Ambulocetus natans*, an Eocene cetacean (Mammalia) from Pakistan", *Courier Forschungsinstitut Senkenberg* 1996, 191:1-86.

244 Gingerich encontrou pelo menos três contemporâneos... P.D. Gingerich, M. Arif e W.C. Clyde, "New archaeocetes (Mammalia, Cetacea) from the Middle Eocene Domanda Formation of the Sulaiman Range, Punjab (Pakistan)", *Contributions from the Museum of Paleontology* 1995, 28:291-330.

245 Eles primeiro mediram os isótopos de oxigênio... Sobre a regulação osmótica dos cetáceos vivos, ver C.A. Hui, "Seawater consumption and water flux in the common dolphin *Delphinus delphis*", *Physiological Zoology* 1981, 54:430-440. Sobre a regulação osmótica dos arqueocetos, ver J.G.M. Thewissen et al., "Evolution of cetacean osmoregulation", *Nature* 1996, 381:379-380.

248 quase todo osso no corpo do *Dorudon* está explicado... M.D. Uhen, "*Dorudon atrox* (Mammalia, Cetacea): Form, function, and phylogenetic relationships of an archaeocete from the late Middle Eocene of Egypt", tese de doutorado, Universidade de Michigan, 1996.

249 Uma idéia do que o *Dorudon* comia... C.C. Swift e L.G. Barnes, "Stomach contents of *Basilosaurus cetoides*: Implications for the evolution of cetacean feeding behavior, and evidence for vertebrate fauna of epicontinental Eocene seas", *Sixth North American Paleontological Convention, Paleontological Society Special Publication Number 8*, 1996:380.

251 Uma possível solução apareceu em 1966... D. Emlong, "A new archaic cetacean from the Oligocene of northwest Oregon", *Bulletin of the Natural History Museum of the University of Oregon* 1966, 3:1-51.

251 Mas logo depois Leigh van Valen argumentou... L. van Valen, "Monophyly or diphyly in the origin of whales", *Evolution* 1968, 22:37-41.

252 O *Archaeomysticetus* era pequeno pelos padrões das atuais baleias de barbatanas... L.G. Barnes e A.E. Sanders, "The transition from archaeocetes to mysticetes: Late Oligocene toothed mysticetes from near Charleston, South Carolina", *Sixth North American Paleontological Convention, Paleontological Society Special Publication Number 8*, 1996:24.

253 Outros fósseis sugerem mais evolução... R.E. Fordyce e L.G. Barnes, "The evolutionary history of whales and dolphins", *Annual Review of Earth and Planetary Sciences* 1994, 22:419-455.

253 As primeiras baleias efetivamente de barbatanas podem ter sido o produto de um mundo em rápida mudança... Ver textos de R.E. Fordyce, inclusive "Whale evolution and Oligocene southern ocean environments", *Palaeogeography, Palaeoclimatology, Palaeoecology* 1980, 31:319-336; e "Cetacean evolution and Eocene/Oligocene environments", em *Eocene-Oligocene Climatic and Biotic Evolution*, org. D.R. Prothero e W.A. Berggren, p.368-81 (Princeton: Princeton University Press, 1992). Ver também um texto anterior de J.H. Lipps e E. Mitchell, "Trophic model for the adaptive radiations and extinctions of pelagic marine mammals", *Paleobiology* 1976, 2:147-155.

254 O mais antigo fóssil de baleia dentada... J.L. Goedert e L.G. Barnes, "The earliest known odontocete: A cetacean with agorophiid affinities from latest Eocene to earliest Oligocene rocks in Washington State", *Sixth North American Paleontological Convention, Paleontological Society Special Publication Number 8*, 1996:148.

254 Sua herança comum com os artiodáctilos... F.R. Walther, *Communication and Expression in Hoofed Mammals* (Bloomington: Indiana University Press, 1984).

254 Seu melão já podia ter existido como um tampão de nariz... J.E. Heyning e J.G. Mead, "Evolution of the nasal anatomy of cetaceans", em *Sensory Abilities of Cetaceans*, org. J. Thomas e R. Kastelein, p.67-79 (Nova York: Plenum Press, 1990).

255 Enquanto isso, o nariz movia-se para o alto da cabeça... H.A. Oelschläger, "Evolutionary morphology and acoustics in the dolphin skull", em *Sensory Abilities of Cetaceans*, org. J. Thomas e R. Kastelein, p.67-79 (Nova York: Plenum Press, 1990).

255 Os ouvidos abriram caminho para cima... D.R. Ketten, "The marine mammal ear: Specializations for aquatic audition and echolocation", em *The Evolutionary Biology of Hearing*, org. D. Webster, R. Fay e A. Popper, p.717-50 (Nova York: Springer Verlag, 1992).

256 Várias equipes de geneticistas têm comparado os genes de baleias... As primeiras sugestões de um clade unindo hipopótamos e cetáceos apareceram em D. Irwin et al., "Evolution of the cytochrome b gene of mammals", *Journal of Molecular Evolution* 1991, 32:128 144; e D.M. Irwin e U. Arnason, "Cytochrome b gene of marine mammals: Phylogeny and evolution", *Journal of Mammalian Evolution* 1994, 2:37-55. Outros textos incluem D. Graur e D. Higgins, "Molecular evidence for the inclusion of cetaceans within the order Artiodactyla", *Molecular Biology and Evolution* 1994, 11:357-364; e M. Shimamura et al., "Molecular evidences from retroposons that whales form a clade within even-toed ungulates", *Nature* 1997, 388:666-670. A árvore de Gatesy é uma adaptação a partir de J. Gatesy, "More DNA support for a Cetacea/Hippopotamidae clade: The blood-clotting protein gene gamma-fibrinogen", *Molecular Biology and Evolution* 1997, 14:537-543.

259 No início dos anos 90, Michel Milinkovitch... Milinkovitch publicou pela primeira vez a sua filogenia em M.C. Milinkovitch, G. Orti e A. Meyer, "Revised philogeny of whales suggested by mitochondrial ribosomal DNA sequences", *Nature* 1993, 361:346-348. As últimas extensões do seu trabalho podem ser encontradas em M.C. Milinkovitch, "Molecular phylogeny of cetaceans prompts revision of morphological transformations", *Trends in Ecology and Evolution* 1995, 10(8):328-334; e M.C. Milinkovitch et al., "Effects of character weighting and species sampling on phylogeny reconstruction: A case study based on DNA sequence data in cetaceans", *Genetics*

1996, 144:1817-1833. (Para uma análise cladística da morfologia que apóia a filogenia tradicional das baleias modernas, ver J.E. Heyning, "Sperm whale phylogeny revisited: Analysis of the morphological evidence", *Marine Mammal Science* 1997, no prelo.)

264 O trabalho de Gatesy e Milinkovitch recentemente inspirou Luckett... W.P. Luckett, "Molecular and morphological analysis of conflicting relationships among Cetacea and Artiodactyla (Mammalia)", em *Molecules and Morphology in Systematics* (Paris: Museu Nacional de História Natural, no prelo). Anteriormente Luckett usou o mesmo método em "Suprafamilial relationships within Marsupiala: Resolution and discordance from multidisciplinary data", *Journal of Mammalian Evolution* 1994, 2:255-283.

266 Jerison primeiro teve que livrar... Ver H.J. Jerison, *Evolution of the Brain and Intelligence* (Nova York: Academic Press, 1974); e "Animal intelligence as encephalization", *Philosophical Transactions of the Royal Society of London* 1985, B 308:21-35.

268 Como notou o antropólogo Terrence Deacon, de Harvard... T. Deacon, *The Symbolic Species: The Coevolution of Language and the Brain* (Nova York: Norton, 1997).

268 Observe a seleção... L.A. Marino, "A comparison of encephalization between odontocete cetaceans and anthropoid primates", *Brain, Behaviour, and Evolution* 1997 (no prelo).

269 Seus esqueletos mostram que eles eram animais semelhantes aos lêmures... R.F. Kay, C. Ross e B.A. Williams, "Anthropoid origins", *Science* 1997, 275:797-804.

269 Existe evidência de várias pressões evolutivas diferentes... L.A. Marino, "Brain-behavior relationships in cetaceans and primates: Implications for the evolution of complex intelligence", tese de doutorado, Universidade do Estado de Nova York, Albany, 1995.

270 Outra possibilidade emerge... R.M. Dunbar, *Grooming, Gossip, and the Evolution of Language* (Cambridge: Harvard University Press, 1996).

271 Os hominídeos podiam estar criando um novo tipo de sociedade... Ver Deacon, *The Symbolic Species*.

271 os odontocetos chegaram a seus elevados QEs... H. J. Jerison, "Brain and intelligence in whales", em *Whales and Whaling*, vol.2, p.159-97 (Camberra: C.J. Thompson, Impressor Oficial da Comunidade da Austrália, 1978).

272 Unidades familiares de cachalotes... L. Weilgart, H. Whitehead e K. Payne, "A colossal convergence", *American Scientist* 1996, 84:278-287.

272 QEs mais elevados correspondem a grupos maiores... L.A. Marino, "What can dolphins tell us about primate evolution?" *Evolutionary Anthropology* 1996, 5:81-85.

CAPÍTULO 10. NO RASTRO DA MACROEVOLUÇÃO

Entrevistas com Phillip Gingerich, Stephen Jay Gould, Jeffrey Levinton e Kevin Padian.

275 "A era em que a classe dos répteis floresceu..." R.A. Owen, "Report on British fossil reptiles, part 2", *Report of the British Association for the Advancement of Science* 1841:60-204. Citação da p. 94.

275 Sessenta anos antes, Geoffroy havia estudado o crânio... Appel, *The Cuvier-Geoffroy Debate.*

279 Em 1972, Stephen Jay Gould atacou o enigma das taxas variadas de evolução... S.J. Gould e N. Eldredge, "Punctuated equilibrium comes of age", *Nature* 1993, 366:223-227.

280 Enquanto isso, alguns pesquisadores que tentaram medir o ritmo natural da evolução nos animais hoje existentes... Ver, por exemplo, D.N. Reznick et al., "Evaluation of the rate of evolution in natural populations of guppies (*Poecilia reticulata*)", *Science* 1997, 276:1934-1937.

280 Para outros a estase significa... Ver, por exemplo, Dawkins, *The Blind Watchmaker* (Nova York: W.W. Norton, 1986).

280 Alan Cheetham, do Instituto Smithsoniano... A.H. Cheetham, "Tempo of evolution in a Neogene bryozona: rates of morphologic change within and across species boundaries", *Paleobiology* 1986, 12:190-202.

281 As muitas mudanças necessárias para construir um tetrápode... R.L. Carroll, "Revealing the patterns of macroevolution", *Nature* 1996, 381:19-20.

281 Os mosassauros descendem do mesmo grupo... M. DeBraga e R.L. Carroll, "The origin of mosasaurs as a model of macroevolutionary patterns and process", *Evolutionary Biology* 1993, 27:245-323.

283 Mas, como assinalaram Rachel Collins, da Universidade de Washington, e Christine Janis, da Universidade Brown... R. Collins e C.M. Janis, "Morphological constraints on tetrapod feeding mechanisms: Why were there no suspension-feeding marine reptiles?", em *Ancient Marine Reptiles*, org. J.M. Callaway e E.L. Nicholls (Nova York: Academic Press, 1996).

285 A árvore que vemos hoje... A árvore da vida está sendo redesenhada em ritmo alucinante. Uma de suas novas concepções pode ser encontrada em N.R. Pace,

"A molecular view of microbial diversity and the biosphere", *Science* 1997, 276:734-740. Para mais detalhes sobre os ramos de metazoários, examine-se a cada vez maior "Árvore da Vida" na Internet (http://phylogeny.arizona.edu/tree/phylogeny.html).

Bibliografia selecionada

À beira d'água baseia-se em textos e livros científicos, além de entrevistas pessoais e por telefone ou correio eletrônico com cientistas. No início das notas a cada capítulo listei os pesquisadores com quem me comuniquei no curso do trabalho. Por ser este um livro de divulgação ampla e não uma resenha científica, só citei as fontes escritas mais relevantes para cada parte do livro. Uma bibliografia completa — mesmo que apenas do desenvolvimento dos membros — exigiria a derrubada de alguns acres a mais de árvores. Algumas obras gerais de interesse são listadas abaixo; considere-as um bom ponto de partida para almas curiosas.

Carroll, R.J. *Vertebrate Paleontology and Evolution*. São Francisco: Freeman, 1988.

______, *Patterns and Processes of Vertebrate Evolution*. Nova York: Cambridge University Press, 1997.

Cowen, R. *History of Life*. 2ª ed. Boston: Blackwell, 1995.

Ellis, R. *The Book of Whales*. Nova York: Knopf, 1980.

______, *Dolphins and Porpoises*. Nova York: Knopf, 1982.

Gilbert, W. *Developmental Biology*. 4ª ed. Cambridge, Mass.: Sinauer, 1994.

Hall, B.K. *Evolutionary Developmental Biology*. Nova York: Chapman & Hall, 1992.

Little, Colin. *The Terrestrial Invasion: An Ecophysiological Approach to the Origins of Land Animals*. Cambridge: Cambridge University Press, 1990.

Long, J.A. *The Rise of Fishes: 500 Million Years of Evolution*. Baltimore: Johns Hopkins University Press, 1995.

Mayr, E. *The Growth of Biological Thought*. Cambridge: Harvard University Press, 1982.

Raff, R.A. *The Shape of Life: Genes, Development, and the Evolution of Form*. Chicago: University of Chicago Press, 1996.

Ridley, M. *Evolution*. Boston: Blackwell, 1993.

Slijper, E.J. *Whales*. Nova York: Basic Books, 1962.

Thomson, K.S. *Morphogenesis and Evolution*. Oxford: Oxford University Press, 1988.

AGRADECIMENTOS

Devo primeiramente agradecer a todos os cientistas que me deixaram bisbilhotar o seu campo de trabalho, me instalar em seus gabinetes dias sem fim, atormentá-los ao telefone e sobrecarregar os seus *modems* com correspondência eletrônica. Devo um especial agradecimento a Robert Carroll, Michael Coates, Kevian Padian e Peter Ward, que leram todo o manuscrito em sua forma original e deram um monte de sugestões úteis. Este livro não existiria sem a liberdade intelectual mantida por Marc Zabludoff, Paul Hoffman e Robert Kunzig na *Discover*, a força criativa do ilustrador Carl Buell, os esforços do meu agente Eric Simonoff e a persistente curiosidade do meu editor Stephen Morrow.

As ilustrações das páginas 16 e 95 foram parcialmente adaptadas de W. Gilbert, *Developmental Biology*, 4ª ed. (Sunderland, Mass.: Sinauer, 1994); a da página 99, de C. Tabin, "The initiation of the limb bud: Growth factors, *Hox* genes, and retinoids", *Cell* 1995, 80:671-674; a da página 101, de N. Shubin, C. Tabin e S. Carroll, "Fossils, genes, and the evolution of animal limbs", *Nature* 1997, 388:639-648; a da página 105, de G.B. Müller e J. Streicher, "Ontogeny of the syndesmosis tibiofibularis and the evolution of the bird hindlimb: a caenogenetic feature triggers phenotypic novelty", *Anatomy and Embryology* 1989, 179:327-339; a da página 118, de T.W. Pietsch e D.B. Grobecker, *Frogfishes of the World: Systematics, Zoogeography, and Behavioral Ecology* (Stanford: Stanford University Press, 1987); e a da página 226, de F.E. Fish, "Association of propulsive mode with behavior in river otters (*Lutra canadensis*)", *Journal of Mammalogy* 1994, 75:989-997.

Índice Remissivo

Este livro foi composto pela TopTextos, em Times New Roman, e impresso por Prol Editora Gráfica, em março de 1999.

Uma Parcela de Deus

Orientações espirituais
para a educação dos filhos